新能源汽车关键技术

[美]王宏宇 范松鹤 [美] 王长江 编著

机械工业出版社

本书内容涉及新能源汽车的核心架构、系统集成、核心零部件、开发方法等，以科技内容为基础，工程应用为主线，同时涵盖技术科普内容。本书首先简要介绍了新能源汽车的发展史及主要技术路线，然后系统地介绍了新能源汽车的基础理论和核心零部件，包括新能源汽车的发动机、变速器、电机系统、电源系统、电力电子系统以及新能源汽车的控制技术，最后对新能源汽车未来技术的发展进行了展望。希望通过本书所述的较全面的新能源汽车基础科学，读者可以较为有效地理解工程应用中的知识细节。本书可作为普通高等院校新能源汽车工程类专业的教材，也可为从事新能源汽车工作的工程技术人员及新能源汽车技术爱好者参考阅读。

北京市版权局著作权合同登记　图字：01-2025-0502 号。

图书在版编目（CIP）数据

新能源汽车关键技术 /（美）王宏宇，范松鹤，（美）王长江编著. -- 北京：机械工业出版社，2025. 5.
ISBN 978-7-111-78625-2

Ⅰ. U469.7

中国国家版本馆 CIP 数据核字第 2025KE0977 号

机械工业出版社（北京市百万庄大街 22 号　邮政编码 100037）
策划编辑：何士娟　　　　　　　　责任编辑：何士娟　丁　锋
责任校对：邓冰蓉　张慧敏　景　飞　封面设计：张　静
责任印制：张　博
北京建宏印刷有限公司印刷
2025 年 8 月第 1 版第 1 次印刷
184mm×260mm · 20.75 印张 · 2 插页 · 502 千字
标准书号：ISBN 978-7-111-78625-2
定价：159.00 元

电话服务	网络服务
客服电话：010-88361066	机　工　官　网：www.cmpbook.com
010-88379833	机　工　官　博：weibo.com/cmp1952
010-68326294	金　　书　　网：www.golden-book.com

封底无防伪标均为盗版　机工教育服务网：www.cmpedu.com

前 言 FOREWORD

  汽车工业从19世纪末开始，至今已经经历了一百多年的历史。期间，各种能源类型的使用都有各自的时间段和相应的历史舞台。进入21世纪后，新能源汽车工业又被重新定义并迅速发展。对于在工业、科技、经济、金融等各个领域都在高速发展中的我国，能源独立、能源安全已经成为国家战略，节能减排成为彰显我国在国际舞台上大国责任的重要标志，而绿色科技、创新发展是成就新质生产力的关键要素，因此，新能源汽车产业在国民经济的各个领域都起到十分重要的作用。从中央到地方、行业到车企、国内到国外等都给予了新能源汽车产业前所未有的关注。我国目前已经成为新能源汽车最大的产销国和出口国。新能源汽车产业已经成为能够支撑国民经济指标的重要支柱产业。

  与传统燃油车技术相比，新能源汽车涉及的内容更多、范围更广、知识结构更复杂、内容也更为新颖。但是，由于我国新能源汽车行业的深层次研发时间较短、研发经验相对薄弱、行业历程相对单一、产业结构并不完整等因素，新能源汽车的发展特别是工程开发还会遇到许多棘手的问题，主要体现在：对新能源汽车的整体技术没有一个较为全面和成熟的认知、对多个子系统的熟悉程度不够、对新兴技术内容掌握不全面而无法更高效地完成开发、集成、优化等任务。纯粹的基础理论研究，包含材料科学研究、化学、电子、电力以及控制算法研究等又都较为专精，非本专业的从业人员往往需要一定的基础和较长时间的摸索才能掌握。因此，作者萌发了编写本书的想法。本书作者有30多年的国内外汽车工程实际产业经验，主要集中在各种新能源汽车的工程开发、应用等领域。曾在国内外知名的汽车主机厂（通用汽车公司）、核心部件供应商（德尔福公司、潍柴动力等单位）担任新能源整车和核心零部件的研发以及产业化开发的一线工作，积累了较为全面的实践经验，所涉及专业包含传统汽车工程技术、新能源汽车工程技术、自动驾驶和氢燃料技术等多个领域。希望通过全面讲解新能源汽车基础科学，使读者更高效地理解新能源汽车的整体知识结构，达到有的放矢、事半功倍的效果。

  本书首先简要介绍了新能源汽车的发展史及主要技术路线，然后系统地介绍了新能源汽车的基础理论和核心技术，包括新能源汽车的发动机、变速器、电机系统、电源系统、电力电子系统以及新能源汽车的控制技术。最后对新能源汽车未来技术的发展进行了展望。通过深入浅出的介绍，使不同背景的读者都可以较为轻松地回顾、掌握新能源汽车的核心知识，为理解和掌握新能源汽车架构和控制原理奠定基础。本书可作为普通高等院校新能源汽车工程类专业书，也可为从事新能源汽车工作的工程技术人员及新能源汽技术爱好者参考阅读。

  本书的完成得到浙江梵盛智控科技有限公司、氢源科技（赣州）有限公司、联合轲麟新能源科技（济宁）有限公司和江苏奕控新能源科技有限公司的大力支持，特别是浙江梵盛智控科技有限公司，对于本书的第4章～第7章的编写从素材、实验数据等方面都给予了巨大的帮助，在此对合作单位及其同仁表示衷心的感谢。另外，李铁军先生、房永博士和陈冰先生对本书的资料提供、内容修改做了大量工作，在此一并表示感谢！

  由于编者的知识和工程实践经验有限，内容上难免有不足之处，在此恳请读者予以批评指正。

编者 2024 年于
浙江湖州

目 录 CONTENTS

前言

第1章 新能源汽车的发展史 ………………………………1

1.1 新能源汽车史 ……………………………………… 1
1.2 研发新能源汽车的目的 …………………………… 8

第2章 新能源汽车的技术路线 ……………………………11

2.1 基本技术路线 ……………………………………… 11
2.2 纯电动系统 ………………………………………… 13
2.3 串联式混合动力系统 ……………………………… 14
2.4 并联式混合动力系统 ……………………………… 15
2.5 混联式混合动力系统 ……………………………… 19
2.6 混合动力系统的工作原理 ………………………… 21
2.7 混合动力系统的节油原理 ………………………… 25

第3章 新能源汽车的发动机 ………………………………28

3.1 发动机的基础知识 ………………………………… 28
3.2 卡诺循环 …………………………………………… 30
3.3 发动机常用的循环 ………………………………… 32
    3.3.1 奥托循环 …………………………………… 32
    3.3.2 狄赛尔循环 ………………………………… 35
3.4 发动机的基础指标 ………………………………… 37
3.5 新能源汽车专用发动机 …………………………… 47

第 4 章　新能源汽车的变速器 ………………………… 50

4.1　手动变速器 ……………………………………… 50
4.2　自动变速器 ……………………………………… 52
4.2.1　自动手动变速器 …………………………… 53
4.2.2　液力自动变速器 …………………………… 54
4.2.3　双离合器变速器 …………………………… 54
4.2.4　无级变速器 ………………………………… 56
4.3　变速器的拓扑及结构 …………………………… 57
4.4　液力变矩器 ……………………………………… 60
4.5　变速器档位的确定 ……………………………… 62
4.6　新能源汽车专用变速器 ………………………… 66

第 5 章　新能源汽车的电机系统 ………………………… 70

5.1　电机系统背景简介 ……………………………… 70
5.2　电机的基本原理 ………………………………… 72
5.3　电机的主要部件 ………………………………… 81
5.4　电机的控制原理 ………………………………… 85
5.4.1　直流电机的控制原理 ……………………… 87
5.4.2　交流同步电机的控制原理 ………………… 89
5.4.3　交流异步电机的控制原理 ………………… 100
5.5　电机性能要求及关键指标 ……………………… 105
5.6　电机的测试方法 ………………………………… 107

第 6 章　新能源汽车的电源系统 ………………………… 109

6.1　新能源汽车动力电池系统 ……………………… 109
6.1.1　电池种类及电化学原理 …………………… 111
6.1.2　电池的性能要求 …………………………… 125
6.1.3　电池管理系统 ……………………………… 130

6.2	超级电容器	135
6.3	燃料电池系统	137
	6.3.1 燃料电池发展存在的问题	140
	6.3.2 燃料电池的基础原理	147
	6.3.3 燃料电池的效率	152
	6.3.4 燃料电池的分类	154
	6.3.5 案例——质子交换膜燃料电池	160
	6.3.6 燃料电池气场简介	170
	6.3.7 燃料电池控制系统	176

第7章 新能源汽车的电力电子系统 … 181

7.1	电力电子技术的背景简介	181
7.2	电子元件	183
7.3	开关器件	187
7.4	电子元器件在新能源汽车上的应用	192
	7.4.1 电机控制	192
	7.4.2 变压电路 Buck 变换器	197
	7.4.3 变压电路 Boost 变换器	199
	7.4.4 变压电路 Buck/Boost 变换器	200
	7.4.5 变压电路双向 DC/DC 变换器	201
	7.4.6 新能源汽车的充电器	205
	7.4.7 高压熔断器	208

第8章 新能源汽车的控制技术 … 211

8.1	汽车行驶动力学基础	211
	8.1.1 汽车动力需求	211
	8.1.2 汽车动力性计算	216
8.2	新能源汽车的控制算法	217
	8.2.1 控制理论基础	218

  8.2.2 混合动力系统的控制算法 ………………………………… 226
8.3 **新能源汽车的电子与电控系统** ……………………………………… 230
  8.3.1 传感器基础 ……………………………………………………… 230
  8.3.2 执行机构基础 …………………………………………………… 236
  8.3.3 电控硬件系统 …………………………………………………… 237
  8.3.4 控制系统对输入输出信号的要求 ……………………………… 238
  8.3.5 控制软件的开发 ………………………………………………… 240
  8.3.6 发动机的控制 …………………………………………………… 247
  8.3.7 变速器的控制 …………………………………………………… 256
  8.3.8 智能驾驶系统 …………………………………………………… 261
  8.3.9 电动转向系统 …………………………………………………… 274
  8.3.10 制动防抱死系统 ………………………………………………… 279
  8.3.11 悬架系统 ………………………………………………………… 282

第 9 章　新能源汽车技术的发展趋势 …………… 287

9.1 传统汽车部件的技术更新 ……………………………………………… 287
9.2 可替代燃料发动机 ……………………………………………………… 288
9.3 新能源汽车变速器的发展方向 ………………………………………… 293
9.4 动力总成向分布式方向发展 …………………………………………… 299
9.5 新能源汽车高电压平台系统 …………………………………………… 300
9.6 新能源汽车电机技术的发展方向 ……………………………………… 302
9.7 新能源汽车电池技术的发展方向 ……………………………………… 313
9.8 第三代半导体技术 ……………………………………………………… 317
9.9 人工智能技术在新能源汽车上的应用 ………………………………… 319
9.10 其他技术的发展趋势 ………………………………………………… 322

参考文献 ………………………………………………… 324

第 1 章　新能源汽车的发展史

1.1 新能源汽车史

目前，人们将内燃机看作传统动力源，将电动力源归类为新能源的一种。然而，通过研究汽车发展史可以发现，早期的汽车发展可以用百花齐放来形容。蒸汽动力、电动力（甚至包括混合动力）及各种内燃机（包括汽油、柴油、乙醇和氢等）应有尽有。早在 1769 年，法国人 Cugnot 就发明了第一辆三轮蒸汽车，如图 1-1 所示。当时这款车只被定义为拖动车而非汽车，其应用也是在非道路上（当时的道路还是为马车等畜力车辆设计的）。由于其使用的是蒸汽机，因此被定义为第一款外燃机作为动力的拖动车。该蒸汽车的复制模型如图 1-2 所示。

图 1-1　Cugnot 于 1769 年发明的蒸汽车　　　图 1-2　蒸汽车的复制模型

1860 年，法国工人鲁诺阿尔发明了内燃机，实际上它是一台通过模仿蒸汽机的内燃煤气机。在此之后，内燃机开发蓬勃发展。到了 1885 年，德国的奔驰、戴姆勒、英国的巴特勒和俄国的普契洛夫和夫洛波夫都开发出了汽油内燃机。由于奔驰设计的发动机成功安装到一辆三轮车"Motorwagon"上，如图 1-3 所示，并以 12km/h 的速度行驶。因此，奔驰被誉为汽车内燃机汽车的发明者。1894 年，在这辆三轮车的基础上，奔驰公司制造出世界上第一款量产汽车"Velo"，如图 1-4 所示。

汽车走向市场之后，许多公司都相继推出了自己的产品。除了使用内燃机驱动的汽车外，还出现了新能源汽车，如电动汽车和混合动力电动汽车，如图 1-5、图 1-6 所示。

由于技术成熟度的原因，当时设计的每一款汽车都无法独立主导市场，采用每种技术路线的汽车也都有自己的客户群。当时的汽车市场才刚刚开始，是一个多种车型和多种技术并存发展的时代，如图 1-7、图 1-8 和图 1-9 所示。令人惊讶的是，在目前看来比较先进复杂的技术（如混合动力技术）在那个时代就已经出现，并已用来提升系统的性能，1912

年伍兹公司制造的电动汽车如图 1-10 所示。

图 1-3　奔驰于 1885 年将设计的发动机安装到
三轮车"Motorwagon"上

图 1-4　奔驰于 1894 年制造出世界上第一款
量产汽车"Velo"

图 1-5　1884 年 Morris & Salom 公司制造的
电动汽车

图 1-6　1895 年第一辆现实意义的电动汽车
"Thoms Parker"

图 1-7　1896 年福特制造的 Quadricycle
Roundabout 内燃机车

图 1-8　1901 年 Columbia Victoria 制造的电车

图 1-9　1911 年奥兹比尔制造的 Limited Touring 　　　图 1-10　1912 年伍兹公司制造的电动汽车

在 20 世纪初期，各类型的汽车依然在迅猛地发展，蒸汽、汽油、电动和混合动力等汽车的生产厂家之间互不相让，积极争取自己的客户，汽车价格也相差无几。1912 年，斯坦利公司制造的蒸汽车如图 1-11 所示。1913 年，爱迪生和他的电动车如图 1-12 所示。试验物理学家法拉第发明了电动机，但由于当时使用电池有局限性，导致电动技术路线有了无法弥补的缺点，但汽车市场百花齐放的局面仍然没有被打破。

图 1-11　1912 年斯坦利公司制造的蒸汽车 　　　图 1-12　1913 年爱迪生和他的电动车

到了 20 世纪 20 年代，随着内燃机技术的逐渐成熟，其相对其他技术的先进性也得到了进一步的提升。比如内燃机的输出功率较高、综合成本较低、可靠性和实用性较强等优势，使得搭载内燃机动力源的汽车开始显露出竞争优势，并逐步替代其他能源类型的汽车，其中电动汽车也不能幸免。令人唏嘘的是，内燃机的起动装置和发电机其实也是电气化的产物，但加上这些电气化装置的内燃机却让当时的电动汽车逐渐退出了历史舞台。当然，正是由于内燃机和电机技术的发展，才催生出了混合动力的概念，欧文公司在 1921 年就推出 Magnetic Model 60 混合动力电动汽车，如图 1-13 所示。

图 1-13　1921 年欧文公司制造的 Magnetic Model 60 混合动力电动汽车

加速内燃机在汽车上应用的因素还有当时福特公司推出的流水线生产模式。这种像食品加工一样的工作过程，被成功地应用到汽车生产上。流水线式的生产使得产品一致性、成本和效率都得到了前所未有的提高，使内燃机这种复杂的动力系统有了更强的实用价值。传统内燃机汽车也因此得到了快速的发展，形成了较大的市场优势。

到了20世纪50年代后期和60年代，由于环境的变化与需求（能源节约和汽车尾气排放等需求）及技术（电控系统、电力电子系统等技术）的发展，电气化车辆又被从尘封中拽了出来，重新回到现实应用中。尽管这次回归并没有实现电动汽车的量产化，但人类追求能源多样性的需求一如既往。

Eureeka公司在1959年—1960年间生产了100辆Henney Kilowatt，如图1-14所示，但最终只卖掉了其中的47辆。尽管销量不佳，但Henney Kilowatt确实是这个时期最有发展前途的电动汽车。它每次充电可以行驶约64km，最高车速为64km/h。其经过改进后的1960年款，每次充电可行驶约97km，最高车速为97km/h。这个指标在当时已经非常不错了。同时，美国的福特汽车公司和通用汽车公司也都相继推出其电动车型。例如，福特公司于1958年推出的Nucleon，如图1-15所示。通用汽车公司于1964年推出的Electrovair 1，如图1-16所示。

图1-14　1959年Eureeka公司生产的Henney Kilowatt

图1-15　1958年福特公司推出的Nucleon

图1-16　1964年通用公司推出的Electrovair 1

日本的丰田汽车公司也早在1967年就推出了它的第一款混合动力电动汽车——Toyota S-800，如图1-17所示，这是一款只有两个门的电动跑车。虽然其市场反应不如预期，但可以看出，电动化在除美国和欧洲外的其他国家的汽车厂商中都得到了较高的重视。

能源问题、环境污染以及电子技术的发展是这一轮汽车电动化的主要支持和需求来源，同时也是汽车工业发展的又一轮进程。虽然这次汽车电气化的过程不长，但仍然使人们意识

图1-17　1967年丰田汽车公司推出的Toyota S-800混合动力电动汽车

到在除传统的内燃机之外，其他能源仍然有可能成为燃油的替代者。

自从 Kilowatt 公司首次将晶体管应用到汽车上，电力电子工业的发展极大地推动了电动汽车的发展。全球各大汽车厂商，如通用汽车公司等，竞相推出了多款纯电动、燃料电池和混合动力电动汽车。福特汽车公司甚至研发了一种核能量驱动的概念汽车——Ford Nucleon。当然，受技术、成本和安全性的限制，这款汽车至今也无法实现量产。通过原子反应堆裂变从而产出能量，并通过电驱动系统传输动力，同时需要和驾驶人之间实现控制平衡，这些功能实现起来是非常困难的。但我们不得不被当时工程技术人员的大胆与创新精神折服。

到了 20 世纪 70 年代，世界石油危机出现。阿拉伯国家减少了石油的输出量，有些国家甚至对一些工业国家施行石油禁运。可替代能源又一次成为汽车行业的热点，多种设计和研发同时展开，汽车市场上甚至出现了 6 个轮子的混合动力电动汽车，如图 1-18 所示。

这种 6 个轮子的混合动力电动汽车由 Briggs&Stratton 公司生产，使用了一款小型汽油机，同时用电机来驱动中间轴。汽车后面的 4 个轮子主要用来承受车载电池的质量。

图 1-18　Briggs&Stratton 的 6 个轮子的混合动力电动汽车

另外，AMC 公司于 1975 年推出了电动汽车——Electric Jeep，如图 1-19 所示。同一时期，德国大众汽车公司在德国政府的帮助下，也开发出了电动和混合动力车型，其中比较有名的是混合动力电动汽车 City Stromer，如图 1-20 所示。

图 1-19　1975 年 AMC 公司推出的电动汽车 Electric Jeep

图 1-20　德国大众汽车推出的混合动力电动汽车 City Stromer

后来，随着石油危机的结束，原油的价格在 1982 年达到顶点之后一路下跌，汽车公司对替代能源的研究逐渐失去了动力。可以想象，当人们能够享受与饮用水差不多价格的汽油时，就很难有动力去研究汽油的替代品了。

20 世纪 80 年代后期，空气污染问题在美国被反复提出，并达到前所未有的重视程度，以加利福尼亚州为中心的新一轮节能减排需求开始萌芽，并逐渐扩展到其他地区。减少排放与节省原油变得同样重要，新能源技术和尾气处理技术开始受到人们的广泛青睐。

20世纪90年代的汽车新能源市场可以说是变幻莫测，不仅受经济大环境影响，原油自身的价格也在波动，对大多数的汽车厂商来说，发展新能源混合动力的战略变得更加难以确定。许多公司采取主动出击的措施，积极研发新能源汽车以应对随时可能出现的石油价格波峰和国家排放法规的限制。例如，日本的丰田和本田公司在20世纪90年代后期，当汽油价格跌到低谷时，仍然坚持对新能源混合动力的研究。还有一些公司则采取观望跟随的策略，虽然不进行大规模生产，但已经做好了技术储备以便在市场需要时及时跟上客户的需要，如图1-21～图1-24所示。

图 1-21　1997 年通用公司生产的 EV1

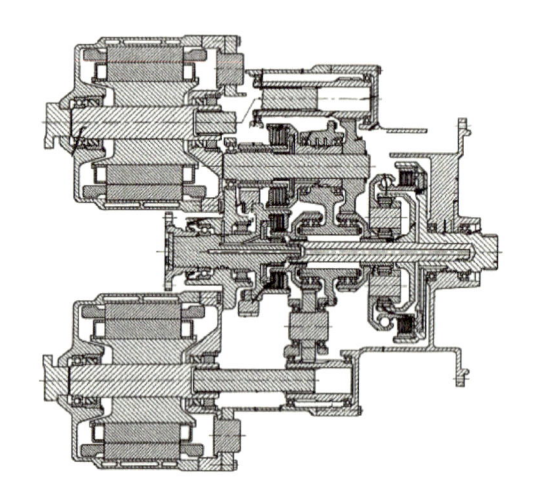

图 1-22　埃里森公司生产的电动变速器

图 1-23　1997 年丰田普锐斯混合动力电动汽车

图 1-24　1999 年 Honda Insight IMA Hybrid

2011年，三菱汽车公司推出的iMiEV成为首个销量超过1万辆的电动汽车，如图1-25所示。但仅在数月后，日产Leaf便取代了iMiEV成为史上最畅销的纯电动汽车，如图1-26所示。

如图1-27所示，2011年特斯拉Model S横空出世，其外观精致，单次充电后可行驶约483km，4.2s内可加速至97km/h，最高车速为209km/h。这款新能源汽车在全世界范围内一度热销，其商业模式和技术路线都给汽车界带来了巨大的震动。在此之后，奥迪也于2015年推出了纯电动超级跑车R8，如图1-28所示。

图 1-25　2011 年三菱汽车公司推出的 iMiEV

图 1-26　日产推出的纯电动汽车 Leaf

图 1-27　2011 年特斯拉 Model S

图 1-28　2015 年奥迪 R8 纯电动超级跑车

随着 AI 的崛起，自动驾驶技术也在新能源汽车上得到了长足的进步。特别是图形处理器（Graphic Processing Unit，GPU）和神经网络的发展，为自动驾驶技术提供了技术保障。通用汽车于 2016 年发布了 Volt 版的自动驾驶汽车，如图 1-29 所示。大众于 2022 年发布了自动驾驶汽车 GEN.TRAVEL，如图 1-30 所示。

图 1-29　2016 年通用汽车公司发布的第一款自动驾驶电动汽车 Volt

图 1-30　大众于 2022 年发布的自动驾驶概念车 GEN.TRAVEL

我国在新能源汽车的发展中一直走在世界的前列。在工信部注册的新能源汽车公司已多达百家。在 2023 年的慕尼黑汽车展上，我国新能源汽车大放异彩。比亚迪、蔚来、上汽、吉利等都推出了各自的产品，并引起了业界的广泛关注。可以看出，新能源汽车的竞赛才刚刚开始，未来的汽车将会使用更多种类的能源，系统也将会变得更加复杂。子系统的成本将会进一步降低，同时轻量化也会成为一个重要的关注点。另外，智能汽车、智能交通以及汽车电子商务也将成为汽车发展的主流。图 1-31 所示为小米汽车在 2023 年首次发布的纯电动汽车 SU7。图 1-32 所示为比亚迪发布的海鸥纯电动车型。

图 1-31　2023 年小米汽车发布的纯电动汽车 SU7　　图 1-32　2024 年比亚迪发布的海鸥纯电动车型

1.2　研发新能源汽车的目的

能源分为可再生能源和不可再生能源，前者包括太阳能、水力能、风能、生物质能、波浪能、潮汐能和海洋温差能等，它们是自然界可以循环再生的能源；而后者是在自然界中经过亿万年形成的，一旦消耗掉，短期内无法恢复，随着大规模的开发利用，其储量会越来越少，包括煤、原油、天然气、油页岩等。

如图 1-33 所示，世界石油的储量会在一段时间之后枯竭。英国石油公司 BP 对全世界石油能源的总量和可使用时间做了预测分析，结果表明，石油的世界平均使用时间大约为 50 年，其中欧洲和亚洲使用时间最少，只有十几年。因此，可能仅仅十几年之后，我国就会出现较大的石油危机。如图 1-34 所示，开采储量的增加远远落后于对石油需求的增长。特别是亚太地区的许多发展中国家对原油的需求远超其他地区。这种能源消耗的地域性不平衡，将对我国的工业和经济发展十分不利。

当然，这个预测仅仅是基于当时现有的数据，随着开采和提炼技术的不断提高，新的油气和煤田会被不断发掘出来，这个数字也会不断更新。但不可改变的一个趋势是，这些不可再生能源总有一天会被消耗尽，我们必须在这种情况发生之前，找到应对的方法。

石油一般被认为是由地层中的有机物质"油母质"，经过地温长时间的熬炼，一点一滴地生成而浮游于地层中。由于浮力的关系，石油在水中每年缓慢地沿着地层或断层向上移动。直到受到不透油的封闭地层阻挡而停留下来。当封闭地层内的石油越聚越多时，就会在一定区域形成油田。石油经过加工可以变成柴油、汽油和其他石油的衍生物，在工业上具有巨大的价值。因此，石油通常被称为工业的黑色血液。当石油能源越来越少，但人们对它的需求却越来越大时，可替代能源和新能源就显得尤为重要。

第1章 新能源汽车的发展史

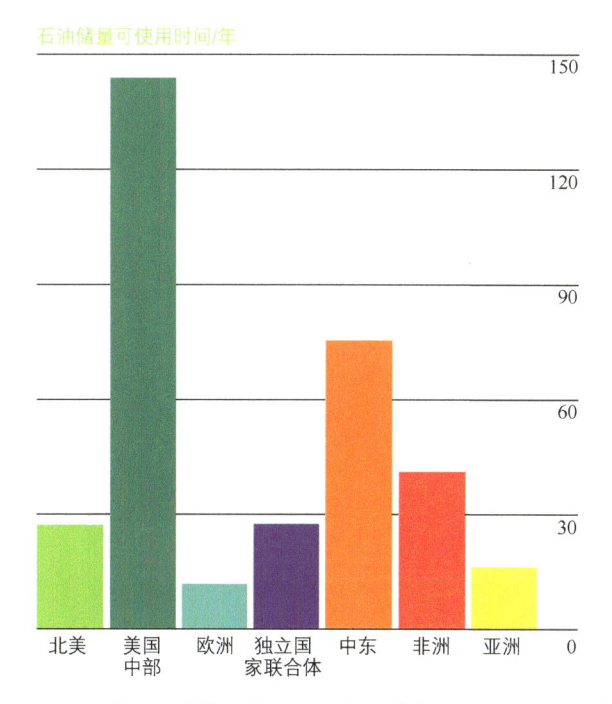

图 1-33 世界石油能源的可开采年限（英国 BP 公司数据）

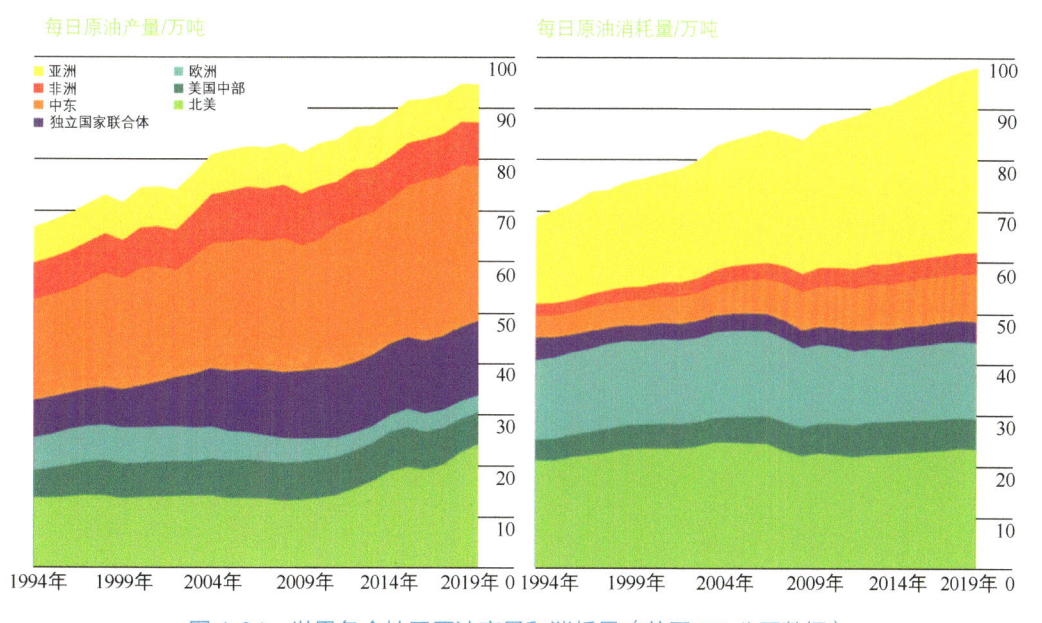

图 1-34 世界各个地区原油产量和消耗量（英国 BP 公司数据）

石油不仅对国家的工业很重要，而且对国家的经济、军事、政治等都会产生巨大的影响。能源独立和对全球范围内有限能源的控制，都会上升到一个国家的战略高度。

我国从 2009 年起，石油的进口量就超过了自产量，能源对外的依存度随着工业的发展越来越高。到 2014 年底，我国约 60% 的石油被汽车所消耗。如果这时，原油供给被切断，我国的运输业和工业等都会受到致命打击，进而会影响到整体经济、政治、军事和国家安全。因此，从宏观角度来讲，能源独立已经到达了国家不可忽视的战略高度。我国石油的主要用途如图 1-35 所示。

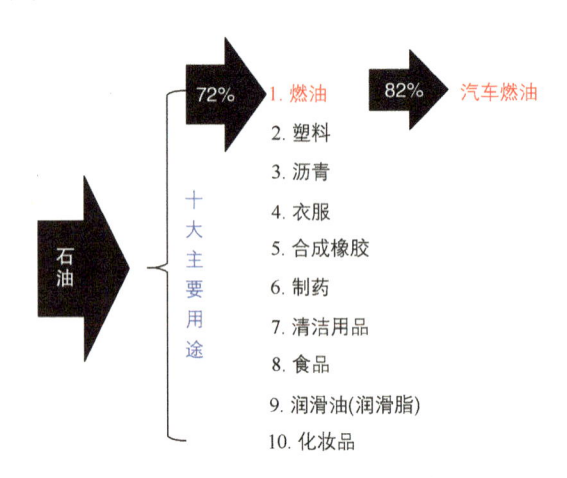

图 1-35　我国石油的主要用途

同时，我国政府一直在着力解决环境和民生问题，我国城市曾一度受到细颗粒物（PM2.5）超标的困扰。北京环保局发布的数据显示，造成细颗粒物污染的主要原因有3个，即燃煤污染、机动车排放、工业污染和扬尘。众多权威机构对北京市 PM2.5 的来源发表过研究结论，多数认为机动车的"贡献率"在 20%～30%。另外，作为有社会责任的全球第二大经济体，我国的大国责任也是义不容辞。

另外，我国汽车产销量和保有量都连续多年位于世界第一，金属、橡胶、化工、电子和公路等汽车产业的连带产业，对国家经济至关重要，是带动中国工业实体经济发展的重要一环，对整个国家的 GDP 有很大的影响。由于我国传统汽车工业底子薄，所以从传统汽车的角度与其他国家竞争，我国不具优势。由于新能源汽车使用全新的动力系统，各个国家的起点差距较小，容易"换道超车"。因此，新能源汽车的研发对于我国汽车工业发展意义重大。

第 2 章 新能源汽车的技术路线

2.1 基本技术路线

新能源汽车技术路线的示意图如图 2-1 所示。早期的汽车电动技术路线被以汽油、柴油机为主的内燃机技术路线取代后，经过了许多年的发展，新能源汽车技术重新受到重视。由于电池技术的局限性，最先产业化发展的是混合动力系统。但随着电池技术的发展，含有纯电动模式的插电式混合动力系统也逐渐发展起来。当然，纯电动系统对动力电池有着很大的依赖性，而电池能量密度、充电速度和基础设施（充电设施等）的不完善，使得纯电动系统的产业化发展需要一定的时间。目前，随着电池技术的发展，电动汽车已经进入了快速发展时期。同时，氢燃料电池也得到业界的广泛重视，甚至被认为是新能源汽车最理想的动力源。那么，作者大胆猜测，今后相当长的一段时期，汽车动力系统的技术路线应该是传统发动机、动力电池和燃料电池及高效电驱动系统（电机、变速器、车桥等总成系统）共存的局面。

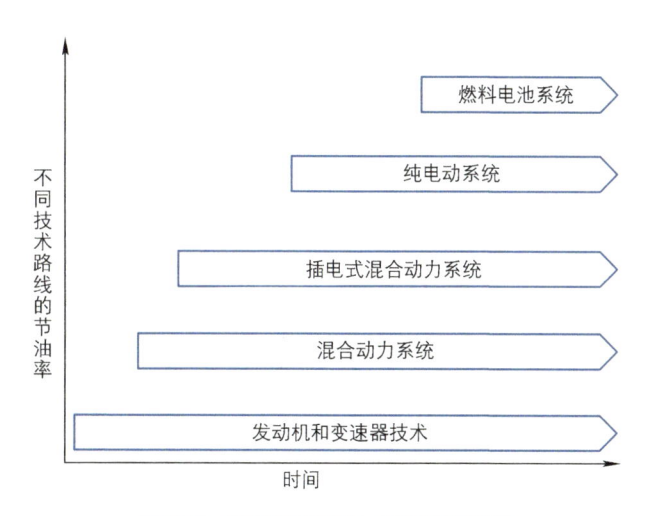

图 2-1 新能源汽车技术路线示意图

目前，较为权威的新能源汽车的定义是国家工信部在其发布的《新能源汽车生产企业及产品准入管理规则》中所规定的：采用新型动力系统，完全或者主要依靠新型能源驱动的汽车，包括插电式混合动力（含增程式）电动汽车、纯电动汽车和燃料电池电动汽车等。图 2-2 所示为按此定义形成的分类示意图。

（1）混合动力电动汽车　早期的混合动力电动汽车的概念是指由两种或两种以上的动

力源驱动的汽车，这个概念并不严谨，如果一个人和一匹马同时拉一辆车，按照这个概念，也可以称为混合动力电动汽车。于是，人们又加入一个条件，即在这些能量源中，其中一种是可逆的。这样就把其中的一个能量源做了限制，比如只有电能、势能和压力变形能等能量形式才符合条件，其余的能量源就不符合了。

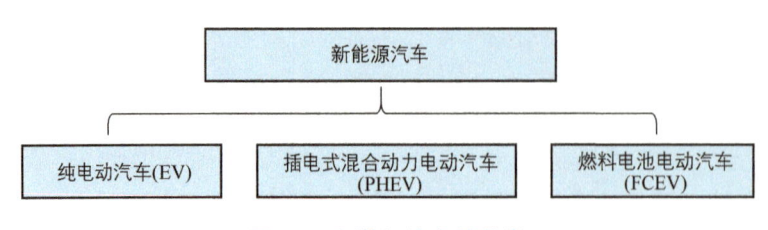

图 2-2 新能源汽车的分类

在现代混合动力电动汽车中，把由原油或其生成物（汽油、柴油、可燃气等）和电力与储能系统组成的汽车称为混合动力电动汽车（Hybrid Electric Vehicle，HEV）。

1）按照对电动系统依赖程度的不同，混合动力电动汽车可以分为：

① 强混：能够单独依靠电动系统（在一段时间、一定距离内）实现纯电动驱动全工况状态。

② 弱混：非强混的混合动力电动汽车基本都可以称为弱混汽车，其特点是仅凭借新能源部分无法单独完成整车的循环工况。

2）根据续驶能源的来源，混合动力电动汽车又可以分为：

① 插电式混合动力电动汽车（Plug-In Hybrid Electric Vehicle，PHEV）：汽车可以通过电网向车载的储能系统充电，这部分电能可以用于先期续驶。在这部分电能用完后，系统进入传统混合动力状态。

② 增程式混合动力电动汽车（Extended-Range Electric Vehicle，EREV）：纯电动系统的电池用电量大、充电点分布不均、充电时间较长，汽车在电池的能量消耗完之后（纯电动模式），就失去了续驶能力。如果在汽车上加入一个发电装置，就可以在车载电能不足的情况下，靠自身发电来弥补电能，从而满足长续驶里程的要求。通常，辅助发电的能源由与动力总成连接的增程器（由传统能源内燃机带动发电机发电）提供。

（2）纯电动汽车　纯电动汽车（Electric Vehicle，EV）是拓扑结构最为简单的新能源汽车技术路线，汽车的所有运行工况仅依靠车载电能完成，没有其他能源（如发动机）的加入，而驱动执行也只由驱动电机完成，驱动方式包括前置前驱、前置后驱、后置后驱和四驱等。

（3）燃料电池电动汽车　燃料电池电动汽车（Fuel Cell Electric Vehicle，FCEV）中的燃料电池是通过氢分子和氧分子结合，在形成水的过程中释放出电子，而电子经过电力电子系统给驱动电机输送能量以驱动汽车行驶。从这个角度来看，燃料电池电动汽车实际上属于增程式混合动力电动汽车的范畴，只不过其电能是由氢和氧化学作用后产生的。需要注意的是，燃料电池虽然被称为电池，但其本身只是具备了发电能力，并没有电力储存的能力，其储存的反应物为氢气和氧气。

2.2 纯电动系统

早期的汽车技术路线中就有纯电动系统，只不过当时只能使用一次性电池作为电源。在汽车行驶过程中，一旦一次性电池的电量耗尽，就得扔掉该电池，并换上一块新的电池。可充电铅酸蓄电池的出现在一定程度上加速了电动汽车的发展，可再充电使得电动汽车的使用成本和方便性也有所改善。

后来，随着二代铅酸蓄电池和镍氢电池价格的下降（铅酸蓄电池在我国的销售价格基本上是批产的价格），使得低速电动汽车在许多地区得到了广泛应用。但铅酸蓄电池存在许多问题，如能量密度低、污染性高、使用温度受限、无法快充快放和无法深度放电等问题。同时，镍氢电池也有能量密度低和固有记忆性的问题。所以后来出现的性能较好的锂离子电池成为了电动汽车的主要动力源。但是，锂离子电池高昂的价格和安全可靠性仍然是所有汽车厂家所面临的问题。

纯电动汽车按驱动结构可以分为前驱、后驱和四驱3大种类，如图 2-3 所示。其中，变速器在许多架构中被主减机构所代替。特别是在低速纯电动汽车中，这种结构非常普遍。主要原因有两点：一是纯电动汽车的最高车速受到国家政策及法规的限制；二是因为电机的最高转速比传统发动机要高。因此，动力系统加上一个减速装置就可以满足最高车速的需要。图 2-4 所示为纯电动系统的能量流，可以看出，机械能和电能是分开、解耦的。

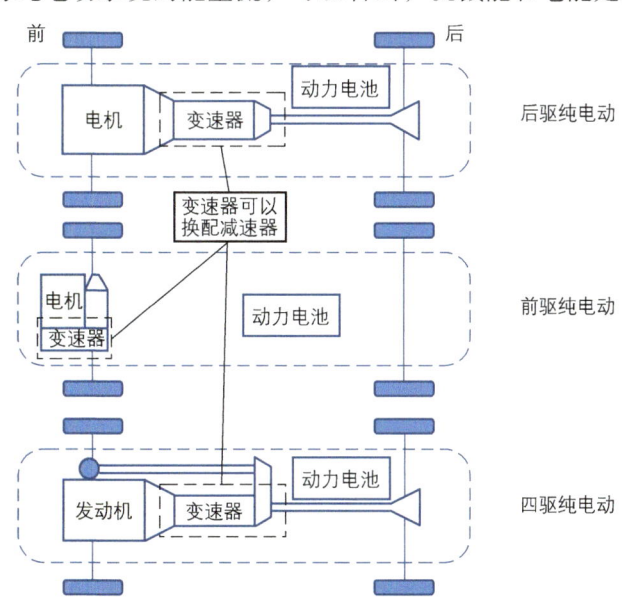

图 2-3 纯电动汽车的 3 种典型架构

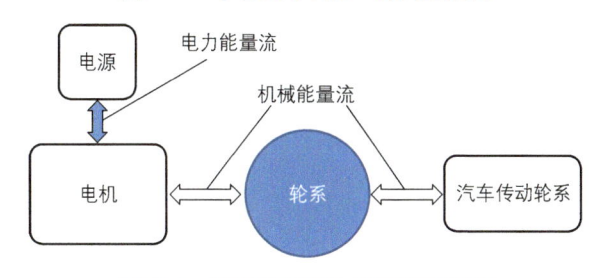

图 2-4 纯电动系统的能量流示意图

2.3 串联式混合动力系统

串联式混合动力系统理论上还包含增程系统，当然两者也有一定的区别。增程系统特指使用增程器本身所发出的电量，当其无法独立支撑汽车的全部循环工况时，动力系统的主要动力源则来自配套的电池系统。因此，增程系统也可以被称为纯电动系统的一个变种。例如，我国在新能源汽车补贴时代，增程系统就是按照纯电动系统进行补贴的。

串联式混合动力系统的配置需要保证仅靠发电系统就可以支持汽车全工况运行，其结构为发动机与发电机一体化集成为发电机组，也叫辅助动力单元（Auxiliary Power Unit, APU）。APU与驱动电机和储能元件共同构成了电驱动系统。该系统的工作原理比较简单，系统的主要能量来自于发动机本身。发动机运行时，带动发电机发电，由于储能元件容量较小，大部分电能会通过另一套逆变器和驱动电机转换为机械能，并通过传动系统带动车辆行驶。

由于很少有不带储能元件的串联式混合动力系统，所以串联式混合动力系统也可以称为插电式串联系统。其控制模式是：当储能元件的电量较多时，系统的主要动力源来自于动力电池，即最开始的驱动模式是纯电动模式；当储能元件的电量不足时，发动机介入并带动发电机补充电量（可以直接供驱动电机驱动，也可以给储能系统充电，还可以两者同时进行）。

如图2-5、图2-6所示，发电机有时也可以作为发动机起动的装置，所以这个电机又叫作起动和发电集成电机（Integrated Starter and Generator，ISG）。但是，在一些动力系统中，还保存着原有的起动电机用于起动发动机，所以图2-6中发电机到发动机的机械能量流的连线是虚线。

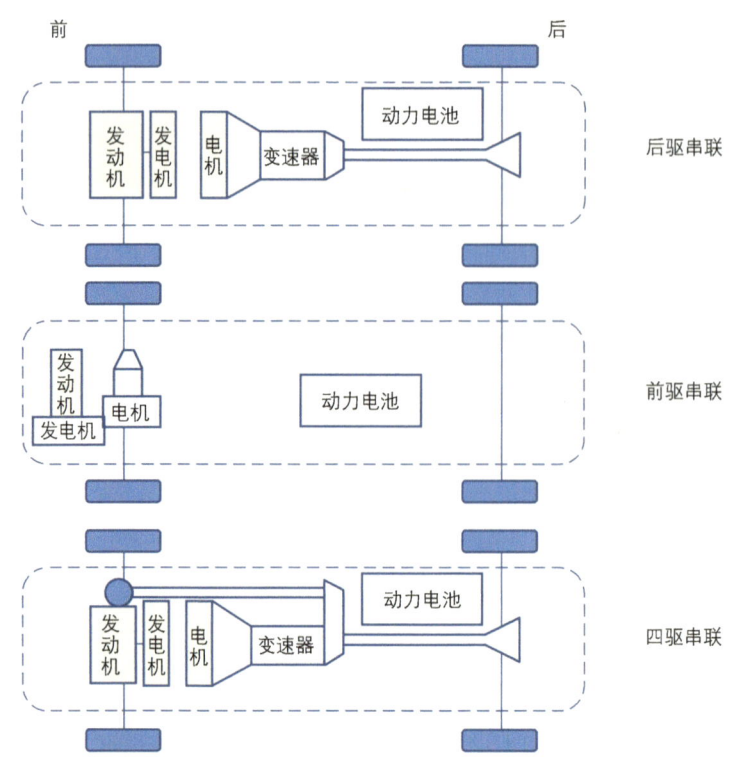

图2-5　串联式混合动力电动汽车的3种典型架构

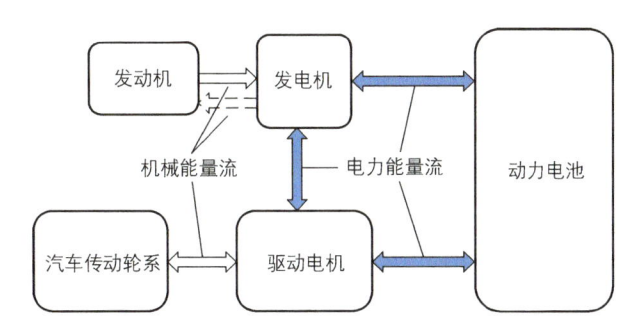

图 2-6　串联式混合动力系统能量流示意图

在串联式混合动力系统中，发动机带动发电机发电，将机械能转化为电能，经过逆变系统输送给电源充电。还可以将发电机直接接到驱动电机上用于驱动车辆行驶（如果将发电机的三相电直接接在驱动电机的三相电上，只要电机间电气匹配，也可以直接驱动，但是无法实现变频控制，所以两个电机中间还是要加上整流和逆变系统）。当汽车行驶过程中产生的某些能量可以进行回收时（下坡或制动等情况下），机械能从汽车轮系传回，带动驱动电机形成反相转矩，并通过反相电动势形成反相电流，这个电流可以通过逆变系统传回电源进行充电。当电源电量较多无法进一步充电时，这部分电量可以通过发热耗散掉，还可以通过电力或机械卸载掉。电力卸载可用电力卸载电路（Electric Dump Circuit，EDC）通过功率电阻发热耗散。机械卸载可以用倒拖发动机来实现。需要注意的是，在进行电量卸载时，要考虑动力系统的热管理和安全可靠性，以免发生器件过热或损坏。

在串联式混合动力系统中，发动机的运行相对独立，其速度和转矩可以实现分别控制，这样就可以选择在发动机和发电机共同的高效区工作，而驱动部分则根据传动需求适配高效的驱动电机即可。另外一种较为简单的控制方法是恒定发动机转速控制，这样可以产生比较固定的反电动势发电，虽然控制方法简单，但并不能保证发动机在每个功率下都能达到最优控制，所以效率会低一些。

2.4　并联式混合动力系统

图 2-7 给出了不同的并联式混合动力系统构造，顾名思义，并联就是将发动机和电机的机械输出用轮系系统并行地连接在一起。其中，发动机燃烧燃料通过曲轴、连杆等机械装置将热能转化为旋转机械能；而驱动电机则通过接通电源，应用电磁原理将电能转化为旋转机械能从而输出功率。这两种旋转能量通过复杂的、可控的轮系系统耦合在一起，形成能量流的并联式输出，最终驱动汽车行驶，如图 2-8 所示。这里所指的可控性通常需要离合器来完成。离合器既可以实现对某一装置能量流的通断，还可以实现两股机械能的解耦或耦合，从而形成多种运行模式。比如发动机直接驱动、电机直接驱动、发动机驱动并带动发电机发电、电机起动发动机和电机直接驱动并起动发动机等状态，都是需要离合器参与实现的。

在并联式混合动力系统中，电机所处的位置不同，系统的结构定义也有区别，一般分为 P0～P4 等 5 种架构。其中将电机直接和发动机连接的架构有两种，即 P0 和 P1 架构。将小型电机配套在发动机前端的属于 P0 架构，如图 2-9 所示。

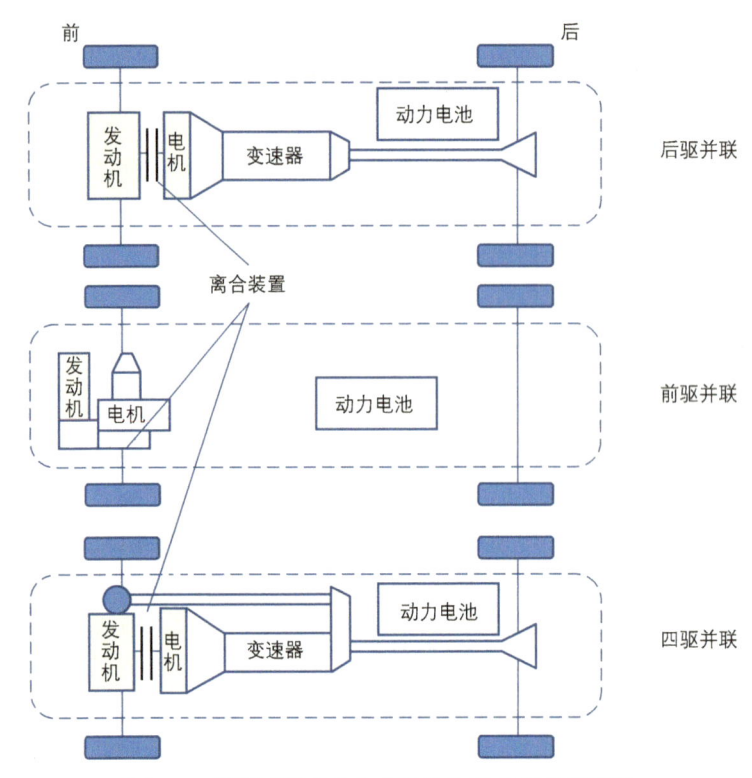

图 2-7 并联式混合动力电动汽车的 3 种典型架构

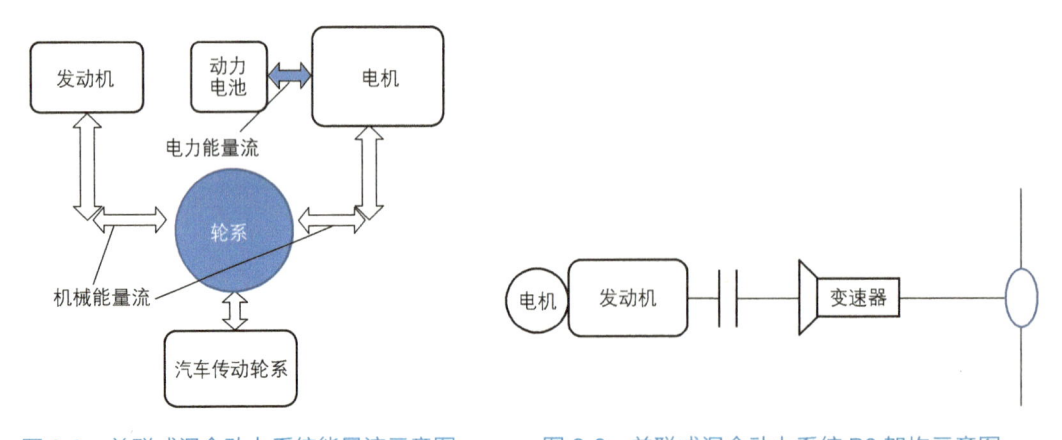

图 2-8 并联式混合动力系统能量流示意图　　图 2-9 并联式混合动力系统 P0 架构示意图

电机和发动机直接连接有多种方式，比如美国通用汽车的 BAS 系列，将电机通过皮带轮和发动机的轴系直接连接，形成扭力叠加；还有通过取力器将发动机和电机进行扭力连接；或者将发动机和电机进行同轴并联，使得扭力直接耦合。但是，无论电机和发动机的相对位置是什么，它们的共同特点都是发动机和电机的直接相连，中间没有其他的部件作为耦合环节。对于这种系统，由于有外力的直接接入，发动机的轴系等部件需要进行特殊处理。比如对于 BAS 系统，电机通过皮带轮和发动机的曲轴连接，这样就会对发动机的曲轴形成不平衡的作用力，当这种力达到一定程度时，会对发动机轴系产生损坏甚至发生断轴等恶性事故。

如果电机安装在发动机的后面，这种架构就被称为P1架构，如图2-10所示。发动机和电机一般是直接同轴连接，但其对转矩、速度和工作模式等的限制也较为明显。电机和发动机必须在各种特性上有较好的匹配才能保证运行效果，而发动机的振动和热传递使得P1架构中的电机功率不会太大。P1架构的优势是其控制方式较为简单，比较容易实现，但受到功率和体积的限制，大多应用于中度和轻度混合动力系统。

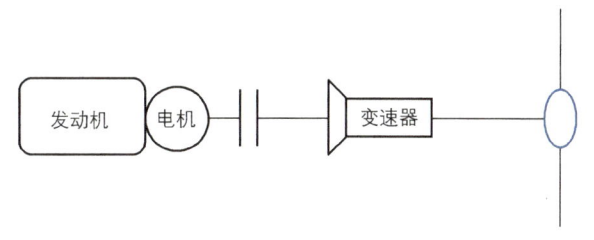

图 2-10　并联式混合动力系统 P1 架构示意图

P0和P1架构虽然结构简单、成本较低，但其节油效果并不理想，因此出现了P2架构。P2架构将电机放在发动机和变速器之间，如图2-11所示。电机和发动机没有直接通过机械连接，二者中间通过离合器隔离，而电机和变速器通常可以直接通过机械连接（也可以加上离合器作为机械解耦装置）。电机在P2架构中对发动机有着拖动（起动状态）作用，发动机也可以直接拖动电机发电或将转矩直接传输出去。另外，在发动机断开时，电机可以通过电源提供的电能实现纯电动驱动。由于变速器有变转矩和变速度的功能，因此P2架构中可以使用功率相对较小的发动机和电机，从而使得系统体积小、质量小，且有成本优势。因此P2架构在并联式混合动力系统中所占的比例是最大的。

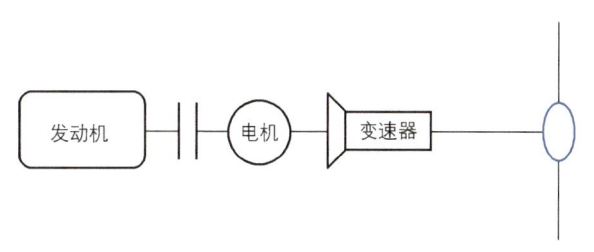

图 2-11　并联式混合动力系统 P2 架构示意图

P3架构是将电机放置在变速器和输出轮系之间，如图2-12所示。P3架构使得电机和发动机不仅可以实现解耦，而且通过变速器的变速和变转矩作用，还可以使电机和发动机在不同工况下都工作在高效区。由于发动机的转速通常低于电机的转速，因此它们的高效区也是不同的，如果简单地将两者同轴并联起来，很难将两者的高效区重叠，将导致发动机和电机不能协调工作。在选择动力源参数时，一般将发动机和电机进行一定的匹配。当车辆开始行驶时，让电机在低速和怠速区运行；当车辆行驶超过一定速度后，起动发动机进入发动机直驱和混合动力模式。当然，这样的运行模式需要综合考虑电源的状况和转矩的需求。因此，从功能上讲，P3架构可以使车辆实现发动机直驱、混合动力和纯电动等多种运行模式。

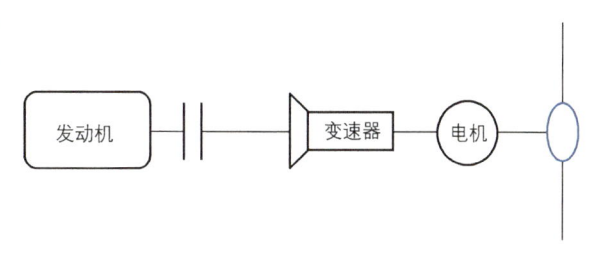

图 2-12　并联式混合动力系统 P3 架构示意图

P4架构是将电机安装在驱动轴上以实现直接驱动，如图2-13所示。其结构和功能同前文介绍的P3架构相似，只是电机的位置稍微有所不同。P4架构一般需要在车桥上进行改动，而P3架构则不需要。P4架构可以衍生出后桥独立驱动的纯电动或四驱模式，通过对后桥电机的独立控制，可以实现后轮直接驱动或与前轮驱动一起形成四驱模式。

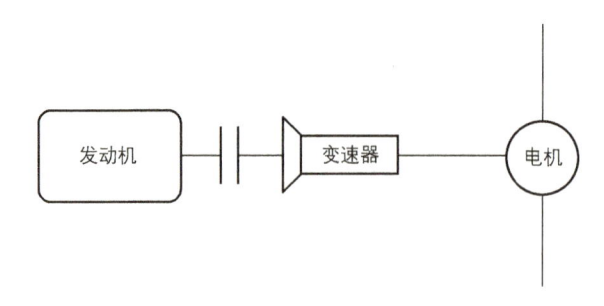

图 2-13　并联式混合动力系统 P4 架构示意图

这 5 种不同的并联式混合动力系统，每种都有自己的优势和不足，在配套设计时，要根据车辆的具体需要酌情定制，以达到最优的性能和节油效果。目前，P2 构架在商用车上使用较为广泛；P4 的电驱动桥也有一定的用户基础，它也可以通过机械解耦实现四驱模式；P0 架构由于其成本优势，在乘用车上逐渐得到行业认可，在我国已经得到了一定程度的应用。

下面本书对串联式混合动力系统（以下简称为"串联系统"）和并联式混合动力系统（以下简称为"并联系统"）做一个功率的分析对比。假设发动机的输出功率为200kW，那么对于串联系统来讲，其发电机和驱动电机的功率需要和发动机相匹配，即发电机也需要200kW 输入功率；如果假设发电机的效率为 90%，那么发电机的最大输出功率为 180kW；如果电源的最大功率为 100kW，那么驱动电机的输入功率可以达到 280kW。假设电机效率为 90%，这样轴系的最大输出功率为 252kW，如图 2-14 所示。

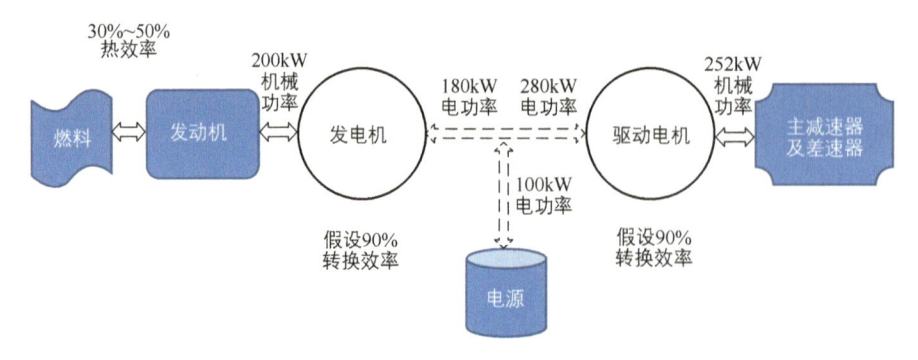

图 2-14　串联系统功率分配图

在并联系统中，如果发动机的输出功率同样为 200kW，而电源的输出功率同样取 100kW，那么电机的输入功率匹配就仅为 100kW，如果其效率为 90%，则电机的输出功率为 90kW。在齿轮系上，发动机的输出功率和电机的输出功率可以进行叠加，如果齿轮系的效率能够达到 95%，系统的输出功率将达到 275kW，如图 2-15 所示。因此，从功率分配的角度看，并联系统只用一个电机，而且电机的功率等级要比串联系统小得多。而且并联系统输出的总功率（275kW）要高于串联系统输出的总功率（252kW）。从这个角度分析，并联系统相比串联系统有一定的优势。串联系统的整体效率要低一些，主要是由于串联系统的能量要经过两次转换，即第一次的发动机机械能转换成发电机的电能和第二次的驱动电机的电能转换成机械能并输出。

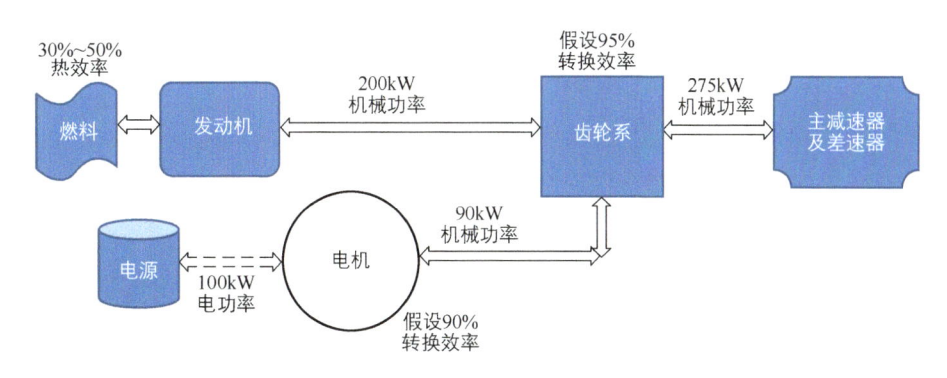

图 2-15 并联系统的功率分配图

在串联系统中，发动机和发电机相连，而发电机和驱动电机之间没有机械连接，因此发动机可以做功率跟随控制，其转速和转矩允许以不同的方式匹配，而不必和汽车行驶速度保持一定的比例关系，有助于提高发动机的运行效率。

在并联系统中，发动机和电机通过机械装置（比如齿轮系）实现机械连接，如果齿轮系存在速比，发动机和电机的功率就可以实现在一定范围内的独立性；如果其间配有离合器，就可以实现发动机、电机和输出轴之间的完全机械解耦，从而实现独立运行，因此动力系统的灵活性可以大大提高。

2.5 混联式混合动力系统

除了串联系统和并联系统架构外，还有一种是综合了串并联两种技术路线的系统——混联式混合动力系统（以下简称为"混联系统"），其机械能量流和电力能量流是相互并行的，同时系统又存在一个能量流的串联状态，因此混联系统可以很好地利用两种架构的优势，在不同的驾驶循环状态下，通过选取合适的控制逻辑，实现最优控制。混联式混合动力汽车的 3 种典型架构如图 2-16 所示。混联系统在乘用车和商用车两个领域都有较为广泛的应用，但两者的实际架构又有明显区别。在乘用车领域中，混联系统利用行星齿轮系的多自由度特征（太阳轮、齿轮和齿圈三个自由度）形成电机、发动机和传动系统的功率输入、输出和分配。目前业界比较成功的应用案例是丰田汽车的普锐斯和通用汽车的沃兰特。行星齿轮系通过离合器的控制，可以将两种机械能量源结合或分离，因此这种系统也叫作功率分流系统（Power Split System），其能量流示意图如图 2-17 所示。

对于商用车来说，由于大型行星齿轮系的制造难度、成本、控制复杂度、产品可靠性等都存在问题，同时由于单车的销量也较少，因此许多公司开发出了简化版的混联系统。虽然这个系统也由两个电机和一个发动机组成，但它们不是通过行星齿轮系联接，而是通过离合器或一个变速器联接。这样不仅解决了算法逻辑、成本和可靠性等方面的问题，同时系统的结构也相对简单，易于实现。但由于行星齿轮的变速功能被删减，造成整体功率在传递过程中，转矩和速度的变化程度受限，因此这种简化版的混联系统仅适用于车速不高和转矩变化不大的商用车上。

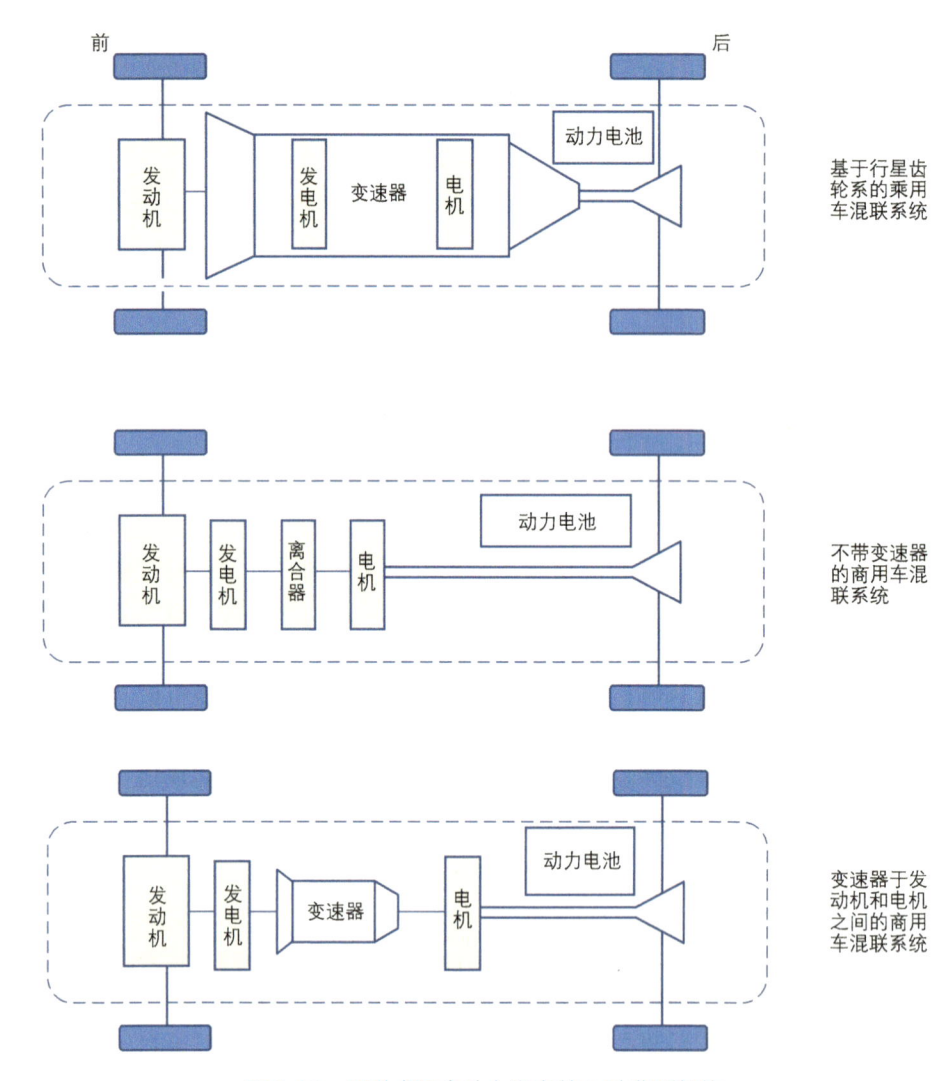

图 2-16 混联式混合动力汽车的 3 种典型架构

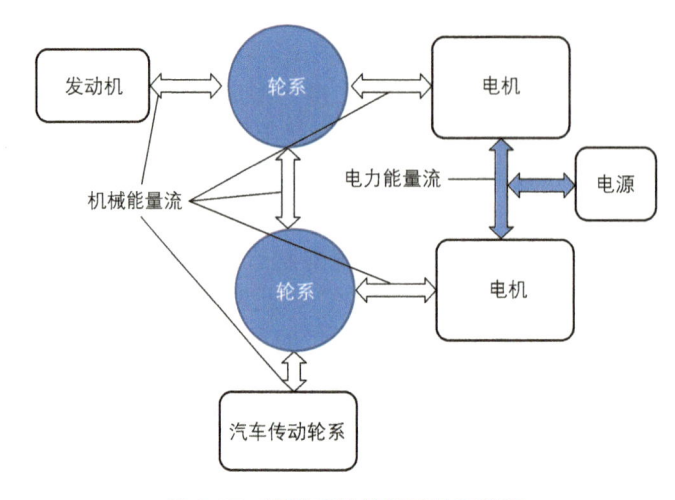

图 2-17 混联系统的能量流示意图

从图 2-17 中可以清楚地看出两个路径：一个路径是机械能量路径，用发动机经过两套齿轮系统将能量传递出来；另一个路径是电气路径，第一个电机和第二个电机通过电力系统与电源连接。两个路径相互独立且平行，因此混联系统实际上可以看作是并联系统与串联系统的融合体。在控制应用方面，混联系统可以采用串并联系统的优点进行控制，同时可以规避它们各自的缺点，以达到最优的控制效果。

2.6 混合动力系统的工作原理

如图 2-18 所示，混合动力系统是由一系列的齿轮系将发动机和电机及车辆输出齿轮系连接，发动机带动变速齿轮，通过齿轮系和电机 1（发电机）连接。同时，齿轮系连接输出齿轮系，而输出齿轮系的另一边连接电机 2（驱动电机）。输出齿轮系最后通过差速器将功率传递到车轮，驱动车辆行驶。在图 2-18 中，逆变系统和电源系统没有表示出来，但在实际车辆上，这两个部分是存在的。

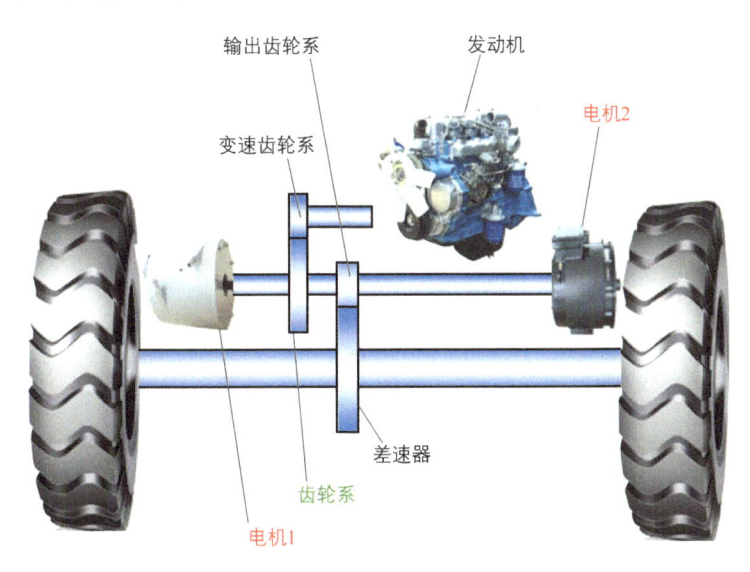

图 2-18 混合动力系统的动力连接示意图

在混合动力系统中，发动机的输出功率由齿轮系进行分配，从图 2-19 可以看出，输入功率可以向两个方向传递，一个方向是流向电机 1，形成发电组；另一个方向是流向输出齿轮系，经差速器直接将功率传递给驱动轮。对于乘用车的应用，齿轮系通常是行星齿轮系；对于商用车的应用，大部分使用变速器齿轮作为功率分配装置。

（1）机械直驱模式　混合动力系统有多种驱动模式，其中最简单的驱动模式是机械直驱模式，如图 2-20 所示，它是将机械功率直接由齿轮系从发动机传递到输出轴上，在整个过程中，没有电力系统的参与，这种模式和传统的动力系统工作原理是一样的。由于机械路径的齿轮系数比一般是固定值，为了实现能量的无间断传播（即车速是连续而无法跳跃的，动力系统需要从一个速比到另一个速比，中间需要一个平滑的过渡过程），就需要液力变矩器或离合器滑移控制等装置和手段，以实现不同速比间的过渡。这种机械直驱模式的效率很高，可达 95%，其损耗多为摩擦损耗。

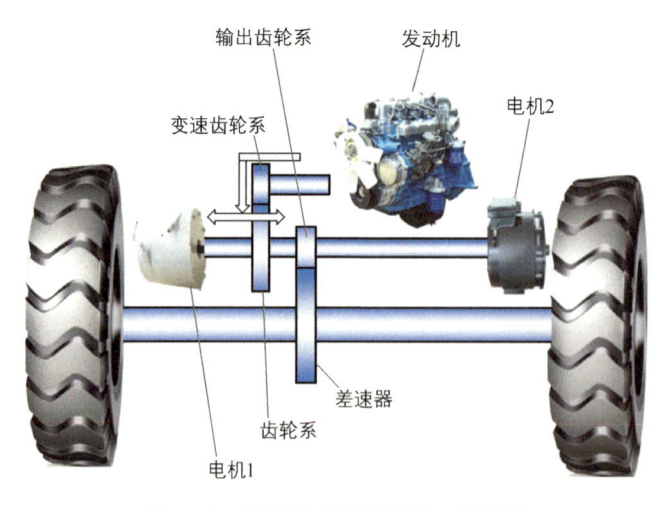

图 2-19　发动机功率分流的工作原理

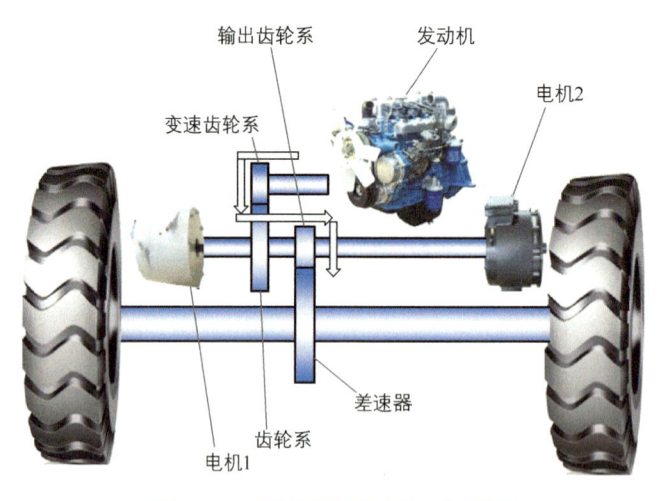

图 2-20　机械直驱模式的工作原理

（2）串联式驱动模式　串联式驱动模式如图 2-21 所示，发动机的功率直接从齿轮系流向电机 1（发电机），来带动发电机发电，从而将机械功率转换为电功率，并通过电力系统（通常发电机发出的三相交流电会经过整流、滤波等形成两相直流电，再通过逆变系统，将两相直流电转换为驱动电机的三相交流电信号）传给电机 2（驱动电机），电机 2 将电功率转换成机械功率传递到输出轴。有人问："为什么中间要把三相交流变为两相直流，再将两相直流变回三相交流？"这个过程看着是无意义的，其实这里涉及一个变频调速的问题，也就是说驱动电机的三相电的频率和发电所产生的三相电是不一样的，发电机发出的电是和发动机转速及发电机的构造息息相关的，在本书后面的章节中，会有较为详细的讲解。

由于发电机和驱动电机的频率不同，特别是驱动电机可以实现变频调速，因此输出路径的传递系数比可以是变量，从而形成不同的转速。由于系统存在两次机电变换，使得发动机的机械能量和驱动系统的机械能量实现了解耦，因此发电系统和驱动系统可以被分别控制，采用各自最优的算法。但由于存在多次的电力整流和逆变，采用串联式驱动模式的系统整体效率较低，通常达不到80%。

图 2-21　串联式驱动模式的工作原理

串联式驱动模式在电池 SOC 较高时，倾向于使用电力作为主驱动力，其具有发电增加续驶里程的特征，因此这种模式也可以称为增程器模式。在电池 SOC 非常低时，串联式驱动模式可以给电池充电的同时释放电能，作为主要能源驱动车辆行驶。如果串联式混合动力系统中的电源可以和市电连接充电，则该系统就叫作插电式串联混合动力系统。

（3）并联式驱动模式　并联式驱动模式，顾名思义就是系统存在两股能量流，它们之间可以形成并联的关系，即每一股都可以单独实现从输入到输出，同时两者还可以实现并行的共同输出，如图 2-22 所示。

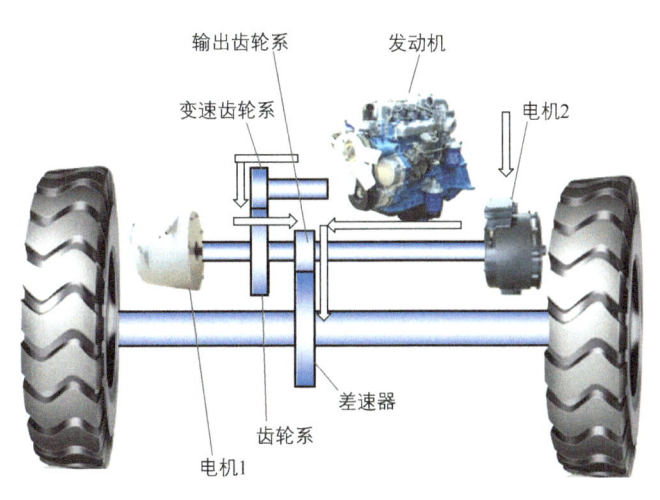

图 2-22　并联式驱动模式的工作原理

发动机输出的机械能经齿轮系直接传递到差速器，电机 1 和发动机耦合在一起，可以实现发动机直驱、发动机/电机共同驱动（包含发电模式）以及电机反拖发动机（起动模式）等多种运行模式。而电机 2 由电源（图 2-22 中没有显示）提供电能，产生电驱动能量，并通过同一轴系输出。发动机和电机 1 的机械能与电机 2（驱动电机）的机械能从两个方向上到输出齿轮系上合并,最终一同传递到驱动轮上。采用这种驱动模式的前提条件是,电源能够提供足够的电能,如果电能不足,这种驱动模式将无法长时间维持。

由于并联式驱动模式中的发动机直接机械连接输出系统,因此并联式驱动模式的效率要高于串联式驱动模式。但电力系统发电和电驱动的损耗仍然存在,其整体效率也受到一定的限制。

(4)混联式驱动模式　在混联式驱动模式下,系统可以出现机电功率和机械功率同时传递的情况,机电路径通过发电机和驱动电机,将一部分功率传递到输出轴;而机械路径将另一部分功率直接通过机械装置将功率传递到输出轴。混联式驱动模式的工作原理如图 2-23 所示。混动系统及其能量流如图 2-24 所示。

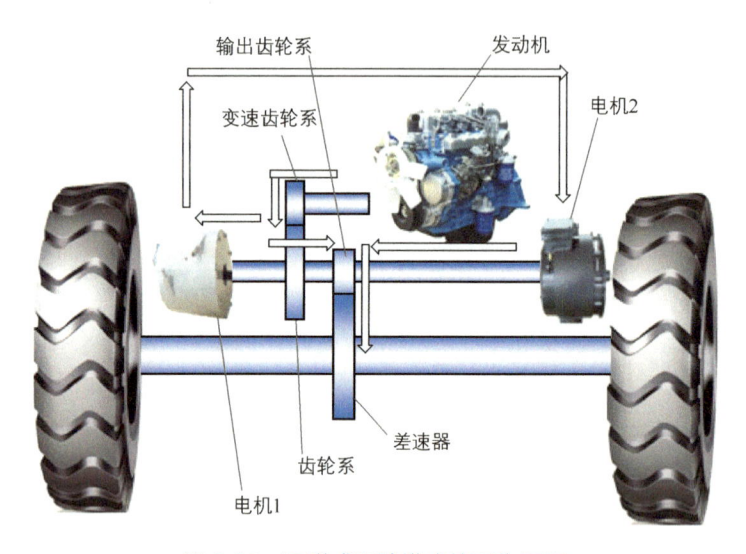

图 2-23　混联式驱动模式的工作原理

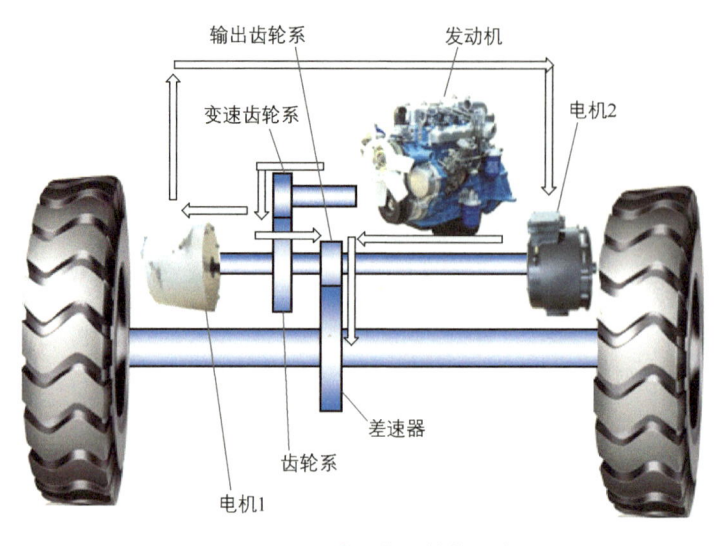

图 2-24　混动系统及其能量流

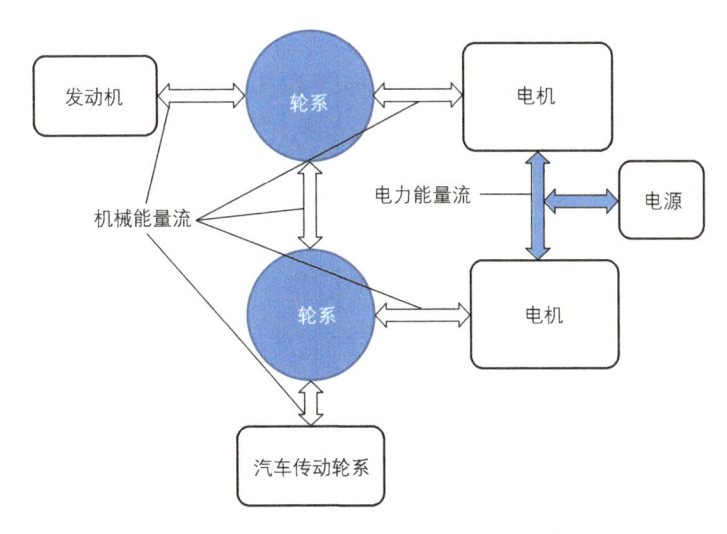

图 2-24 混动系统及其能量流（续）

通过将离合器和电机不同状态的组合，还可以形成更多的驱动模式，如并联（发动机+电机2，发动机+电机1和电机2）和纯电动（电机1+电机2、电机2）等。

综上所述，混合动力系统具有多种驱动模式，各种驱动模式的效率存在差别，其中机械直驱模式的效率最高。紧跟其后的是混动模式，并联模式和串联模式；其实，如果将电源考虑进去的话，系统还应该有一种由电机2直接驱动的纯电动模式。既然如此，为什么不直接采用效率最高的机械直驱模式呢？为什么还要费劲地将系统做成如此复杂的混联模式和其他模式，进行效率更低的模式运行呢？其实，以上的讨论仅涉及传动效率和电效率，而发动机有自己的效率曲线，电驱动系统也有自己的效率曲线。另外，能量回收的电能对系统来说相当于附加的能量。在不同工况和不同配置条件下，动力系统所体现出来的综合效率最高才是车辆控制的目标。由于混联式混合动力系统可以有多种不同的模式运行，也就有更多的自由度进行系统优化和调节，使得控制目标最优，从而其运行效率最好。但由于混联式混合动力系统最复杂、成本最高、控制最难，不一定适合所有的情况。因此，动力系统最终的配置方式是一个需要多方面考虑的综合性问题。

2.7 混合动力系统的节油原理

为了分析混合动力系统的节油原理，本书基于一个基本的混合动力电动汽车，根据混合动力系统架构逐步施加节油方法。假设有一辆汽车，发动机的效率为30%（汽油机），汽车在一个较为理想的状态下行驶，辅机损耗、滚动阻力和空气阻力取简单的估算值，于是就有了图2-25所示的能量流（能量损耗）。

假设最初汽车的能量全部来自于燃料（本假设先不考虑纯电动和插电式混合动力系统的电网充电电能），那么由燃料燃烧提供的773个单位的化学能，在一个30%效率的发动机中，就有541个单位的能量变成热损耗流失掉了。至于剩下的能量，由于汽车在怠速时不做有用功，因此会有90个单位的能量损失在怠速状态下（这里取估算值，怠速情况要根据循环工况和驾驶习惯而定）。另外，发动机带动的辅机系统（比如空调、压缩机和助力转向系统等）会有17个单位的损耗（同样取估算值，与配置和驾驶状况有关）。最后传递到传动系统的能量就只剩下 125 个单位，如果汽车传动系统的能量损耗为 20%（考虑不同的传动系统，如液力变矩器和离合器等），那么传动系统就会有 25 个单位的能量损耗，剩下的输出能量只有 100 个单位。假设汽车在平路行驶，滚动阻力为 34 个单位，空气阻力为 21 个单位，则最终汽车行驶的动力为 45 个单位的能量。

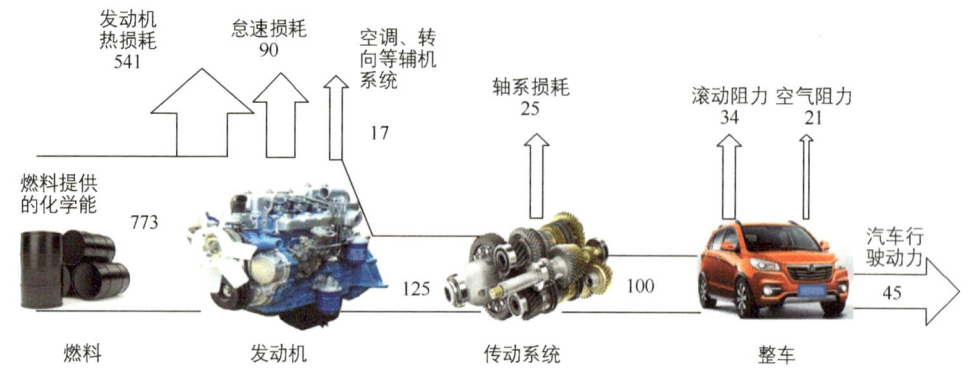

图 2-25　汽车能量损耗示意图

通过计算可知，在最初假设的 773 个单位的能量中，最终只有 45 个单位的能量驱动汽车行驶，系统总效率为 45÷773×100% = 5.8%。

如果在该假设案例中加入能量回收系统，假设有约 58% 的能量通过能量回收系统回收回来，并重新进入到系统能量流中进行循环，如图 2-26 所示。在这些能量传递回传动系统之前（比如 P2 并联系统或混联系统），要想保持传动系统输出的 100 个单位能量不变，发动机最终的能量输出仅仅需要 99 个单位。假设怠速损耗和辅机损耗不变（通常可能会小一点，为计算方便，假设不变），发动机的效率仍保持在 30% 的话，发动机所需要的化学能只需要 687 个单位，则系统的总效率就提高到了 45÷687×100% = 6.5%。

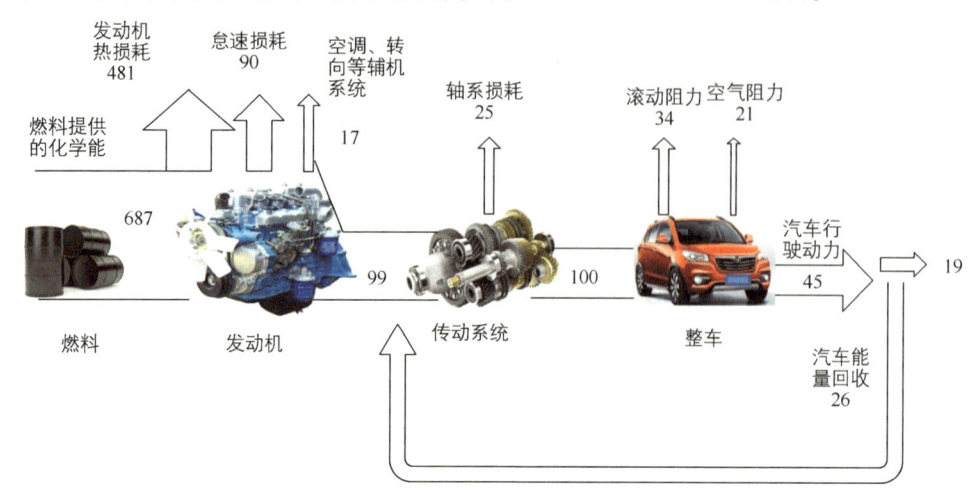

图 2-26　引入能量回收系统后的能量损耗示意图

如果再加入起停功能，在发动机的怠速损耗可以减小一半的情况下（实际运行可能会多于这个数，要根据工况而定），重新进行上述计算，发动机需要的化学能就减小到 537 个单位，则系统总效率为 45÷537×100%= 8.4%，如图 2-27 所示。

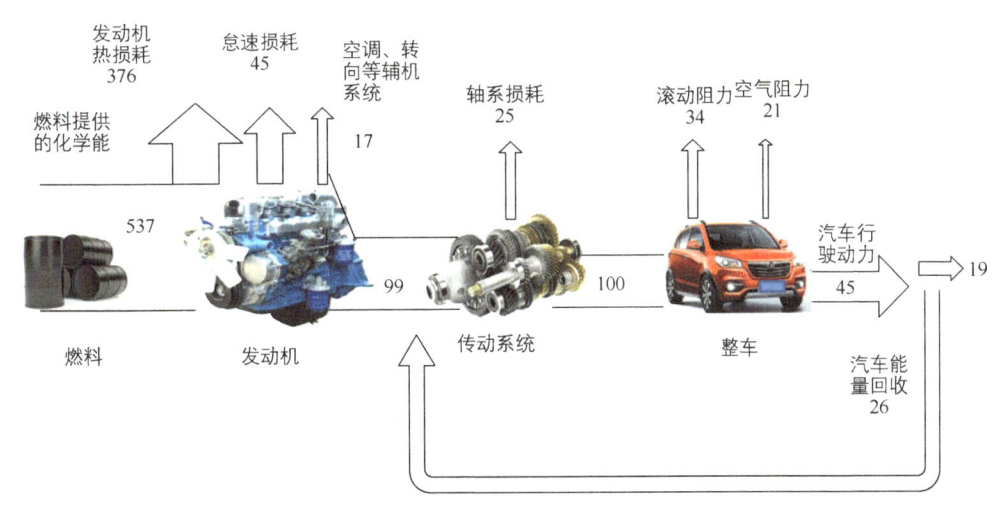

图 2-27　加入起停功能使怠速损耗大大降低

为了进一步提升总体效率,可以加大能量回收功能,使 30 个单位的能量可以回收(这与电机转子转速、电力电子系统特性和电池的充放电能力有关,如图 2-28 所示。如果同时采用 48V 弱混,则可以将发动机的效率提高到 35%。然后重复上面的计算,发动机所需燃料的能量仅需要 449 个单位,系统点效率可以提高到 45÷449×100% = 10%,比起最初的 5.8% 提高了近一倍。

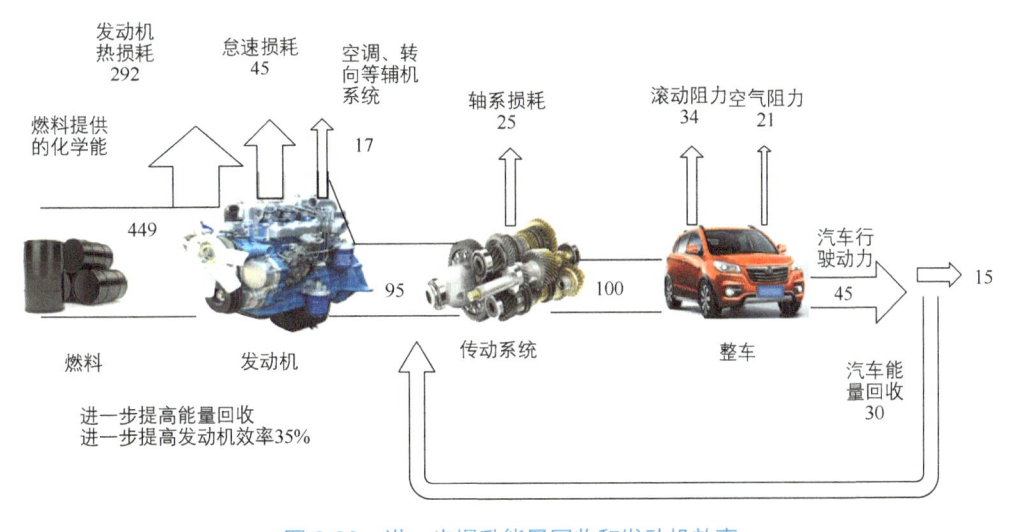

图 2-28　进一步提升能量回收和发动机效率

除此之外,在系统的许多地方还可以进行改进以提高效率,如通过使用类似超级电容器的储能系统进一步提高能量回收、减少滚动阻力(使用高效轮胎等)、减少空气阻力(采用扰流设计、减小迎风面积等)、进一步提升发动机效率以及使用先进的发动机技术等。需要指出的是,这些技术和新能源并不矛盾,而是相辅相成,共同提高整车的燃油效率。

第 3 章　新能源汽车的发动机

3.1 发动机的基础知识

发动机常用于传统燃油车上，不属于新能源汽车的范畴。但由于新能源汽车的技术路线较为广泛，存在多种结构形式，其中一些技术路线仍然需要发动机的参与，例如：串联、并联、混联及弱混等混合动力技术路线，这些技术路线的共同特点是，需要将发动机和其他动力源混合（混合的比例及方法不同）后输出能量。所以，有必要了解发动机的基本原理，以利于对混合动力系统的理解和有效控制。

早期的汽车动力热机是外燃系统，比如蒸汽机，它通过将水加热后形成水蒸气，由水蒸气推动机械装置做功，从而输出动力。发动机问世以来，由于其适用效果好而得到广泛应用，逐渐取代了早期的蒸汽机、电动机、燃料电池等成为主流，延续至今。当然，新能源在多个历史阶段，特别是现在，强势回归，大有取代发动机的趋势。

目前市场上的发动机通常有直列发动机、V 形发动机、对峙式发动机和转子发动机，它们均属于活塞式发动机，按照使用的燃料来看，有汽油燃料、柴油燃料、有机燃料（醇类等）、氢燃料等及这些燃料的混合体。工业界和科研机构还研究出其他类型的发动机，但都由于各种原因没有得到广泛的应用（航空发动机除外）。

1）汽油发动机是用汽油作为燃料，由于汽油（石油化工的主要产物）主要为含有 8 个碳的烷类物质（辛烷）组成，它的特点是质量较小、整体黏性较小和挥发性高，可以适用于进气混合和缸内直喷，以及点燃、稀薄燃烧、部分压燃等多种点火方式。最常见的点燃式汽油机，燃料和混合气体以一定的比例（最优平均比例）抵达气缸内，经过气缸行程压缩达到一定的温度和压力后，使用点火系统点燃。气缸中的气体燃烧并膨胀，通过缸体的往复运动做功。

2）柴油发动机使用的是较重的柴油（碳元素在 12~16）来获取能量，柴油机一般需要过气控制（氧气量大于所需的燃烧量），因此不设置气门，但通常需要加压（提高过气率）并经过中冷系统（降温有利于燃烧、排放）。同时直接将柴油高压雾化后（提高燃烧效率）喷入气缸；点火的过程也和汽油机不同，它是通过大比例压缩实现。柴油机的爆缸压力大、输出功率高，但其排放需要特别处理才能满足法规要求（排除颗粒物、NO_x、SO_x、烟粒等有害物质）。

以上介绍的发动机，都是通过燃料和空气的混合物，在气缸中燃烧，使气体膨胀带动活塞上下运动，再通过曲轴、连杆等机械装置，将往复运动转变成旋转运动。还有一种特殊构造的发动机，即转子发动机（目前主要是马自达在开发和使用），其构造是三角形转子结构置于椭圆形气缸中，活塞以偏心的方式安装在空腔内，当汽油注入三角形气缸中后，通过燃烧产生的膨胀力使得转子推向偏心轴的中心；经过三个气缸循环依次工作，使得三角形活塞在气缸内做旋转运动。汽油机、柴油机、转子发动机示意图如图 3-1 所示。发动机的具体构造部分会在本书第 8 章中作简要介绍，由于发动机不是本书描述重点，对其他类型的发动机（如转子发动机）不做详细的介绍，感兴趣的读者可以对相关内容自行查阅。

图 3-1 汽油机、柴油机、转子发动机示意图

按照气缸的空间放置方法，发动机可以分为水平对置发动机、直列发动机和 V 形发动机。

1）水平对置发动机的活塞分布在曲轴两边，因此活塞可以在水平方向上前后运动，发动机的整体高度可以降低，重心也相应下降，使得行驶更加平稳。同时由于发动机安装在发动机舱的中间，活塞在两边产生的运动转矩相互抵消，减小了发动机的振动和噪声，提升了发动机的性能。

2）直列发动机的汽缸排成在一个平面上，因此它的布局和结构相对简单，而且可以使用一个缸盖来降低制造成本，鉴于这种发动机的构造稳定性高、节油性好、尺寸较小，因此得到了广泛的应用。通常直列发动机使用 L 代表，后面加上汽缸数，比如 L4、L6 型发动机等，由于高度的限制，这种发动机的功率（行程）不能做得太大，因此功率较低。

3）V 形发动机，和直列布局不同，它将所有汽缸分成两组，并以一定夹角分布在发动机舱内，呈 V 字形，所以叫作 V 形发动机。V 形发动机可以有效地利用空间尺寸，布置较为方便，并可以通过扩大缸径提高功率，同时可以安置较高的汽缸数，一般应用在较大功率的发动机上（比如常见的 V6、V8 型发动机等）。

研究发动机的工作原理，必须先了解卡诺循环的概念，最早的卡诺循环是研究热所能提供的最优效率循环。但卡诺循环本身是一个理想状态（可逆状态）循环，现实中几乎没有可逆的状态（总有对外进行热交换和摩擦损耗等）。发动机的设计均是以接近卡诺循环为终极目标，根据不同的实际工作情况，业界产生了许多种循环工况（比如奥托循环、迪赛尔循环、朗肯循环和斯特林循环等），它们都是在某种限制条件（工况、燃料等）下，实现的最接近卡诺理想循环的实际循环。

3.2 卡诺循环

卡诺循环于1824年由法国工程师尼古拉·莱昂纳尔·萨迪·卡诺提出，用来分析热机工作过程。此循环指定两个热源（一个高温热源 T_1 和一个低温热源 T_2）的循环工作过程。其限定条件是工作物质只能与两个热源交换热量，因此它有两个等温过程和两个绝热过程。其结果证明，对于 T_1 温度热源和 T_2 温度热源理想热机的最大转换效率为 $1-T_2/T_1$。

理解卡诺循环首先需要介绍可逆过程，它是指系统可以不需要外力作用就回到原来状态，或者说在运动的过程中没有损耗，系统又可以没有损耗地还原到原来的状态。例如，钟摆可以将势能转换为动能，如图3-2所示。当到达中间点后，惯性又将动能转换回势能。这个过程中，如果不考虑空气阻力等因素（在真空中运动），钟摆会自动返回到原来的位置而不会出现能量衰减。但现实中，能量在整个过程中会出现损耗（摩擦力等），因此现实遇到的循环通常是不可逆的。

如图3-3所示，卡诺循环需要两个热源 T_1（高温）和 T_2（低温），循环包含4个过程：两个等温和两个绝热过程。系统从原点出发最终回到原点，形成一个循环过程。

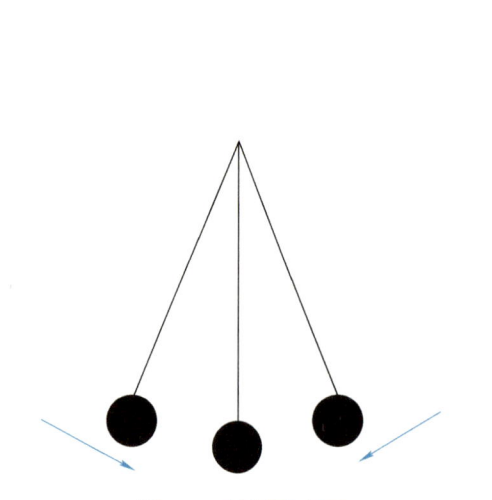

图3-2 钟摆示意图

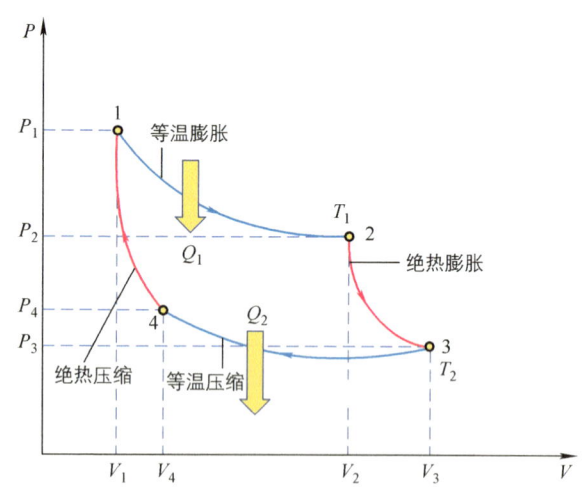

图3-3 卡诺循环图

① 等温膨胀（等温过程）1—2，等温、吸热、膨胀、降压。
② 绝热膨胀（绝热过程）2—3，降温、膨胀、降压、做功。
③ 等温压缩（等温过程）3—4，等温、放热、升压、收缩。
④ 绝热压缩（绝热过程）4—1，升温、收缩、升压。

由1到2是系统吸热等温膨胀过程，系统保持原有 T_1 的温度，即系统所吸收的外部热量为 Q_1，由于没有形成内能，所以基本用于通过气体膨胀而对外做功。

$$Q_1 = W + \Delta E = nRT_1 \int_{V_1}^{V_2} P dV \tag{3-1}$$

$$Q_1 = nRT_1 \ln\left(\frac{V_2}{V_1}\right) \tag{3-2}$$

式中　Q_1——吸收的外部热量；
　　　W——系统做功；
　　　ΔE——内能的变化；
　　　n——气体的摩尔量；
　　　R——气体常数；
　　　T——气体温度；
　　　P——气体压力；
　　　V——气体体积。

由于此过程温度 T_1 保持不变，故 ΔE 内能 $nC_V\Delta T$ 没有变化（C_V 是等积热容）。

由 2 到 3 过程是绝热过程，由于系统的惯性，系统继续对外做功，由于没有 Q 的变化，系统必须进行降温才能保持对外做功状态。对绝热过程 PV^γ 是常数，即

$$PV = nRT \tag{3-3}$$

$$PV^\gamma = \left(\frac{nRT}{V}\right)V^\gamma = 常数 \tag{3-4}$$

式中　P——气体压力；
　　　V——气体体积；
　　　n——气体的摩尔量；
　　　R——气体常数；
　　　T——气体温度。

由于 $TV^{\gamma-1} =$ 常数（其中 γ 是等压热容和等积热容的比值 $\gamma = C_P/C_V$），即

$$\frac{T_1}{V_2^{\gamma-1}} = \frac{T_2}{V_3^{\gamma-1}} \tag{3-5}$$

$$\frac{T_2}{V_4^{\gamma-1}} = \frac{T_1}{V_1^{\gamma-1}} \tag{3-6}$$

$$\frac{V_2}{V_1} = \frac{V_3}{V_4} \tag{3-7}$$

$$\frac{Q_1}{T_1} = nR\ln\left(\frac{V_2}{V_1}\right) \tag{3-8}$$

$$\frac{Q_2}{T_2} = nR\ln\left(\frac{V_3}{V_4}\right) \tag{3-9}$$

$$\frac{Q_2}{Q_1} = \frac{T_2}{T_1} \tag{3-10}$$

由 3 到 4 过程中，系统需要外界对其做功，同时将系统内部的能量排出到外界，Q_2 为排出的内部热量，将系统保持在等温状态，所以内能并不变化，所以外界对系统做的功就

等于系统排除的 Q_2。

$$Q_2 = W + \Delta E = nRT_2 \int_{V_3}^{V_4} PdV \tag{3-11}$$

$$Q_2 = nRT_2 \ln\left(\frac{V_4}{V_3}\right) \tag{3-12}$$

同样，由于此过程中温度 T_2 保持不变，故系统此时的 ΔE 内能 $nC_V\Delta T$ 没有变化。

从 4 到 1 回到原点，系统的状态恢复到开始。状态变量内能和最开始保持一样。这个过程同样是绝热过程，外界的功压缩气体，由于没有热交换，系统的温度升高回到 T_1，与 2 到 3 的过程正相反，为绝热加压过程。

循环的效率可以通过系统产生的有用功和系统得到的最大能量比值进行计算，即

$$e_{效率} = \frac{W}{Q_H} \tag{3-13}$$

即所做的功和所吸收的热的比值。由于过程只有吸热、放热、做功，所以 $W = Q_H - Q_L$，因此效率可以写为

$$e_{效率} = \frac{Q_H - Q_L}{Q_H} = 1 - \frac{Q_L}{Q_H} = 1 - \frac{T_L}{T_H} \tag{3-14}$$

对于该卡诺循环系统，$T_L = T_1$，$T_H = T_2$。

卡诺循环如果应用于发动机系统，可以描述成系统保持 T_1，使从外界吸收的热量 Q_1 用来做膨胀功。同时通过系统惯量继续膨胀做功，但温度会下降到 T_2；之后，系统恒温压缩回到 P_4，最后绝热返回到初始点。这样的循环效率使系统可以达到最大值。卡诺循环是热机的最高效率循环，它为发动机设计指出了提高热机效率的方向。在实际应用中，由于不存在可逆反应（除非在类似太空中无任何摩擦的状态），真实的循环效率都低于理想卡诺循环。卡诺效率通常作为热机循环的设计极限和方向，从效率的公式可以看出，降低 T_1 的温度和/或提高 T_2 的温度，同时减少中间的不可逆部分（比如摩擦、散热等），逼近卡诺循环是最优的循环设计。现实中，根据使用的场合、环境及使用的技术，出现了使用多种循环过程的装置，下面对其进行简要介绍。

3.3 发动机常用的循环

发动机常用的循环有奥托循环、狄赛尔循环、斯特林循环、朗肯循环、布莱顿循环以及一些合成循环等，但它们的效率都低于卡诺循环。

3.3.1 奥托循环

1876 年，德国工程师尼古拉斯·奥古斯特·奥托制造出第一台四部行程发动机。该发动机采用奥托循环，该循环通常指汽油机循环，也叫四行程循环，是定容加热理想热力循环。奥托循环由进气行程、压缩行程、点火膨胀行程和排气行程等四个行程构成，通常采用空气、燃料预混合，喷入气缸并由火花塞点火点燃（目前也有均质充量压燃等技术，将

柴油机的技术应用到汽油机上）。

汽油发动机是以汽油为燃料，使用奥托循环进行循环工作的装置。其具体过程是通过将汽油和空气按一定的比例形成混合气体，吸入气缸（进气混合或缸内直喷），气缸将混合气体压缩并在一定的点火点将压缩的混合气体点燃。燃烧的混合气体产生热膨胀带动活塞做功，最后将废气排出气缸。其功率输出是利用曲轴连杆装置将活塞上下往复直线运动转变成旋转运动，通过传动系统驱动车轮做功。整体循环包括完整四个行程，为了降低成本，业界有两个行程的设计（比如多数的摩托车发动机）。

（1）进气行程　发动机进气阀打开，将燃油以高压的形式喷入混合腔和空气形成混合气体，并以一定的速度和角度被吸入气缸。对于配备燃油直喷系统，空气以一定的速度和角度进入气缸，而燃油会经过加压（共轨）系统形成高压雾状气态，以一定速度和角度喷入气缸。这个过程可以等效为循环中的等压、等温、体积增加过程。其等压过程对汽油机为近似状态，由于柴油机使用过气控制（使用涡轮增压系统）可以看成等压过程。图3-4中的进气为汽油和空气的混合物，气缸顶部的装置为火花塞（柴油机没有火花塞，为压燃模式）。

（2）压缩行程　进气行程结束后，将进、出气阀关闭，活塞在惯性力或外力（启动电机等）的作用下，由下向上运动，对气缸中的混合气体进行压缩，如图3-5所示。这个过程中，气缸内的混合气体将升压、升温，同时体积缩小。

图3-4　进气行程示意图　　　　　图3-5　压缩行程示意图

（3）点火膨胀行程　根据控制理论计算，在某个合适的位置（点火点），使用点火线圈产生的高压火花点燃汽油和空气的混合物，如图3-6所示。不同于多点同时压燃，这种点燃是逐级燃烧。点燃后的混合气体发生氧化反应，即有机物燃料和氧气发生化学反应，生成碳氧化合物和水等物质（反应为放热反应），并瞬间产生大量的热。燃烧产生的热使气缸内的气体分子形成剧烈的布朗运动，从而进入膨胀状态，活塞在气缸中受到爆缸压力的作用向下推进做功。发动机内有一套曲轴连杆装置，可以将活塞的上下往复运动转换为旋转运动，并由传动系统传出。

（4）排气行程　在活塞上升的膨胀过程结束时，排气阀打开。这时气缸内的高压高温气体通过排气阀排出气缸，如图3-7所示。活塞运动回到其初始位置，循环结束，而这个点又是下一个循环的开始点。

图 3-6　点火膨胀行程示意图　　　　　　　图 3-7　排气行程示意图

如图 3-8 所示,通过压力和体积之间的关系来表达整个奥托循环过程。

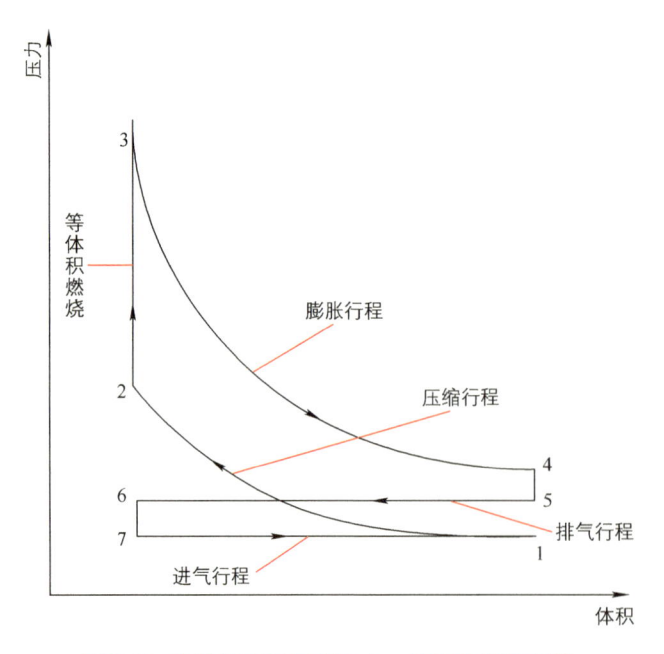

图 3-8　汽油机奥托循环压力 – 体积变化示意图

当循环开始时,活塞从左 7 点向右 1 点移动,形成进气行程。活塞内气体压力保持不变,而体积随活塞从上止点到下止点运动而增加;1—2 阶段是压缩行程,活塞向上止点运动,气体体积减小,压力上升。这个过程将混合气体(燃料和氧)的浓度和压力增加。2—3 阶段是等体积燃烧过程,是压缩行程的第二个阶段。混合气体在火花塞点火后燃烧膨胀,体积没变,但压力急剧上升;3—4 阶段是膨胀行程,指理想情况下,燃烧完成后,活塞过上止点进入下移过程,压力随着体积的增加而减少。活塞向下运动做工,体积增大到 4 点,活塞到达下止点。排气阀打开,气压快速降到大气压(5 点);活塞继续通过下止点并向上止点运动,即 5—6 阶段,发动机进入排气行程,气缸内部气压等同于外部大气压,体积随活塞运动减小。实际压力可能大于大气压,和排气阀开关状态有关;排气过程从 6—7 点,排气基本排空，活塞惯性继续进入进气行程，压力下降到吸气压强（由于气门作用，进气压力要小于大气压力）。

由于进气行程将形成比较低的气压（抽气体的过程），对于有节气门的发动机（如汽油机），会形成节气门附近的真空效应。在进气口附近，由于大量气体被抽走而导致压力下降，这对气缸内的压力也会起到下降的作用，相当于减少了气缸的爆缸压力，间接增加了系统的损耗。如果去掉节气门，并保持一定的进气压力，循环将减少由于低压形成的真空损耗。这种控制情况对于汽油机而言会发生在节气门完全打开（Wide Open Throttle, WOT）的状态，节气门完全打开时的循环示意图如图 3-9 所示。

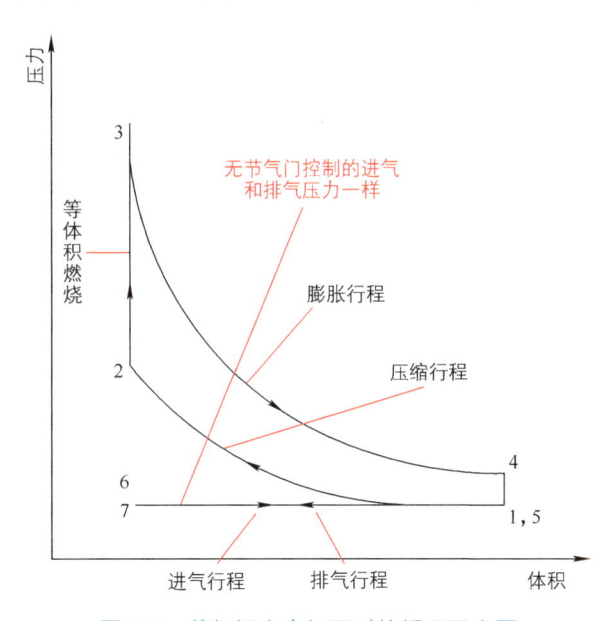

图 3-9 节气门完全打开时的循环示意图

如果继续增加进气的压力，形成过气供气并去掉节气门，就形成了带增压装置的循环，如图 3-10 所示。由于进气处使用了增压系统，其吸入空气的气压会大于其排气气压，燃烧过程是过氧过程。显然，在循环进行到 2 点后，还是需要点火燃烧，增加气体压力，这与柴油机循环有不同之处。其余的过程和前面的过程相似。

3.3.2　狄赛尔循环

1892 年，德国工程师鲁道夫·狄塞尔（Desiel）发明了柴油机循环。由于这种循环采用高压缩比和膨胀比，其热效率比传统汽油机大，因此得到了广泛的应用。柴油机是以柴油作为燃料，由于其自燃温度较低、黏度较大和热值较高等特点，柴油机通常采用大压缩比压燃点火方式。因此，柴油机非常适用于狄赛尔循环。

与汽油发动机相似，狄赛尔循环也有四个行程：进气行程、压缩行程、膨胀行程和排气行程。但不同的是，柴油机是没有节气门的（某些情况下，有节气门控制是为了停机时防止抖动而非空燃比控制）。柴油机通常配备涡轮增压系统，使柴油机的空气进气量总是处于过气供应的状态，因此其泵压功与汽油机有所差别。同时，柴油机还可以直接使用高压雾状喷油控制燃烧。

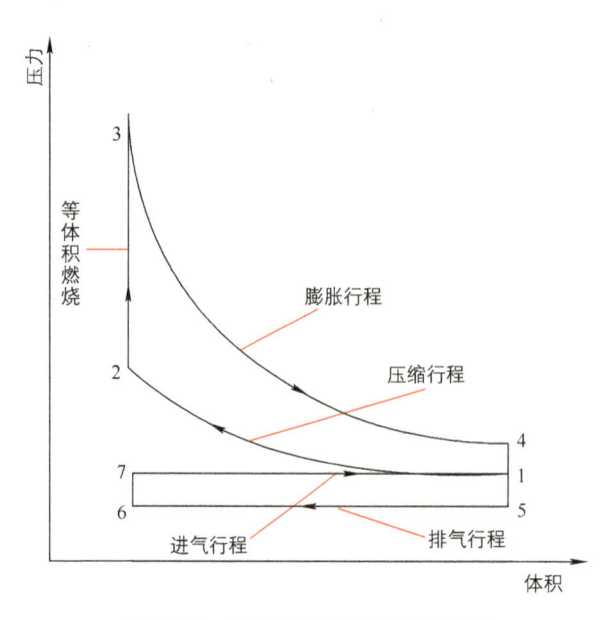

图 3-10 带增压装置的循环示意图

柴油机的理想燃烧发生在等压状态而不是等体积状态，如图 3-11 中"恒压燃烧"的过程，这使得其做功的效率高于汽油机。另外，柴油机是压燃的（压缩空气、喷油自燃）；汽油机是点燃的（压缩混合器、点火点燃），这使得柴油机可能出现不完全燃烧现象（对后处理排放要求提高）。同时，当量较重的柴油在低温下容易出现蜡化现象，这使得柴油的使用范围受到限制。值得一提的是，汽油机柴油化（涡轮增压）和柴油机汽油化（均质充量压燃）控制方式在近些年发展较好。这些技术可以有效集合点燃和压燃系统的优势，以提高发动机整体效率。

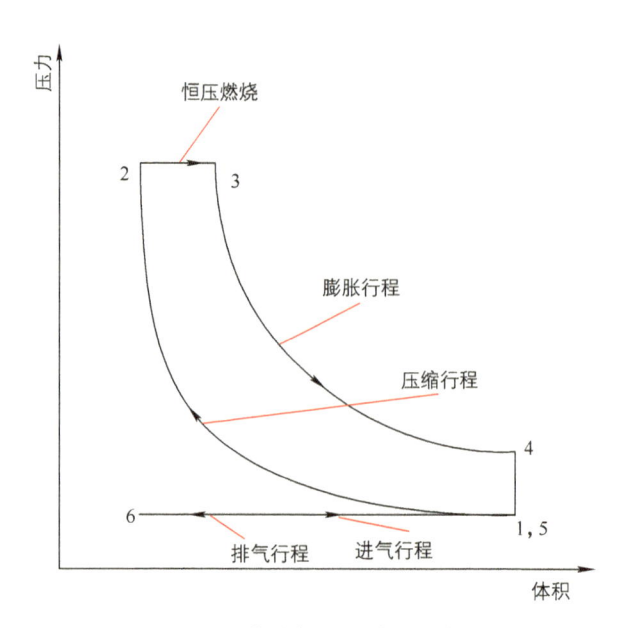

图 3-11 柴油机循环过程示意图

3.4 发动机的基础指标

（1）**发动机的指示功** 考虑理想气体 $PV = nRT$，其能量有动能、势能、原子能和化学能（包含电化学能）。对于机械系统而言，气体变化所能捕捉到的有用功就是其体积膨胀和收缩所做的机械功，可以表达为

$$W = \int_{V_1}^{V_2} P \mathrm{d}V \tag{3-15}$$

式中　P——压强；
　　　V——气缸内体积；
　V_2、V_1——气缸终点、起点的体积。

图 3-12 中，蓝色部分是压缩过程，需要消耗功才能使气缸运动，因此在这段过程，系统做负功。而膨胀的过程刚好相反，系统对外做正功（红色部分）。发动机的指示功等于发动机所做这部分的正功和负功之和，即

$$W_{\text{Indicated}} = W_{\text{排气}} + W_{\text{膨胀}} \tag{3-16}$$

式中　$W_{\text{Indicated}}$——发动机的指示功；
　　　$W_{\text{排气}}$——排气所做的功（负值）；
　　　$W_{\text{膨胀}}$——膨胀所做的功（正值）。

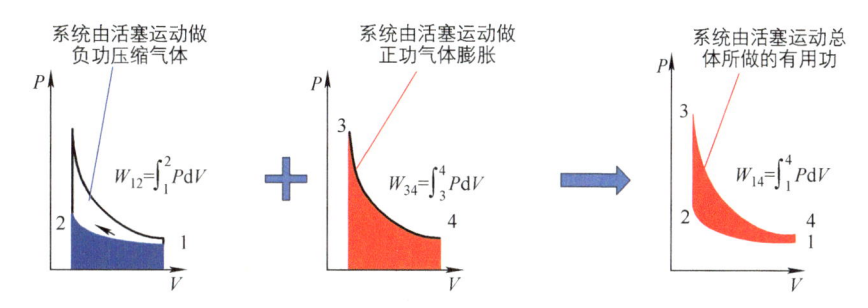

图 3-12　发动机的指示功示意图

在发动机发明初期，它的速度非常慢，因此在卷纸上指示（画）出旋转，故将发动机所做的有效功称为指示功，一直沿用至今。

（2）**发动机的泵压损失功** 从空气角度分析，可以将发动机看作一个气泵，它通过不断地进气和排气来做功，发动机的泵压损失功可以表达为

$$W_\text{p} = (P_\text{i} - P_\text{e})(V_2 - V_1) \tag{3-17}$$

式中　W_p——泵压损失功；
　　　P_i——进气压力；
　　　P_e——排气压力；
　V_1、V_2——气缸内运行两点的体积。

在排气过程中，活塞向上止点运动，气缸内气体体积减小，由于发动机这部分功是惯性作用，因此所做的功为负值。而进气过程正好相反，发动机做正功。对于大多数发动机

而言，排气过程所做功的绝对值要大于进气过程所做功的绝对值，总体的泵压功为负值。由于这部分功总体为损耗，所以泵压损失功又被称为泵压损失，如图3-13所示。

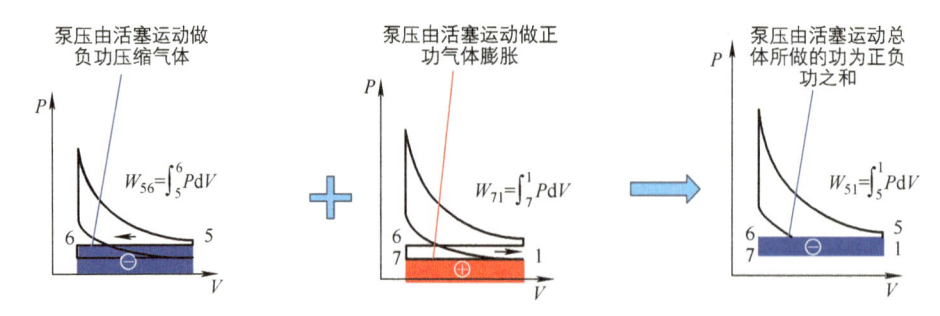

图 3-13 发动机的泵压损失示意图

（3）发动机的净功　已知发动机的指示功和泵压损失功，就可以得到发动机的净功，如图3-14所示，即指示功和泵压损失功之和。对于自然进气发动机，通常指示功为正、泵压损失功负值，其净功数值会小于指示功数值。

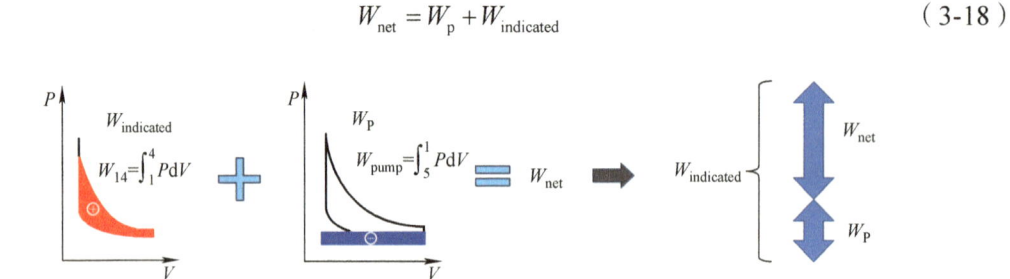

$$W_{net} = W_p + W_{indicated} \quad (3-18)$$

图 3-14 发动机的净功示意图

（4）平均有效压强　从以上的分析可以看出，发动机的有效功可以基于其压力和体积变化曲线的积分来计算。由于这个曲线是非线性的，很难得到解析值，为了便于计算，通常引入平均有效压强（Mean Effective Pressure，MEP）的概念。发动机的平均有效压强（MEP）是在整个或部分循环过程中作用在活塞上的等效恒定压力的平均值，该压力将提供与实际压力相同的作用功。因此，发动机活塞运动所做的功等于恒定压力乘以从上止点到下止点的体积变化。于是，通过平均值的等效计算，就可以得到发动机的基本特性。发动机MEP的示意图如图3-15所示。

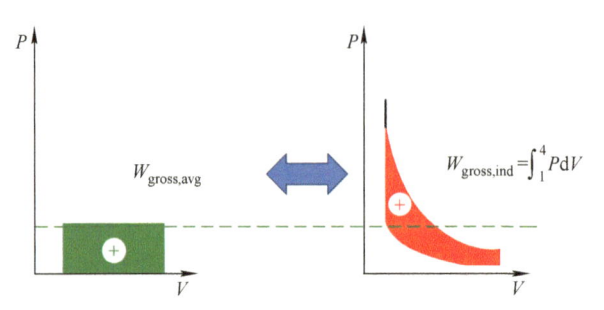

图 3-15 发动机 MEP 的示意图

与功率或转矩不同,平均有效压力与发动机的尺寸大小无关,即两行程模型飞机发动机的 MEP 可以很容易地与大型船舶发动机的 MEP 进行比较,因为它是单位排量的功。

（5）发动机的效率　奥托循环发动机的效率可以用有用功除以总功的比值来表示,对于发动机而言,有用功发生在曲轴连杆形成的旋转运动,进而推动车轮运动而做的功,而损失掉的功通常以热的形式散发出去。如图 3-16 所示,热量主要产生在等体积燃烧增压过程 2 到 3 点。

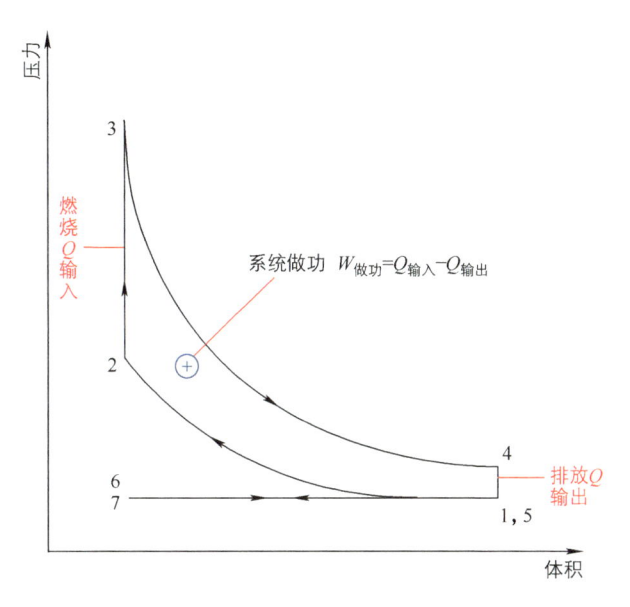

图 3-16　发动机的效率示意图

由于发动机所有的功都来自燃烧的热量,所以发动机膨胀压缩过程所做的正功就等于燃烧的热量减去排放的热量（4 点到 1 点）,$W = Q_{燃烧} - Q_{排放}$。显然,发动机的效率与发动机的压缩比及温度变化有关,实际的发动机效率远低于人们的预期。在理想的奥托循环下,可能会期望效率达到 50% 以上的水平,而实际发动机的效率在 30% 左右,如图 3-17 所示。在城镇周围的典型驾驶中,通常发动机的效率在 20% 的范围内。

由于使用真实空气和真实燃料,随着流体变得越来越热,分子开始分裂,最终压力受这种降解所限制,分子旋转和振动也将消耗一定的能量。各种损耗示意图如图 3-18 所示。

1）不完全燃烧损失:实际燃烧时,并不能将气缸内的燃料和氧化剂完全燃烧（从排放中的碳氢化合物可以看到）。另外,燃料在运送、加压、喷出、排放等过程中会有小部分被耗散掉。

2）实际热损失:在实际循环中,无法实现绝对的热隔绝,而排气也不可能直接排出冷却后的气体。

3）错时损耗:燃烧需要一个过程,因此并不会发生在等体积状态,在燃烧过程中,活塞会有一些运动,造成同样燃烧在不同点的做功效果不同,进排气错时、阀体惯性也会影响发动机的最终效率。

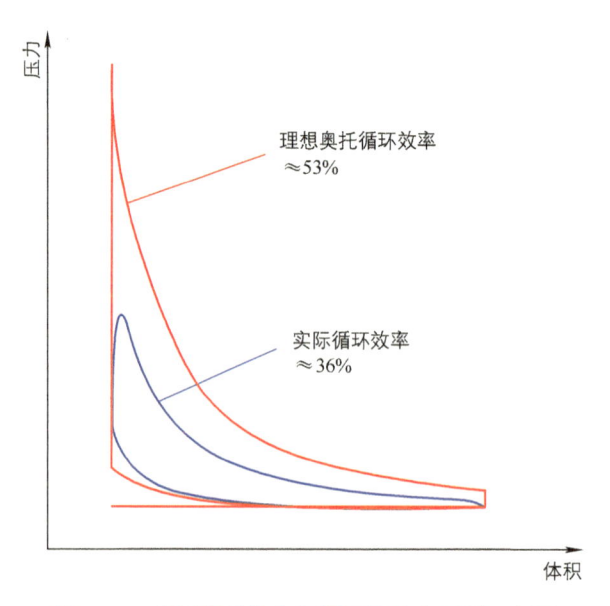

图 3-17 奥托循环和实际循环的效率区别示意图

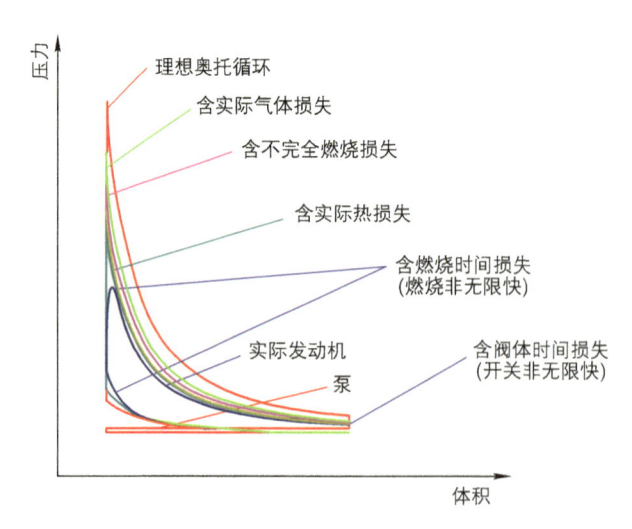

图 3-18 各种损耗示意图

（6）平均制动力有效压强　指示功减去泵压损失功得到净功，净功减去系统的摩擦损耗功就得到作用于曲轴上的制动力功。而使用平均有效压强（MEP）可得指示平均有效压强减去泵压损耗得到净平均有效压强，再减去摩擦损耗得到平均制动力有效压强。发动机的制动力功示意图如图 3-19 所示。

（7）特定燃料消耗量　特定燃料消耗量（Specific Fuel Consumption，SFC）是指燃烧或消耗的燃料量除以功率，即单位功率所消耗的燃料量，见式（3-19）。根据需要，可以使用指示 SFC（ISFC）、净 SFC（NSFC）或制动 SFC（BSFC）。其中 BSFC 受到了广泛关注。

$$\text{SFC} = \frac{1000m}{P} \tag{3-19}$$

式中　m——燃料消耗量（kg/h）；
　　　P——功率（kW）。

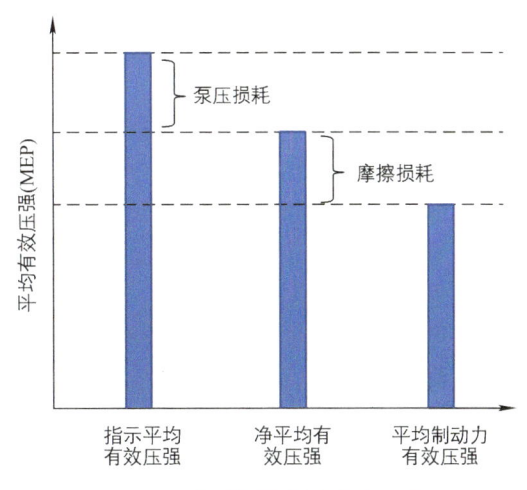

图 3-19　发动机的制动力功示意图

由于是燃料消耗量的指标，在单位输出功率的基础上，指示 SFC、净 SFC 和制动 SFC 随着效率不断减小而增大，它们之间的大小关系为

$$BSFC > NSFC > ISFC \tag{3-20}$$

如果使用热值和效率来计算，由于功率等于热值乘以效率，其消耗量是其倒数，可以表达为

$$ISFC = 1/(\eta_{indicated}Q) \tag{3-21}$$

$$NSFC = 1/(\eta_{net}Q) \tag{3-22}$$

$$BSFC = 1/(\eta_{brake}Q) \tag{3-23}$$

式中　$\eta_{indicated}$——指示功效率；
　　　η_{net}——净功效率；
　　　η_{brake}——制动力功效率；
　　　Q——燃烧热值。

汽油的燃烧热值为 43.5MJ/kg，而柴油的燃烧热值为 42MJ/kg。可以看出，汽油和柴油在热能值上没有什么差别，都是在 42～44MJ/kg 的范围内。柴油和汽油的区别在于，柴油的密度大于汽油，通常是按照体积加油（比如加 100L 汽油或柴油），由于柴油的比重较大，所以加入的柴油质量要大于汽油。这也就解释了为什么同样体积的汽油和柴油，好像柴油更节油。

（8）压缩比的影响　发动机压缩比的选择对于排放、油耗、效率、可靠性和爆燃等因素都有影响，如何选择合适的发动机压缩比，首先要找出发动机有效压缩比与损耗、排放和可靠性等因素的关系，如图 3-20 所示。

1）当设计发动机时，压缩比的配置非常重要，不同的应用使得完全相同的气缸或发动机压缩比也有所不同。很多因素都和压缩比有关，例如，发动机爆燃通常是因为压缩比太高。将压缩比从理想压缩比下调，就可以避免气缸超过爆燃阈值。爆燃和发动机速度有关，高速运行可以减少爆燃问题，但较高的速度将使燃油经济性较差，旋转摩擦损耗会抵消高压缩比带来的优势。设计时应该考虑效率、爆燃和旋转摩擦损耗的平衡，以有效选择压缩比。

2）碳氢化合物、NO_x和CO等的排放会随着压缩比的增加而增加，因此，较高的压缩比会导致排放恶化。另外，爆燃还会影响低速转矩损失。当然，高压缩比会改善燃料消耗。

3）低压缩比会增加发动机的油耗，高压缩比又会降低发动机的可靠性。

因此，在设计时，需要综合考虑所有因素，根据发动机的使用目标（比如家庭用车、豪华车、比赛用车等）来选取适合的发动机压缩比。

（9）辛烷值的影响　　保持辛烷值、排量、体积和效率恒定，随着压缩比增加，则燃油经济性将提高，直到发动机遇到爆燃问题。相同辛烷值不同压缩比和传动比的影响示意图如图3-21所示。

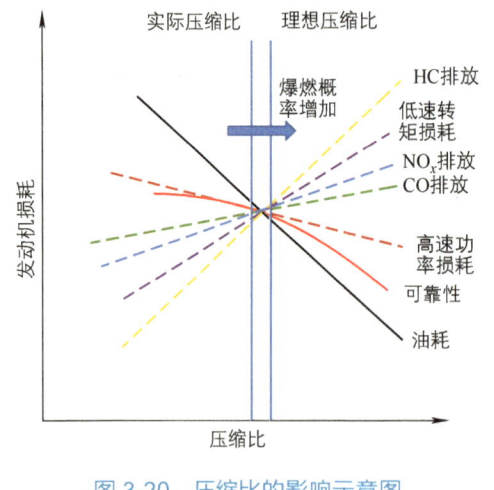

图3-20　压缩比的影响示意图

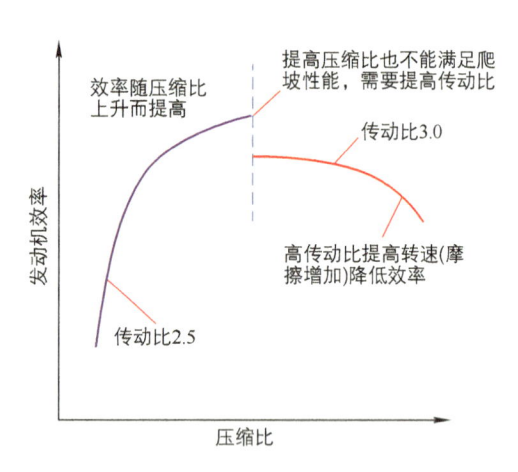

图3-21　相同辛烷值不同压缩比和传动比的影响示意图

（10）增压系统的影响

1）对于自然进气发动机，其转矩和转速的关系如图3-22所示，如果发动机加上增压系统，其转矩将得到提升。

2）增压系统是将更多的空气（氧气）送入发动机气缸，在一定的空燃比情况下，同样大小的气缸将会有更多的燃料和氧气。燃烧后将会产生更多的转矩和功率。

3）增压系统有机械增压和电子增压两种，电子增压由于是电源供电，可以随时实施；而机械增压由于需要发动机的废气返回，需要发动机转速到达一定程度才能实施。

（11）点火点的影响　　因为燃烧有延迟，所以发动机的点火点控制需要在活塞到达上止点之前进行。如果点火点太过靠前，产生爆缸压力时，活塞还没有到达上止点，爆缸压力会产生反向推动力阻碍活塞的运动；如果点火点太过靠后，产生压力时，活塞已经超过上止点并向下移动，这就会减弱推动活塞的效果，降低发动机的整体效率。因此，需要制定合适的点火点，使得发动机的动力、节油、可靠性和排放等均达到最优。

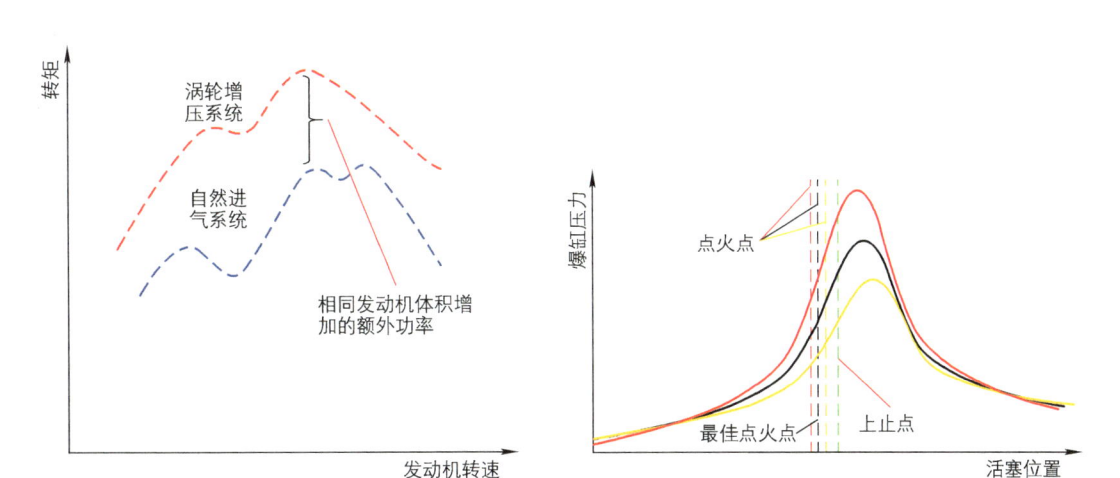

图 3-23 所示为爆缸压力和点火点之间的关系，显然其呈现了非线性特征。

图 3-22 增压系统的影响示意图

图 3-23 爆缸压力和点火点之间的关系

1）最佳火花正时（Minimum Advance for Best Timing，MBT）通常发生在峰值压力超过上止点 15°（对于柴油发动机为 2 或 3°）左右。

2）将火花正时提前到上止点会导致压力增加。延迟火花将降低压力，并在循环后期开始燃烧。

3）MBT 点是发动机最大转矩发生的点火点，但不是最大爆缸压力点。发动机最佳的转矩曲线是最终的输出特性曲线，一般发生在最大爆缸压力点之后。

理想状态是 MBT 满足发动机最佳输出转矩和最优油耗，但实际情况是这两个点并不一定重合，因此设计人员需要找到一个最佳点火点，使得系统的油耗最好同时输出转矩（非爆缸压力）最大。让发动机工作在 WOT 状态，使用测功机可以测量不同点火点的最大输出转矩和燃油经济性曲线，通常通过对比两条曲线，可以找出系统点火的最优时间点。发动机点火点和转矩与油耗的关系示意图如图 3-24 所示。

（12）空燃比（空气/燃料）的计算　汽油的主要成分是 $C_5 \sim C_{12}$ 脂肪烃和环烷烃类，及一定量芳香烃。碳氢比值约等于 1∶1.8（并非只有烷类物质），

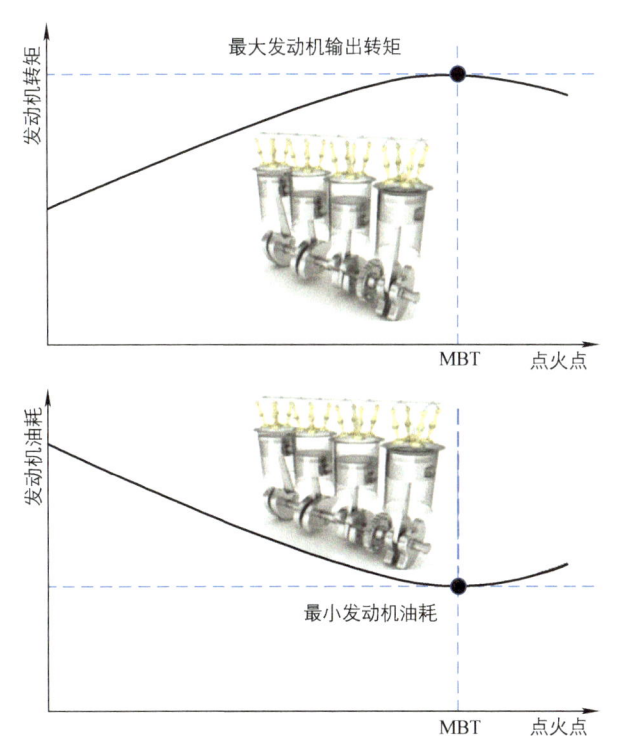

图 3-24 发动机点火点和转矩与油耗的关系示意图

通常汽油的分子式为C_8H_{18}（辛烷）。对于按化学反应方程式计量燃烧计算，是正好有足够的空气进行且没有任何剩余物的完全燃烧，但这不可能实际发生。空气中氧含量为21%，这只是一个大约数值，空气中还有其他物质也会与燃油发生反应，汽油的主要化学反应公式为

$$C_8H_{18} + \left(8 + \frac{18}{4}\right)O_2 = 8CO_2 + \left(\frac{18}{2}\right)H_2O \tag{3-24}$$

各个组成部分的摩尔质量分别是：氧气32g/mol、碳12.01g/mol、氮气28.013g/mol和氢1.008g/mol。空气的一般成分含量是：78.09%氮气、20.95%氧气，比值为3.728。于是，可以计算出汽油需求量为：8×12.01+18×1.008=114.24；氧气需求量为：(8+18/4)×32=400；空气需求量为：400/0.21=1904.76；则空气和燃油的比值为：1904.76/114.24=16.67。但是实际的空燃比并不是这个值，对于汽油机来讲，最佳空燃比（A/F）约14.7（空气）：1（汽油），这是综合考虑了汽油的碳氢含量、输出功率、燃油消耗率及排放等因素后得到的经验值。发动机功率、油耗和空燃比的关系示意图如图3-25所示。

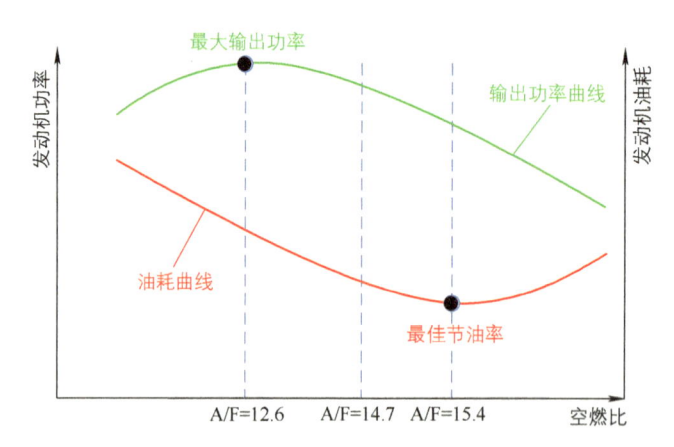

图3-25 发动机功率、油耗和空燃比的关系示意图

另外，空燃比是质量比而不是体积比，由于1L空气只有1.293g，因此高性能发动机需要增压系统提高空气的供给量。对于不同的燃料，碳氢比例不同，所需要的空气量也就不同。为了使发动机燃烧效果更好，空燃比通常控制在6:1~20:1的范围之内，14.7是综合经验值，取燃油经济性和输出功率的优化点。柴油机的空燃比范围更广，为13~70。

由于实际空燃比并不是按照化学反应方程式提供的摩尔当量计算出来的，而是一个大致的范围，因此就会出现两种情况，氧气含量相对较大的富氧燃烧和氧气含量相对较小的稀薄燃烧。

如果将化学反应方程式的当量空燃比作为基准，得到一个数值，再和实际的空燃比进行比较。当两者的比值大于1时，就是富氧燃烧，小于1时就是稀薄燃烧，等于1时就是当量燃烧。

$$R_{stoich} = M_{air,stoich} / M_{fuel,stoich} \tag{3-25}$$

$$R_{\text{actual}} = M_{\text{air,actual}} / M_{\text{fuel,actual}} \tag{3-26}$$

$$\phi = R_{\text{stoich}} / R_{\text{actual}} \begin{cases} >1, & 富氧燃烧; \\ <1, & 稀薄燃烧; \\ =1, & 当量燃烧。 \end{cases} \tag{3-27}$$

一般情况下，汽油机的空燃比在 12～13 时功率最大，在 15～16 时油耗最低，在 18 左右污染物浓度最低。为了降低油耗和减少污染，应当尽量使用空燃比大的稀混合气，只在需要时才提供浓混合气。

(13) 发动机的排放　汽油的主要含量是烷烃、烯烃、酮类、醛类、环烷烃和芳香烃等多种碳氢化合物，汽油在燃烧时和氧气发生化学反应，产生二氧化碳、水和热量。同时，由于燃烧的不完全以及空气与燃料中存在杂质，所以燃烧的过程会产生一些废料，例如，碳氢化合物、一氧化碳、氮氧化物 NO_x、硫氧化物 SO_x 和没能完全燃烧的燃料物质等。这些排放物最后会从发动机里排除出去，以便让新的空气和燃料继续燃烧。多环芳烃类物质有致癌作用；醛类物质不仅能刺激呼吸道，还有毒性；高浓度的苯类物质能引起白血病并损害中枢神经系统；氮氧化物主要是 NO，也有一定量的 NO_2，NO 会引起中枢神经障碍，而 NO 在空气中经过紫外线照射可以氧化成 NO_2，是一种有强烈刺激气味的气体，对人体的多个器官都有损害作用；颗粒排放物含有碳化合物，能够吸附各种有机物和硫酸盐类，形成微米级别的颗粒，人体吸入后，会引起呼吸系统损伤，其中的有机物质有致癌风险；CO 本身有毒，即使完全氧化形成 CO_2，也会形成温室效应，对环境有较大的影响。因此，为了避免污染，需要后处理装置处理那些排放物，不能把它们直接排放到空气中。

发动机为了满足燃烧和排放的需要，都会装上进排气系统，如图 3-26 所示。在进气侧，进气歧管和燃油系统（燃油喷射器）将燃油和空气带入燃烧室，燃油和空气通常在进入气缸之前进行混合，由火花塞点燃燃烧，使活塞沿气缸向下运动，活塞的往复运动通过连杆转换为旋转。在排气侧，排气歧管从燃烧室向催化转化器抽出废气，通常有两个催化剂装置可氧化碳氢化合物并去除 NO_x，一个装置离发动机很近，用于快速熄火并在发动机起动后立即催化，另一个装置通常较大，位于排气系统的后方。

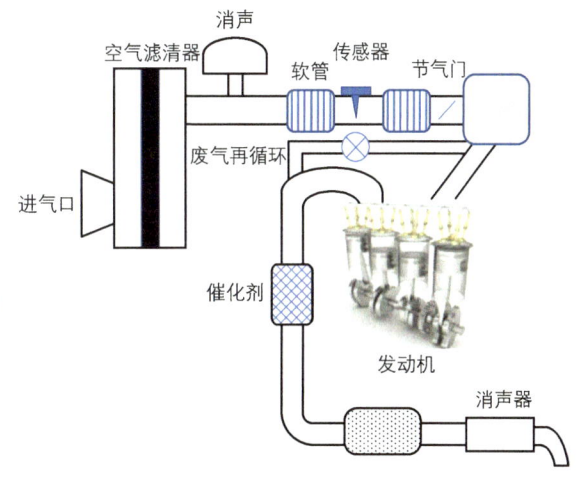

图 3-26　进排气系统示意图

基于完全燃烧的分析，产出物应该为 CO_2 和 H_2O，但实际燃烧时，会有很多的物质产生，包括没有完全燃烧成 CO_2 产生 CO；C_8H_{18} 不完全燃烧的中间物碳氢化合物；空气中氮气和氧气在高温下生成氮氧化合物 NO_x；汽油中的硫和氧气在高温下生成硫氧化物 SO_x。富氧燃烧可以减少 CO 含量，使其充分氧化形成 CO_2 排出；碳氢化合物也和燃烧时的氧气含量有关，富氧燃烧时，碳氢化合物会进一步氧化成二氧化碳和水；而 NO_x 的形成和温度有关，通常氮气不参加反应，但在高温下，会和氧气形成 NO、NO_2 等，在完全燃烧点之后，NO_x 达到高峰，随后逐渐下降。

如前所述，发动机燃烧时温度非常高，会产生一系列有害气体，因此需要排放处理。发动机气缸排放示意图如图 3-27 所示。铂、钯、铑和陶瓷载体形成汽油机的三元催化剂（三元并非指催化剂由三种元素组成，而是指主要催化对象为 CO、HC 和 NO_x 3 种有害物质），能将这些产物催化成 CO_2 和水（CO 加 O_2 形成 CO_2，HC 和 O_2 形成 CO_2 和 H_2O，NO_x 和 CH 还原成 N_2 和 CO_2 与 H_2O）。同时，基于 CuO 和 Cr_2O_3 的催化剂可以将 NO_x 还原成无害的氮气和氧气；要防止 NO_x 过度还原（和 H_2 形成 NH_3）。

需要指出的是，在燃油箱和曲轴箱等处，存在一定量的燃料蒸发排放，主要是碳氢化合物，虽然每个系统的量较小，但如果总数量较大，总体形成的碳氢排放也不能完全忽略。

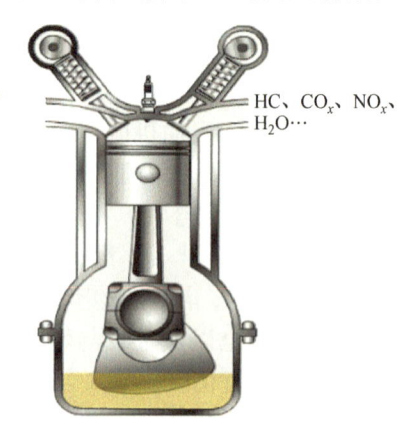

图 3-27 发动机气缸排放示意图

（14）二冲程发动机　除了四冲程发动机，业界还有一种二冲程发动机，通常用于摩托车和动力降落伞等对成本要求较高，对油耗和排放要求较低的应用领域。二冲程发动机之所以受欢迎，主要是因为它们的组件数量少于四冲程发动机，使得它们的制造成本更低、质量更小，相应的功率密度也更高。

二冲程发动机的工作原理依然是燃料燃烧产生热，热膨胀空气推动活塞运动，但整个过程需要压缩在两个行程内完成，如图 3-28 所示。同时，二冲程发动机要求将燃油混合到燃料中以润滑发动机，而不是将其保持在油底壳中，并具有像四冲程发动机那样独立的再循环系统。

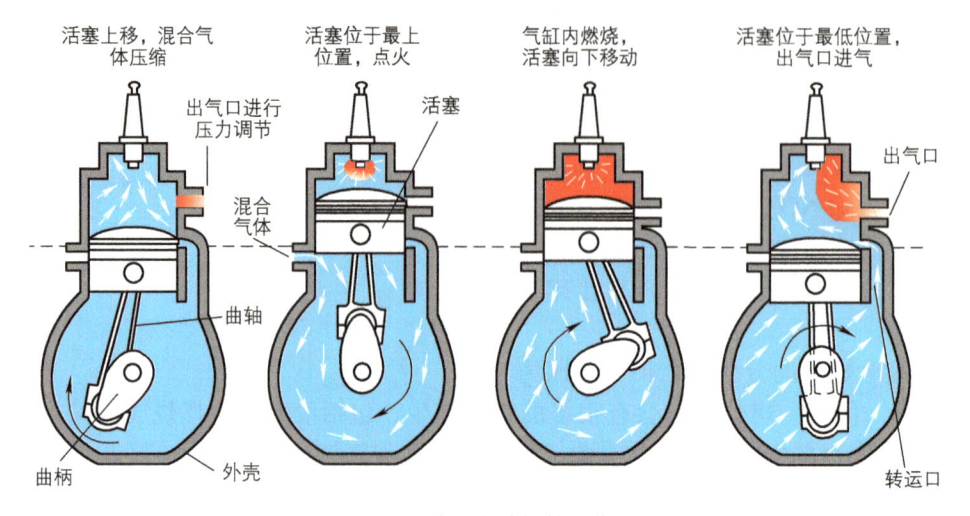

图 3-28 二冲程发动机的工作原理

与四冲程发动机上的进气门和排气门类似，二冲程发动机使用3种气门，即进气门、排气门和换气门。设计时，将这3个气门分别在某一时刻由活塞关闭或打开，以实现不同种气体的吸入、交换和排出。二冲程发动机的两个行程可以描述为：

1）第一行程：活塞自下止点开始向上移动，进气门先被关闭，这时换气门和出气门打开，气缸内气体由于可以从换气门和出气门传递，气缸内气体实现调节压缩（一部分气体从出气门流出，一部分通过交换门流到曲轴箱）；活塞继续上升，换气门关闭，这时仅有出气门打开，因此压缩的效果提升。最后，进气门也被关闭，此时，3个气门都被关闭，进入气缸的混合气被封闭快速压缩。气缸继续上升，进气门打开，新的混合气体进入曲轴箱。

2）第二行程：当活塞压缩到上止点附近时，触发火花塞点燃可燃混合气体，可燃混合气热膨胀推动活塞向下移动。这时活塞开始下降，在曲轴箱内新吸入的可燃混合气开始被可调节压缩（进气门打开）。当下降到将出气口打开时，废气开始冲出。随后活塞继续下降，换气门开启，由于进气口关闭，受预压的可燃混合气冲入气缸，驱除废气，完成排气过程（这时排气持续进行）。

可以看出，二冲程发动机将4个行程结合在一起，但由于中间存在进气、出气同时进行，一定量的燃料会被损耗掉。其次，空气、燃料和润滑液的混合物容易出现燃烧不充分的现象，从而使效率降低，同时还会增加排放污染。另外，由于燃烧、振动和润滑等问题，二冲程发动机的可靠性比四冲程发动机的可靠性要差，寿命也较短。

3.5 新能源汽车专用发动机

传统发动机设计时考虑的是所有的工况，而新能源汽车上的发动机工作时有电机辅助工作，因此其主要工况可能不同（例如，增程器系统的发动机主要用于驱动发电机，工况比较单一，而其他类型的混合动力系统还需要提供动力输出，工况比较复杂，因此发动机特性要求也不一样）。于是，业界通常根据使用工况，将新能源汽车专用发动机定义为只针对新能源特殊工况的发动机。但是，考虑到新能源汽车在结构、种类及配置等方面的差异，按照上述定义很难开发出通用的新能源汽车专用发动机。

纯电动汽车没有发动机，但是由于电池的续驶能力和高低温特性的不足，有些应用场合需要一个增程装置来保证运行能力，增程器就是由发动机和发电机组成的发电机组（Genset）。发电机组的工况较为简单，开发相对容易，使用一般的发动机就可以。但是否可以定义这种发电专用的发动机为新能源汽车专用发动机？显然，这种定义是没有根据的，也是不准确的。

在弱混系统（48V系统）中，发动机的输出功率占主要比例，电动助力只提供很有限的动力输出，因此对这种发动机的需求和传统发动机几乎没有区别。同时，由于使用辅助电力系统，理论上可以实现起停、滑行停机、一键起动等功能，这就对发动机的可靠性提出了更高的要求，例如，起动电机系统的寿命、增压器的寿命等比传统发动机的要求一般要高3倍以上。

对于强混系统，虽然电池与电机可以提供全工况所需的功率和电能，但需要考虑电源电能或输出功率不足等特殊情况。例如，当电池电量充足时，新能源汽车发动机可以实行窄工况工作（在某一个功率和转速的状态，其余的能量靠电机提供），但电池有时会出现电量不足或功率不足的情况（比如 SOC 较低、温度过高或过低等情况），这时基于动力安全考虑，发动机必须保证能独立完成完整循环工况，新能源汽车发动机的要求就又和传统发动机一致了。

目前唯一被业界认可的适合新能源汽车应用的发动机是阿特金森发动机，这种发动机使用阿特金森循环（对于柴油机而言，相对应的循环为米勒循环），如图 3-29 所示。1882 年，英国工程师詹姆士·阿特金森发明出一种可变活塞行程的循环方式，其膨胀比大于压缩比，由于更长的膨胀行程可以更有效地利用燃烧后废气仍然存有的高压，所以燃油效率比奥托循环高。但这种发动机使用较为复杂的连杆装置，因此故障率高，不利于汽车的应用。后来美国工程师罗尔夫·米勒调整配气时机，在进气行程即将结束时，将进气门延迟关闭，并将吸入气体部分反流排出，相当于压缩过程减小。同时将排气门延迟打开，使做功时间加长，相当于膨胀比增大，在柴油机上实现了膨胀比大于压缩比的功能。图 3-29 所示为阿特金森循环，点 1—4—5—6 范围内的面积表征了多出来的有用功。

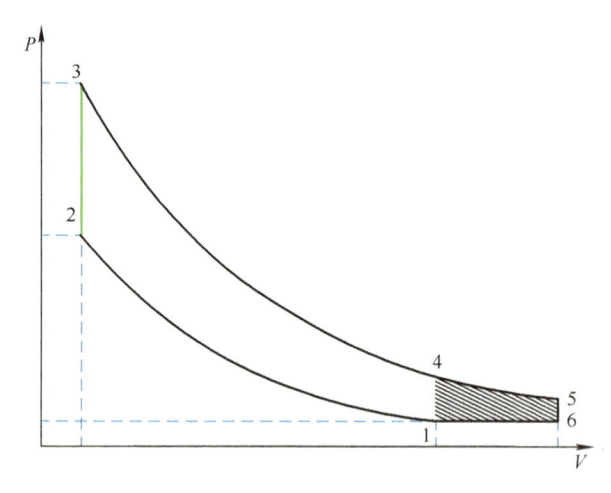

图 3-29 阿特金森循环

这种发动机适合新能源汽车应用的原因在于：

1）低速时，阿特金森或米勒发动机将稀薄的混合气反向推出，使得混合气体变得更少，虽然可以提高节油率，但低速转矩表现较差。而混合动力系统可以利用电机在低速时补充转矩（电机在低速时转矩最大）。

2）由于活塞等效行程增加，虽然可以提高效率，但在高速时活塞较难在同样时间内完成循环，使得发动机在高速时提升转矩比较困难。使用电机在高速时补充转矩（虽然电机转矩在高速时会下降，但一般电机的转矩在速度轴分布比发动机更宽），同样可以在高速运转状态下将节油、减排和转矩输出进行很好的互补和平衡。

阿特金森循环和米勒循环这两种循环的目的一样，只是实现方式不同。日本的马自达拥有米勒循环发动机的专利，而丰田和本田公司虽然都开发出这种发动机却只能称其为阿特金森发动机。需要指出，当年马自达使用米勒循环是为了防止发动机爆燃，而丰田公司利用米勒循环的节油率并将其使用在了混合动力系统上。图 3-30 所示为丰田阿特金森发动机示意图。

图 3-30　丰田阿特金森发动机示意图

从上面的分析可以看出，阿特金森发动机应用在新能源上主要是为了节油和减排。其低速状态下有输出转矩低的缺点，而电机在低速区工作的特点是可以实现最大转矩，这正好补充了阿特金森循环为了节油而减小的转矩输出。因此，这种发动机非常适合新能源汽车混合动力系统使用，这也是由其工作特性和电机相互弥补的特征而来的。需要指出，这种发动机技术其实已经有一百多年的历史了，而最初也不是为了当前的油电混合目的而开发的。

除了循环方式的不同，新能源汽车专用发动机还应该包括其他可再生能源类型的发动机，比如新能源氢能发动机、新能源甲醇发动机、新能源氨发动机等，本书的第 9 章将作简要介绍。

第 4 章 新能源汽车的变速器

4.1 手动变速器

汽车的变速器可以将动力源（发动机、电机）的输出转速和转矩进行比例放大或减小以适用不同工况的系统。典型的变速器内部有许多直径大小不同的齿轮、轴和离合器等部件，通常被安装在动力源和驱动轴之间，通过匹配不同的齿轮比来实现变速和变转矩。变速机构可以独立开发，也可以与传动机构合装在同一壳体内形成二合一或多合一的拓扑结构。最早出现的变速装置是手动变速器，它需要驾驶人用手来控制。随着科技的发展，不需要驾驶人的干预而可以根据驾驶条件实现自动变速的变速器诞生。最早的自动变速系统应用在火车上，后来随着自动变速器体积的减小、质量的减小、成本的降低以及技术成熟度的提高等，自动变速器逐渐在汽车上广泛应用。汽车自动变速器的发展历史，大体上可以分为 5 个阶段：早期的自动变速阶段、液力自动变速阶段、电控自动变速阶段、智能变速阶段和集成变速控制阶段。

简单地说，变速器可以看成一种旋转机械装置，具有以下功能：
1）适配并传递发动机产生的旋转功率，以驱动汽车运行。
2）隔离发动机和汽车。例如，在发动机起动时，可以实现发动机怠速状态而汽车本身不动。
3）可以改变发动机输出功率的转速、转矩和方向。
4）隔离振动和噪声（变速器离合器、液力变矩器等）。

如图 4-1 所示，手动变速器主要由齿轮、轴系、手动离合换档机构和简单的电控系统（转速信号、档位和位置传感器等）组成，其内部结构如图 4-2 所示。

图 4-1 手动变速器示意图

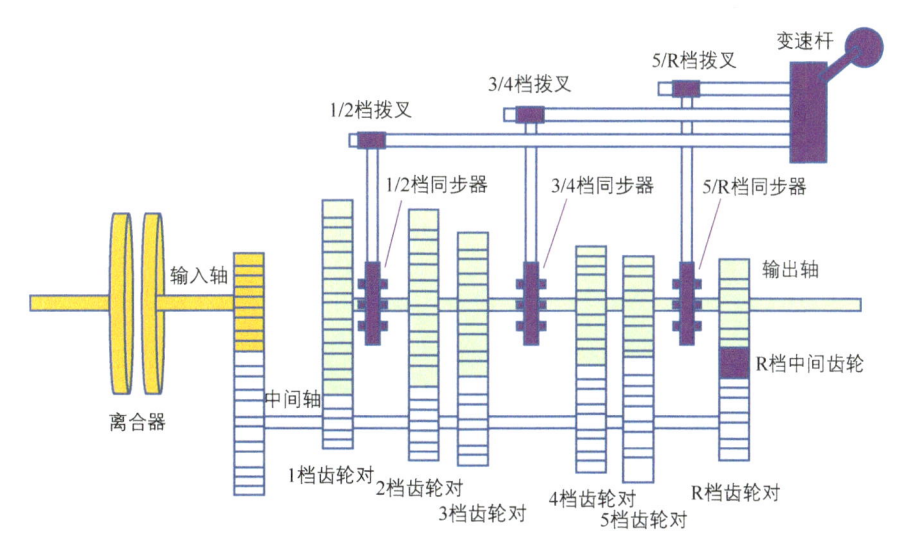

图 4-2　5 档手动变速器的内部结构示意图

手动变速器的变速过程需要依靠人工完成，驾驶人通常根据行驶需要（转矩和速度），确定换档目标。因此，这种换档过程和驾驶人的换档习惯有较大的关系，在升档位的控制过程中，一般会首先降低发动机转速，同时断开离合器使得传动系统的动力中断，并根据目标的设定，将拨叉调到目标档位（比如 1 到 2 档等）。变速器的拨叉末端有一个同步构造（含同步环和同步齿或只有同步齿），它将输入轴和输出轴在新的速比下实现同步，这样才可以顺利换档。当新的档位挂上后，驾驶人需要释放离合器将传动系统和动力源再次连接上。由于汽车的速度不能瞬间变化，所以需要调节发动机的转速来适应新的速比。驾驶人通过调节加速踏板来控制发动机转速，以此达到完全的精确同步非常困难，所以离合器的接合过程并不是完全的同步过程，中间有一个滑动摩擦控制的过程。利用离合器的摩擦作用使得输入轴的转速和发动机的转速同步。手动变速器的这个过程也是通过驾驶人完成的。

对于降档操作，其控制过程和升档类似，所不同的是由于目标档位的输入转速升高，因此需要发动机提升速度来达到新的速比，而这个过程需要驾驶人加大发动机加速踏板来配合。这个过程对换档质量非常重要，如果驾驶人没有让发动机升速，换档的同步过程就需要发动机被变速器的输入轴反拖而进入被动升速过程。但这样形成的换档质量比较差（换档时间长、发动机有顿挫感等）。

另外，和升档一样，离合器的控制也至关重要，即如果在离合器没有完全打开而强行换档，换档机构的机械强度将无法承受较大的转矩冲击，会出现换档机构损坏的现象；如果离合器的滑模过程控制不好，会出现长时间的摩擦将离合器烧坏的现象。此时，一般还会伴随出现整车的突然加速或减速，甚至出现发动机熄火的现象。主要的原因是拨叉同步系统的转矩承受度很低，通常只有几个 N·m，而离合器引入发动机的转矩可以非常大（可以达到几百 N·m）。如此大的转矩作用在拨叉上，会瞬间损坏换档装置。拨叉换档示意图如图 4-3 所示。

手动变速器上简单的电控系统主要用于给汽车上其他电子器件提供变速器档位和状态信息。例如，在发动机控制中，其转矩和速度控制逻辑往往需要变速器的状态（加速踏板特性图和自诊断逻辑等)。但这些信号对变速器换档过程的调整却非常有限,因此手动变速器基本是靠驾驶人手动进行换档控制。图 4-4 所示为一个 5 档手动变速器的 5 个前进位和一个后退位(R 档)的档位结合示意图。

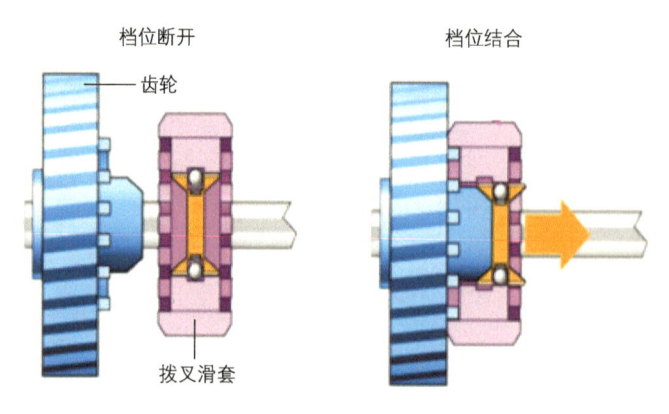

图 4-3 拨叉换档示意图

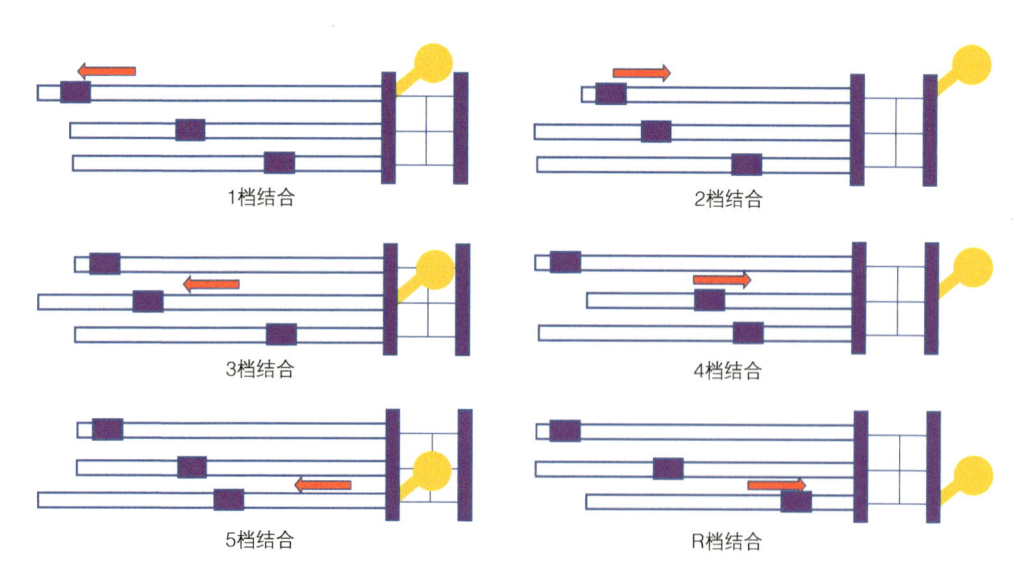

图 4-4 5 档手动变速器各档位结合示意图

4.2 自动变速器

自动变速器根据其内部构造,可以分为自动手动变速器(Automatic Manual Transmission,AMT)、液力自动变速器(Automatic Transmission,AT)、双离合器变速器(Dual Clutch Transmission,DCT)和无级变速器(Continuously Variable Transmission,CVT)等几个主要类型。它们都不需要驾驶人对变速器进行具体的换档控制,只需要驾驶人提出 PRND 的指令(基本的驻车 P、空档 N、前进 D 和后退 R 的指令),其余的动作均由变速器控制系统和对应的执行机构自动完成。

4.2.1 自动手动变速器

自动手动变速器也被称为电控机械式自动变速器（AMT），如图4-5所示，它是在传统平行轴式变速器和离合器的基础上，利用电子技术来实现机电一体化控制的。操纵以自动变速器控制单元（Transmission Control Unit，TCU）为核心，通过液压或气压执行机构来控制离合器、选择换档机构以及发动机节气门的调节，实现档位认知、目标档位确定和换档执行等步骤。AMT的执行机构示意图如图4-6所示。TCU根据车辆的运行状况、驾驶人意图（加速踏板开度、制动踏板行程）及道路路面状况（坡道、弯道）等因素，按预先设定的驾驶规律（换档规律、离合器接合规律），借助相应的执行机构（发动机节气门控制执行机构、离合器执行机构、变速器换档执行机构），自动协调发动机、离合器和变速器的动作。

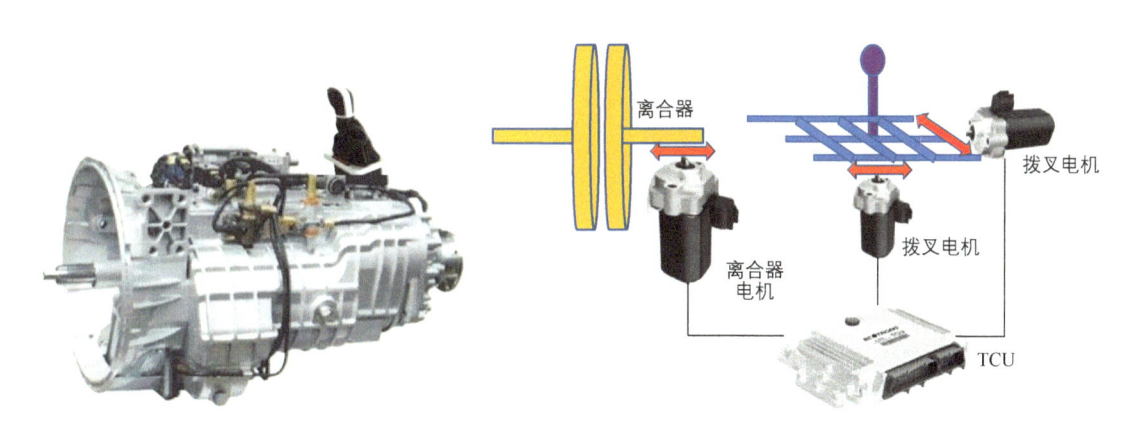

图4-5　AMT示意图　　　　图4-6　AMT的执行机构示意图

AMT既具有液力自动变速器自动变速的优点，又保留了原手动变速器齿轮传动效率高、成本低、结构简单和易制造等长处，是非常适合在我国应用的机电一体化技术产品。另外，由于AMT是在机械变速器上进行改进的，因此保留了绝大部分原总成部件，只需改变其中手动操作系统的变速杆部分即可。

因此，AMT的生产继承性好、改造的投入费用少。其特点可以简单地总结为：
1）以手动变速器为基础（箱体、齿轮系、换档机构等）。
2）加入换档机构自动控制部件（拨叉X-Y执行机构、离合器液压或气压执行机构）。
3）加入驾驶人交互界面（和AT相似的自动控制接口）。
4）加入控制系统及控制算法（所有自动变速器的控制基本逻辑内容）。

AMT的缺点是换档过程存在动力中断的现象，即在换档期间由于仅有的离合器需要打开，动力传递也必须终止，所以传递的转矩就会中断。这种现象会使得驾驶人的驾驶感受和乘客乘坐感受较差。这可以通过电控软件进行弥补，例如，采用快速换档、快速调整发动机转速接近同步换档等措施。另外，AMT还有一个缺点是，由于没有液力变矩器，在低档位时，动力抖动会比较大，驾驶舒适感较差。总体来讲，在几种自动变速器中，AMT的性价比最高。在中低档轿车、城市客车、军用车辆、载货车等方面的应用前景较广阔。

4.2.2 液力自动变速器

液力自动变速器是目前最常见、使用最广泛的自动变速器,如图4-7所示,这种变速器通常将一个液力变矩器安装在发动机和变速器之间,以液压油为工作介质,推动离合器装置进行换档,从而起到传递转矩和实现耦合及解耦离合的作用。

液力变矩器可以在一定范围内自动地、无级地改变转矩比和传动比,以适应行驶动力和克服阻力的变化。由于液力变矩器的变矩系数较小(乘用车的系数一般小于2),不能完全满足汽车使用的要求,因此,它必须与齿轮变速器组合使用以扩大传动比的变化范围。目前,绝大多数液力自动变速器都采用行星齿轮系统作为变速轮系基础。

行星齿轮系统由行星齿轮机构(齿圈、行星轮、行星架和太阳轮)和执行机构(电磁阀和液压系统)组成,如图4-8所示。通过改变动力传递路径来利用行星齿轮系不同转速比得到不同的输出传动比。因此,液力自动变速器实际上是能实现局部无级变速的有级变速装置。

图4-7 AT示意图

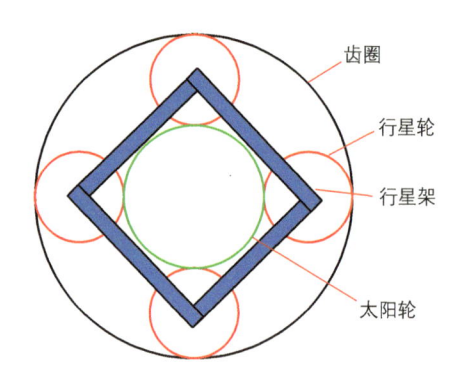

图4-8 行星齿轮系统示意图

采用液力自动变速器,可以免除手动变速器繁杂的操作,使开车变得便捷和省力。同时,电子控制也使自动切换过程柔和且平顺,因此,AT具有良好的乘坐舒适性、系统安全性、优越的动力性和方便的操纵性等。但AT的整体效率较低、结构较复杂、成本也较高。

AT内部最常见的结构是多片湿式离合器和行星齿轮系统。多片湿式离合器如图4-9所示。

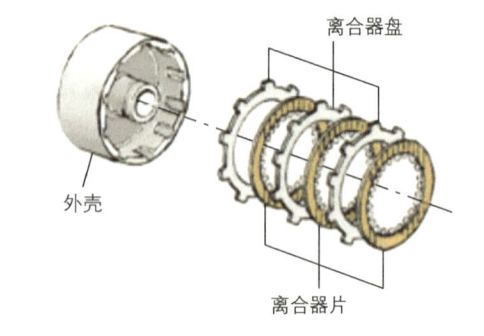

图4-9 多片湿式离合器示意图

4.2.3 双离合器变速器

双离合器变速器(DCT)并不是近几年才有的,但过去由于两个离合器的控制难度和输出功率的稳定性问题,因此一直没能得到较大规模使用。

20世纪90年代末期,大众汽车公司和博格华纳公司携手合作,生产了第一个适用于大批量生产和应用于主流车型的Dual Tronic技术双离合器自动变速器。2009年,装配这种双离合器自动变速器的一汽大众新迈腾已和我国消费者见面，其出众的加速性能、超低的油耗和低于液力自动变速器（AT）的成本吸引着众多消费者的注意，在业内掀起了一股双离合器自动变速器的开发热潮。

2002年，德国大众汽车公司推出了直接换档变速器（Direct Shift Gearbox，DSG），如图4-10所示。2003年，德国大众汽车公司推出了6档DSG，成为首个提供双离合器自动变速器系统的整车厂。随后DSG逐步推广应用在奥迪TT3.2、大众捷达、大众途安、大众第五代高尔夫、宝来、奥迪A3、SKODA等众多车型上。2008年，德国大众汽车公司联手舍弗勒集团推出了档位更多、更先进的7档DSG。

图4-10 德国大众汽车公司推出的DSG

从结构上讲，DCT可以分成两个并行的系统，一个是奇数档位部分，一个是偶数档位部分。这两个部分的结构类似，基本等同于将两套AMT搭载在一起，所形成的奇数档位和偶数档位通过控制系统实现交替换档。DCT在结构上有两个离合器，可以实现离合器到离合器换档，从而实现无中断换档功能，这就解决了AMT结构换档中断的问题。但也正因如此，其控制要求非常高，其中对于离合器到离合器换档的控制甚至要比AT还难。因为对于同样使用离合器到离合器换档的AT而言，除了AT配备液力变矩器外，多个档位都有各自的离合器（虽然个别档位可以复用，总体还是不同离合器控制不同档位），它们各自的特点不同。例如，低档位由于转速比较大，其转矩变化就和高档位不同，因此离合器的大小就会不同，而每个离合器的控制方法和标定值也不同。

由于DCT只有两个离合器，它们必须满足所有从低档位到超速档（速比小于1）的功能并复用不同档位的特征。同时，由于DCT没有液力变矩器，换档需要和AMT一样利用摩擦换档，所以控制更加复杂，对软硬件的要求都更高（特别是对于干式离合器系统）。DCT的结构示意图如图4-11所示。

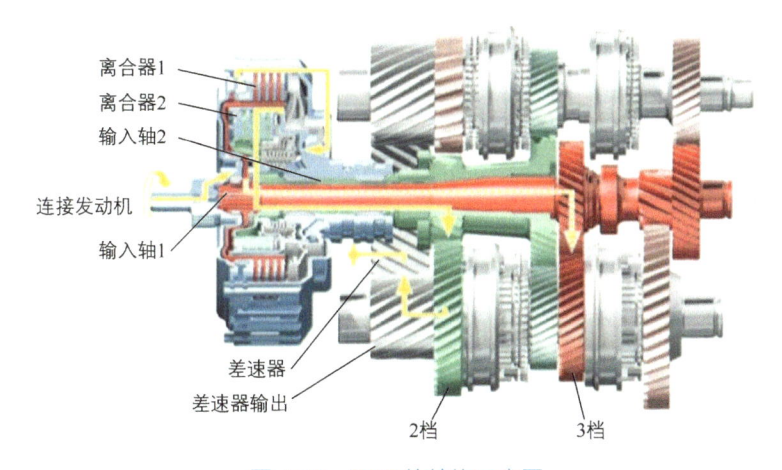

图4-11 DCT的结构示意图

双离合器变速器的特点如下：

1）通常有两套离合齿轮装置，其中一套相对大一些。

2）通过对拨叉系统控制传动转矩和速比。

3）通过接合或分离离合器的控制来实现换档。

4）控制方式是 AT+AMT：离合器的接合与分离控制和 AT 控制相似（液压控制或电机控制），而奇偶档位拨叉控制和 AMT 中的 X-Y 执行相似（可以多加功能比如预选档位）。

4.2.4 无级变速器

无级变速器（CVT）是一种没有档位的变速器，或者说档位的相差非常小，使得变速的过程可以近似为连续过程的一种变速机构。机械式无级变速器的种类很多，比如使用传送带连接两种不同半径的锥形筒结构；或用金属带连接的 CVT；还有直接使用两个球形，利用它们之间的接触点半径不同而形成 CVT。其中，V 形金属带式 CVT 最有实用价值。

金属带式 CVT 属于摩擦式无级变速器，其传动与变速的关键件是具有 V 形槽的主动锥轮、从动锥轮和金属带。如图 4-12 所示，金属带安装在主动锥轮和从动锥轮的 V 形槽内，每个锥轮由一个固定锥盘和一个能沿轴向移动的可动锥盘组成，来自液压系统的压力分别作用到主、从动锥轮的可动锥盘上，通过改变作用到主、从动锥轮可动锥盘上液压力的大小，使主、从动锥轮传递转矩的节圆半径连续发生变化，从而达到无级改变传动比的目的。由于 CVT 的传动比连续，因

图 4-12　金属带式无级变速器

此其传递动力平稳、操纵方便。因为其加速时无须切断动力，使得配套的汽车乘坐感舒适、超车的加速性能好。同时，由于 CVT 可实现较大范围的无级变速，因此可以使发动机始终在其经济转速区域内运行，从而大大改善了燃油经济性。

但 CVT 本身也有缺点，比如金属带的质量（可靠性、摩擦性、变形性、热特性等）和控制要求较高、控制难度较大，特别是大转矩金属带的可靠性难以保证，因此 CVT 与齿轮传动相比，整体效率并不高，且起动性能差、制造困难、价格也较高。目前，主要使用 CVT 的汽车厂商主要以日本 Nissan 等主机厂为主。

除了机械式 CVT 外，还有一种电动无级变速器（eCVT），如图 4-13 所示。最简单的 eCVT 是使用一个行星排，将发动机、电机和输出分别按照设计需求连接在太阳轮、行星架和齿圈上。通过行星排 3 个自由度之间的速度和转矩关系，调整发动机和电机的

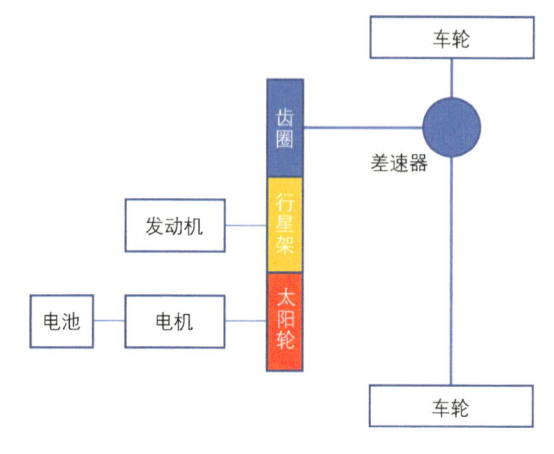

图 4-13　一种简单的 eCVT 的构造

工作状态，就可以在输出上实现无级变速控制。这种结构其实是一种混合动力系统，由固定齿轮实现固定档位，档位间由电机耦合实现连续变速。

电子无级变速器（eCVT）通过行星齿轮把发动机、电机和输出轴连接起来，利用行星齿轮3个自由度之间的关系，调节发动机和电机的转矩和速度，就可以实现输出的连续变速。如果多加入几个行星齿轮系，形成不同的串、并联结构，就可以开发出类似丰田普锐斯或通用汽车的雪佛兰、沃兰特的功率分流混动架构。

4.3 变速器的拓扑及结构

（1）前置后驱结构　前置后驱结构是标准的纵轴变速器传动结构，后面两个车轮由发动机直接驱动，传动系统将前置发动机和后面的桥轮系连接起来。由于发动机前置，驱动桥后置，因此这种结构就叫作前置后驱结构。前置后驱变速器的架构示意图如图4-14所示。

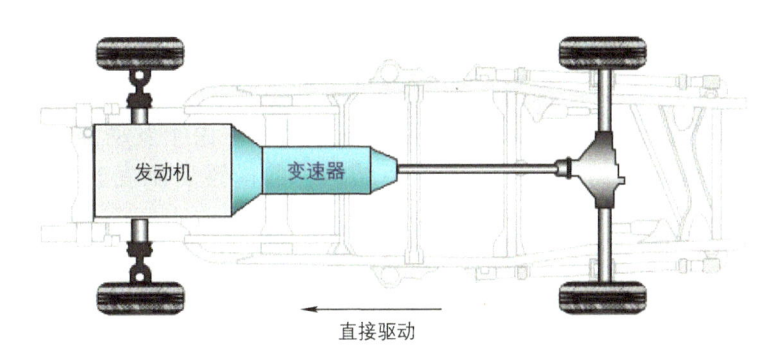

图4-14　前置后驱变速器的架构示意图

（2）前置前驱结构　前置前驱结构是标准的横轴变速器传动结构，前面两个车轮由发动机直接驱动，传动系统将前置发动机和前面的桥轮系连接起来。由于发动机前置和驱动桥前置，因此这种结构就叫作前置前驱结构。前置前驱变速器的架构示意图如图4-15所示。

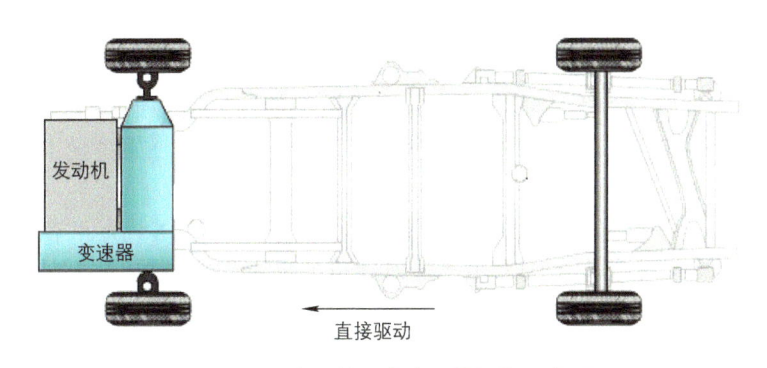

图4-15　前置前驱变速器的架构示意图

（3）前置四驱结构　前置四驱结构可以实现全轮或四轮驱动，它的基本结构和上面的纵置后驱结构相似，但它多了一个传动分动系统，将一部分能量又返回到前桥驱动，通过对分动系统的控制，实现四轮驱动。这种发动机前置和驱动分布于 4 个车轮的结构叫作前置四驱结构。前置四驱变速器的架构示意图如图 4-16 所示。

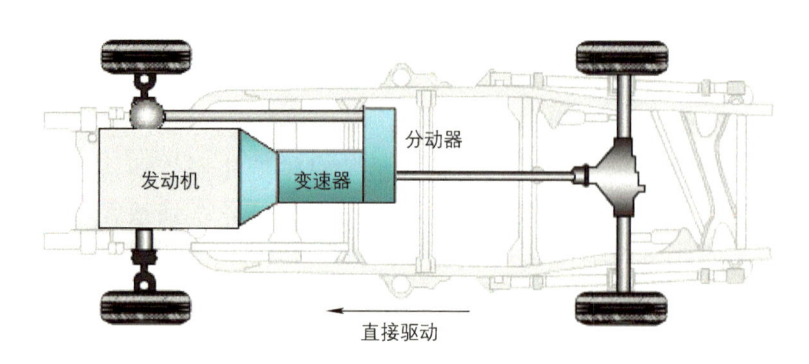

图 4-16　前置四驱变速器的架构示意图

（4）前横置后驱结构　前横置后驱结构是一种不常见的动力系统结构，它由一个纵置的分动系统将转矩传递到后桥，从而实现前置后驱。由于发动机前置、传动系横置及驱动于后桥，因此该结构叫作前横置后驱结构。前横置后驱变速器的架构示意图如图 4-17 所示。

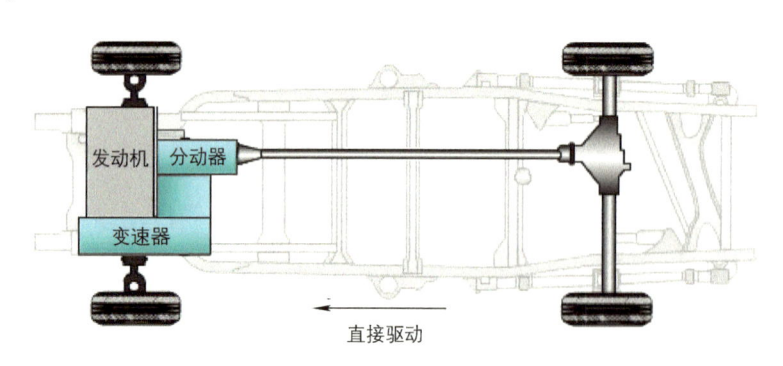

图 4-17　前横置后驱变速器的架构示意图

除此之外，还有一些其他的架构，如后置后驱、中置后驱等，每一种架构都有其适合应用的场景（例如，后置系统通常将重心后移来增加加速后倾力使得动力效果提升，但同时会降低前轮的可操作性），本书不作一一讲解。下面详细介绍横置变速器、纵置变速器的结构。

（1）横置变速器的结构　横置变速器的结构示意图如图 4-18 所示。横置变速器通常使用双轴传动，即液力变矩器在主轴上（连接发动机的输出端），输出在副轴上，两个轴由一个带有驱动链轮和从动链轮的链条连接。此外，它还有液压和电子控制装置、泵和油底壳等。与后轮驱动不同，它有一个额外的储液区（也称为侧盖），用于储存流经系统的变速器油，离合器和齿轮组位于副轴上（齿轮系统），主减速器和差速器（差速系统）位于变速器内部，而后轮驱动的差速器位于变速器外部。这种设计主要考虑到传动系统体积的空间位置安排，因为汽车前部发动机舱的体积有限，发动机横置直接接入输入端，可以有效减少连接长度。差速器集成后，就可以直接连接驱动轴和车轮，整体的结构非常紧凑，空间利用率较高。

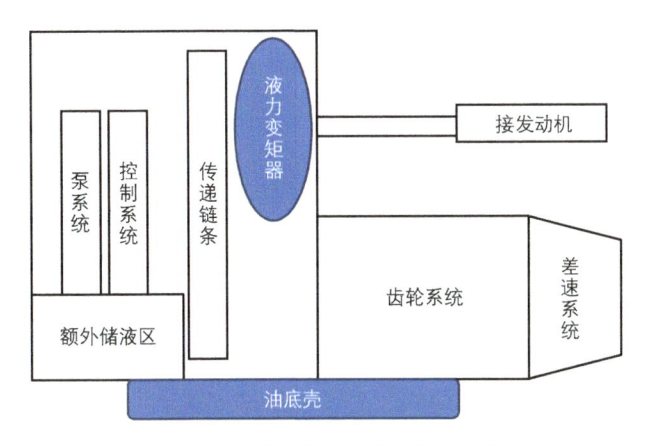

图 4-18　横置变速器的结构示意图

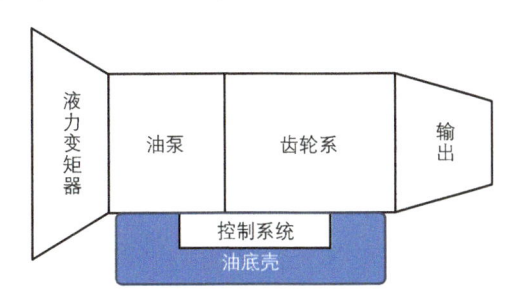

（2）纵置变速器的结构　纵置变速器的结构示意图如图 4-19 所示。与横置变速器的结构不同，纵置变速器的结构可以充分利用汽车底盘的长度，将动力系统和传动系统与最后的驱动轴系分开。发动机同样需要纵置，这样就可以直接连接液力变矩器，同时和变速器体连接。采用纵置变速器的动力总成将纵穿汽车的底盘，这就是为什么有些大型汽车（如货车）的驾驶室中间会有一个隆起的部分，主要是为了给下面的纵置总成留出空间。纵置变速器各个部件的功能和横置变速器系统相同，只是末端的差速系统通常不集成为一体，这是因为汽车的底盘形式和长度不同，变速器的输出需要保持一定的架构灵活性，通过万向轴可以连接不同长度、角度的差速系统，使得动力总成的适配性极大增强。

图 4-19　纵置变速器的结构示意图

> **小知识：无级变速器的结构**　CVT 的结构如图 4-20 所示，输入轴为主轴，位于靠近液力变矩器的顶部，发动机可以直接接入；经过液力变矩器后接入变速系统（含有钢带的双锥形结构），主轴上的输出转矩端经过链接到达中间轴，再经过传动齿轮系，形成与另一个齿轮与分动器相对的第三轴连接；最后经过差速器和最终传动的输出轴将转矩输出。显然，CVT 的结构也是横置变速器结构的一种。

59

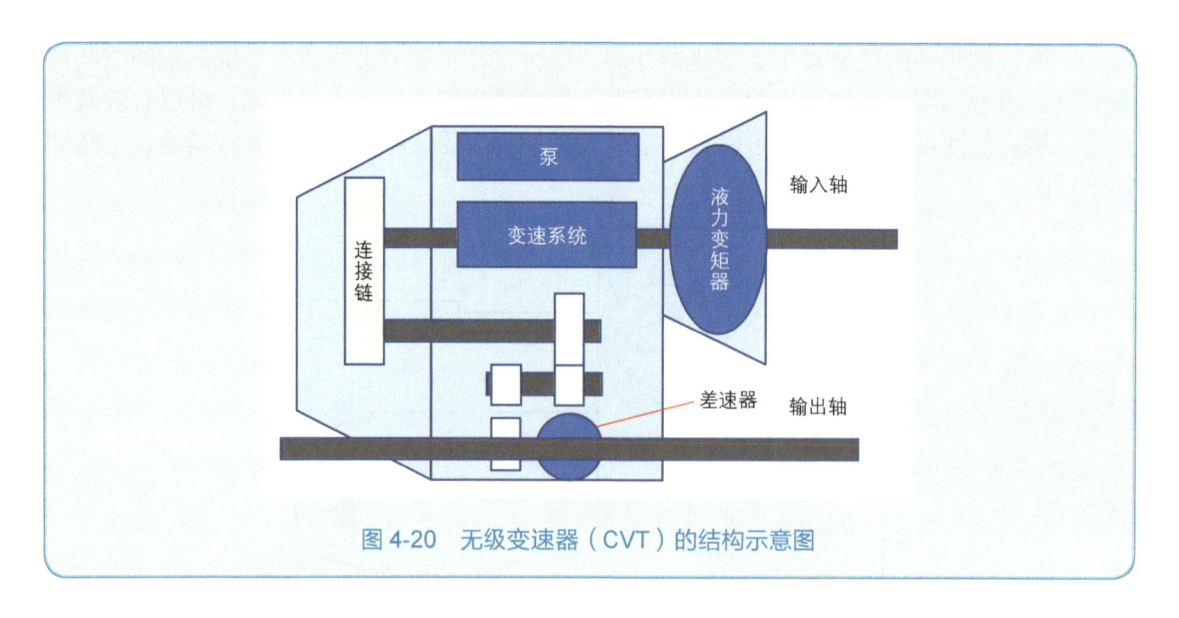

图 4-20　无级变速器（CVT）的结构示意图

4.4　液力变矩器

　　液力变矩器的结构示意图如图 4-21 所示。液力变矩器的壳体通过螺栓固定在发动机飞轮上，并通过液力变矩器泵的壳体接地；压力盘可看作液力变矩器内的离合器，连接输入轴以实现直接机械驱动；压力盘内有一个减振装置，主要由弹簧减振器组成，用来减少扭转冲击；涡轮机组件是从动或输出构件，通过响应流过泵体叶片的流体而旋转；定子组件可将流体从涡轮机重定向到泵，位于泵和涡轮机组件之间，中间有多个轴承垫片；转换泵体，作为驱动构件，在其中心吸入流体，并在旋转时将其排放到轮辋附近的叶片上，从而使涡轮旋转。

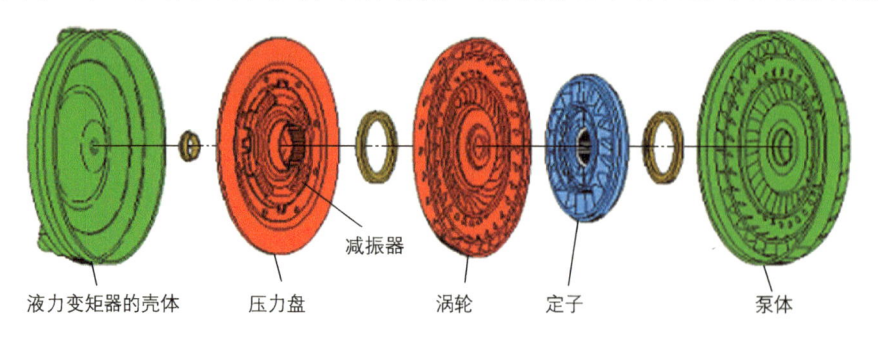

图 4-21　液力变矩器的结构示意图

　　如图 4-22 所示，液力变矩器的工作原理是当汽车起动时，驾驶人踩制动踏板，汽车并不前行。这时，发动机转动，带动泵体旋转。泵体上有呈一定角度的叶片。液力变矩器中的液体在旋转离心力的作用下，从中心位置甩向边缘，同时在泵体叶片方向的作用下，形成旋转方向流动。这样，中心部分将吸入变速器液，并从两边将液体推出，从而形成局部的液体循环。运动的变速器液有两个方向的分量，即旋转方向的分量和法线方向的分量。当驾驶人放开制动踏板后，涡轮的叶片在泵体形成的液流作用下，产生相同方向的推力，从而使涡轮开始旋转，由于泵体的旋转速度大于涡轮的旋转速度，在涡轮返回的液体旋转速度小于泵体的旋转速度。因此，直接返回的液体会撞击泵体形成损耗，如果中间加上一个单方向旋转的导向机构（定子结构），就可以在非耦合阶段形成回流液体改向，从而增加整体输出转矩。

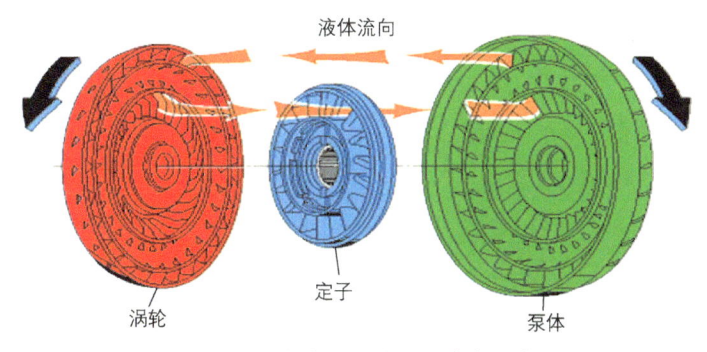

图 4-22　液力变矩器的液体流向示意图

液力变矩器中还有一个电控锁止离合器，当泵体和涡轮的速度相差不大时，或快要达到耦合速度时，可以将这个离合器压合，形成输入和输出的同步，以减少功率损失。通常这个阈值可以设定为涡轮速度达到泵体速度的 90% 左右，当然，这个标定值可以根据实际运行状态调整。值得一提的是，电控锁止离合器是变速器上第一个实现电控的装置。

作为一个流体耦合装置，液力变矩器可以实现多个功能：

1）确保转矩平顺地从发动机传递到变速器。可以有效地减少发动机本身的转矩振动。

2）提升输出转矩。通过流体的角度惯量，倍增其传递地转矩。泵装置利用旋转产生的离心力，将变矩器液体向外甩出，经涡轮机组反馈回来。经过中间的定子组件，将扭力方向强行扭转，产生转矩放大作用。

3）为变速器泵系统提供动力。在转换泵组件上通常装有机械连接装置，通过轴连接油泵。在转动时，为泵体提供动力。注意，这个泵是给整个变速器提供液压泵能源的。

液力变矩器的一个重要指标就是其 K 线特性，主 Y 轴显示 K 系数 ×100 和转矩比。次级 Y 轴从 0 到 1 跟踪液力变矩器的效率，X 轴从 0 到 1 记录速度比。转矩比是涡轮转矩（等于或大于发动机转矩）除以发动机转矩，因此转矩比总大于 1。当涡轮的转速为 0 时，转矩比达到最大（这个值也就是液力变矩器最大的转矩放大值）；当涡轮和泵体耦合时，速度一致，而转矩比逐渐变小直到涡轮和泵体的转矩一致，从而达到耦合，此时的转矩比为 1。速度比是指变矩器的涡轮转速除以发动机转速，其值总小于 1。图 4-23 中，绿线代表转矩比，红线代表 K 值，蓝线代表液力变矩器的效率。在堵转状态下，液力变矩器中会有很多功率损耗，因此效率很低。当变速器达到耦合模式（涡轮机和泵一起旋转）并且没有差速滑差时，效率可达到 98% 左右（理论上 100%）。

液力变矩器的功率损耗可以通过总体的功率和输出功率的差计算，即

$$P_{\text{loss}} = 2\pi/60(T_{\text{pump}} \times N_{\text{pump}} - T_{\text{turbine}} \times N_{\text{turbine}}) \tag{4-1}$$

式中　P_{loss}——液力变矩器的功率损失；

　　　T_{pump}——泵体转矩；

　　　N_{pump}——泵体转速；

　　　T_{turbine}——涡轮转矩；

　　　N_{turbine}——涡轮转速。

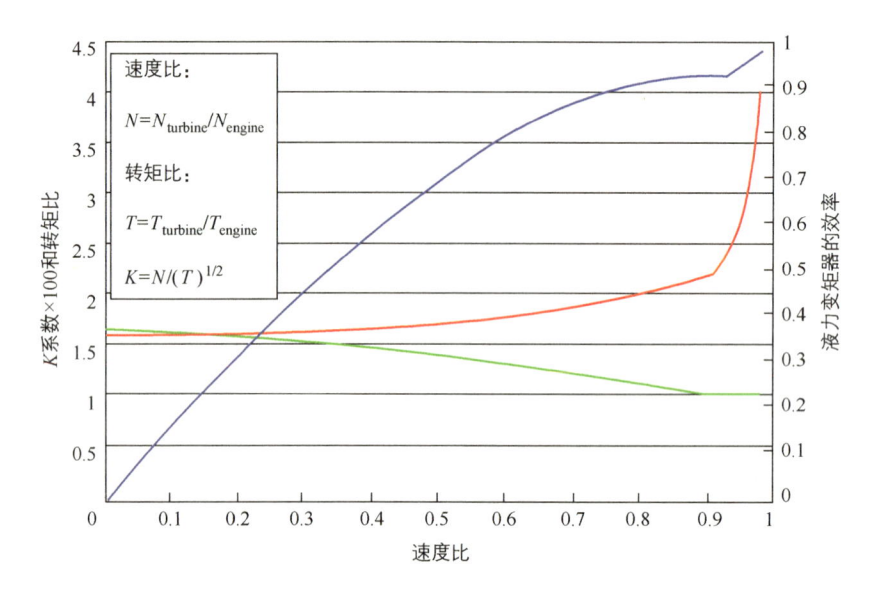

图 4-23 液力变矩器的参数关系图

液力变矩器的效率可以直接通过输出功率和输入功率的比来计算，由于是转矩放大装置，其损耗主要是低效率造成的旋转损失，主要表现为摩擦损失。摩擦损失通常有多种形式，存在于泵、旋转部件、轴承、连接部件、密封、离合器等。液力变矩器具体的效率需要通过实体测量得出，建模求解比较复杂且误差较大。

4.5 变速器档位的确定

发动机或电机的转速 N（r/min）与车速 V（km/h）比取决于传动系统（变速器和主减等）的速比，因此可以得出汽车 N/V 的值为

$$N/V = 104 \times i_{gear} \times i_{chain} \times i_{diff} / R_t \tag{4-2}$$

式中　i_{gear}——变速器各档的速比；

i_{chain}——变速器的轴链加速比；

i_{diff}——主减速器的传动比；

R_t——汽车轮胎的半径。

假设变速器各档的速比分别为 3、2、1.1、0.7；变速器的轴链加速比为 1；主减速器的传动比为 3；轮胎的半径为 12in（30.48cm），那么根据公式（4-2），可得：

一档 N/V = 104 × 3 × 1 × 3 ÷ 12 = 78

二档 N/V = 104 × 2 × 1 × 3 ÷ 12 = 52

三档 N/V = 104 × 1.1 × 1 × 3 ÷ 12 = 28.6

四档 N/V = 104 × 0.7 × 1 × 3 ÷ 12 = 18.2

当变速器在固定档位上时，可以根据发动机的转速 N 和 N/V 比值倒推出汽车的速度。如果不考虑系统的损耗、液力变矩器上的锁止离合器处于接合状态，保持当前状态下总功

率不变，即 $P_{out} = P_{in}$，由于功率是转矩与转速的乘积即 $P = T\omega$，因此作用在汽车轮胎上的转矩与发动机转速和车速之比 N/V 成反比关系，即

$$T_{eng} = K \times \left[1 / \left(\frac{N}{V} \right) \right] \times T_{out} \qquad (4-3)$$

式中　T_{eng}——发动机的输出转矩；

　　　T_{out}——作用在车轮上的转矩；

　　　K——单位转换常数。

通过以上分析，在不同档位和发动机状态下，汽车行驶速度和最终作用于车轮上的输出转矩有一个比例关系，如图 4-24 所示。

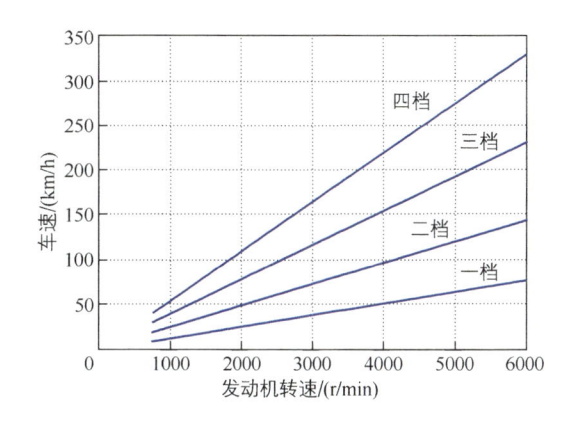

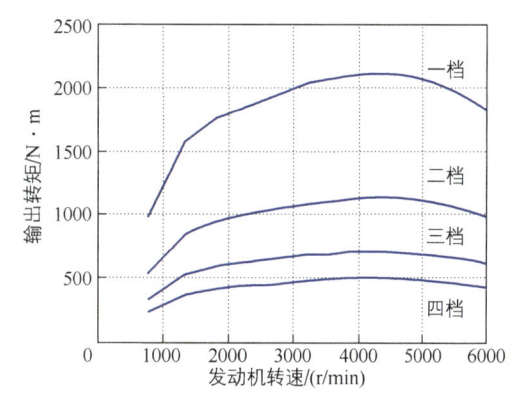

图 4-24　发动机转速和车速、输出转矩的关系

可以看出，作用于车轮上的输出转矩的变化趋势与发动机的外特性基本一致（忽略系统损耗和换档过程）。当输出转矩到达最高点时又有所下降。低速时，发动机输出转矩经传动系统放大后用于克服汽车行驶阻力使汽车行驶。由于发动机和传动系统刚性连接，当发动机转速达到临界点后，如果不进行换档，车速就无法继续提高（除外力牵引或下坡等工况），即使考虑液力变矩器也无法再提高，因为液力变矩器的最高速比是 1∶1，此时不能进行速度放大而只能进行转矩放大。

而正常驾驶时，换档点一般设定在发动机性能曲线中间区域（由加速踏板开度、车速等条件决定）。因此，汽车在不同工况下换档前后的转矩变化是不同的。加速踏板开度越大，换档后作用在车轮上的转矩下降会越明显，因为换档前后车速变化很小，换档后按比例变化的大部分内容会体现到转矩上来。在控制的换档过程中，应综合考虑动力性、经济性、舒适性及法律和行业要求。

不同的目标市场，应选择不同的档位速比。在美国，大转矩需求条件下，一档换到二档的速度点可以达到 50km/h；而在我国，由于汽车主要在繁华的市区行驶，换档车速会小很多，有的汽车甚至会小于 25km/h，大部分轿车的一档换二档的换档点速度在转矩需求不大时可能在 10~15km/h。最高档位的 N/V 值对于不同的市场同样要求不同。在美国，要求在 85km/h 的行驶速度下，汽车必须有一定的爬坡能力（比如 20% 或 30% 等），因为美

国的州内限速值大多是 85km/h；而在我国，许多城市的限速值为 50km/h，高速限速值为 120km/h。因此，我国汽车的 N/V 值应该比美国的小一些。

1）舒适性：合理安排档位速比以优化换档点，减少档位之间的转矩差和速度差，增加整车舒适性。

2）动力性：基于整车驾驶需求，优化档位速比及不同档位之间的转矩分配，防止换档前后转矩变化引起的动力性问题。

3）经济性、排放性：在满足动力性和安全可靠性的基础上，基于整车参数和运行工况，尽量优化经济性和排放性。例如，通过设置更多的档位和更宽的变速范围来改善高速行驶时的燃油经济性。

4）可靠性：除了对换档相关机构的保护外，过于频繁的换档对变速器和执行机构等都会产生损害，不仅降低了系统的可靠性，还可能因换档瞬间造成的动力变化影响驾驶安全。

档位确定的几种基本方法如下：

（1）速比等差换档法　速比等差分配换档的基本原则是每档和上一档的差是常数，档位比例逐级增加，见表4-1。

表 4-1　速比等差换档法数值表

档位	档位速比	速比差	速比比值
1	3.1	—	—
2	2.3	0.8	1.34
3	1.5	0.8	1.53
4	0.7	0.8	2.14

基本公式为

$$r = i_n - i_{n-1} = \cdots = i_2 - i_1 \tag{4-4}$$

由图 4-25 可知，如果在同一输入转速即发动机转速（N_e）下换档，换档后，在低档时发动机转速下降的不多，但档位越高，换档后发动机速度变化就越大。

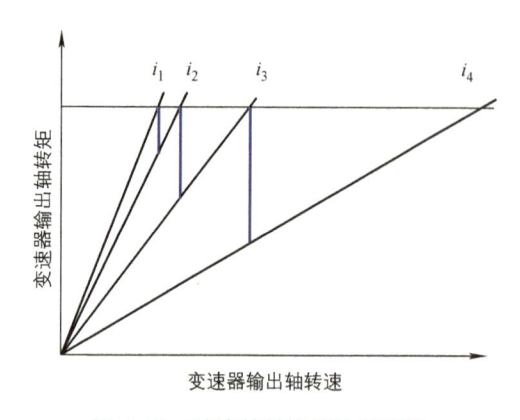

图 4-25　速比等差换档法示意图

（2）发动机转速等差换档法　变速器档位速比按照等比级数分配，相邻档位速比之差逐级减小，见表4-2。

表 4-2 发动机转速等差换档法数据表

档位	档位速比	速比差	档位比
1	3.2	—	—
2	1.9	1.3	1.68
3	1.13	0.77	1.68
4	0.67	0.46	1.69

其基本公式为

$$i_n : i_{n-1} = 常数 \tag{4-5}$$

发动机转速等差换档法示意图如图 4-26 所示。与第一种相比，在相同的发动机最大转速 N_{max} 换档时，各个换档的输入转速（发动机转速）的变化比例是一致的。低速时，换档点的变速器输出轴转速间隔相对加大；高速时，换档点的变速器输出转速间隔则相对减小。因此，较高档位（除了四档外）下的输出转矩减小，动力性变差，但高档位换档的速度冲击会小一些，低档位则会大一些。

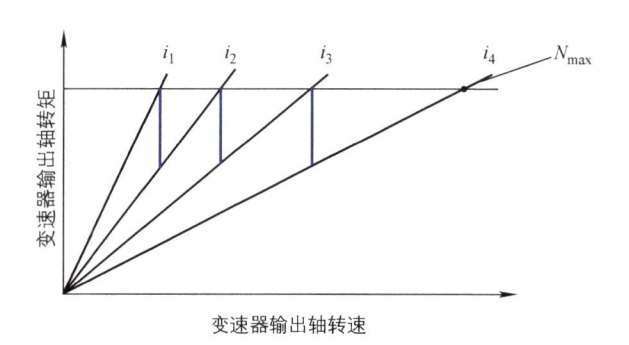

图 4-26 发动机转速等差换档法示意图

（3）输出转速等差换档法　输出转速等差换档法的基本原则是相邻两档换档点的设定，要保证变速器输出轴转速差值是一个常量。档位比例逐级递减，见表 4-3。
其基本公式为

$$i_n = C^{n-1} i_1 \tag{4-6}$$

表 4-3 输出转速等差换档法数据表

档位	档位速比	档位差	档位比
1	2.92	—	—
2	1.43	1.49	2.04
3	0.95	0.48	1.51
4	0.71	0.24	1.34

其基本公式为

$$1/i_n = (n-1)C + i_1 \tag{4-7}$$

如图 4-27 所示，输出转速等差换档法可以保证各档位换档前后变速器输出轴转速差值保持一定，即车速变化相同的值时，才可以发生换档。低速时，换档点的变速器输出轴转速间隔被比例增加；高速时，换档点的输出转速间隔则比例进一步减小。因此较高档位的转矩冲击较小，而低档位的换档速度冲击较大。同时低档位的速比间隔加大，将提高整车动力性，并降低燃油经济性。这种速比分配方法对整车综合性能的影响介于前文速比等差换档法和速比等比分配换档法之间。由于每种档位速比的选取方式都有各自的优缺点，具体选择哪种方法，应根据项目的具体需求而定。

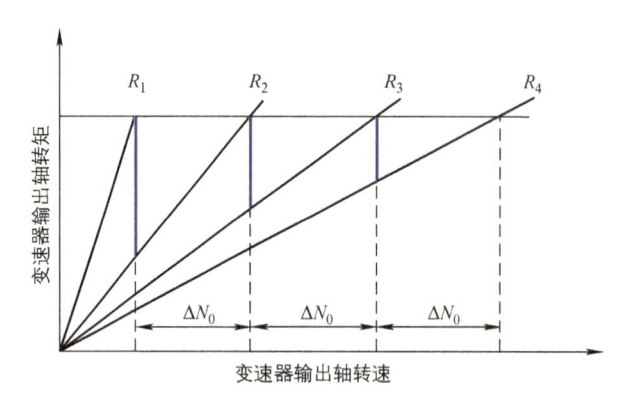

图 4-27　输出转速等差换档法示意图

变速器的档位设置需要综合考虑各种因素，比如动力性、平顺性、加工成本、经济性、排放和整车的定位等，对于应用行星齿轮系的自动变速器而言，还要考虑行星齿轮机构自身的限制，如尺寸、强度、加工工艺、成本等。档位数多可增加发动机进行大功率输出的机会，提高整车的加速与爬坡能力，改善整车动力性。但是，档位数多也可增加发动机在低燃油消耗率区工作的可能性，会降低油耗，从而不利于整车的经济性。档位数目多还可以通过优化速比，减小换档后由于转矩和速度变化对部件造成的冲击，以延长使用寿命，并提高驾驶舒适性。但是，档位数过多还会增加换档频率，使控制变得更加复杂，同时会使变速器结构变得复杂，功重比降低。

在实际应用中，最终选取的档位速比可能不是上述 3 种方法中的任何一种，而是它们的加权均值。例如，通用汽车公司开发的一款 4 速变速器 4T60E，其速比分别是一档 2.92、二档 1.57、三档 1、四档 0.705。档位速比的选择是介于速比等差换档法和输出转速等差换档法之间。

4.6　新能源汽车专用变速器

和新能源汽车专用发动机类似，是否存在新能源专用变速器同样值得探讨。传统变速器的产生是由于汽车的行驶速度和转矩变化范围很大，而发动机的速度和转矩只能在有限的范围内，需要变速器根据汽车的具体工况，对发动机的速度和转矩进行调整和改变，以符合车辆驾驶的要求。由于新能源汽车的动力源并不一定是发动机，可以仅是电机（纯电动、氢能源系统），也可以是包含发动机和电机的混合动力。混合动力有串联、并联和混联等多种模式（如本书第 2 章所介绍），它们对于变速系统的要求不尽相同。

纯电动系统的驱动部分是电机，传统的离合器系统和液力变矩器系统均可以省略，原因是发动机存在怠速状态，即发动机在打开的情况下有一个最小的怠速速度（不能为 0 以保证发动机不死机），需要离合器或液力变矩器实现静止状态，而电机可以实现零转速状态；其次，发动机存在很大的抖动，需要液力变矩器进行振动隔离，而电机抖动相对较小，不需要中间的解耦装置；另外，电机的速度转矩或速度范围比发动机大得多，所需变速器速比范围及档位数可以大幅减小。例如，发动机的最高转速约为 7000r/min，而电机可以达到 15000r/min 甚至更高，因此和电机连接的变速器只需要原来一半的变速能力就可以完成同样的输出。

最常见的纯电动汽车传动系统就是单级主减系统。它一般只有一个固定的减速比，其作用就是将电机的输出转速降低以适应车轮的转速，同时将电机的输出转矩提升以提高动力性能。主要的拓扑结构可以是集中连接差速器的直驱动力总成系统，也可以是单独轮系的轮边减速动力总成架构，如图 4-28 所示。

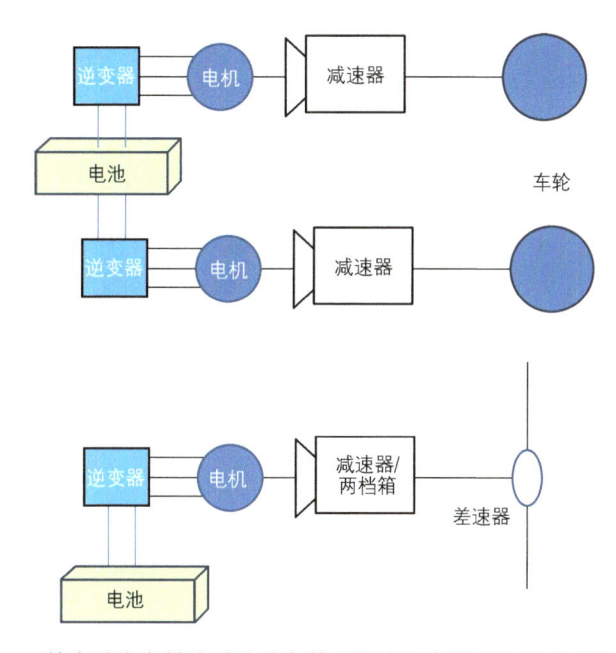

图 4-28　纯电动汽车轮边减速动力总成系统和直驱动力总成系统示意图

所以，对于新能源汽车而言，其传动系统的功能需求有了很大的变化。而手动变速器理论上应该是第一个被淘汰的技术路线。2024 年 3 月底，大众上海变速器厂正式停产手动变速器，这似乎也标志着手动变速时代开始退出历史舞台，很难再将新能源汽车与手动变速器联系在一起。而日本丰田汽车公司却反其道而行，在手动变速器领域进行了大胆的尝试。在 2024 年初的东京改装车展上，展出了纯电动 AE86 车型，如图 4-29 所示，其传动系统搭配的竟然是手动变速器，这一创新组合可以使驾驶人在使用电机驱动的同时，保留手动变速驾驶的优势（可控性和反应速度等）及驾驶乐趣。目前，丰田已经申请

图 4-29　丰田纯电动 AE86 乘用车

了多项关于纯电动车手动变速器的专利。

手动变速器在新能源商用改装车和工程机械改装车上也有应用。其中原因和丰田的驾驶乐趣不同,主要是以节约成本为目的。同时,真正的多档自动变速器在纯电动汽车领域仍然比较罕见,量产车型中寥寥无几。

目前,集成度较高的有档位传动系统中,仍然以两个档位为主。过多的档位除了会造成成本、体积和复杂度大幅提升外,对电机的低速大转矩和较高转速的特点其实是一种浪费。图 4-30 所示为英国 YASA 电机(轴向磁通电机)集成行星齿轮减速器的动力传动系统。图 4-31 所示为德国舍弗勒公司的行星齿轮结构两档变速器系统。

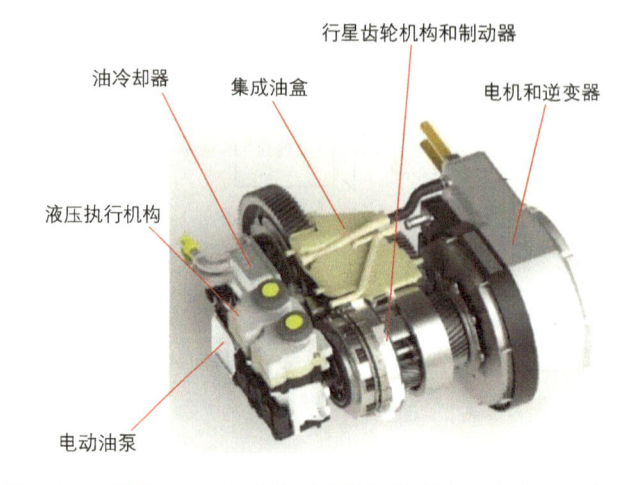

图 4-30 英国 YASA 电机集成行星齿轮减速器的动力传动系统

图 4-31 舍弗勒行星齿轮结构两档变速器系统

轮边驱动系统由于需要的体积空间比较大,一般应用于大型的工程机械、客车和货车等场景,而乘用车大多使用"单减或两档变速器系统 + 单电机驱动"的模式。

需要注意的是,停车系统对于纯电动非常重要,因为配置单减变速器系统的 PRNDL 基本没有执行停车的机械部件,因此需要将"停车爪极"结构嫁接到电机的外壳上实现机械停机的功能,该功能目前在欧洲是行业的基本标准需求,而我国是否强制要求还在讨论中。

轮毂电机也得到了越来越多的关注，一些企业也开始在其汽车产品上使用（如比亚迪等）。轮毂电机有其优势，如集成度高、灵活性好及体积小等，但也有其劣势，如由簧下质量引起的操控性和制动性差的问题及可靠性和成本的问题等。

对于混合动力系统而言，串联式混合动力（含增程器）系统（串联系统）的结构决定其驱动部分和纯电动一样，其变速器系统可以沿用纯电动配套的变速器系统；并联式混合动力系统（并联系统），由于发动机通过离合器和电机实现机械连接，所以其电机的配置需要和发动机参数配套（可以使两者高效区重合，达到节能效果），因此需要和发动机直接配套相类似的变速或变转矩范围，但是由于和变速器连接的是电机，离合器及液力变矩器同样可以省略。混联式混合动力系统（混联系统）更复杂一些，商用车的混联系统和并联系统类似，变速器系统没有太大的变化（控制逻辑会有些变化），而乘用车一般采用电动无级变速器（eCVT）系统，它使用一系列行星齿轮系统并去掉了液力变矩器，由于这种结构将发动机、驱动电机安装在不同的行星排的不同自由度上（太阳轮、行星架或齿圈），其结构需要根据其架构具体分析，请参阅本书第2章混动部分。

总体来讲，新能源汽车专用的变速器和传统的变速器相比，其构造、控制、成本等都比较简单，主要是由于电机相比发动机有许多突出的优势。新能源汽车专用变速器需要根据其自身特点，将优势功能放大、减少不必要的多余功能，以达到更高的性价比。

新能源汽车的动力系统因为性能、成本等要求，越来越趋向于高集成度，二合一、三合一系统更能在日趋紧张的竞争中占据优势，本书第9章将简单介绍新能源汽车的多合一传动系统。

第 5 章　新能源汽车的电机系统

电机系统在汽车上的应用十分广泛，在传统燃油车上也有许多电机应用，主要为非驱动电机的低压电机系统。例如，电动座椅电机、车窗电机、刮水器电机、天窗电机、电动转向电机、泵（水、油等）电机等。且其应用电压主要为12V（乘用车）或24V（商用车）。随着车辆中电气化的增加，有公司陆续开发出48V、80V或大于100V的中压电机系统以提高电气效率，但高压（300V）电机系统在传统燃油车上几乎没有应用。传统的小功率汽车用电机主要以直流电机（有电刷的电机）为主，由于直流电机起动和调速性能好、控制容易，因此得到了较广泛的应用。但其结构复杂、效率低、稳定性差等缺点，使得越来越多的公司陆续开发出电子换相的永磁电机或感应电机来替代直流电机。永磁电机使用永磁体（铁氧混合物或稀土混合物），虽然其功率密度较高，但其成本也较高。虽然感应电机的体积比永磁同步电机大、效率较低，但其性能稳定、可靠性高、维护和维修量少、价格便宜，而且没有空转时的反向电动势，因此也得到了一定的应用。

新能源汽车专用电机主要为高压驱动电机、高压转向电机、高压空调电机、高压气泵水泵电机等，越来越高的功率密度、体积和成本及可靠性的要求，使得电机的设计、开发、加工、控制等要求越来越高。多种电机类型也相继出现，如磁悬浮电机、双转子电机、可变极对数电机、铁氧体优化磁链助磁电机等。目前，传统的感应电机和稀土永磁体电机依然是市场的主流技术路线。

5.1　电机系统背景简介

19世纪初，英国人法拉第发现了电磁感应现象。变化的电场可以产生磁场，而变化的磁场会产生相应的电场。根据这个原理，他进一步发明了世界上第一台电机。之后不久，俄国物理学家楞次发现了发电机和电动机本质上的相通性，他指出，发电机和电动机除了参数取值单位的不同外，没有区别。

到了1880年，美国物理学家特斯拉发明了交流电，其可以远距离传输且损耗很小的特点逐渐被接受。1888年，俄国科学家、工程学家多利沃-多布罗沃里斯基发明了世界上第一台三相交流异步电机。在此之后，大量的电机及其控制装置和方法被发明出来，电机业的发展取得了很大的突破。到了20世纪上半叶，半导体集成电路的发展，特别是电力电子器件的发展，使得电机控制技术快速进步，如矢量控制等先进控制算法得到了广泛应用。

电机通常由定子与转子构成，定子由定子铁心和定子绕组组成，转子由转子铁心（或含永磁体）组成。早期使用异步电机较多，异步电机的成本低，但其效率也低。异步电机的转子由笼型绕组和转子铁心组成，定子由定子铁心及定子绕组组成。异步电机的工作原理是由定子绕组产生旋转磁场并切割转子绕组导条，产生的感应磁场和定子磁场相互作用而产生转矩。由于异步电机低效率的缺点比较明显，所以后来逐渐发展为同步电机。电机结构除了定转子外，还包含其他的辅助部件，如电机外壳、转轴、轴承、电机导线（功率导线和信号线）、端盖、接线柱、传感器（温度、电流、电压）等。电机结构简图如图 5-1 所示。

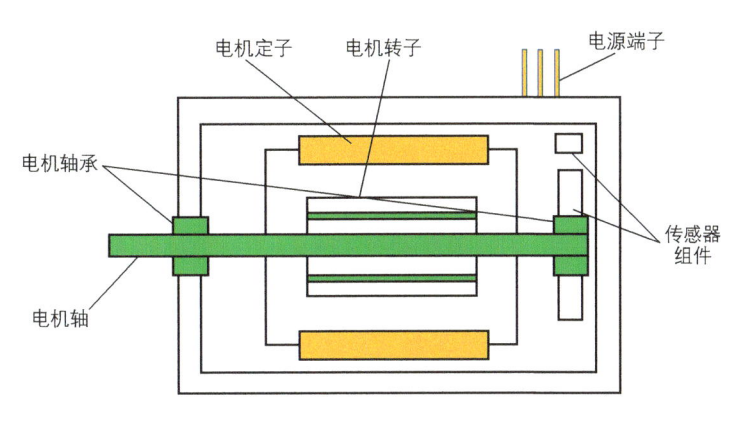

图 5-1　电机结构简图

既然电机是将电能通过磁场与电场、磁场与磁场的相互作用转化成机械能的机电装置，那么电机逆向状态就可以用来发电成为发电机，其转化过程与电动机正好相反——将机械能转化为电能（其实质是机械能带动磁场转动切割线圈，即电磁场的交替变化产生磁电场）。由电机的转动方向和电机转矩的正负，可以将电机的工作区间分成 4 个象限（这里假设电机转矩的正方向和转动的正方向为顺时针，如果定义逆时针方向为正方向，结论也是一样的），如图 5-2 所示。

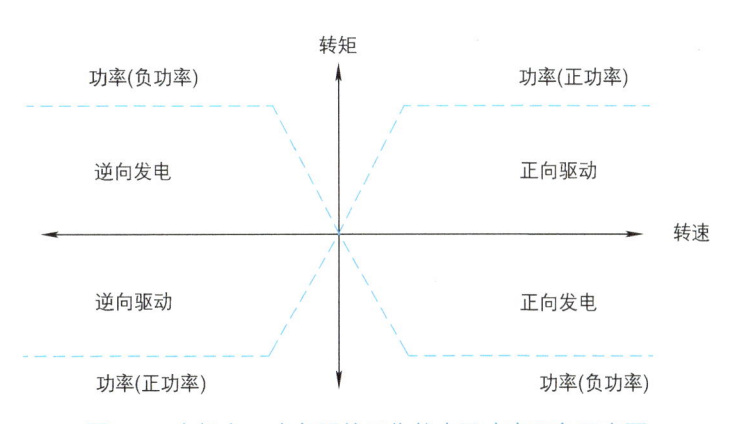

图 5-2　电机在 4 个象限的工作状态及功率正负示意图

1）若电机转矩为正，电机转速也为正，则电机处在正向驱动的状态，电机的功率为正功率，电机工作在 I 象限。

2）若电机转矩为正，电机转速为负，则电机处在逆向发电的状态，电机的功率为负功率，电机工作在 II 象限。

3）若电机转矩为负，电机转速为负，则电机处在逆向驱动的状态，电机的功率为正功率，电机工作在Ⅲ象限。

4）若电机转矩为负，电机转速为正，则电机处在正向发电状态，电机的功率为负功率，电机工作在Ⅳ象限。

电机的这4种状态，在新能源汽车上都有应用。例如，汽车在前进驱动和倒退驱动时，电机分别工作在Ⅰ和Ⅲ象限；增程器发电和电机反向拖动发电时，电机分别工作在Ⅳ和Ⅱ象限。电机的工作状态由电机所处的外界施力状态和电机的控制状态共同决定。而电机的控制系统是在电机外加上控制器，以实现电机的有效控制（转矩、转速、位置等）。对于新能源汽车，电机的控制系统一般是由电源（动力电池、超级电容、燃料电池等）、逆变系统（功率半导体器件组成的桥型电路实现直流到交流的转换）、传感器（电压、电流、位置、温度等信息采集和处理）等组成，如图5-3所示。其中电机控制逻辑（通过对电力电子器件的门级电路的开关控制，实现对电机功率、转矩、速度、位置的控制和自检等）包含在逆变系统的控制器中。

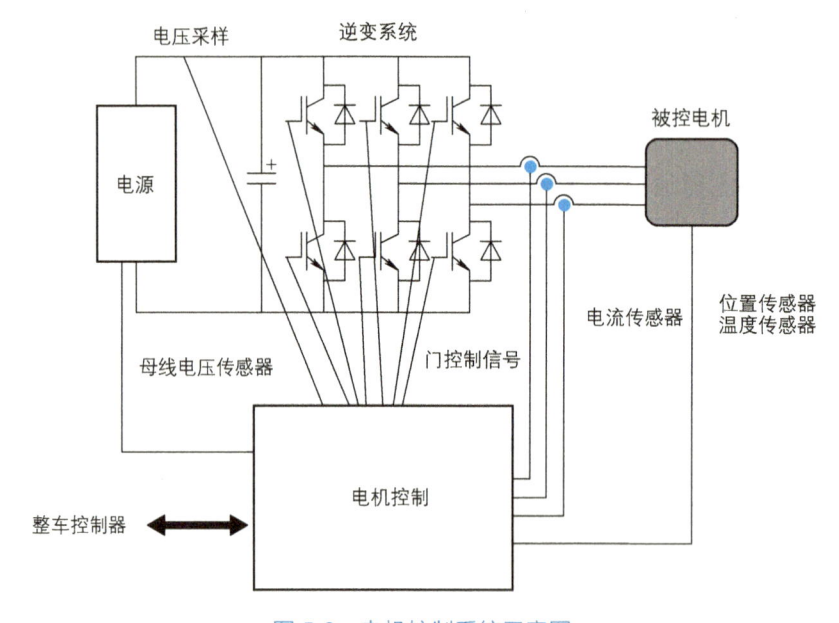

图 5-3 电机控制系统示意图

图5-3展示了电机控制系统架构图，其中的电流传感器通常仅使用两个，如果使用星形带有中线接线且需要自检功能时，可以使用3个电流传感器。另外，母线电压反馈信号也是非常重要的电机控制输入信号（电机控制的电压环限制条件）。

5.2 电机的基本原理

（1）安培定律和法拉第电磁感应定律　早期，人们发现两个带电粒子之间存在相互作用力，后来由库仑总结出其作用力的计算公式，即库仑定律：$F = kq_1q_2/r^2$，其中q_1、q_2是两个电荷（含极性）；r为两个电荷的空间距离；k为库仑常数。其作用力的方向为同性相斥、异性相吸。注意其中半径的平方分母项，说明相互作用力在3D空间发散。如果用电场描述，其场强和电荷密度成正比，即其散度等于其所包围电荷的总量。

之后，人们又发现在有电流的导体周围，指南针会随着电流的导通和关断发生偏转，即变化的电场会产生磁场，其磁场的强弱和导线通过的电流值有一定的关系，即安培定律。如果用矢量场表示，即磁场旋度等于电流。

后来，法拉第发现变化的磁场同样可以在导体中感应出电场（形成电压并在闭合的导体中会产生电流），即法拉第电磁感应定律。如果用矢量场表示，即电场的旋度等于磁感应强度变化的负值。

于是，对于磁和电的相互作用人们开始怀疑它们是某一个特质的两种现象。确实，它们都是由于电子的运动而形成的磁场波。电子有位置移动和自我旋转两种运动特性，而这两种特性都会产生磁效应，通常电子自旋产生的磁效应要大一些，而电子轨道运动产生的磁效应会相对弱一些。电子运动形成的电波即有波粒两重特性（德布罗意波），同时磁场波也会感应出来（相差90°相位角）。由于人们至今还没有发现磁单极存在，因此磁场沿任何闭合曲线积分值，都只能是零（即输入的磁场等于输出的磁场，磁场的散度只能等于零），有些磁场的特性还不是十分清楚（其物理原理非本书重点，有兴趣的读者可自行参考相关文献）。

对直线导体来讲，如果垂直处在磁场中，且导体切割磁力线方向运动，导体上就会出现电动势。如果是一个闭合线圈，其处在垂直磁场中（磁力线通过其包围的面积），如果磁场发生变化，则在线圈中会感应出电动势。这两种状态的电动势生成原理是一致的，都是变化的磁场和变化的电场相互转化。我们通常把线圈产生的电动势称为感生电动势，而切割磁场导线产生的电动势叫作动生电动势。

经过研究，人们发现，如果将导体放入垂直磁场中，并进行切割磁力线的运动，其导体中所产生的电动势可以表示为

$$U = BLV \quad (5\text{-}1)$$

式中　B——磁感应强度；
　　　L——导体的长度；
　　　V——切割磁力线的速度。

从原理来解释式（5-1），电压由变化的磁场产生，那么电动势 $U = -\mathrm{d}\psi/\mathrm{d}t$（负号代表变化为阻碍方向），而磁通量 ψ 等于 $B \times S$，其中 S 为面积。则 $U = -B\mathrm{d}(L \times W)/\mathrm{d}t$，其中 L 为导体长度，W 为导体运动的宽度。如果长度 L 方向不动，在 W 方向的运动就形成垂直于 L 的横向运动速度 $V = \mathrm{d}W/\mathrm{d}t$。于是就可以推导出来公式（5-1）。这是一个宏观的特性观察结果，和洛伦兹力没有矛盾。这就是我们经常所说的右手定则。对于一根导线，如果上面有电流通过，它将在磁场中受到电磁力的作用，电磁力的大小为

$$F = BLI \quad (5\text{-}2)$$

式中　I——导线上流过的电流。这就是我们经常所说的左手定则。和洛伦兹力的电荷受力 $F = BQV$ 同样没有矛盾（宏观电流就是微观电荷的运动）。

如果将式（5-1）和式（5-2）结合，可以得到

$$\frac{U}{V} = BL = \frac{F}{I} \quad (5\text{-}3)$$

进一步，可以推得

$$UI = FV \tag{5-4}$$

如果忽略做功的方向性，等式左边就是电功率公式，右边则是机械功率公式。如果不考虑中间的损耗，则该等式完全符合能量守恒定律。

磁导率 μ 表示磁场强度 H 能在这个介质中感应出磁场的难易程度，μ 的计算公式为

$$\mu = \frac{B}{H} \tag{5-5}$$

真空中的磁导率 $\mu = 4\pi \times 10^{-7} \mathrm{H/m}$。相对磁导率是介质相对于真空介质磁导率的比值，数值越大，介质的导磁性就越好，而磁导率越大，意味着同样的磁场强度可以感应出更密集的磁力线，从而产生更大的作用力或作用效果。当然，B 随着 H 的不断增加而逐渐进入饱和状态。在饱和状态下，B 值将不再随 H 的增加而增加，其值基本保持在一个较为固定的水平，这点在电机设计和电机控制时需要注意。

电流为 I 的 N 匝线圈在磁场中所受的转矩，应用高斯定理可以得到 NI 为所有磁场的积分和也就是所有磁力线之和。如果 a 为线圈内部包围的面积，则 NI/a 就代表线圈中间的磁场强度及单位面积下的磁力线密度，那么线圈所受的转矩就可以写成

$$T = \frac{NIB\sin(\theta)}{a} \tag{5-6}$$

式中 θ——线圈磁场和外磁场的夹角。转矩 T 在夹角 $\theta = 90°$ 时最大；在夹角 $\theta = 0°$（同向）时，$T = 0$。

安培定律解释了电流和磁场的关系，即在稳恒磁场中，磁场强度 H 沿任何闭合路径的线积分，等于这闭合路径所包围的各个电流的代数和。这也可以解释为变化的电场（电流可以看作变化的电荷）可以产生磁场。法拉第电磁感应定律认为变化的磁场产生电场，而变化的电场产生磁场。左右手定则可以用来确定受力或感应电场的大小和方向。库仑定律其实是从电荷的角度来看的，本质上没有区别（电流就是运动的电荷组成的）。

最终，由英国经典电动力学创始人麦克斯韦，在总结了前人理论的基础上，推演出了著名的解释宏观电磁现象的基本集合式，即

$$\int_C H \mathrm{d}l = \int_S \left(J + \frac{\partial D}{\partial t} \right) \mathrm{d}S \tag{5-7}$$

$$\int_C E \mathrm{d}l = -\int_S \frac{\partial B}{\partial t} \mathrm{d}S \tag{5-8}$$

$$\int_S B \mathrm{d}S = 0 \tag{5-9}$$

$$\int_S D \mathrm{d}S = \int_V \rho \mathrm{d}V \tag{5-10}$$

式（5-7）表明磁场强度闭合回路积分和全电流有关，说明变化的电场产生磁场。式（5-8）表明变化的磁场在介质中可以产生出电场。式（5-9）描述了磁场的性质。磁场可以由传导电流激发，也可以由变化电场的位移电流所激发，它们的磁场都是涡旋场，磁感应线都是闭合线，在外部磁场中，由N极出发到S极，在内部磁场中，再由S极到N极。由于没有单个磁极，所以任意一个闭合空间的整体磁场（输入和输出的和）为零。式（5-10）描述了电场的性质。在一般情况下，电场可以是自由电荷的电场，也可以是变化磁场激发的感应电场，而感应电场是涡旋场，其电位移线是闭合的，对封闭曲面的通量无贡献。

这4个公式如果用矢量场形式表示，就是相对应的电场、磁场的散度、旋度的4个相应的公式。读者可能会在不同的读物中看到这两种表达式，其实质内容都是一样的，只是表达形式不同，这里就不再赘述。

将上述内容总结并简化，可以描述为流动的电荷及电流所形成的变化的电场，会激发出磁场强度H（安培定律可定量的描述H和电流I的关系）。磁场强度在其所处的介质中会感应出磁场ψ，而单位面积下磁感应强度为B。这样整体的关系就成为：I可以直接产生H，而H可以感应出ψ，且单位面积内的ψ就是B，其受到所处介质μ的影响，带电流的导体（电机的绕组）在磁场中会形成作用力，作用力在旋转机械（电机）中会产生转矩。

（2）同步电机　由于磁场的产生是电机实现功能的基础，因此需要在定子上产生一个旋转磁场和转子磁场相互作用，从而使电机旋转。转子磁场可以由永磁体产生（永磁电机），也可以由线圈通电形成（励磁电机），还可以由磁场感应生成（开关磁阻电机）。在电机的定子中，增大磁场强度可以通过加大线圈中的电流，或者增加绕线圈数来实现（即增加安匝数），也可以通过减小空气隙等方法得到。

给电机的定子绕组通入电流后，形成的磁场可以等效为一个N/S极的磁铁。转子磁场同样可以等效为一个N/S极的磁铁，如图5-4所示。如果它们之间没有夹角，则其受力为径向方向而无法产生旋转转矩，但如果有一个90°的夹角（在实际应用中，这个夹角通常是电角度），则在电机切向（旋转转矩方向）就会产生最大的受力。磁场力对于定转子是相互作用的，由于定子固定于电机外壳上，所以转子受力后，会产生旋转运动。使用电机控制算法将定子磁场按照一定的方向和速度旋转（比如永远保持定子磁场和转子磁场90°的电角度差），转子就会以最大的转矩跟随着这个磁场进行旋转运动，这就是同步电机的控制原理。

对于异步电机，需要形成感应转子磁场，因此必须在定子和转子之间存在相对运动而切割转子。如果两者同步，则输出转矩就为零。在控制同步电机时，需要知道转子的具体位置，以确保定子磁场可以旋转到适当的位置，从而产生最有效的转矩。在实际应用中，可以监测转子位置的旋转变压器、编码器等绝对位置传感器使用较为广泛。

（3）异步电机　在电机转子绕组中通入电流后会产生磁场，这个绕组可以是电线，也可以是类似的金属导体环路。这种电机的转子磁场是通过定子磁场切割转子导体而产生的（是感应出来的），因此叫作感应电机。在感应发电机中，需要在转子绕组上通入电流，反向切割产生电压。由于是感应出来的电场，因此一定要使转子和定子磁场的速度不同，这样才能产生切割磁场的现象，所以这种电机也称为异步电机。感应电机工作原理示意图如图5-5所示。

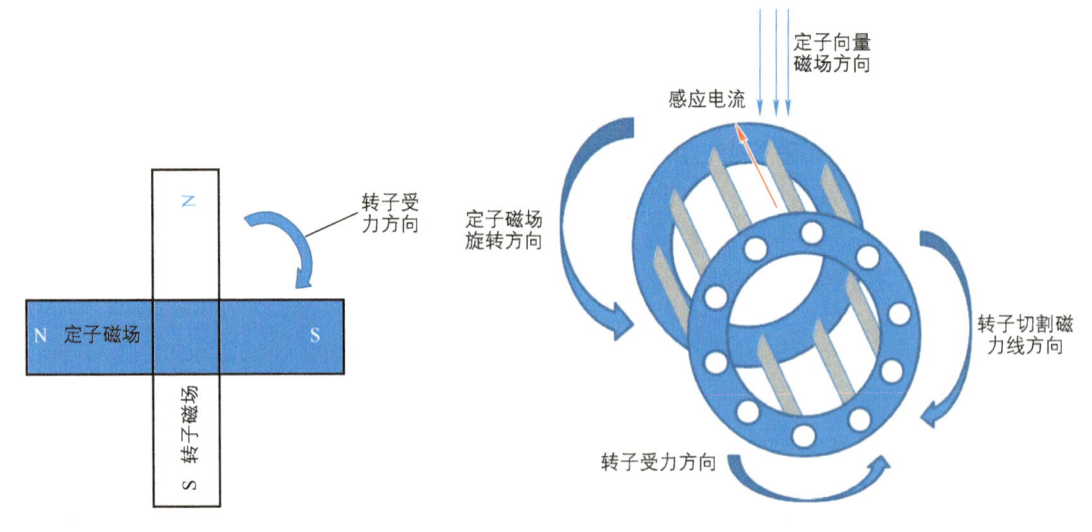

图 5-4 电机定子、转子磁场示意图

图 5-5 感应电机工作原理示意图

图 5-6 中，给电机定子绕组通电后，会产生垂直于转子方向的磁场。此时，转子导体虽然在磁场中，但由于没有相对运动，因此导体没有切割磁力线，并不会产生电动势。如果定子通过电机逆变系统形成旋转磁场（假设磁场按照逆时针旋转），则定子会相应地产生顺时针方向的磁力线切割等效运动。利用右手定则，就可以得知电动势的方向。转子导体形成闭合回路，感应出来的电动势就会形成一个感应电流，其方向如图 5-6 所示。因此，系统中就出现了带电流的导体浸入在由定子形成的磁场中。根据左手定则，转子上就会相应产生逆时针方向的力，从而带动转子运动。

（4）开关磁阻电机　开关磁阻电机利用磁链中的金属（合金等）物质和空气的磁阻不同，并且在不同的转子位置，磁场磁力线导通的通道不同，从而在转子上按照不同磁阻的空间分布形成相应的磁链，并等效于形成转子磁阻的凸极效应。凸极效应的比值越大（凸极比），则说明等效的直轴磁阻和交轴磁阻的差越大。而 d 轴和 q 轴的 90° 电角度会导致空间磁场的变形。这个变形会在 90° 的切向形成转矩，并转动电机。磁阻的概念和电阻的概念非常相似，在电路中，电流总是沿着电阻最小的路径前行，而在磁场中也是如此，磁力线的方向也总是沿着磁阻最小的方向前行。开关磁阻电机的磁力线分布图如图 5-6 所示。

金属（比如铁性物质）的磁阻较小，而空气的磁阻却很大。如果将钢体的形状做成系列圆齿形，并在其上加上磁场，磁力线会穿过空气隙沿着钢体的齿穿过。如果磁链的方向和转子的齿尖方向有一定的角度差，那么磁场依旧会沿着磁阻最小的方向前行。切向方向就会产生相应的切向力，这个力会使电机在切向方向受力而发生旋转。如果知道电机转子的位置，则在定子上会相应地产生一个

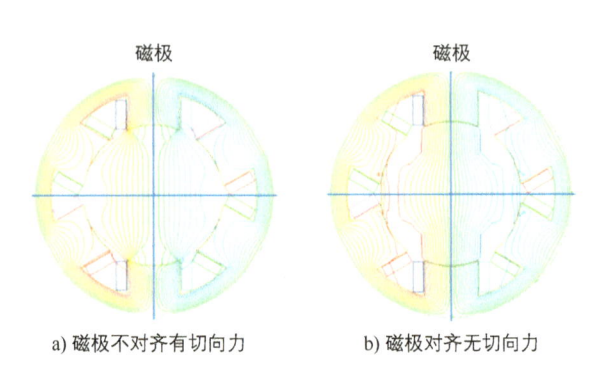

a) 磁极不对齐有切向力　　b) 磁极对齐无切向力

图 5-6　开关磁阻电机的磁力线分布图

旋转的磁场,而这个磁场和定子的齿面保持一定的角度差(电角度为90°),就可以形成不间断的切向力,从而使得电机持续运动。

通过以上分析可以看出,开关磁阻电机的定子和转子是同步的,而且定子旋转磁场的速度和转子是一样的。同时,电机产生的转矩和磁导体在空间的分布息息相关。因此,电机的性能就受磁导体的外形、磁导率等因素的影响。生产制造的不一致性、高速旋转所产生的变形、局部的形体变化(温度等因素影响)等因素都会对电机的性能带来很大的挑战。并且开关磁阻电机的高速振动噪声效果不太理想。但开关磁阻由于电机的起动转矩较大,同时由于其绕组和功率半导体器件的连接方式较为不同(上下控制器中间直接接电机绕组),所以其控制的鲁棒性较好,特别是在某相电路出现故障时,其余相的控制电路仍然可以驱动电机。

(5)直流无刷电机　直流无刷电机将永磁体直接贴在转子的表面上,从而形成转子磁场,同时控制定子绕组形成的旋转磁场和转子磁场相互作用,最终形成切向力以转动电机。直流无刷电机的转矩来源没有磁阻转矩的部分,其所有的切向转矩都直接来自永磁部分。由于直流无刷电机的结构简单、控制也不复杂且成本较低,因此在一些对性能要求不高的场景中得到了较为广泛的应用。

(6)永磁电机　随着新能源汽车的快速发展,对电驱动系统的要求越来越高,特别是对转矩密度、功率密度以及性价比的要求越来越高。因此,将永磁和磁阻这两种电机特性的优点综合起来的技术就应运而生。嵌入式永磁电机(Interior Permanent Magnet,IPM)就是同时含有永磁转矩和磁阻转矩的电机种类,其属于永磁同步电机的一种。

永磁体在电机的转子上有多种嵌入方式,比如一形、V形、U形、V—形、U—形,还有一、V、U的多种组合,如图5-7所示。条幅电机也是一种主要的永磁布局方式,其形状有些像自行车的条幅,所以也叫条幅电机(Spoke Motor)。除了对称的磁钢分布,还有不对称的分布类型,它们都是在优化整体电机的磁链设计,以达到最优的磁场分布效果。

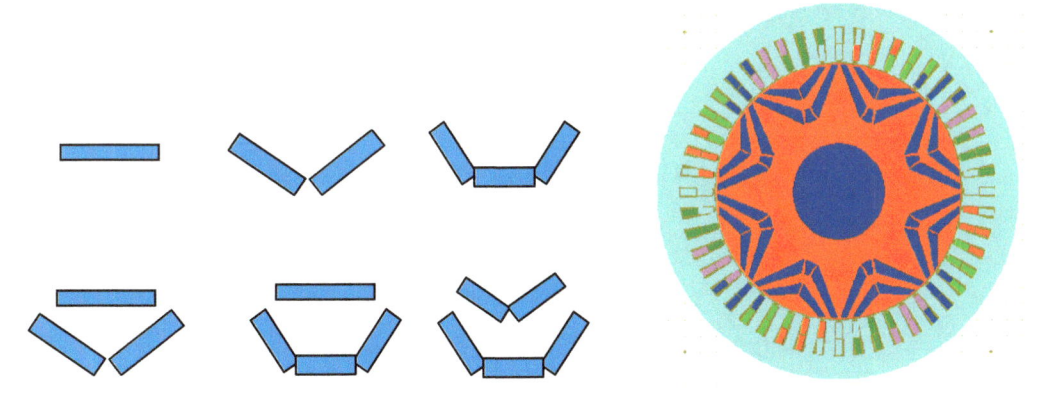

a)永磁体在电机转子上的嵌入方式　　　　b)永磁电机示意图

图5-7　永磁电机及其上的永磁体示意图

从图5-7可以看出,电机的转子上有永磁体(蝶形物质),而永磁体又是嵌入到转子的内部,由于强性能的磁钢(比如钕铁硼材料)和空气有着相近的磁导性,所以这种电机的转子近似为中间掏空的结构,这些低磁导的区域形成磁障,使得电机在直轴和交轴的

新能源汽车关键技术

磁阻大小不同，从而具备旋转磁阻电机的性质。

电机在低速运行时，其永磁部分和磁阻部分共同起作用；而电机在高速运行时，由于大多数电机的驱动电压有一个限度，即电池的母线电压，这时候电机旋转所产生的反向电动势可以逼近、甚至高出母线电压。因此，电机就无法利用电压差输出转矩了，所以为了压制反向电动势需要进行弱磁控制（永磁部分的特性减弱）。此时，电机的磁阻特性就表现得较为突出。由于磁场由两部分组成，其中一个是永磁切向力，另一个是感应力（磁阻最小通路原理），因此这种电机的控制比较复杂，需要知道电机转子所处的物理位置（使用正弦波控制），通常采用旋转变压器或编码器等绝对位置传感器来监测转子位置。不同电机永磁和磁阻部分特性示意图如图5-8所示。

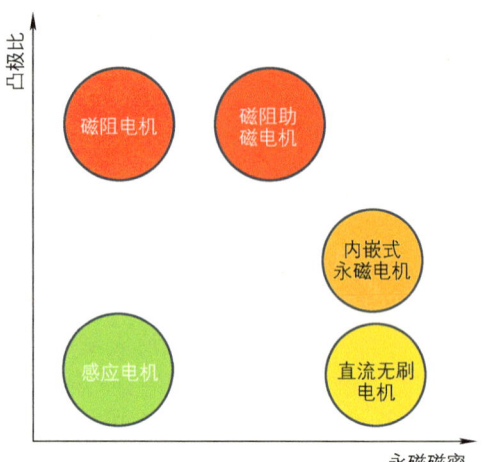

图5-8 不同电机永磁和磁阻部分特性示意图

小知识1：电角度和机械角度的区别 在电机控制中，转子定位使用机械角度，因为这是转子的实际位置。而转矩控制使用电角度，在每个电周期内将发生一次完整的控制循环。控制旋转磁场（定子磁场）的电角度和转子实际旋转的机械角度是不一样的。因为在电机的定子上一个磁极代表一个极点，并且电机的磁极都是成对出现的，所以磁极基本是偶数。因此将磁极的数量除以2，就可以得到磁极对数。两极点、四极点及八极点电机示意图如图5-9所示。

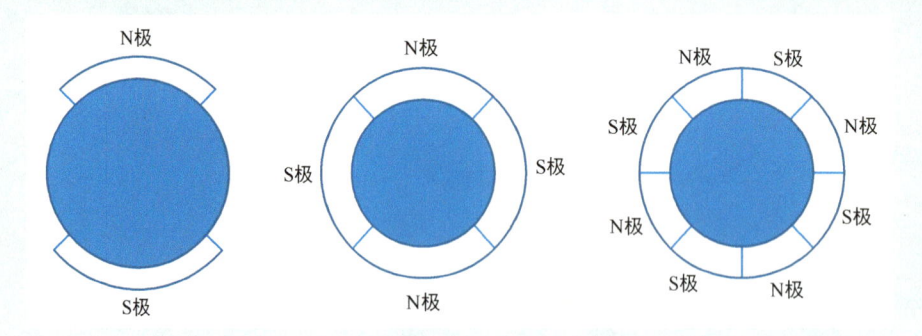

图5-9 两极点、四极点及八极点电机示意图

由于电机的定子磁场通常可以通过励磁产生，而定子为了提高空间利用率和电机的有效功率，通常会形成多对N/S极的磁极对。于是在电机控制中，旋转磁场走完一圈（机械角度360°），需要经过多对N/S磁极。对于三相绕组来讲，就会形成N/S磁极对数相应的交变，也就是完成N/S磁极对数的完整电循环（360°电角度）。因此，电角度和机械角度之间就存在一个极对数的倍率关系，即

$$\theta_{\text{elec}} = \frac{P}{2}\theta_{\text{mech}} \tag{5-11}$$

式中 θ_{elec}——电机的电角度；
θ_{mech}——电机的机械角度；
P——电机的极数。

小知识 2：电机定子绕组 电机定子绕组一般分为分布式和集中式两种类型，集中式绕组如图 5-10 所示。

图 5-10 电机定子集中式绕组

集中式绕组是每个绕组线圈围绕在一个铁心齿上，形成集中的绕组结构。集中式绕组的特点是有较好的体积密度、较高的热平衡能力、高速时的高效性和较好的铜使用效率（紧凑的结构使得电机端头的无效绕组铜比较少）。但是相对分布式绕组来说，由于集中式绕组所具有的非正弦特性，使得其整体效率会差一些。

分布式绕组如图 5-11 所示。分布式绕组的跨距并不是 1，可以是多个。因此可以在较大的空间范围内产生磁场，并且形成的磁场也更加接近正弦波，从而可以使电机的效率得到有效提升。

图 5-11 电机定子分布式绕组

电机绕组的参数主要有 4 个：①电机的极数和相数。例如，对于两极三相电机，一共会有 2×3＝6 个绕组，如图 5-12 所示；②跨距，即每个绕组线圈的跨槽数（包含两个占有的槽）；③匝数，即每个线圈中导线的绕制圈数，由于每个绕组可以有多捆线圈，因此总匝数需要圈数乘以捆数；④线径，线径会直接影响匝数、槽满率、铜损、发热等因素。以两极三相电机为例，一共应该有 6 组线圈，相邻两组线圈的电流方向必须相反

（形成 NS 交错极），三相输入的方向需要一致，对于多路结构需要被整个线圈数整除，才能最有效地应用三相空间产生最大转矩。

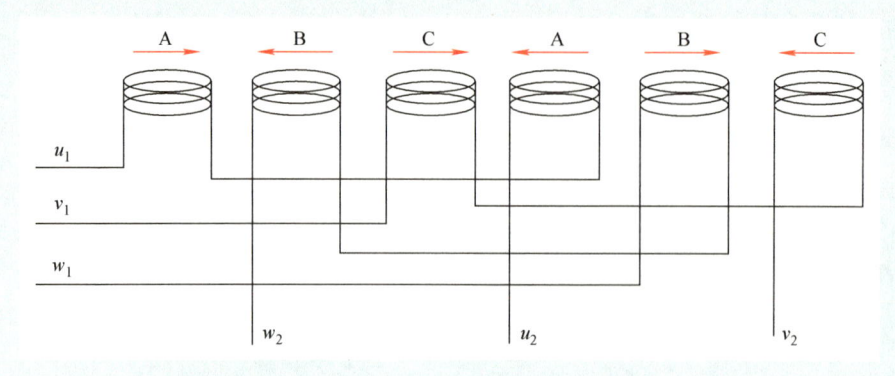

图 5-12 两极三相电机的绕组示意图

分布式绕组的热平衡能力较弱，体积密度较小，但是结构和工艺简单，适合大批量生产。电机线圈的连接方法又可以分成星形和三角形两种，如图 5-13 所示。星形接法的线电压大于相电压；而三角形接法的线电压等于相电压。因此三角形接法通常有较大的功率输出，但是由于其接法没有中性点，当三相信号不均衡时，可能会出现内循环现象，从而影响电机性能。

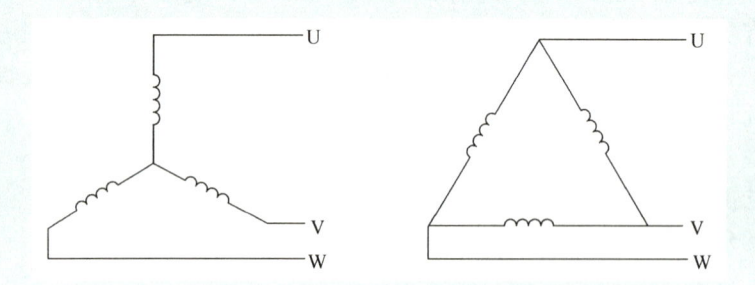

图 5-13 星形接法和三角形接法

为了增加电机的功率，又产生了并联接法（这种接法可以使每个线圈的电流值较小，而总体电流不变），如图 5-14 所示。并联接法既增加了输出转矩，又在一定范围内减少了电流损耗（I^2R）。当然，并联接法会使电机的结构变得更加复杂。

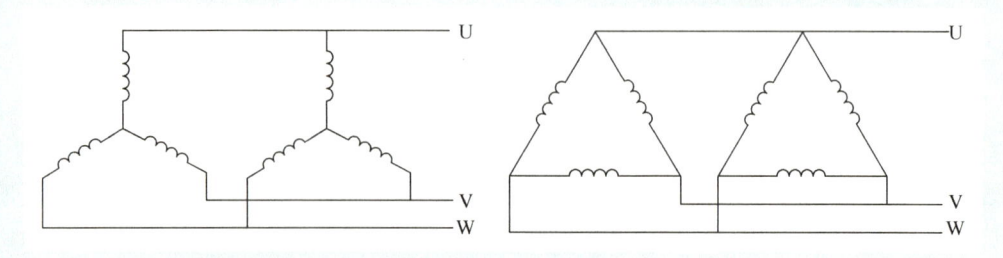

图 5-14 星形和三角形并联接法

5.3 电机的主要部件

（1）硅钢片（电工钢片） 通常发生在转子硅钢片上的损耗主要有两种，一种是磁滞损耗，另一种是涡流损耗。和发生在导体铜线中的损耗不同，这种损耗由于发生在硅钢片，因此也叫作铁损（铜线中的损耗称为铜损）。磁滞损耗是指在磁场交变的环境下，外界磁场会在硅钢中产生剩磁和一定的矫顽力，当磁场发生交变后，新的磁场通过电工钢时需要克服之前形成这部分剩磁场，才能将新形成的磁链打通。而克服这部分磁场所产生的损耗就是磁滞损耗。磁滞损耗一般有两部分，一个是高频电磁场带来的磁滞损耗；另一个是旋转所产生的旋转磁滞损耗。通常情况下，旋转磁滞损耗会大一些。涡流损耗是指导体在交变磁场中感应出电动势，电动势在导体中会形成电流。这部分电流通常以涡流的形式流过硅钢电阻，由于这部分电流不做有用功，主要是以热损耗的形式消耗掉。为了降低涡流损耗，通常在钢体中加入非导体物质，比如硅，其目的是要提升整体电阻，降低涡流损耗。但硅的掺杂，会使得硅钢片的整体成本上升。另外，需要将硅钢片扁片化，这样可以减小轴向的表面积，使得此方向的电阻加大，减少涡流电流的损耗。一般电机用硅钢片的厚度从 0.15mm ~ 0.5mm 都有使用，但是由于硅物质在硅钢片中形成均匀渗入需要复杂的工艺过程，因此越薄的硅钢片成本也越高。冷轧硅钢片材及电机定子铁心如图 5-15 所示。

图 5-15 冷轧硅钢片材及电机定子铁心

硅钢片的选择需要充分参考多个参数指标，根据实际使用情况综合考虑。硅钢片通常还会选择无取向性磁性钢，由于其各向异性小、易于压制，因此在电机制造中得到了广泛的使用。在高品质的电机定子（转子）铁心材料中，钴铁材料可以提供非常高的饱和磁密度和转矩密度。但由于这种材料价格昂贵，目前只在军事和航空航天领域使用。

如图 5-16 所示，磁感应强度 B 和由电场产生的磁场强度 H 之间存在非线性关系。电机在运行中，如果基本可以控制在饱和区的初始区域，则性价比比较高。在电机的设计时，需要充分考虑铜损、铁损、饱和特性等多种参数，以达到最优的效果。

（2）电机定转子导线 金属中银的导电性最好，但是成本太高。所以电机一般使用铜金属作为导线材料，一些低成本的电机也会使用铝金属作为导线，但铝的电阻率较大，所以只能流过较小的电流而且会发热严重。铜质导线一般有较强的导电性，并且其氧化性相对较小（特别是涂上绝缘漆后），可以长时间保持稳定状态，是目前较为理想同时也是被广泛使用的导线。

为了降低电枢的铜损，必须有效降低其电阻阻值。矩形截面导线（扁线）是目前高密度驱动电机的主流导线，它通过提高导体截面积来有效利用空间，相当于直接提升了电机定子的槽满率（填补了圆形导线 4 个边角的铺铜缺陷）。

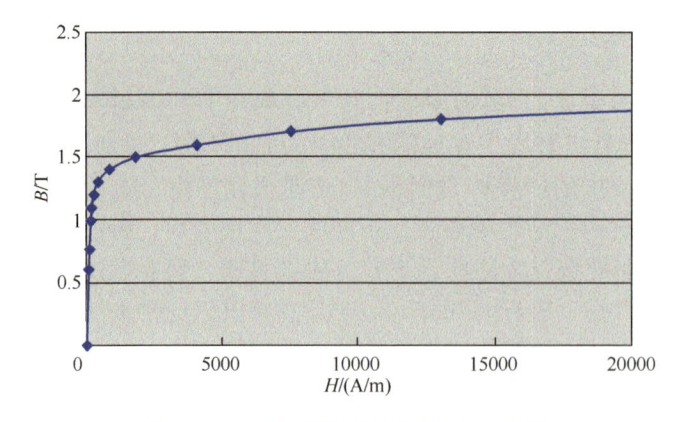

图 5-16 一种典型磁导材料的 BH 曲线

在降低电枢电阻的同时，由于扁线之间的接触形式是面接触，相比于圆形导线之间的线接触，使得电枢的导热性能大幅度提升，从而使电机的热平衡得到改善。因此使用扁线不仅可以提高电机的寿命，还可以有效提升电机的额定及峰值转矩。另外，扁线之间较大的接触面积可以保证电机有更好的防止振动噪声的特性，从而使电机整体 NVH 性能得到提升。采用扁线的电机定子如图 5-17 所示。

在实际应用中，可以看到有方形和长方形等不同截面的电枢扁线导线类型。就高频响应特性而言，长方形扁线电枢在相同体积下，有效导线的表面积最大。因此，对于高频应用，应该选择较扁的扁导线。但如果导线太扁，会导致整体的绝缘层比例较高且有效导体（铜）量下降。因此，在挑选电枢导线时，考虑选择因素还应该包含实际频率特性，以达到综合频率、阻抗等性能最优的平衡。

图 5-17 扁线定子

目前的扁线技术有发卡（Hairpin）技术、连续波绕组（Multi-round Hairpin）技术、Xpin 技术、Ipin 技术、Wpin 技术等。Hairpin 和 Wpin 绕线示意图如图 5-18 所示，Ipin 和 Xpin 绕线示意图如图 5-19 所示。对于发卡技术，由于其端部发生折弯，因此会产生强度问题、绝缘漆拉伸强度问题、插线较难问题及端部无用铜线量过多等问题；对于 Ipin 技术，由于其端部无用铜较多，因此浪费较为严重；而对于简单的 Xpin 技术，目前其使用较为广泛，它是 Ipin 技术的一种升级，可以有效降低铜的使用量。当然，Xpin 技术对于电机的扁线焊接技术和绝缘技术有较高的要求。同时，这些扁线技术对自动化设备的要求成本也较高，对电机制造商的前期投入也有一定的要求。

另外，对于绝缘材料的化学成分及厚度等因素，不同的应用也有不同的要求，设计时应考虑具体使用情况（厚度、绝缘度等）。

（3）电机永磁材料　磁性材料包含顺磁性物质、抗磁性物质、铁磁性物质、亚铁磁性物质和反磁性物质五大类别。前两类属于弱磁性材料，而铁磁性物质是强磁性材料。磁性材料按磁化后去磁的容易程度，可分为软磁性材料和硬磁性材料。磁性材料的内部可以形成许多小型磁矩单元（电子自旋和轨道旋转），它们聚集在磁体中形成磁畴。当外部磁场作用时（充磁），它们会由原来向各个方向无规则的分布而发生向磁场作用力方向的改变。当外部磁场去掉时，软磁性材料的内部会恢复到原来的无序状态并失去磁场特性，但某些磁性材料并不会恢复到原来的杂乱状态，而是由部分磁矩单元保持着外部磁场去掉前的状态，因此，会在磁性材料上出现剩余磁场（剩磁）的现象。永磁体这类物质的剩磁现象较为强烈，在对永磁体充磁后，它就可以成为新的磁性材料，其自发的磁场强度由其剩磁特性决定。永磁材料的另一个重要的性能参数是矫顽力，即外部施加反向磁场使得材料从磁饱和状态退磁至零所需的磁场强度，矫顽力用于评价材料退磁特性。对于软磁性材料而言，矫顽力意味着磁滞损耗；对于硬磁性材料而言，矫顽力意味着是否容易被退磁。

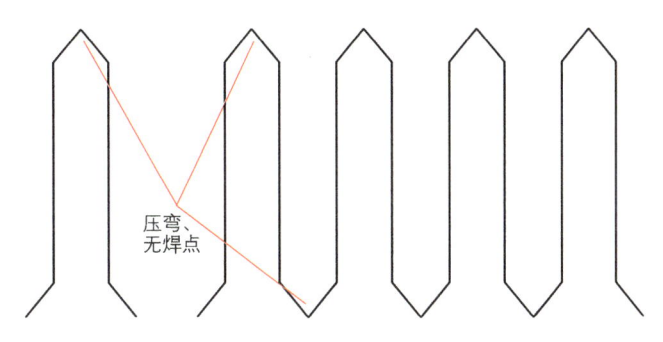

图 5-18 Hairpin 和 Wpin 绕线示意图

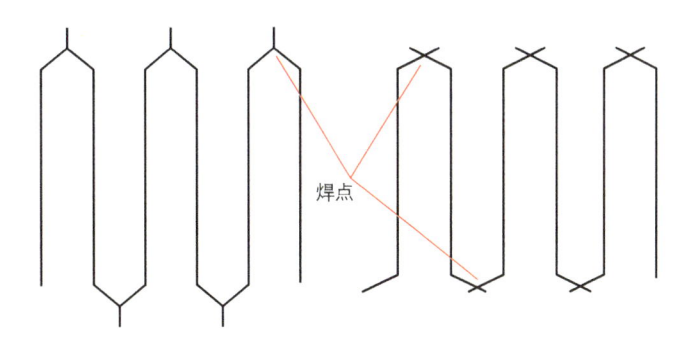

图 5-19 Ipin 和 Xpin 绕线示意图

永磁材料还有一个重要的性能参数是最大磁能积 $(BH)_{max}$，最大磁能积指的是在磁性材料体积一定的情况下所能发出的最大磁场能量。最大磁能积越大，产生同样磁通密度所需要的磁性材料就越少。因此最大磁能积可以表示为磁性材料的单位静磁能，它也是永磁体常用的性能参数，其单位是 MGOe 或 kJ/m^3。各类永磁材料的基本信息见表 5-1。

表 5-1 各类永磁材料的基本信息

名称	年代	磁能积 /MGOe	缺点	优点
NdFeB	1990	35~50	贵	能量密度高
Sm_2Co_{17}	1980	30	贵、材料脆	能量密度高
$SmCo_5$	1970	20	贵、材料脆	能量密度高
Ferrite	1960	4	能量密度小	成本低
AlNiCo	1950	7	贵、材料脆	能量密度中
MK 钢	1930	2.5	能量密度小	成本低
磁铁矿	公元前	0.4	能量密度小	原始矿石

温度对于磁性材料有较大的影响，温度升高意味着分子运动加剧，原来形成的磁畴会在一定的温度下被破坏，表现为磁性材料的磁场强度减弱或出现退磁现象，这个温度一般由居里温度表示。居里温度越高，说明其温度耐受性越强。需要强调的是，磁性材料的矫顽力并不一定和温度都成反向相关，比如钕铁硼是温度负相关，即温度越高其矫顽力就越小；而铁氧体是陶瓷性物质，其矫顽力和温度成正向相关。氧化铁本身拥有较高的矫顽力，同时其居里温度也比稀土合金高出许多。因此，贱金属形成的永磁体一般会应用在功率密度要求不高、成本比较敏感的场合，或者应用在使用环境比较恶劣、周围温度较高的场合。目前，高功率和能量密度的电机普遍采用稀土原料。烧结和黏结的钕铁磁体被广泛应用在新能源汽车的驱动电机上，特别是在纯电动汽车或功率较大的电机上应用。其特点是高密度、高磁导率。为了防止腐蚀，通常在其表面上都镀有镍或铝的金属镀层，其成本可能占整个磁体的 1/4 左右。烧结的磁体由于经过高温处理，其本身经历过一定的退磁，因此它通常比黏结磁体的能量密度低一些，但其磁稳定性较高，且加工工艺可以多样化。此外，还有树脂混合磁性材料，它是可以流动的可注塑磁性材料，因此它可以在更为宽泛的领域（各种异性结构等）中使用。

各类磁性材料的编号及特性见表 5-2。在实际应用中，钕铁硼物质仍然是磁性最强的磁性材料。FeCo、AlNiCo、SmCo 等含钴元素的合金材料，由于钴的成本问题，并没有得到广泛的应用。另外，由于性价比的问题，SmFeN 系列磁性材料得到越来越高的重视。随着材料科学的发展，永磁体将会有更多的选择。磁性材料的分类如图 5-20 所示。

表 5-2 各类磁性材料的编号及特性

	铁氧体	AlNiCo	SmCo		NdFeB		
编号	Ceramic 8	AlNiCo 5	REC-20	REC-26	B10N	N52	N36
B_r/kG	4	12.5	9	10.5	6.8	6.9	13.1
$(BH)_{max}$/MGOe	3.8	5.5	20	26	10	52	36
H_c/kOe	3.3	0.64	20	10	9	14.8	12.6
T_c/℃	450	890	727	825	310	310	310

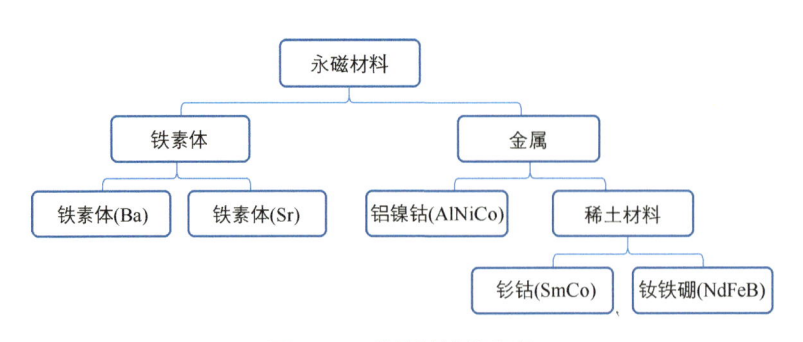

图 5-20 磁性材料的分类

从图 5-21 可以看出，纯铁氧体的磁能积比较小，压粘的磁性材料比注塑同等材料的磁能积要大一些。但由于注塑的流体结构可以适用于各种复杂的形状，因此也有一定的市场。另外，对于 XFeN 类新型磁性材料（X 为过渡族金属）的研究有了较大进展。例如，SmFeN 材料的剩磁性能接近钕铁硼，而且 SmFeN 和铁氧体杂化金属也有较高的性价比，从而给使用永磁体和深度磁阻磁链的融合电机技术以及永磁助磁式同步磁阻电机技术带来了新的发展机遇。

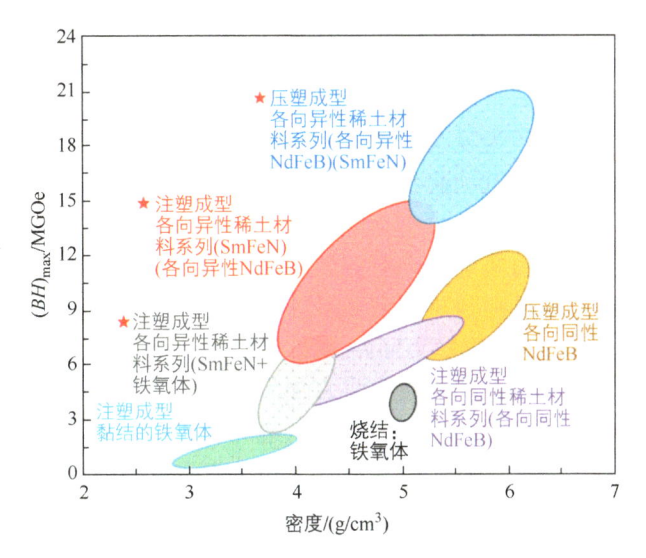

图 5-21　部分永磁性材料密度和最大磁能积特性示意图

5.4　电机的控制原理

在新能源汽车中使用的电机种类有很多，包括传统的直流电机、交流永磁电机、感应电机、开关磁阻电机、直流无刷电机和同步磁阻电机等。由于电机的结构和工作原理各不相同，因此电机的控制方法也各有不同。新能源汽车上常用的驱动电机类型主要是永磁同步电机和感应电机。

电机控制结构示意图如图 5-22 所示。电机的控制部分一般分成两部分：①上层控制逻辑部分，用来控制转矩、速度或位置；②底层控制部分，用来控制电力电子器件的开通或关闭，以控制电机上加载电源的时间，并形成旋转磁场进行电机的实际控制。因此，除了嵌入式系统控制器之外，还需要一套电力电子逆变装置。

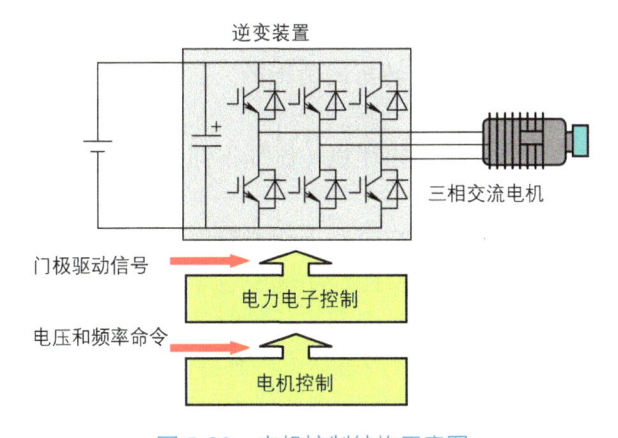

图 5-22　电机控制结构示意图

电机的控制算法主要是转矩控制，与传统的电压控制相比，转矩控制算法更加精确，特别是其对于感性负载的非线性特征有较好的适应性。转矩控制需要考虑以下 5 个方面的问题：

（1）转矩范围的适用性　对于纯电动汽车而言，汽车的动力性（比如 0 → 100km/h 的加速度、最高车速、最大载荷量、最大爬坡度等）决定了电机的转矩范围。对于混合动力系统，由于有两个动力源和较为复杂的转矩混合装置，单个电机上的转矩，与纯电动行驶时的转矩可能不同。例如，纯电动起步、混合动力加速、能量回收等工况，对于电机的控制要求也不相同。

总体来讲，控制系统需要将驾驶人意图转换成转矩图谱，并根据使用系统的成本和部件的边界条件，来决定发动机的转矩需求。最后由发动机可输出真实转矩的大小，来决定电机的输出转矩，从而形成完整的转矩回路。

（2）控制的高效性　控制系统的效率将直接影响电机系统的效率，比如梯形波控制算法的效率就比正弦波控制算法的效率低，内切六边形低于外切六边形过调制状态的电压使用效率，空间矢量控制会更有效地利用有限电压提高有效电流，非连续脉宽调制（Discontinuous Pulse Width Modulation，DPWM）技术可以有效地减少电力电子器件的开关损耗等。控制的高效性还和使用的功率半导体器件有直接的关系，由硅基的功率半导体器件（比如 IGBT 和 MOSFET）形成的逆变拓扑结构，其耐压等级较低、耐温等级较小和开关损耗较大。新一代功率半导体器件（比如 SiC 和 GaN）可以有效提升控制系统的效率。

在电机系统开发过程中，工程技术人员应重点优化高负载运行状况下电机系统的效率，设计不应该牺牲系统的其他性能，比如安全可靠性、振动、噪声等性能。效率的优化应该集中在常规运行状态下最影响汽车节油（电）率的运行范围。通常，汽车在城市里行驶，其需求多为中低速大转矩，而在高速路上行驶，其需求多为高速低转矩。对于跑车，转矩和速度的需求会比一般家庭用车要高，较为豪华的车型比经济版车型的功率需求要偏大。当了解了车型和大致的需求后，在进行电力动力源和机械动力源匹配时，应该选择合适的电机、电机控制系统以及适当的控制方法，其根本原则是使汽车的整体动力在保证安全可靠和舒适度的同时也能保证最优经济性。

（3）转矩控制精度　新能源汽车的转矩控制精度和传统燃油车相比，由于电机的转矩可以较为精确地调节，因此，输出转矩的大小可以控制在较为严格的范围内。新能源汽车对电机的转矩和系统对电机的命令转矩的一致性有严格的要求，通常动力系统对于转矩的精度要求在 ±5N·m 或 ±5% 命令转矩的范围内。国家和行业对于车用驱动电机的控制精度有十分具体的要求，需要参考最新的行业要求作为企业对驱动电机系统的最低要求。此外，还需要考虑动力系统所处的不同环境（比如不同的温度、湿度、海拔等）对转矩的要求可能也会不同。

（4）快速动态响应　转矩的动态响应对于新能源汽车的动力系统非常重要，在转矩抖动消除、发动机转矩平滑、平顺同步换档等功能中也十分关键。在工业应用中，动态的转矩响应需求都是毫秒级别的，特别是对于高速行驶时的高频抖动，需要考虑转矩响应的速度和品质。在某些条件下（比如无位置传感器或传感器失效模式下），电机的动态响应会有很大的降级，这些情况属于牺牲某些性能而换取成本的优势，在一定条件下是可以接受的。但是控制算法上的缺陷需要及时弥补，比如需要使用 6-step 的过调制技术来实现最大母线电压利用率,控制方式为电压控制,电流的动态响应速度降低,转矩波动可能较大,因此需要加入类似电流反馈的控制环节等技术来弥补追求输出效果而带来的不足。

(5)平滑的转矩操作 转矩波动在新能源汽车的动力系统中都会发生,发生点可能在发动机处、电机处、离合器处、齿轮处、车轴处、车轮反馈路面颠簸处等。如果没有有效的转矩平滑功能,整车的性能甚至安全可靠性都无法保障。对于电机而言,本身基频整倍数的谐波(通常为 5 次和 7 次谐波,因为偶数次谐波会自己抵消,而奇次谐波中的 3 倍谐波,由于系统本身含有 3 个相而抵消,因此 5 次和 7 次谐波就成为除基波外,幅值最大的两个谐波分量)会产生转矩波动,由此产生的振动不仅有害(造成裂纹、松动、断开等问题),还会产生恼人的噪声,并直接影响整车的 NVH 性能。这种谐波在电机设计、制造和控制中必须予以减小甚至消除。

5.4.1 直流电机的控制原理

直流电机的控制是所有电机中最简单和最直接的。直流电机在换向时使用机械电刷,几乎不用变频技术,而且其转矩公式可以直接推导电压、电流和转矩的关系。另外,其控制系统拓扑构造也很简单。

在新能源汽车中,驱动电机基本不会使用直流电机,但有些车型为了降低成本,在一些功率较小的应用(天窗、刮水器、可控反光镜等)上,还在使用直流电机。

典型直流电机的结构及原理如图 5-23 所示。定子磁场由定子绕组通入电流而生成(也可以用永磁体形成定子磁场),并形成磁极。磁场沿右手定则的方向垂直于转子电枢绕组。转子在通过机械电刷时,电流的方向发生改变。当给转子通电后,会产生电流,电流方向和法向的定子磁场方向成 90° 夹角。因此,转子电枢绕组受切向力作用而带动电机转动。由于转子在经过电刷时电流换向,因此能永远保证沿定子磁场切向有磁场力的存在,从而使电机持续旋转下去。由于没有电子换向装置,其在具有结构简单、成本较低的优点的同时,无法形成可控的旋转磁场来控制电机。因此,这种简单的直流控制方法的控制效果(转矩、转速和位置)有一定的局限性。

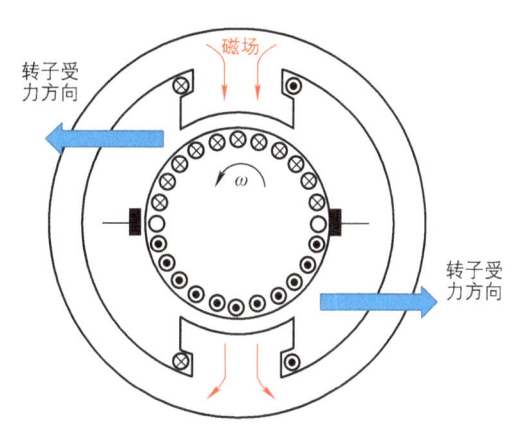

图 5-23 直流电机(带电刷)的结构及原理示意图

由法拉第电磁感应定律可知,变化的电场会产生磁场,同样变化的磁场也会产生电场。又由左手定则得知,匝数为 N 的导线在一个磁场中所受的力为

$$F = NBLi \tag{5-12}$$

式中 N——导线的数量;
B——导线所在的磁场强度(90° 垂直磁场);
L——导线在磁场中的有效长度;
i——导线中通过的电流强度;
F——导线所受的力的大小。

如果把 B、L 和 N 用 $K_t\Phi_e$ 表示，则导体所受的力就只和通过导体电流的大小成正比，因此要控制 F，就只需要控制流过导体的电流 i。对于直流电机，如果作用磁场的大小不变，电枢绕组的形状、数量等也一定，则该电机的 $K_t\Phi_e$ 就一定。从另一个角度来看，两个磁场产生的相互作用力和磁场的大小成正比，同时和两个磁场夹角的正弦值成正比。从图 5-24 中可以看出，定子磁场和转子电流（右手定则）产生的磁场成 90° 夹角，如果转子的 L 已知，则转子所产生的磁场强度就为 $L×i$，那么就可以得到电机的转矩公式，即

$$T = K_t\Phi_e i_a \tag{5-13}$$

式中　T——电机的输出转矩；

K_t,Φ_e——电机的自身常数（忽略磁饱和、磁场变化等现象）和定子的磁场强度；

i_a——流过电机电枢绕组的电流。

计算流过电机电枢绕组的电流，电机电枢绕组上的电压包含 3 个部分：

① 满足欧姆定律的电压：$U = Ri$。

② 导线的电感特性：$U = Ldi/dt$。

③ 导线切割磁场的反向电动势：$U = K_e\Phi_e\omega$（参考右手定则）。

于是可以得到转子上电压和电流的关系式为

$$R_a i_a + L_a \frac{di_a}{dt} + K_e\Phi_e\omega = V_a \tag{5-14}$$

K_t 和 K_e 代表电磁相互感应的两种表达，其本质是同样的，只是单位不同和描述的角度不同。K_t 是电机在通过某一电流的情况下，可以形成对外机械转矩的能力参数；K_e 是电机的转子旋转切割磁场产生电场的能力。由上面的分析可知：$K_e\Phi_e\omega = V$，$T = K_t\Phi_e I$，于是去除中间的磁通变量 Φ_e，可得 $T\omega K_e = K_t IV$。通过单位时间的能量守恒定理可以得到，机械功率等于电功率，即 $P_{机械} = T\omega = VI = P_电$，于是可知 K_e 实质上和 K_t 是等效的。

直流电机电枢绕组上每根导线所受到的切向力并不是一个平直的曲线，它随着转子电枢绕组的相对位置从最小（超前 90°）到最大（0° 同相位），再到最小（落后 90°），此时如果没有换向器，就会从最小到最大负转矩，再到最小，以完成 360° 循环，如图 5-24 所示。而电机给出的性能指标是综合电机电枢绕组所有导线所受转矩的合力。

电机控制逻辑的实现需要两个控制环：速度环（外环）和电流环（内环）。虽然电机是通过施加电压的调节进行控制的，但本质上还是通过电枢绕组的电流产生相应的磁链，与定子磁场相互作用产生转矩才能实现，所以最内部的控制环是电流环。而电机对外直观的表现是速度大小的变化，将位置（速度）信号反馈后，和理

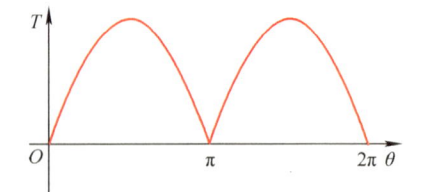

图 5-24　直流电机电枢绕组上导线所受转矩的示意图

想控制目标进行对比从而形成控制误差值，此误差值输入闭环控制逻辑（可以使用传统的 PID 控制逻辑）就形成了速度环。速度环和电流环需要一个转换过程，通常可以使用投影表格实现速度差和理想控制电流的关系（实质是在不同的速度和速度差及电机特定状态下对应的电流值）。这个拓扑结构普遍适用于直流电机、直流无刷电机、交流永磁电机等电机控制，只是控制方法和反馈信号各有不同。

如图 5-25 所示的控制逻辑中使用了两个 PID 控制器，它们代表比例、积分、微分控制算法，它们的主要作用是快速、有效、准确地实现控制目标。

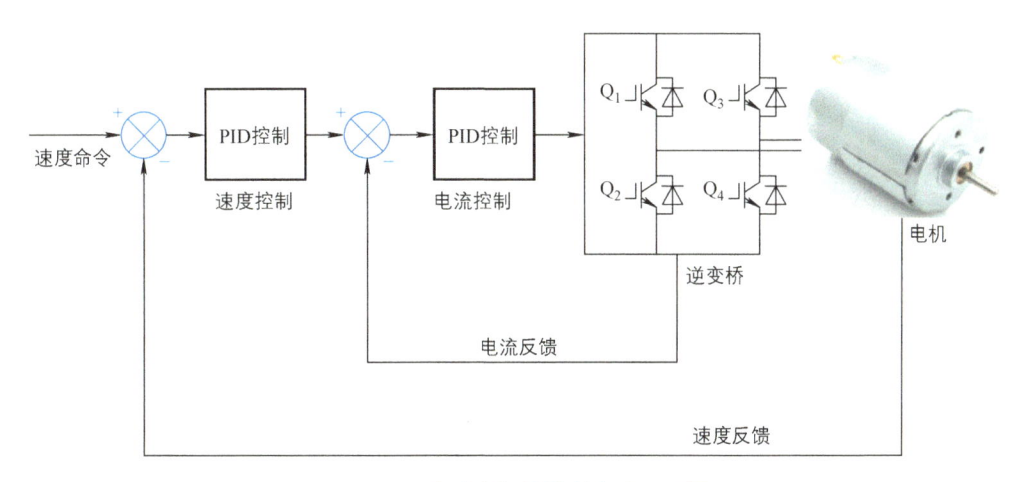

图 5-25　直流电机的控制电路原理图

直流电机的控制可以使用单个功率半导体器件来完成，但这种架构不具备调整电机旋转方向的功能，即电机只能向一个方向转动。而 4 个金属 – 氧化物半导体场效应晶体管（Metal-Oxide-Semiconductor Field-Effect Transistor，MOSFET）或绝缘栅双极晶体管（Insulate-Gate Bipolar Transistor，IGBT）则可以实现全桥（两个方向）的电机控制。如图 5-26 所示，当 Q_1 和 Q_4 导通，而 Q_3 和 Q_2 关断时，电流正向流过电机，电机实现正转（假设此方向为正转方向）；当 Q_3 和 Q_2 导通，而 Q_1 和 Q_4 关断时，电流反向流过电机，电机实现反转。其中 Q_1 和 Q_2、Q_3 和 Q_4 不能同时导通，否则会造成电路短接，所以，通常功率半导体器件的控制逻辑中都需要加上死区控制以防止短路。

虽然直流电压的控制方法简单直观，但其效率很低，在现代控制系统中，电机电枢端电压的控制一般通过脉冲宽度调制（Pulse Width Modulation，PWM）来控制输出平均电压或电流的大小。由于直流电机控制是直接使用电压控制，因此所用的 PWM 控制方法也比较简单，且成本较低，易于掌握。直流有刷电机在许多对性能要求不高的场合仍广泛应用，但随着对电机系统可靠性、耐久性需求的提高和无刷电机成本的下降，直流有刷电机的应用范围受到了交流电机的挑战。特别是直流电机使用电刷实现换向，而电刷是一个机械电气装置，在换向的过程中，高压电和电流会形成电弧等现象，并在电刷上产生炭化和磨损，最终使得电刷损坏无法正常工作。

5.4.2　交流同步电机的控制原理

虽然直流电机的价格便宜，且控制简单，但是直流电机的电刷需要经常维护，且直流电机具有噪声大、寿命短、转矩和加速性能较差等缺点。直流电机的转矩和电枢电流同主磁场的强度成正比。对于交流电机，其转矩的形成原理与直流电机相比并没有本质的区别，都是磁场和电流的相互作用。但是，直流电机是通过电刷换相来实现旋转，而交流同步电机是通过在定子绕组中产生旋转磁场来带动电机转动。

同步电机的结构类型较多，但它们都具有共同的特征：旋转磁场和与其同步的转子位置。同步电机主要分为永磁电机和磁阻电机（需要注意的一点是，单纯的步进电机并不能保证同步）。永磁电机主要包括永磁交流电机（Permanent Magnet Alternating Current Motor，PMAC）和无刷直流电机（Brushless Alternating Current Motor，BLDC）。这两种电机的绕组、永磁体形状、反馈信号和控制方法等有一定的区别。这两种电机的相电流波形示意图如图 5-26 所示。

a) PMAC 相电流波形　　　　b) BLDC 相电流波形

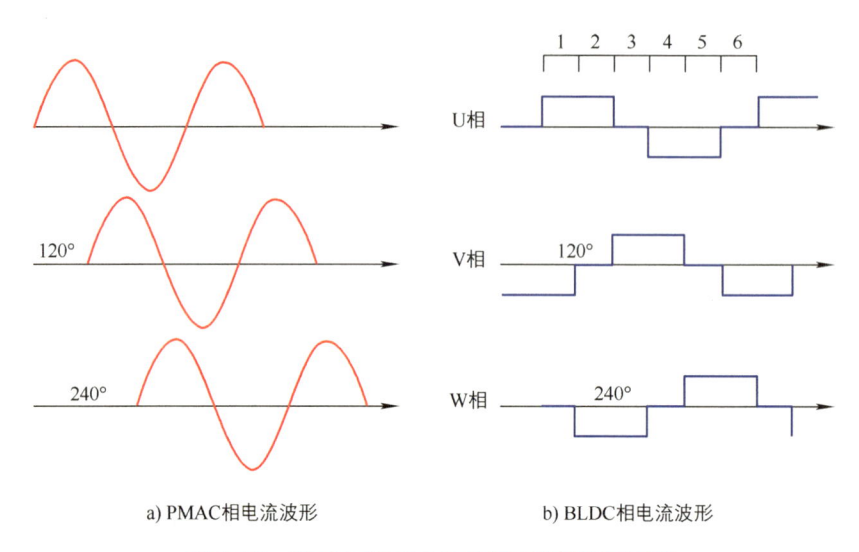

图 5-26　PMAC 和 BLDC 的相电流波形示意图

可以看出，PMAC 的相电流是相隔 120° 电角度的 3 个正弦波，而 BLDC 的相电流是相邻 120° 电角度的方形波，（理想的电流方波是很难实现的，如果考虑实际过渡区的波形，则结果为梯形波）。

（1）无刷直流电机的控制原理　虽然 BLDC 中的 DC 指的是直流，该直流是指在励磁过程中每相形成的直流电，但如果从整体上来看，该励磁信号具有交流信号往复循环过程的特征。因此，BLDC 控制原理的本质也可以看成一种变形的交流电信号的控制方法。

BLDC 的控制过程可以根据转子的位置简单地划分为 6 个控制段。对于 U、V、W 3 个相而言，其电流分别为 1 区（正、负、0）；2 区（正、0、负）；3 区（0、正、负）；4 区（负、正、0）；5 区（负、0、正）和 6 区（0、负、正）。

其控制逻辑就是在相应的转子位置激发绕组中的电流形成旋转磁场。BLDC 的控制逻辑相对简单，由于仅存在 6 个不同区间，因此在 360° 电周期中，仅需要鉴别 60° 的角度差即可实现。BLDC 的位置传感器可以采用霍尔传感器（通常 3 个霍尔传感器就可以基本满足位置、速度和方向的要求）。每个霍尔传感器对于转子磁场形成 180° 分辨率，3 个霍尔传感器可以以 120° 或 60° 角度间隔放置。以 120° 角度间隔放置霍尔传感器如图 5-27a 所示。若以 60° 角度间隔放置，则可以形成 6 个可区分的空间段，如图 5-27b 所示，每个空间段 60° 电角度。BLDC 的三相电压和 3 个霍尔传感器的信号关系示意图如图 5-28 所示。

同时梯形波的反电动势形成也较为直接，在定子绕组中形成窄相带即可（其形状也是梯形波），这样的空间绕组结构容易实现。

根据上述逻辑关系，就可以形成一个转子位置和电机 UVW 三相导通开关控制逻辑的关系，见表 5-3。

a) 以120°角度间隔放置霍尔传感器　　b) 以60°角度间隔放置霍尔传感器

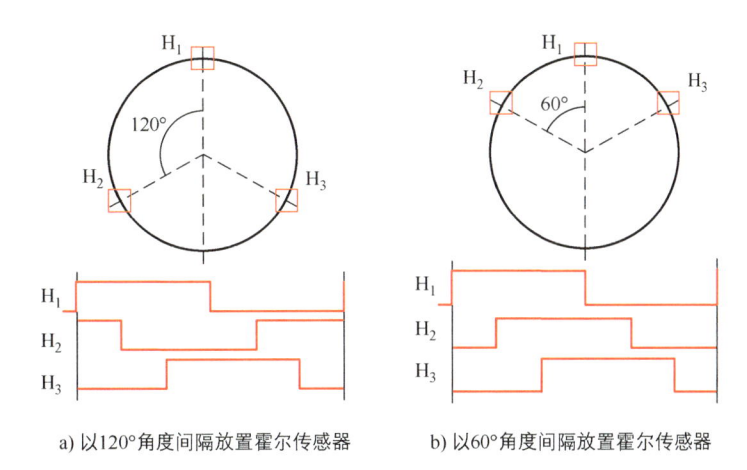

图 5-27　3 个霍尔传感器形成的位置反馈信息

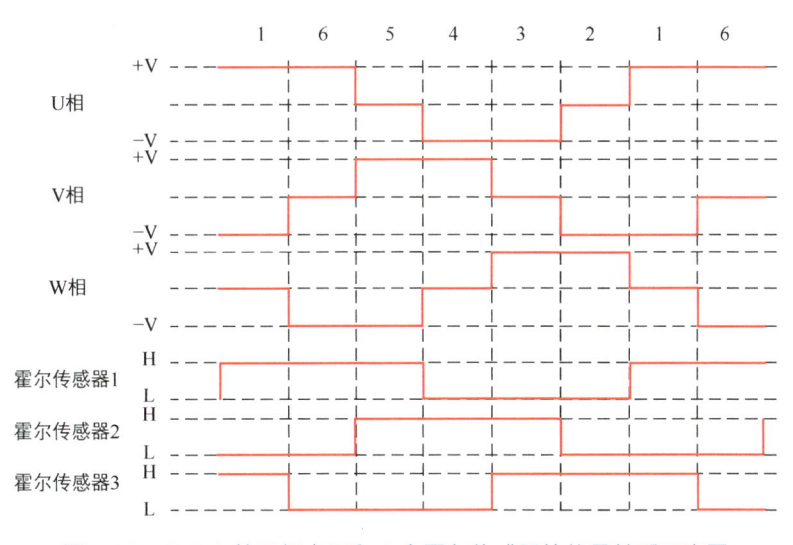

图 5-28　BLDC 的三相电压和 3 个霍尔传感器的信号关系示意图

表 5-3　霍尔传感器和电机 UVW 三相导通开关控制逻辑的关系

相位	霍尔传感器 1	霍尔传感器 2	霍尔传感器 3	U 相高	U 相低	V 相高	V 相低	W 相高	W 相低
1	1	0	1	1	0	0	1	0	0
2	0	0	1	0	0	0	1	1	0
3	0	1	1	0	1	0	0	1	0
4	0	1	0	0	1	1	0	0	0
5	1	1	0	0	0	1	0	0	1
6	1	0	0	1	0	0	0	0	1

位置传感器和电枢绕组的位置并不固定，可以有一个角度差，这个差叫作角差。在控制时，需要知道或测得这个角度差才能得到电机转子的物理位置。

BLDC 也有一些缺点，由于其换相的过程类似梯形而非顺滑的正弦波，因此容易产生转矩波动和噪声，使得 BLDC 对于那些对抖动和噪声较为敏感的应用有较大的限制。但 BLDC 的成本有优势，因为其换相过程仅需要 60° 电角度的位置识别，因此使用 3 个霍尔传感器就能完成。而正弦波控制或矢量控制的电机需要连续的位置信号，因此这些电机需要类似旋转变压器或编码器等较昂贵的位置传感器。

（2）永磁交流电机的控制原理　除无刷直流电机外，目前主流的永磁电机是永磁交流电机，由于 PMAC 使用正弦波信号，因此可以在一定程度上改善输出转矩、减少转矩波动等。对于 PMAC 的控制，特征需要形成转子位置连续反馈信号和较大程度模拟正弦波反向电动势的定子绕组。

交流电机的控制使用 3 个在空间相隔 120° 的正弦波，可以有效地利用空间，使得电机的功率密度加大，同时可以实现功率在空间上的均匀分配。而正弦波是最平滑的波形，3 个相位差 120° 的信号叠加后，可以形成等幅值的旋转磁场，从而可以对转子磁场施加平稳、平滑的转矩，以实现高效、高质量的控制。

目前，普遍采用的控制方法是矢量控制方法。由于控制系统需要产生正弦波，在逆变电路中，利用脉宽调制的方法，通过调节不同位置上三相电压占空比的大小，在三相绕组中产生类似正弦的曲线。因此，采用矢量控制的电机在高速旋转时，需要更高的驱动频率和计算才能满足要求。随着电力电子和控制器技术的发展，使得矢量控制方法成为可能，并且其成本也在不断下降。

与 BLDC 类似，PMAC 的定子绕组为了充分利用空间，采用 3 个相差 120° 角度的线圈组成。当给线圈通电后，根据右手定则，在相应的空间上就会产生相隔 120° 角度的磁场。其每个方向的磁场大小和线圈数量与通过的电流成正比。三相绕组产生的磁场示意图如图 5-29 所示。

如果只注意 U 相产生的磁场，在 U 相绕组上通入正弦变化的电流，则在横向轴上就会产生强度变化而方向不改变的磁场，如图 5-30 所示。

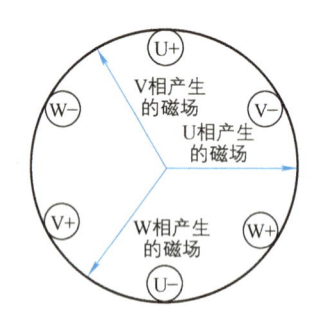

图 5-29　三相绕组产生的磁场示意图

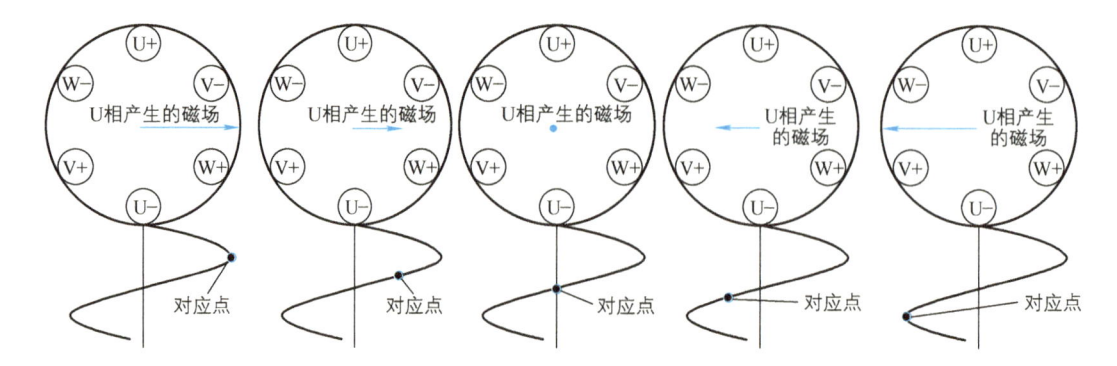

图 5-30　U 相绕组加载正弦波电流所产生的磁场

同理，如果在 V 和 W 相加载正弦波电流，也同样会产生类似变化的磁场，只是它们各自相差 120° 的机械角度。矢量通常含有大小和方向两个信息，在 U、V 和 W 3 个方向上的正弦波电流，都会产生相应的磁场矢量。这些磁场矢量在各自的轴上来回做直线运动，其大小也随着正弦波幅值大小的变化而变化。

如果加载在 U、V 和 W 三相上的电流是按照正弦波且相差 120° 的角度，则将得到一个大小一致、逆时针旋转的磁场，如图 5-31 所示。图 5-31a 显示等效在 0° 时的磁场，在 V 和 W 两个方向形成 0° 和 180° 的分量相加的结果；图 5-31b 显示等效在 120° 时的磁场，在 U 和 W 两个方向形成 120° 和 240° 的分量相加的结果；图 5-31c 显示等效在 240° 时的磁场，在 U 和 V 两个方向形成 240° 和 60° 的分量相加的结果。

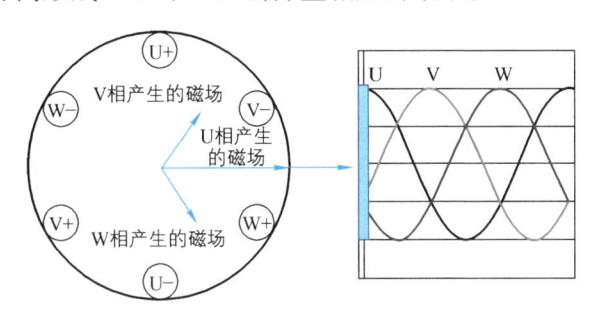

a) 等效在 0° 时的磁场

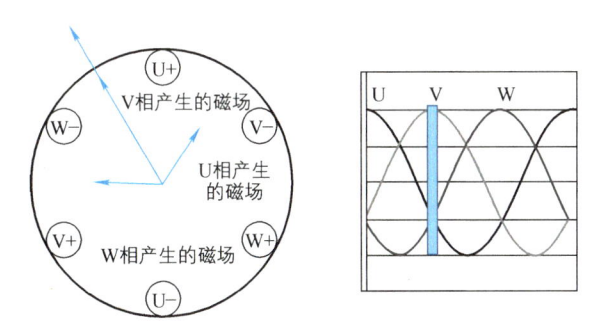

b) 等效在 120° 时的磁场

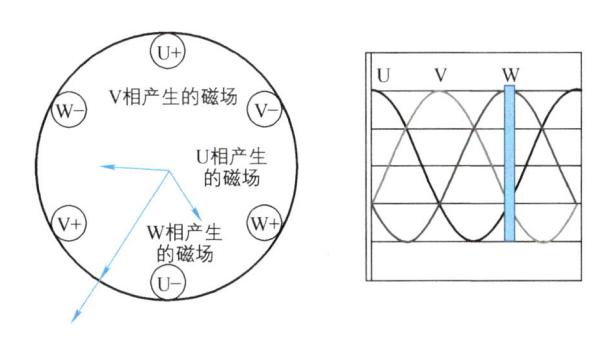

c) 等效在 240° 时的磁场

图 5-31　旋转磁场示意图

于是，我们就在磁场的单位圆中形成了一个旋转的磁场。如果在这个磁场的切向方向放入一块磁铁或有不同磁阻的物体，就会产生切向作用力，使得物体在磁场中移动。如果知道物体的移动位置，并一直将三相绕组产生的磁场和中间物体磁场方向或磁通方向呈 90°角度，就形成了同步电机。中间物体就是转子，三相绕组就是定子的绕组。

但是，在单位圆中形成 3 个正弦波的磁场并不简单。控制系统需要对幅值和相位进行精确地控制。如果电机转速过快，则控制系统的带宽还要受到限制。如果能通过一种方法，将我们控制对象的数目减少，就可以大幅度地降低控制系统的复杂性。

针对如何减少控制对象数目的问题，经过许多年的研究和试验，工程技术人员开发出了一套有效的方法，即由德国西门子公司的工程专家 F. Blaschcke 于 1971 年提出的矢量控制方法。矢量控制方法的步骤有两个：①将三相电转换成两相电（U、V、W 转换成 α、β）；②将两相交流电转换成两相直流电（α、β 转换成 d、q）。

应用三相电的 120° 固定角度关系和变换矩阵，可以得出公式（5-15）和公式（5-16）。

$$\text{U、V、W} \xrightarrow{C} \alpha\text{、}\beta:$$

$$C = \frac{2}{3}\begin{pmatrix} 1 & -\frac{1}{2} & -\frac{1}{2} \\ 0 & -\frac{\sqrt{3}}{2} & \frac{\sqrt{3}}{2} \end{pmatrix} \tag{5-15}$$

$$\alpha\text{、}\beta \xrightarrow{D} d\text{、}q:$$

$$D = \begin{pmatrix} \cos\theta & \sin\theta \\ -\sin\theta & \cos\theta \end{pmatrix} \tag{5-16}$$

$$\text{U、V、W} \xrightarrow{B=DC} d\text{、}q$$

在 C 矩阵中的 2/3 的幅值变化是因为将三相信号直接相加，得到的空间矢量信号有 3/2 的幅值，从而可以得到等幅值等效结果（电流及磁链）。电机的 d 轴和 q 轴示意图如图 5-32 所示。如果将电机转子的磁场方向和 q 轴成 90° 角度，而和 d 轴重合且方向相同，就可以形成一个最大切向力的电机转动瞬间状态。如果知道转子的位置，就可以一直保持 q 轴和转子磁场的 90° 电角度，其切向（旋转）转矩保持最大，于是就形成了同步电机的控制策略。

公式（5-15）和（5-16）即 Park-Clark 变换，其本质是将三相电转换成两相 α 和 β 的交变磁场（将 120° 电角度的三相电转换成 90° 两相交流电），再输入转子的位置，从而形成固定的 d 和 q 两个坐标轴（两个直流电信号）。

如果保证 q 轴和转子的磁力线相位差 90° 电角度，就可以形成最大的切向力。如果将 d 轴的磁力线提前 180°，就可以形成与励磁方向相反的磁场。这在电机高速弱磁的时候（通过减少反向电动势来保证输出电流值）是十分必要的，则 d 轴上的信号就不为零。

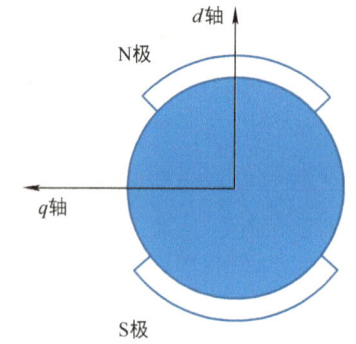

图 5-32 电机的 d 轴和 q 轴示意图

这种控制的使用，主要是由于三相磁链控制比较复杂，实现起来不方便。当有了 α 和 β 的两相正弦磁场，进一步使用有旋转角度的 d 轴和 q 轴磁场，就可以得到两个直流分量，因此就可以直接使用常规的控制逻辑，比如 PID 控制方法等，从而使得电机的控制相对容易实现。这个方法和上面介绍的将三相电转换成一个矢量并不矛盾，因为这个矢量可以看成在 X 轴和 Y 轴两个方向上形成 q 轴和 d 轴两个轴上的分量,如图 5-33 所示。只是其中 d 轴分量用于转子磁链控制,q 轴分量用来产生切向转矩。

从图 5-33 中可以看出,q 轴的方向比转子(N/S)磁场方向在旋转方向(顺时针)上提前了 90°,而 d 轴的方向和转子磁场的方向相同(这是人为规定的,也可以改变方向,但相关公式中的正负号也要改变)。于是,q 轴对于转子有在平行于 X 轴方向的切向力(这个力的大小和形成 q 轴磁场强度以及转子磁场强度的电流有关。如果转子上是永磁体,则其磁场强度是固定的,于是切向力就会随着形成 q 轴磁场的电流变化而变化,所以公式(5-13)在电机转子处于不同角度时仍然可以写为

$$T = K_t \Phi_e i_q \quad (5-17)$$

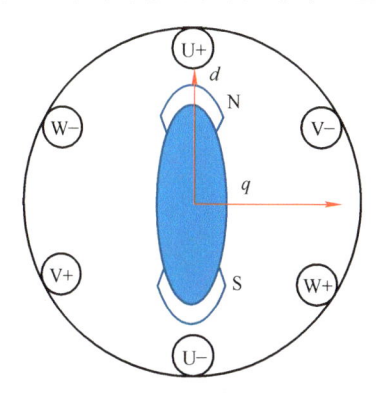

图 5-33 磁场转换成 q 轴和 d 轴两个轴上的分量

需要注意的是,公式(5-17)是基于 d 轴方向磁场为零的情况,而且忽略了磁阻变化所产生的转矩。该公式与直流电机的转矩公式几乎一致。当电机转子的角度为 0° 时

$$\boldsymbol{D} = \begin{pmatrix} \cos\theta & \sin\theta \\ -\sin\theta & \cos\theta \end{pmatrix} = \begin{pmatrix} 1 & 0 \\ 0 & 1 \end{pmatrix} \quad (5-18)$$

此时,I_α 的值最大为 I_{max},I_β 的值在正负相加后为 0。所以经过计算可以得到:$I_d = 0$,$I_q = I_{max}$。

当电机转子旋转到 90° 时,I_α 的值在正负相加后为 0,I_β 的值最大为 I_{max}。

$$\boldsymbol{D} = \begin{pmatrix} \cos\theta & \sin\theta \\ -\sin\theta & \cos\theta \end{pmatrix} = \begin{pmatrix} 0 & 1 \\ -1 & 0 \end{pmatrix} \quad (5-19)$$

于是,经过计算可以得到

$$I_d = 0;\ I_q = I_{max} \quad (5-20)$$

同理,当电机转子在其他位置时,将旋转磁场的 q 轴做相应的位置调整,就可以实现同步控制。和前文介绍的直流电机相比,直流电机的磁场是不旋转的,转子的电流是通过电枢换向后形成固定的 90° 相位差磁场,从而实现转子旋转,而永磁电机是通过定子磁场与转子的位置同步旋转形成 90° 的磁场关系,从而驱动转子旋转。

当前的理论分析,只是考虑了电机中的定子磁场与转子磁场相互作用所产生的电磁力,在一些实际的电机应用中,转子所在空间的磁阻在 d 轴和 q 轴是不一样的。对于隐性磁极的电机,理论上 d 轴和 q 轴方向上的磁阻应该相同(磁钢和空气的磁导率 μ 非常接近),但是为了提高磁性材料的利用率,通常在设计电机时,将电机设计在磁场饱和状态,因此 H 和 B 的关系不是线性的,会出现磁阻变化现象。对于广泛应用的永磁磁阻电机,由于转子上的永磁体是内嵌在转子铁心中的,可以在不同的方向上产生不同的磁阻,于是在永磁电机中就会出现磁阻扭力,而这个扭力在 L_q 与 L_d 的差值到达一定程度时是不能忽略的。总体而言,转矩是在 q 轴方向的电流 I_q 作用于 d 轴方向的磁场所产生的力,减去 d 轴方向

的电流 I_d 作用于 q 轴方向的磁场所产生的力。如果考虑转子的磁极数量，则电机的转矩公式可以写为

$$T_e = \frac{3}{2} p(\lambda_{ds}^r i_{qs}^r - \lambda_{qs}^r i_{ds}^r) \tag{5-21}$$

可以这样理解 d 轴和 q 轴矢量图：矢量电流产生同向矢量磁场，矢量电流对相位差为 90° 的矢量磁场产生切向力，力的方向为由矢量磁场指向矢量电场。这里电流和本身磁场有个 90° 的关系，公式是简化的。因为电机转子 d 轴方向和永磁体的磁场方向是一致的，所以有

$$\lambda_{qs}^r = f_q(i_{ds}^r, i_{qs}^r) = L_q i_{qs}^r \tag{5-22}$$

$$\lambda_{ds}^r = f_d(i_{ds}^r, i_{qs}^r) = L_d i_{ds}^r + \lambda_m^r \tag{5-23}$$

对于 q 轴和 d 轴方向的电压公式，参考欧姆定律、反电动势和法拉第定律可以得到

$$v_{qs}^r = r_s i_{qs}^r + \omega_e \lambda_{ds}^r + \frac{d\lambda_{qs}^r}{dt} \tag{5-24}$$

$$v_{ds}^r = r_s i_{ds}^r - \omega_e \lambda_{qs}^r + \frac{d\lambda_{ds}^r}{dt} \tag{5-25}$$

需要注意的是，在 d 轴方向，由于 q 轴方向磁场被切割后，产生的电压方向与所感应出的磁场方向和 d 轴的方向正好相反，所以中间的反电动势为负值。如果电机是非线性的（即 q 轴和 d 轴方向上的电感是不同的，可能有凸极或磁饱和凸极等原因），则其公式可写为

$$\lambda_{qs}^r = f_d(i_{ds}^r, i_{qs}^r) = L_q(i_{ds}^r, i_{qs}^r) i_{qs}^r \tag{5-26}$$

$$\lambda_{ds}^r = f_q(i_{ds}^r, i_{qs}^r) = L_d(i_{ds}^r, i_{qs}^r) i_{ds}^r + \lambda_m^r \tag{5-27}$$

$$L_q > L_d \tag{5-28}$$

$$T_e = \frac{3}{2} p[\underbrace{\lambda_m^r i_{qs}^r}_{\text{永磁转矩}} - \underbrace{(L_q - L_d) i_{ds}^r i_{qs}^r}_{\text{磁阻转矩}}] \tag{5-29}$$

一般对于嵌入式永磁电机（Interior Permanent Magnet，IPM）而言，q 轴方向的电感一般要大于 d 轴方向的电感，原因是 d 轴方向有永磁体（比如钕铁硼），它的磁导率 μ 和空气的磁导率 μ 相似。这类似于在 d 轴方向上叠加了较大磁阻的物质，等效电流下所感应出来的电磁场就会小一些。而 q 轴方向由于没有永磁体存在，且其硅钢片的磁导率 μ 和空气的磁导率 μ 相差很大，则在等效电流下，感应出来的磁场就大。

条幅电机的等效电感和 IPM 正好相反，原因是条幅电机的 d 轴上是完整的电工钢，而 q 轴上是嵌入了像条幅的永磁体。由于永磁体的价格问题，条幅电机采用铁氧体较多。但铁氧体也和电工钢的磁导性不同。因此，条幅电机 q 轴上会形成较大的磁阻，造成 L_q 小于 L_d 的现象。因此，条幅电机的控制也需要考虑永磁和磁阻两个部分，但其磁阻转矩和 IPM 的方向相反。

嵌入式永磁电机会形成凸极效应，即会产生电机本体的等效凸极比。这个比值越大，电机磁阻部分所产生的转矩就越大。如果这个参数没有边界限制，则设计目标将凸极比设计得越大越好。但实际上是有限制的，例如，电机转子的最内部是电机轴，其有强度的要求，因此，磁阻部分不可能太深。另外，q轴方向也需要设计顺方向磁障，以优化磁链的闭循环，从而使得整体磁密度达到最优。而这个方向也不会放入太多的磁障，所以仍然会限制整体的磁密度。同时，更多的磁障设计就意味着更多、更杂的磁信号，对电机的整体磁链和harmonics产生的NVH问题都有较大的影响。

从公式（5-29）可以看出，电机产生的转矩和电机的极对数成正比，和转子磁场和q轴上的控制电流成正比，且与q轴和d轴的电感差成正比。在对电机进行控制时，如果能将I_{ds}的值控制为零（不在高速区进行弱磁的情况下），则输出转矩的控制就变得非常简单，输出转矩就只和在q轴上施加的电流成正比。当然，这种控制算法是在没有L_q和L_d的差值（BLDC电机）或不考虑磁阻部分转矩的情况下最简单的控制算法。这种算法通常可以在车辆起动时使用，而在高速时，由于磁阻部分成为主要磁链，因此不能省略。

在理想状态下（转子为一个实心圆），L_q和L_d的大小是一样的（不存在磁阻转矩部分），则式（5-29）可以简化为

$$T_e = \frac{3}{2} p \lambda_m^r i_{qs}^r \tag{5-30}$$

式（5-30）和直流电机的转矩公式$T = K_t \Phi_e i_q$极其相似，所以直流电机也可以看作一个简化的交流电机。

综上所述，永磁交流电机产生的转矩是由于电机本身在q轴和d轴方向上的电感L不同，从而在相差90°的d轴和q轴方向施加电流，于是在q轴和d轴方向产生两个相反的切向力。通常在电机设计中，q轴方向电流施加在d轴方向磁场上产生的转矩会大于d轴方向电流在q轴方向磁场上产生的转矩，于是就会有由d轴向q轴旋转的切向力产生，并带动电机旋转。

脉冲宽度调制（Pulse Width Malulation，PWM）的种类有很多，包括非连续脉宽调制（DPWM）、正弦脉宽调制（Sine Pulse Width Modulation，SPWM）和空间矢量脉宽调制（Space Vector Pluse Width Modulation，SVPWM）。其中使用较为普遍的是SVPWM，它是逆变器功率半导体器件的一种特殊的开关顺序和不同脉宽占空比的组合，这种开关触发顺序和组合将在定子绕组中产生三相互差120°电角度的正弦波波形。其本质是利用三相星形联结的线圈中点实现波动，对于相电压仍然为正弦波的信号，其对地电压信号形成类似加入三次谐波的合成波形（也叫作马鞍波形）。这种波形可以通过（Min+Max）/2方法实现，也可以通过使用傅里叶变换加入三次谐波项实现（实际比较两种波形非常相似）。与正弦脉宽调制相比，这种调制方法可以优化谐波程度，消除谐波效果，并且可以提高电压利用率。

SVPWM的实现方法是以6个功率半导体器件（也被称为开关器件）组合成全桥，如果每个单桥的上下开关方式相反，则共有6种开关状态（100、110、010、011、001和101）。如果将000、111这两种开关状态加入，则一共可以形成8种开关状态。其中000和111（两种状态代表下面3个开关管全开而上面3个全关和上面3个全开而下面3个全关）相当于施加零电压在电机定子侧，因此也称为零矢量。零矢量的加入是为了更好地实现

PWM 控制。在 1 个 PWM 控制周期内，每个单桥的功率半导体器件状态仅改变 1 次，使得 PWM 的损耗减小。其他 6 种开关状态均向电机定子侧施加电压，是有效矢量状态。因此，如果将电机的 360° 电角度空间分为 6 个区间，每个区间 60° 电角度，则无论电机处于任何位置，都可以在单位圆内模拟其控制矢量。SVPWM 开关状态和电压的关系见表 5-4。

表 5-4　SVPWM 开关状态和电压的关系

开关状态	相电压			线电压		
000	A：0	B：0	C：0	AB：0	BC：0	CA：0
001	A：−1/3V	B：−1/3V	C：2/3V	AB：0	BC：−V	CA：V
010	A：−1/3V	B：2/3V	C：−1/3V	AB：−V	BC：V	CA：0
011	A：−2/3V	B：1/3V	C：1/3V	AB：−V	BC：0	CA：V
100	A：2/3V	B：−1/3V	C：−1/3V	AB：V	BC：0	CA：−V
101	A：1/3V	B：−2/3V	C：1/3V	AB：V	BC：−V	CA：0
110	A：1/3V	B：1/3V	C：−2/3V	AB：0	BC：V	CA：−V
111	A：0	B：0	C：0	AB：0	BC：0	CA：0

根据转矩需求和电机转子所处的角度，当算法需要合成某一输出矢量时，先确定这一矢量所处的区（6 个区）和此区间所作用的最近的两个基本矢量轴（比如一区的两个矢量轴为 100 和 110），然后用这两个基本矢量轴合成目标矢量（V_{ref}）。这种方法可以看成，等效的开通或关闭时间，即导通时间除以整体时间，从而可以得到等效的矢量大小。如图 5-34 所示，六边形内切的圆是最大电压单位圆，由于端边的电压值可以达到 $\frac{2}{3}V_{\text{母线}}$，而每相 60° 的关系决定了内切圆的半径为 $\frac{\sqrt{3}}{2} \times \frac{2}{3} V_{\text{母线}}$，即 $\frac{\sqrt{3}}{3} V_{\text{母线}}$。

每个基本矢量的作用时间就代表合成矢量在此轴上的分解值。由于相邻的任何两个区都是一个上开关开和一个下开关开，如果加入 000 和 111 这两个零矢量值，就可以形成每个步骤中只有一个单桥的开关器件变化。例如，000—100—110—111—111—110—100—000，假设每个单位的开关周期为 T，则根据矢量的大小和方向可以得到 100 和 110 的时间值 T_{100} 和 T_{110}。则 $T = T_{000} + T_{110} + T_{100} + T_{111}$。

通过上述方法可以得到在单位圆内任何向量的 SVPWM 控制信号。为了防止在控制计算中发生超调控制现象，需要将合成电压值限制在直流母线的极限值范围内。如果用 T_a 和 T_b 表示两个相邻向量轴的占空比时间，正常的电压控制逻辑会有 $T \geq T_a + T_b$。如果占空比时间限制不满足此条件，就需要使用 Normalized 方法进行比例压缩：$T_a = \frac{TT_a}{T_a + T_b}$；$T_b = \frac{TT_b}{T_a + T_b}$。由于单纯正弦波的单相幅值为 $\frac{1}{2}V_{\text{dc}}$，而由于 SVPWM 中点的波形特性，其单相幅值可以达到 $\frac{\sqrt{3}}{3} V_{\text{母线}}$。这就是

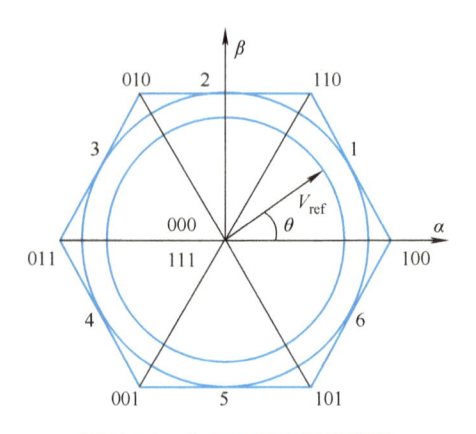

图 5-34　电压空间矢量示意图

SVPWM 的电压利用率高于 SPWM 的原因。

在外切圆以内的控制可以用上面描述的方法直接控制输出，这时控制的是电流量，因此转矩的控制也是实时的。但是当电压达到最大的时候，其控制方法就变成在 6 个矢量中直接进行电压分量的控制，也就是进入电压控制。由于在电压控制中，电流的反应通常会滞后（甚至可以达到几百 ms），因此这对于电机的转矩控制存在挑战，通常需要进行电流的闭环控制作为辅助。而这种电压矢量的控制方法由于仅涉及 6 个矢量方向，因此也叫作 6 步法。需要注意的是，进入 6 步法的条件需要仔细确定，才能实现稳定的控制。

电机的电压公式可以写成

$$v_{qs}^r = r_s i_{qs}^r + \omega_r \lambda_{ds}^r + p\lambda_{qs}^r \tag{5-31}$$

$$v_{ds}^r = r_s i_{ds}^r - \omega_r \lambda_{qs}^r + p\lambda_{ds}^r \tag{5-32}$$

$$\lambda_{qs}^r = L_q i_{qs}^r \tag{5-33}$$

$$\lambda_{ds}^r = L_d i_{ds}^r + \lambda_m^r \tag{5-34}$$

在稳态的情况下，d 轴与 q 轴的磁场不发生变化，公式（5-31）和公式（5-32）中的最后一项 $p\lambda_{qs}^r$ 和 $p\lambda_{ds}^r$ 可以近似为零，于是

$$\lambda_{ds}^r = \frac{v_{qs}^r - i_{qs}^r r_s}{\omega_r} \tag{5-35}$$

$$\lambda_{qs}^r = -\frac{v_{ds}^r - i_{ds}^r r_s}{\omega_r} \tag{5-36}$$

电机的电感就可以近似为

$$L_d(i_d, i_q) = \frac{\lambda_d - \lambda_f}{i_d} \tag{5-37}$$

$$L_q(i_d, i_q) = \frac{\lambda_q}{i_q} \tag{5-38}$$

对于电机的转矩，其影响因素主要是电机绕线匝数、气隙、磁场强度和施加的电流。如果磁场的强度相似，气隙和材料等相同，匝数和电流大小就会决定电机的输出转矩，即 NI 决定 T。

直流母线或电池的正极电压对于电机的转矩几乎没有影响。增加总线的电压并不能增加电机的转矩，但可以增加电机的额定转速，从而将弱磁速度向高速段推进。带有永磁体的电机通常有较高的功率密度，特别是嵌入式永磁电机在高速时由于会出现明显的磁阻转矩，相比表贴式永磁电机拥有更高的功率能力。

PMAC 相比 BLDC 有较好的转矩平滑特性，且 PMAC 的整体噪声和转矩抖动很小，

但是其控制较复杂（需要 Park-Clark 变换、反电动势的估算机构和价格较贵的位置反馈装置）。因此，在对抖动和噪声要求较高的应用上，PMAC 更加适用。而对成本要求较高、性能需求较低的应用上，BLDC 会是更好的选择方式。

5.4.3 交流异步电机的控制原理

由于永磁体的成本较高，因此，不用永磁体的交流异步电机在早期新能源汽车的驱动系统中有一定的使用市场，比如用于商用车和工程机械等。但由于交流异步电机的起动转矩形成较慢，响应特性不好，而且其效率较低，因此，在要求较高的乘用车市场中，逐渐被永磁同步电机取代。但又由于异步电机没有反电动势的存在（不加励磁时），在较高转速的区间，其拖拽损耗较小。因此，在某些使用两台电机的车型上，一个适配低速大转矩电机，另一个适配高转速区间时，就可以使用交流异步电机。

而交流异步电机中的转子，本身不包含永磁体，因此如果需要形成转矩，就必须在转子上利用切割定子绕组磁力线的方法，感应出电压，并通过闭合回路形成电流，从而进一步形成感应磁场。由于前提条件是必须有转子切割定子绕组感应出来的磁力线，因此转子的旋转速度必须和定子绕组旋转磁场的速度不一样，因此，交流异步电机又叫作感应电机。感应电机的转差率是定子旋转磁场的转速和转子真实转速差与定子旋转磁场转速比值的百分数，即

$$s = \frac{N_s - N_r}{N_s} \times 100\% \quad (5\text{-}39)$$

式中　N_s——定子旋转磁场的转速；

N_r——转子实际转速；

s——转差率，一般在 1%～10% 之间，是交流异步电机正常运行状态。在电机起动的瞬间，由于转子转速为零，s 为最大值 1。

旋转磁场的方向取决于事先定义好的方向，ABC 顺序和 ACB 的旋转方向相反。因此，要想改变交流异步电机的旋转方向，只需要将其中两个端子换接就可以了，或通过改变 ABC 的外部施加电压的相序来实现。

如果将交流异步电机的转子在纵向按同心分割成一个个的环，并且每个环形成各自的回路，这样在转子上 d 轴方向由定子所产生的磁场就会被转子相应的环所切割，所产生的电动势在环形回路上就会产生电流，而金属环本身有电感性质，通过电流后会产生磁场 $L \times i$，这个磁场由于是定子 d 轴方向的磁场在转子切割后产生的，因此叫作转子的感应磁场。这个磁场和定子的磁场相互作用，就产生了切向力推动电机旋转。需要注意的是，要感应出转子上的磁场，定子磁场的旋转速度和转子的机械角速度必须不同，这种电机通常被称为笼型电机。转子感应电流的频率 f_r 是定子电流频率 f_s 和转差率 s 的乘积，即

$$f_r = s \times f_s \quad (5\text{-}40)$$

感应电机的控制要复杂一些，主要原因是它的转子需要由定子励磁。同时，在永磁同步电机中，转子磁场的极对数是由转子上的永磁体决定的，而感应电机中转子没有永磁体，所以其磁极数量是由定子的旋转磁场感应而生成的。当定子中的绕组为两对极（$2p$）时，其绕组接线方式如图 5-35 所示。U 相电流流过零点时的电压波形示意图如图 5-36 所示。两对

磁极绕组中电流方向示意图如图 5-37 所示。定子 U 相绕组电流为零时产生的磁场示意图如图 5-38 所示。图 5-35 中，虚线表示绕组接线连接（有电感），实线表示短接。对于三角形联结方式，感兴趣的读者可以自行研究，其原理是一致的，只是线圈端点的连接顺序不同。

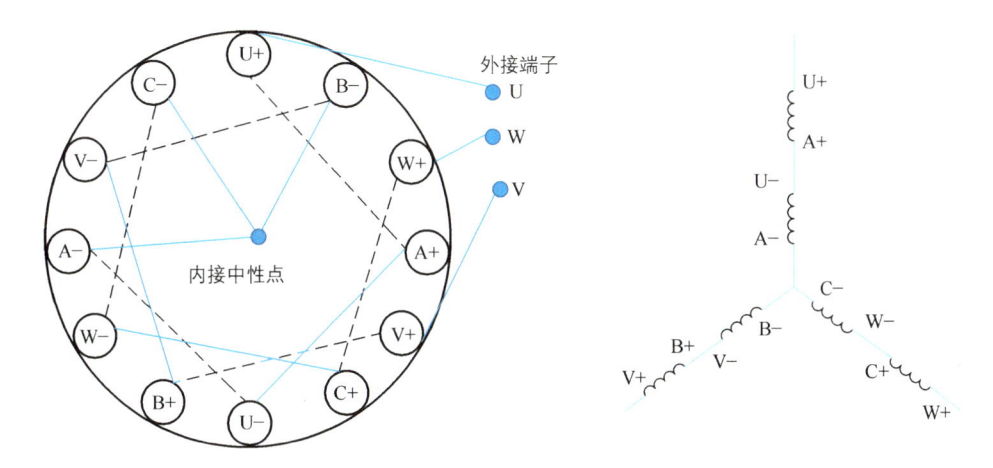

图 5-35　2p 感应电机绕组接线方式示意图

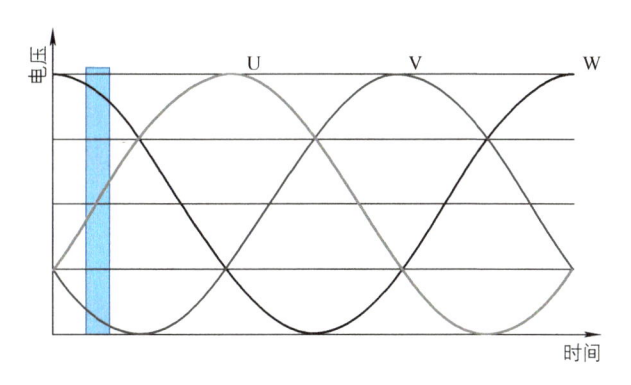

图 5-36　U 相电流流过零点时的电压波形示意图

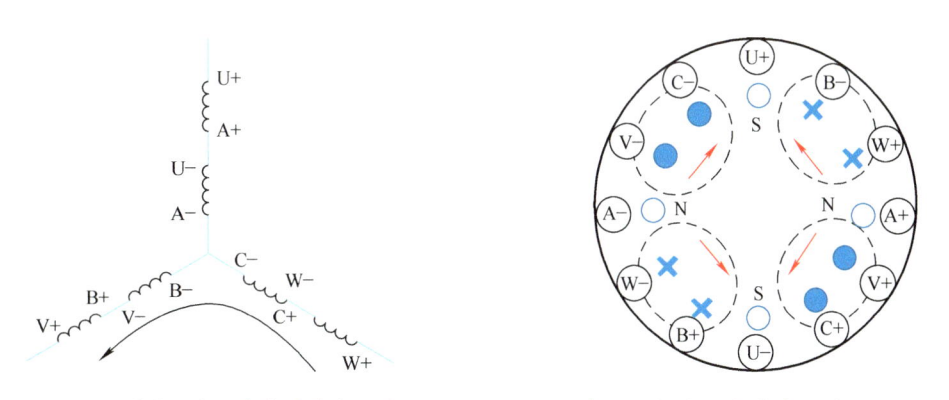

图 5-37　两对磁极绕组中电流方向示意图　　图 5-38　定子 U 相绕组电流为零时产生的磁场示意图

当定子磁场沿顺时针方向旋转时，其旋转的角度在 60° 时，由于机械角度是电角度的 1/p，所以磁场在机械角度上只有 30° 角，如图 5-39 所示。

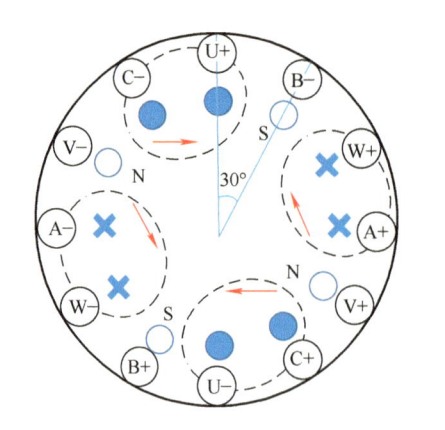

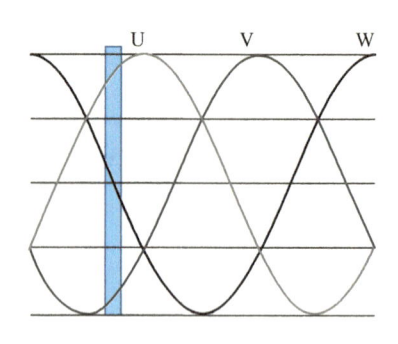

图 5-39　30°机械角时磁场方向和电压波形示意图

对于感应电机而言，其定子部分的电压和永磁电机类似，也是由 3 部分组成：欧姆定律电压、反向电动势和电感中电流变化所产生的电压差。

$$v_{qs} = r_s i_{qs} + \omega \lambda_{ds} + \frac{d\lambda_{qs}}{dt} \tag{5-41}$$

$$v_{ds} = r_s i_{ds} - \omega \lambda_{qs} + \frac{d\lambda_{ds}}{dt} \tag{5-42}$$

同时，在转子上由于感应出了电动势，并在转子闭环上形成电流，于是就形成欧姆定律电压，和转子等效电感中电流变化形成的电压。其反向电动势由于是定子和转子的速度差所产生，其电压公式为

$$v'_{qr} = r'_r i'_{qr} + (\omega - \omega_r) \lambda'_{dr} + \frac{d\lambda'_{qr}}{dt} \tag{5-43}$$

$$v'_{dr} = r'_r i'_{dr} - (\omega - \omega_r) \lambda'_{qr} + \frac{d\lambda'_{dr}}{dt} \tag{5-44}$$

在定子和转子上的 d 轴和 q 轴方向，都有磁场产生。

$$\lambda_{qs} = L_{ls} i_{qs} + L_m (i_{qs} + i'_{qr}) \tag{5-45}$$

$$\lambda_{ds} = L_{ls} i_{ds} + L_m (i_{ds} + i'_{dr}) \tag{5-46}$$

$$\lambda'_{qr} = L'_{lr} i'_{qr} + L_m (i_{qs} + i'_{qr}) \tag{5-47}$$

$$\lambda'_{dr} = L'_{lr} i'_{dr} + L_m (i_{ds} + i'_{dr}) \tag{5-48}$$

由于转子上的转矩同样是 q 轴方向的电流与 d 轴方向的磁场产生的切向力和 d 轴方向的电流和 q 轴方向的磁场产生的切向力的差值，所以交流异步电机的转矩公式和永磁电机的转矩公式没有本质的区别。但是，由于感应电机的转子磁场和电流都是由定子磁场感应出来的，所以转差率和转子磁场特性（漏抗）等因素在计算时需要考虑。

简单地说，交流异步电机的转矩可以用式（5-49）表示

$$T = C_T \Phi I_2 \cos\varphi \tag{5-49}$$

式中 C_T——交流异步电机的转矩常数；
Φ——定子绕组产生的磁通量；
I_2——转子电流；
$\cos\varphi$——转子的功率因数。

由于

$$I_2 = \frac{E_2}{Z_2} = \frac{sE_{20}}{\sqrt{R_2^2 + (sX_{20})^2}} \tag{5-50}$$

式中 E_2——转子电动势；
Z_2——转子阻抗；
$E_{20} = 4.44 f_2 N_2 K_2 \Phi$——转子电动势；
s——转差率；
R_2——转子电阻；
X_{20}——转子漏抗。

定子相电压代入转矩公式可得

$$T = \frac{CU_1^2 sR_2}{R_2^2 + (sX_{20})^2} \tag{5-51}$$

$$C = \frac{C_T N_2 K_2}{4.44 f_1 N_1^2 K_1^2} \tag{5-52}$$

$$U_1 = 4.44 f_1 N_1 K_1 \Phi \tag{5-53}$$

式中 C_T——电机的转矩常数，它和电机结构有关；
f_1——电源频率；
N_1——定子磁场转速；
N_2——转子转速；
U_1——定子相电压；
Φ——定子磁场的每极磁通；
s——转差率；
R_2——转子电阻；
X_{20}——转子漏抗；
K_1——定子电磁感应常数；
K_2——转子电磁感应常数。

由式（5-51）可知，转矩 T 和转子电阻 R 和定子相电压 U_1 的二次方以及转差率 s 有关。当转差率很小时，转矩和其成正比当到达最大转矩点后，转矩和转差率成反比，但斜率往往小一些，如图5-40所示。

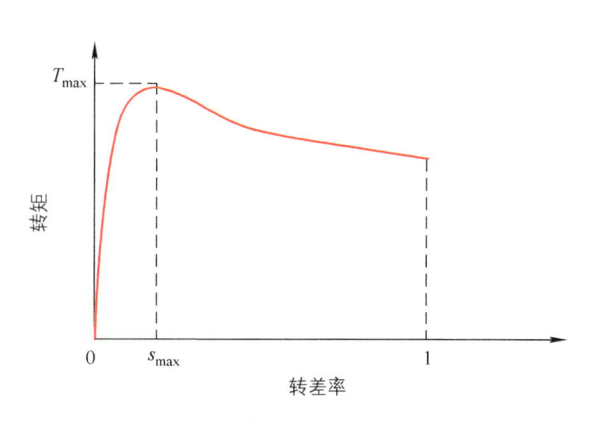

图 5-40 转矩和转差率的关系图

由于转差率和速度也有一定的关系，对于同一频率的施加电压来说，在起动时（即转子速度为零）s = 1 为最大；而当转子的转速与定子旋转磁场的转速接近同步时，s 接近为 0（5% 左右）；当 s 为 0 时，定子旋转磁场转速和转子转速同步，此时电机转矩为零，如图 5-41 所示。它们之间的关系就是将图 5-40 中的图形翻转过来，将电机的定子转速加上即可。

交流异步电机的额定转矩是指电机可以长时间运行，且功率因数最大时的转矩。由于功率是转矩和转速的乘积，那么电机的额定转矩公式在变换坐标单位就可以得到

$$T_r = \frac{P_r}{\omega_r} = \frac{9550 P_r}{N_r} \quad (5-54)$$

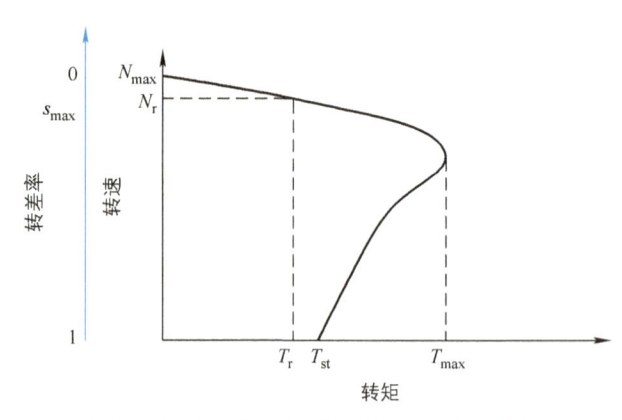

图 5-41 电机转矩、转速和转差率的关系图

式中　T_r——额定转矩；
　　　P_r——额定功率；
　　　ω_r、N_r——额定转速的不同单位值（rad/s 或 r/min）。

最大转矩是指电机能带动的最大负载能力，由上文介绍的转矩公式可得，$dT/ds = 0$，则

$$\frac{d\{CU_1^2 sR_2 / [R_2^2 + (sX_{20})^2]\}}{ds} = 0 \quad (5-55)$$

计算可得 $s_{max} = \frac{R_2}{X_{20}}$，代入转矩公式可得

$$T_{max} = \frac{CU_1^2}{2X_{20}} \quad (5-56)$$

另外，过载系数为

$$K_{ol} = \frac{T_{max}}{T_N} \quad (5-57)$$

对于三相异步电动机而言，K_{ol} 的值大约在 2 左右。

当外界的负载大于最大转矩时，电机将减速直到停止。这是一个危险的操作，因为这时电机的转差率为 1，定子旋转磁场全速切割转子导电环，导致转子电压上升并带动电流上升，转子感应出来的磁场反过来切割定子绕组，由于转子刚起动，其产生的反电动势很小，这个电动势是定子旋转磁场反方向的，所以定子电流也比在有较大反电动势时（转子高速转动）要大得多，定子和转子的这部分能量（I^2R 的热能）将电机迅速升温，如果没有保护，最终可能损坏电机。

在转矩公式中 $T = \frac{CU_1^2 sR_2}{R_2^2 + (sX_{20})^2}$，当电机起动时，s = 1，将其代入公式，则可得到起动转矩

$$T_{\text{st}} = \frac{CU_1^2 R_2}{R_2^2 + (X_{20})^2} \tag{5-58}$$

此时由于转子不转,没有反电动势降低定子电流,所以当电机起动(和堵转)时,电机的耗电量非常大。T_{st} 代表电机的带载起动能力。起动电流通常可以是额定电流的 5~7 倍。

本小节较为详细地介绍了 3 种基础电机(直流电机、交流同步电机和交流异步电机)的控制原理,在新能源汽车中使用的电机种类还有很多,比如轴向磁通电机、可变极电机、双转子电机、轮毂电机等,本书的第 9 章将做简单的介绍。

5.5 电机性能要求及关键指标

(1)旋转损耗 电机在零转矩时的损耗称为旋转损耗,这时电机的转矩为零,所有的机械损耗或电磁损耗组成了此时自由旋转的损耗。对于永磁电机而言,其转子上的永磁体在任何时候都会对外释放磁场,所以只要有和定子绕组的相对运动,就会在其中感应出反向电动势。如果转子的速度达到一定数值,则其反向电动势有可能会达到甚至高于电源施加的电压,从而使得电机无法控制(只能反向充电)。为了解决这个问题,就必须在 d 轴上施加反向的电场并形成反向磁场,以削弱转子永磁体对定子绕组的磁场效应,从而升高转子转速(因为最大功率保持不变,电机转矩会相应下降)。该反向磁场是通过施加弱磁电流实现的,因此会引入额外的损耗。对于感应电机来讲,由于转子没有永磁体,因此转矩为零时的转矩损耗基本就是机械损耗,这也是许多混合动力系统和与发动机连接的电机在使用交流异步电机的原因。

(2)退磁现象 永磁电机中的磁性物质,在自然环境中会出现退磁现象,即磁场的强度会因外力作用而减小,而且是不可恢复的。退磁性能通常和硬磁性材料的矫顽力有关,低矫顽力的材料在外界的反向磁场作用下,会更容易失去磁性。另外,温度对退磁也至关重要。例如,永磁体在高温的状态下,其磁场强度会变小,当外部环境长期处于高温,将会对永磁体产生永久性的损伤。通常把磁性材料失去磁性的温度点称为居里温度点。退磁的基本原理是:材料的内部磁畴在环境的变化下(外磁场、较高的温度等),失去同向特性,而回到各向杂乱无章的状态。需要指出的是,稀土磁性材料的矫顽力温度特性是负的(即温度越高,其矫顽力就越小);而陶瓷性的铁氧体磁材,其矫顽力温度特性是正的(即温度越高,其矫顽力就越大)。由于铁氧体材料本身的居里温度较高,同时还有正矫顽力特性,因此铁氧体材料比较适合在高温环境使用(如离发动机较近的混合动力系统)。

另外,在电机的控制中,永磁电机在高速运转时会出现较高的反向电动势 V_{BEMF},这时需要使用弱磁控制才能压制 V_{BEMF},即在 d 轴上加载反向电流,从而形成和转子磁场相反的场强。如果外部环境恶劣,而反向磁场电流又较大,这时就容易出现永磁体的退磁现象。所以在设计永磁电机时,必须考虑(特别是在失效模式下)可能出现的退磁问题。

(3)转矩波动 电机中的转矩波动一般有两种,一种是齿槽等电机本体结构所产生的转矩波动,该转矩波动的产生与电机是否上电无关。另外,在电机定子或转子(励磁转子)的绕组接线端会出现磁漏现象,并导致磁力线分布不均匀,这种不均匀会进一步使得作用磁场（或变化电场）产生转矩的不平滑。并且，空气隙的不均分布、磁材分布、绕组联结方式（分布式绕组比集中式绕组更接近正弦波）等对转矩波动都会产生影响，需要在设计电机本体时注意。

另一种转矩波动是在电机中通入电流后产生的，其特点是：作用电流去除之后，这种转矩波动也会消失。比如电机的谐波转矩，由于通常电机都是三相电机，3次谐波会自动消除，而偶次谐波本身在1个周期内会自我消除。因此5次和7次谐波及其倍数次谐波是主要的谐波来源。另外，开槽效应（取决于定转子的开槽或极对数量）对电机的转矩波动也有影响。

（4）电机的噪声　噪声通常是由于物体振动而产生的，电机的噪声也不例外。电机定子受力示意图如图 5-42 所示。电机的旋转是由定子磁场对转子磁场在切向方向产生的转矩驱动而来的。实际上还存在纵向的力分量，由于这个力并不产生转矩，通常会忽略掉。但这个方向的力就是电机噪声的主要来源。由于电机在不同转子位置时，在纵向的转矩会产生变化，从而会对电机的定子硅钢片（特别是有齿的地方）产生拉伸变形（主要是形变，塑变较小），于是就产生了频率很高的噪声。因此，在电机设计时，其噪声的等级和分配与定子齿圈的分布和形式有直接的关系。

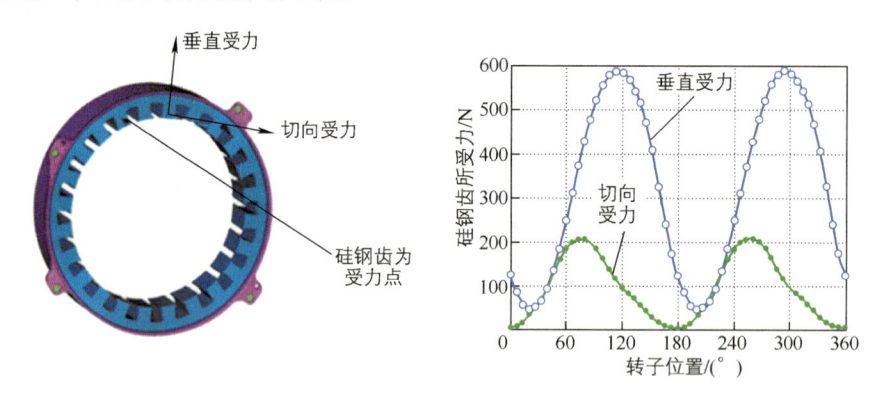

图 5-42　电机定子受力示意图

不同电机的特性不同，对于新能源的使用条件和要求也不同。比如感应电机的起动速度较慢、功率密度较低，电机的效率也低。但其成本有优势，同时对拖没有反电动势，所以感应电机适合需要与发动机形成机械耦合的架构，适用于对体积要求不高、价格较敏感的应用。永磁同步电机的功率密度大、起动速度快，但其成本较高，同时会有对拖反电动势，因此适合成本不太敏感、对体积要求高和发动机能形成解耦的架构应用。开关磁阻电机的噪声大、体积大、起动转矩较高、成本低且其接线方式可以形成单个线圈，失效仍然可以驱动，具有高鲁棒性，因此开关磁阻电机适合于一些特殊的应用场合。

表 5-5 中对于不同类型的电机进行比较，可作为设计应用时的参考。

表 5-5　5 种电机的比较

	系统成本	转矩密度	高速功率	效率	噪声
感应电机	低	中	中	大转矩中等，低转矩较高	低
外永磁电机	较高	高	低	低速时效率高，高速时效率低	低
内永磁电机	中	较高	高	高速时效率高，低速时效率中	较低
同步磁阻电机	较低	较低	低	低	中
旋转磁阻电机	中	中	中	与感应电机相似	高

5.6 电机的测试方法

电机系统的测试是验证和保证其性能要求非常关键的一步。新能源汽车的电机系统按测试形式可分为功能测试、耐久测试和下线测试等。功能测试对于电机的功能、性能和安全可靠性进行一个定量的把握，这种测试在电机系统设计和工程开发的过程中普遍应用；耐久测试是验证电机系统在长时间运行情况下的可靠性，是目标为产业化生产电机系统的重要验证手段；而下线测试的主要目的是对生产线上出来的电机系统进行关键行为的验证，其作为前两种测试验证在规模化生产时的关键点保证步骤。

电机的测试内容包含机体特性、效率图谱、旋转损耗、堵转试验、温升临界点、转矩波动、振动和噪声等。而具体的验证过程有冷试、机械振动和抖动、循环功率测试、超高速测试、耐高温测试、密封测试、加速循环寿命试验等。电机测试台架示意图如图 5-43 所示。

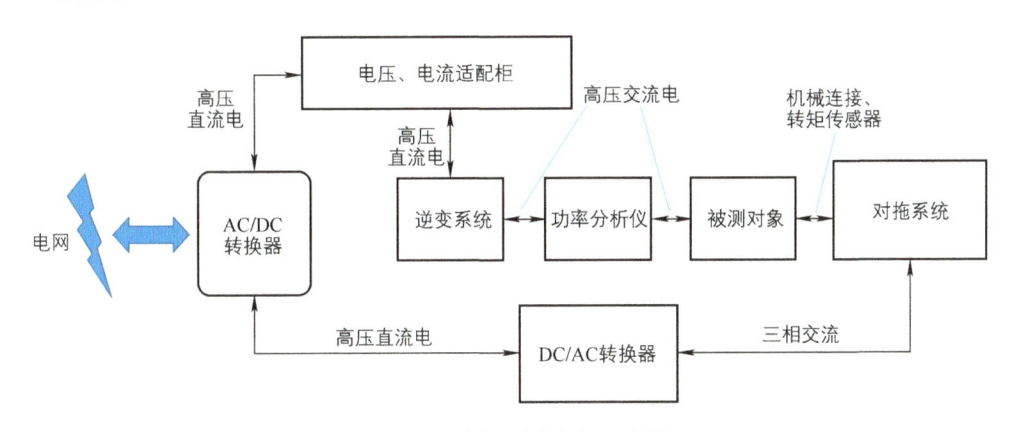

图 5-43 电机测试台架示意图

电机的测试内容因使用情况而异，根据标准 IEEE 112 对电机特性的要求：

1）永磁电机磁场和转矩图谱：本测试根据电机端点电压和电流测量值，计算出电机静态磁场强度和转矩的图谱信息，此信息可应用于计算静态电机优化控制数据值。

2）感应电机的电流和滑移率图谱：本测试对于不同母线电压和不同电机速度下，相电流和滑移率的不同取值。信息可应用于感应电机优化控制中 I_d 和 I_q 的取值。

3）电机转动损耗的测量：本测试对于电机的铁损和机械损耗进行测量，是了解电机本身损耗的直接方法，在室温下，在电机的所有速度范围，将电机逆变系统断开并测量电机的机械转动损耗。

4）电机效率曲线图谱：本测试通常用来测量和显示电机及逆变器的效率。在不同的母线电压、电机速度及转矩情况下，测得的效率曲线可以用来显示电机的本体特性。测试一般在常温下进行，对于不同的应用状况，可以进行其对应的温度效率测量（高温或低温）。

5）电机堵转转矩测试：本测试是用来测量电机的一个极限状态，即当电机在负载超过电机最大转矩时，电机的稳定状态情况。电机和逆变器通常会因为测试电流过大而产生大量的热，控制算法需要测量知道电机在此情况下的热临界条件，同时对电机及逆变系统实现保护。

6）电机瞬态和动态下的热临界条件测试：电机出厂时一般都会测量连续工作转矩或

功率和最高转矩或功率的临界状态数值，电机的控制算法和参数应该按照这些条件对电机实现有效保护。因此，需要对电机在不同母线电压和不同速度范围状态下测量其连续工作转矩和最高工作转矩。电机的最高工作转矩通常和其散热效率有关，例如，油冷电机的最大转矩通常会比同样的水冷电机高一些，原因是油具有绝缘性，可以直接喷射在绕组上降温以提高散热能力。

7）转矩波动测量：本测试是对永磁电机的转矩波动进行测量，在台架低速运行时，逆变控制器通过变化 d-q 转矩坐标值，对电机的转矩波动进行测量，以体现电机和控制系统的性能。

8）振动和噪声测试：本测试是在电机台架上，检测电机在峰值转矩下的振动情况和噪声压强。对于驱动电机而言，需要测试堵转时的电机振动和噪声情况。

IEEE 112 还规定了多相感应电机的试验程序：本测试用于在 60Hz 不同电压等级的电源和堵转状态下，感应电机的性能标准。

1）冷储藏测试验证：本测试是对于长期处于极限（冷冻）状态下的电机功能和性能进行验证的标准要求。

2）机械冲击和抖动验证：用于模拟电机在其生命周期中遇到机械冲击（坑洼、刮蹭等）后，电机所应有的性能满足度。同时用于模拟不同道路状况下，包含发动机的起动、加速、减速等冲击带来的振动对电机性能的满足度要求。

3）动力温度循环试验：本测试模拟电机在其生命周期中，在不同温度场变化和不同功率应用的情况下，其系统的功能和性能的可靠性试验要求。

4）电机的加速老化试验：通常电机的测试不可能达到实际使用电机的寿命时间，所以必须应用一种老化试验来模拟电机的实际老化过程。本测试利用热压力和抖动压力来测量电机的损坏程度，从而预测出电机在实际使用中的有效寿命。

> 在我国，电动汽车用驱动电机系统的要求一般使用国标 GB/T 18488—2024。该标准中，不仅包含对电机的基本要求，还包含对电机系统的输入输出特性、安全特性、环境适应性、电磁兼容特性、一致性、标志与标识、型号命名以及术语和定义等详细要求。感兴趣的读者可以自行学习。

第 6 章　新能源汽车的电源系统

6.1　新能源汽车动力电池系统

新能源汽车的电源系统通常是指动力电池系统或燃料电池系统。虽然目前已经有许多其他的电能储存和释放方式（比如超级电容器、飞轮储能等），但就产业化发展方向和产品成熟度来讲，动力电池（目前主流是锂离子电池）系统还是不可替代的。

电池按照使用次数不同，可以分为一次电池和二次电池两种。一次电池是指在一次放电后基本无法再次进行充电而继续使用的电池，这种电池通常在一次使用后就被丢弃。它的优点是自放电率小，有较高的能量密度和较经济的成本。比如我们常用的碱性电池 Zn/MnO_2 和 Mg/MnO_2、一次锂电池 Li/SO_2、Li/MnO_2 和 Li/I_2 等。

二次电池是可以在放电之后通过将电流反向流入自身进行再充电的电池，但二次电池的充电实际次数并不是只有两次，而是根据电池的化学特性可达到许多次。二次电池的优点是能多次充放电，且一般能量密度较高，有高放电率和较为平滑的放电电压曲线等。比如镍镉电池 NiCd、镍氢电池 NiMH、锂离子电池 Li-ion、钠离子电池和最常见的铅酸 Pb/Acid 电池等。

汽车用动力电池是指包含多个电池电芯的电池系统。每个电池电芯由一对电极和一个离子导通材料组成，电子通过电极和外部导线形成外部电路，离子导通材料（如电解液）将离子实现电极间的穿梭形成内电路。内外电路合起来就形成完整的充放电闭合电路。

电池的电极一般由活性金属（或含金属离子的化合物）、集电极和接触端子组成。电池的正极（又叫阴极）从外部电路接收电子，并在电化学反应中进行还原作用。电池的负极（又叫阳极）通常需要释放电子到外电路中，并在电化学反应中被氧化。

电解液实际是带有载流子的导体，它使得电池在充放电过程中，离子（正、负离子）可以在电池的阳极和阴极之间交互运动。电极的形式多样，可以是气体、液体也可以是固体形式。电解液通常有液体和固体两种，由于技术和成本的原因，目前大部分的电解液还是液体。而固态电解液的优点更加鲜明（可靠、稳定等）。许多公司正在开发固态电解液甚至半固态电解液电池，以满足动力电池性能不断提高的需求。

电池按照形状的不同，可以分为圆柱形电池和方形电池两种。圆柱形电池的规格通常用 5 个数字进行描述，前两个数字代表直径，后两个数字代表长度。例如，目前常用的 18650 和 26650 系列电池，如图 6-1 所示。18650 中的 18 代表电池直径是 18mm，65 代表电池长度为 65.0mm；26650 则代表直径是 26mm、长度为 65.0mm 的电池。

对于圆柱形电池，其正电极、电解液和负电极形成片状叠层，再通过一层一层地卷在一个不锈钢或铝制外壳内。受其体积的规定，与方形电池相比，圆柱形电池的能量和功率都有限制。

方形电池如图 6-2 所示。方形电池的规格和圆柱形电池不同，其前两位数字代表厚度，中间两位数字代表宽度，最后两位数字代表长度。例如，103450 电池的厚度为 10.5mm（最后的 0.5 可以忽略），宽度为 34mm，长度为 50mm。

图 6-1　18650 电池和 26650 电池

图 6-2　方形电池

（1）电池模组　单体电池的电压、电量、输出功率、输出电流等都很小，往往需要将一定数量的单个电池串联或并联在一起，形成一个电池模组，从而形成一个较为标准的模块，其电能量和电功率都比单个电池高得多。图 6-3 所示为特斯拉 100kW·h 电池包中的一个模组（6.3kW·h 容量），一个电池包需要由大约 16 个这样的模组组成。

由于整个电池的形状、参数、指标、外围（散热、检测等）电路等要求都需要和最终的汽车应用所适配，因此给生产厂商带来了很大的挑战。于是，通过将模组形成最小单位，根据实际的需要进行整体电池的配置，比直接使用单体电池简单很多。而电池模组通常只是单体电池的简单连接，不含有热处理、外壳硬度保护等功能，但一般会含有电池单元自检、均衡、信息及状态通信等功能，从而降低了电池生产厂商的开发难度。

（2）电池包　将若干个电池模组组合在一起，形成有一定电压、功率和能量的电池包，并在形状上满足被使用车辆上的空间、体积、散热、质量、保护、振动等要求。同时，需要满足新能源汽车对能量、安全、散热、通信、电磁兼容等的具体要求，最终应用的电储能产品形式为电池包，如图 6-4 所示。

图 6-3　特斯拉 6.3kW·h 电池模组

图 6-4　电池包

美国电动汽车公司特斯拉生产的 Roadster 型电动超级跑车应用的就是松下公司生产的 18650 型的镍钴铝单体电池，如图 6-5 所示，其中一款车型设计由 621 个单体电池组成一个模组，共 11 个模组，最终一共用了 6831 个单体电池组成了最终的一个电池包。该电池包的质量约为 450kg，能量达到 53kW·h。

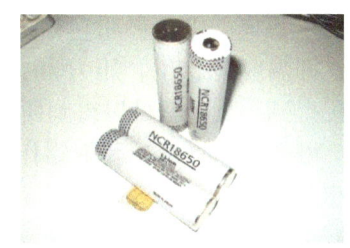

图 6-5 特斯拉 Roadster 超级跑车及其所用 18650 镍钴铝单体电池

而特斯拉量产的 Model S 型电动跑车更是用了 7000 多颗 18650 电池。此外，日产聆风纯电动汽车应用的是日产和日电合资的远景动力自产的紧凑型方形锰酸锂聚合物电池，如图 6-6 所示。

图 6-6 日产聆风纯电动汽车及其所用的锰酸锂聚合物电池

6.1.1 电池种类及电化学原理

早期，人们发现将金属放入某些溶液中，金属会发生氧化作用而释放一部分电子，并形成带正电的离子。如果其中一部分金属离子游离到溶液中，到达另一个电极，并与外界提供的电子（外部电路连接）配对后还原成原有的金属分子，则这个氧化还原反应过程在一段时间内会达到平衡状态，即金属在溶液中分离电子的速度和离子与电子还原成金属的速度相等。如果我们将这个过程拉长，将失去电子的这部分反应和离子得到电子还原成金属的反应，放置到两个有一定距离的、不同的两端，则在装置内会形成一个有一定电势能差的平衡状态，这个电势能差就被称为氧化还原电势。而两个端极形成电势的差别，即原电池的电势能差。

在元素周期表中，金属的活跃程度是不同的。有的金属非常活跃，以至于在空气中只能以离子形态存在（比如锂离子），因此容易被氧化成离子状态；而一些较为惰性的金属就不容易被氧化（比如过渡族重金属），因此它们在溶液中也较难形成离子。所以，能够形成原电池的金属配对也是有限的（包括考虑到反应速度、电势差等因素）。

金属在失去电子后会形成带正电的离子，并游离在溶液中，由于这个溶液可以电解物质，因此被叫作电解液。金属越活跃，就越容易被氧化，在溶液中也就可以电离出更多的离子。失去离子的金属柱本身会氧化出离子和电子，离子会游离到电解液中，电子则通常滞留在金属柱上而使其带有负电荷。

为了测量标准的可比性，科学家们用氢和铂金薄膜在酸溶液中形成的电动势作为基础，将其他元素形成的电动势和它相比得到绝对电势差。这个电势差的值是在标准状态下测量得到的，即温度为25℃，压力为1atm。其他状态下的电势差可以通过公式计算或简单地通过查表法得到，从而就可以得到所有元素的标准电动势。

由图6-7可知，如果选择硫酸铅作为电解质，在阳极，金属铅失去两个电子，和电解质中的硫酸根形成硫酸铅；在阴极，氧化铅得到两个电子，还原成2价铅离子。因此，就可以得到铅酸蓄电池中的阴极（正极）反应公式为

$$PbO_2 + SO_4^{2-} + 4H^+ + 2e^- = PbSO_4 + 2H_2O \quad (6-1)$$

其中，铅金属得到电子从+4价变成+2价，发生了还原反应。

阳极（负极）反应公式为

$$Pb + SO_4^{2-} = PbSO_4 + 2e^- \quad (6-2)$$

其中，铅金属从0价变成+2价，失去两个电子，发生了氧化反应。上面的两个公式，每一个公式只代表反应的一半，通常称为半反应。将两个半反应公式合并，可形成完整的电化学反应公式，通过图6-7中所示的反应电压，就可以得到该铅酸蓄电池的单体电压为：1.6913 – (–0.3588) = 2.0501V。图6-8所示为铅酸蓄电池的充放电示意图。

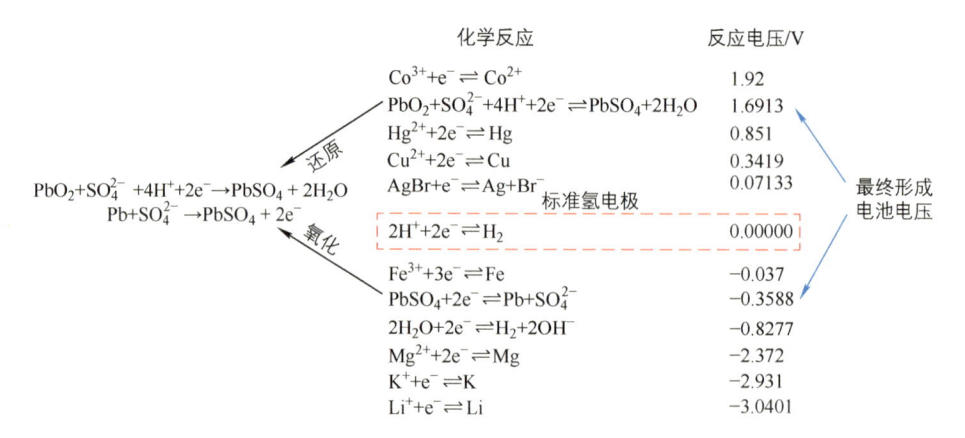

图6-7 不同物质的反应电压

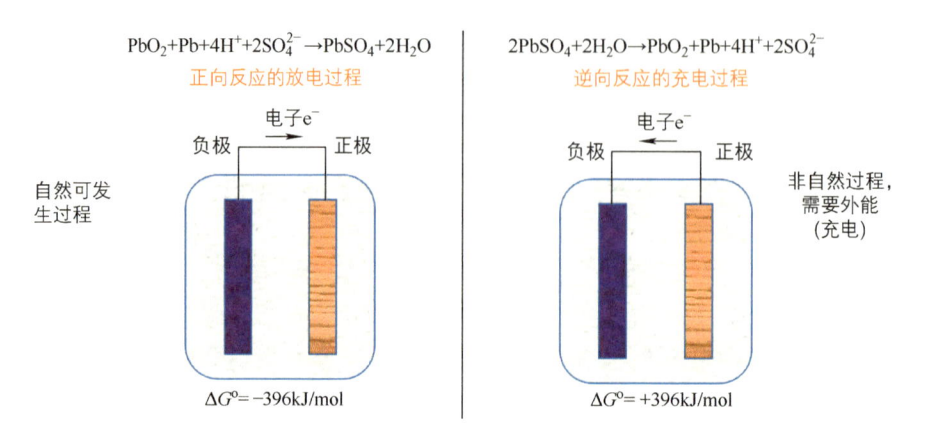

图6-8 铅酸蓄电池的充放电示意图

从图 6-9 可以看出，不同金属在液体中的电解状态是不一样的。较为活跃的金属趋向于失去较多的电子变成离子状态；而较为不活跃的金属则趋向于失去较少的电子变成离子状态，即不同金属的氧化性是不同的。

另外，不同金属原子单位失去电子的多少也是不同的，例如，有的金属通常只失去一个电子而形成 1 价离子状态；而有的金属会失去多个电子，形成多价离子状态。因此，将不同的金属放入同样的液体中，所形成的离子数量和单位离子的价数也不同。图 6-10 所示为不同锂离子金属氧化物的电动势示意图。

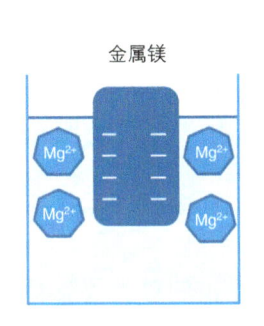

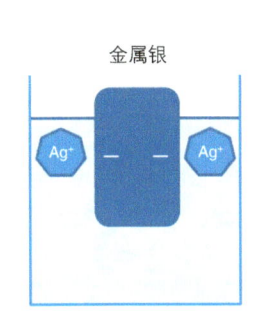

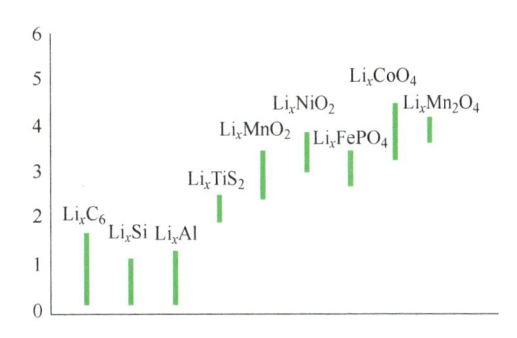

图 6-9　不同金属在液体中的电解状态　　图 6-10　不同锂离子金属氧化物的电动势示意图

从图 6-10 可以看出，氧化钴锂的电压会超过 4V，而目前用得较多的磷酸铁锂的电压在 2.8～3.5V 左右，相比之下，铁锂化合物的活性较差。但是活性较高的化合物，通常其稳定性较差。对于安全要求较为苛刻的情况，选择相对稳定性高的化合物较好（比如载人较多的客车）。而对于环境条件相对较好（相对固定的环境下）的应用（比如叉车），可以选择性能较高但稳定性一般的化合物。实际在选择电池材料时，需要考虑多种因素（能量密度、功率密度、成本、化学稳定性、热失控风险等）。

如果化学反应不将电流连接出来，其反应能量基本会通过热能释放，而不能产生有用功。因此，电源需要将正极材料、负极材料和电解液按一定方式组合在一起，从而形成内部导通离子、外部导通电子的原电池系统。

（1）热力学定律

1）能量守恒定律：能量既不能凭空产生，也不能凭空消失，它只能从一种形式转化为另一种形式，或者从一个物体转移到另一个物体上。在转移和转化的过程中，能量的总量是不变的。根据爱因斯坦提出的质能转换公式 $E = mc^2$（E 是物质的能量，m 是物质的质量，c 是光速），物质可以转化为能量，而能量在某种条件下也应该可以转化为物质。所以在涉及原子能的时候，需要注意这个物质变化成另一种物质的现象，人们通常应用的电化学反应仅涉及化学键的变化，而不涉及原子能的变化。

2）能量流向定律：热量可以自发地从温度高的物体传递到温度低的物体上，但不能自发地从温度低的物体传递到温度高的物体上。一切自然过程总是沿着分子热运动的无序性增大的方向进行。这就说明能量既有数量，还有质量。即能量只能从高质量能量源自发传递到低质量能量源，而反过来就需要外部力量的帮助才能实现。而无序性是基于统计学得到的，是自然界的基本现象，和能量守恒定律一样，这个定律也无法证明，是一种现实存在。

3）绝对零度定律：绝对零度时，所有纯物质的熵值为零（熵用于描述系统的无序程度）。玻尔兹曼熵公式 $S = k_B \times \ln W$，即复合热力学定律（k_B 是玻尔兹曼常数，W 是微观状态数），同样利用了统计学理论。由于绝对零度在现实世界中还无法达到，所以目前还无法用试验的方法证明。

4）热平衡定律：如果两个热力学系统均与第三个热力学系统处于热平衡，那么它们也必定处于热平衡，也就是说热平衡是传递的。这个定律是以上三个定律的基础，但却是后来总结发现的，所以只能称为第零定律。

焓的表达式为 $H = U+pV$，式中 U 是内能，即原子能、化学能、势能和动能的总和。如果不考虑势能和动能，而化学反应不涉及原子能，U 就可以表示为化学能；pV 是系统压强和体积的乘积，是机械能的一种表达方式。由于内能较难测量，因此焓的测量非常困难，所以通常使用热能和外界功的变化之和来间接表达内能，即 $U = Q+W$，式中 Q 是热能，正值代表系统吸收热量，负值代表系统对外界释放热量；W 是系统和外界功的总和，包含对外界做功（失去能量为负值）和外界对系统做功（得到能量为正值）。因此可以得出焓变 $\Delta H = Q+W+pV$。

早在 1855 年，德国物理学家克劳修斯就提出了熵的概念，他认为宇宙的总能量是不变的，但系统总是朝着熵值最大的方向发展。如果熵值代表无序性，那么系统总是向着最大无序的方向发展，直到达到平衡状态，也就是系统最大熵值状态。根据玻尔兹曼方程，系统的熵是一个统计状态参数。而系统的状态在不同温度下和体积及物质数量有关，因此可以通过数学表达式表达。

自然界的反应有吸热和放热两种，但都可以正向发生，因此，仅仅从反应的吸热和放热还无法判断反应的自然方向。而熵本身也无法单独确认反应能够自发进行，所以需要引入另一个概念，即吉布斯自由能

$$G = H - TS = U + pV - TS \tag{6-3}$$

式中　G——吉布斯自由能；

　　　H——焓；

　　　U——内能；

　　　T——温度；

　　　S——熵值；

　　　p——压强；

　　　V——体积。

对于化学反应来讲，主要考虑前后的变化，所以吉布斯自由能的微分形式为

$$dG = dU + d(pV) - d(TS) = Q_p + W + Vdp + pdV - TdS - SdT \tag{6-4}$$

式中　Q_p——等压情况下的反应热；

　　　W——系统和外界功的总和。

对于恒温系统，$dT = 0$；对于恒压系统，$dp = 0$，则上式就变为

$$dG = Q_p + W - TdS + pdV \tag{6-5}$$

对于可逆反应，其熵的定义是

$$Q_{rev} = TdS \tag{6-6}$$

式中　Q_{rev}——可逆反应的热值。

而功可以分成膨胀功和非膨胀功

$$W = W_{nonexp} + W_{exp} \tag{6-7}$$

式中　W_{nonexp}——非膨胀功；
　　　W_{exp}——膨胀功。

同时，对于膨胀功

$$W_{exp} = -pdV \tag{6-8}$$

则式（6-5）变为

$$dG = (Q_p - Q_{rev}) + W_{nonexp} \tag{6-9}$$

通常情况下，可逆热值 Q_{rev} 要大于等压热值 Q_p。理论上，如果 $Q_p = Q_{rev}$，则系统自由能差值就是系统可做的最大非膨胀功，对于电化学反应来讲，就等于释放的最大电化学能

$$dG = W_{nonexp} = -nFE \tag{6-10}$$

式中　E——在 dG 的自由能情况下，理论上系统所能产生的最大电动势；
　　　F——法拉第常数；
　　　n——反应的有效电子转移摩尔数。

于是，nF 代表总电量，则 nFE 就是非膨胀功所能转化的最大电能。实际上，可逆反应在自然界中是不存在的，通常会有一部分能量以热的形式耗散在所处的环境中。因此，E 的实际值也会小于理论值。

电化学反应的吉布斯自由能的物理含义是，在等温等压过程中，除体积变化所做的功以外，从系统所能获得的最大功。换句话说，在等温等压过程中，除体积变化所做的功以外，系统对外界所做的功只能等于或者小于吉布斯自由能的减小量。

吉布斯自由能是一个广延量，单位摩尔物质的吉布斯自由能就是化学势。在等温等压条件下，$\Delta G = 0$ 时系统达到平衡，此时系统的 G 最小。吉布斯自由能示意图如图6-11所示。

在电化学系统中，化学反应的自然方向就是吉布斯自由能减小的方向；而其逆向过程也就是自由能增大的方向（充电方向）。假设在理想的温度、体积和压强的前提条件下（保持不变），自由能的曲线可以使用式（6-3）来解释。

对于物质的焓量，两种不同的物质形成了两个极点，其曲线随着摩尔比例的变化呈线性移动。整体系统的焓值如图6-12所示。对于物质的熵值，两种不同的物质形成了两个极点，如图6-13所示，其曲线随着摩尔比例的变化呈非线性移动。这是由熵

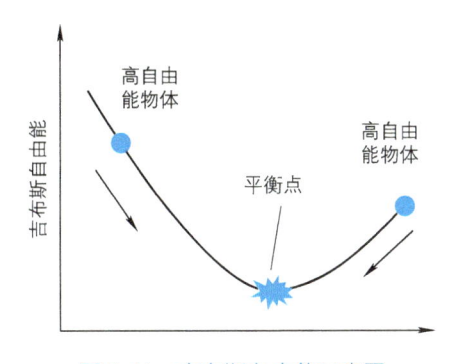

图 6-11　吉布斯自由能示意图

的本质决定的，它代表统计学概率，在中间区域，其状态的统计数量会大于单一物质组成的两极状态，所以会出现中间数量上升的现象。

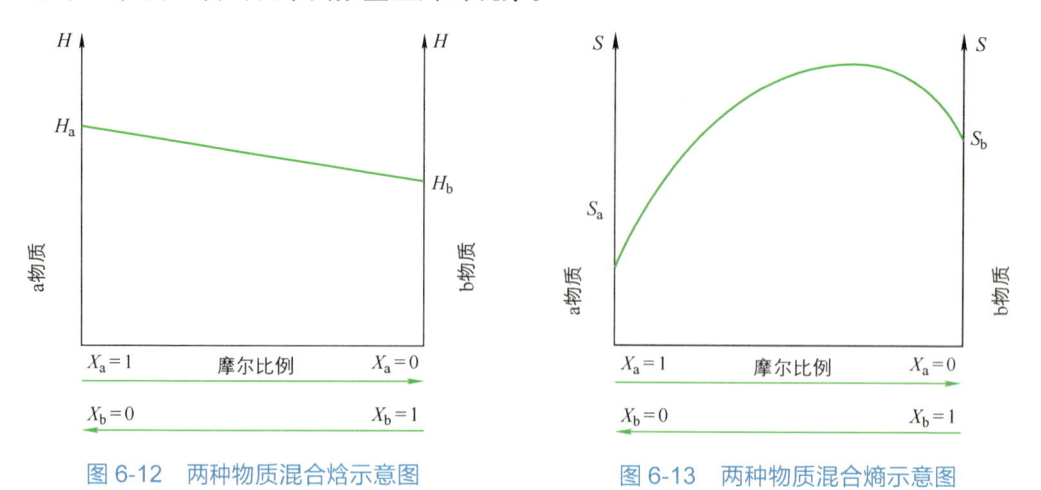

图 6-12　两种物质混合焓示意图　　　图 6-13　两种物质混合熵示意图

自由能是这两条曲线的线性组合，熵的值需要乘以温度 T 并取负值，就会出现吉布斯自由能的函数曲线。对于电池系统来说，阳极和阴极之间存在自由能的变化曲线，由热力学第二定律和吉布斯自由能的定义可知：

如果 $\Delta G = G_{cathode} - G_{anode} < 0$，则系统是自然反应（电池是自然放电过程），并向着最小吉布斯自由能方向发展。

如果 $\Delta G = G_{cathode} - G_{anode} = 0$，则系统是达到最小吉布斯自由能，并保持平衡状态，这时反应向任何一个方向进行都会使自由能变大，因此不能自发进行。

如果 $\Delta G = G_{cathode} - G_{anode} > 0$，则系统是非自然反应，必须在外力的作用下（充电）向着吉布斯自由能增大的方向发展。

在电池中，如果将整体反应在一个地方发生，而不是设法将电流引出，则反应物转化为产物的过程只能产生热，并不能产生所需要的电能。因此，需要在两个电极分别发生各自的反应。为了反应能持续进行，还需要中间的介质。介质一般包含两个部分：一部分介质是外界电路，它将电子在电池的正负极之间联通，从而形成电子的通路；另一部分介质是为反应的离子提供通路，由于电化学反应的介质可以是液体，所以经常叫作电解液。通常电解液由两部分组成：一部分是为系统提供 H^+ 离子的酸性部分；另外一部分是为系统提供 OH^- 离子的碱性部分。离子通路形成内部循环，电子通路形成外部循环，将二者联系在一起，就形成了电池的整体循环。放电过程和充电过程的通路是同一个，只是方向相反。

真实的化学反应和克服摩擦力做功类似。想要推动一个物体，首先要克服它的静摩擦力，静摩擦力往往比动摩擦力要大。因此，为了使做功可以正常进行，在开始推动物体时需要加上一个较大的力。当物体运动起来后，为克服动摩擦力所需的力就会减小。在化学反应中，物质总是向吉布斯自由能最小的方向自然发展，但这个过程非常缓慢，原因是在开始推动物体的时候，系统需要克服一个能量垒，因此也就有了一个启动能量的损失，如图 6-14 所示。

假设一个原子 A 从无限远处向电极靠近，其自由能会随着距离的靠近而减小（受分子间作用力影响）。在到达某一点时，自由能会降到最低，之后如果继续靠近电极，则分子间排斥力作用加大，从而导致自由能上升。对于 A 原子的离子来讲，其自由能走势正好相反，在电极附近的自由能较大，而随着离子偏离电极表面，自由能逐渐变小，如图 6-15 所示。

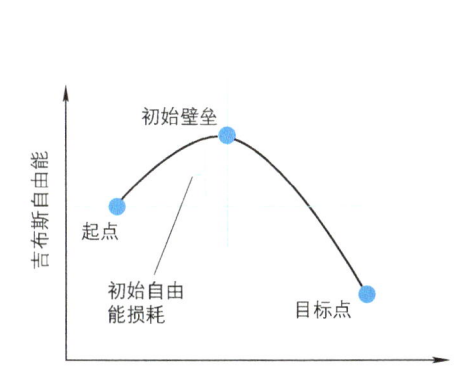

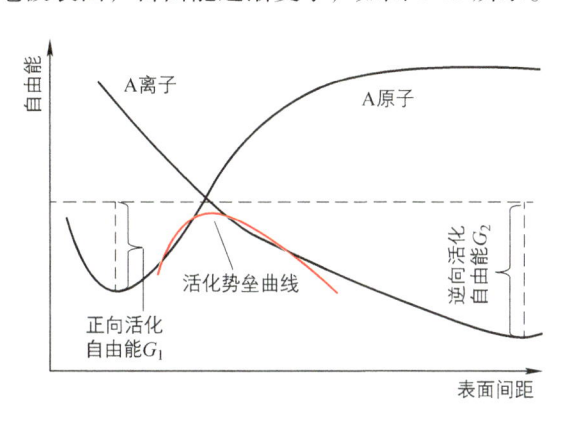

图 6-14 克服初始壁垒的自由能轨迹图

图 6-15 原子/离子自由能及活化能势垒示意图

图 6-15 虚线下面的曲线代表反应从原子态到离子态的最小自由能路径。对于正向反应，需要克服的就是正向活化自由能 G_1，即图 6-14 中的初始壁垒自由能。

（2）阿伦尼乌斯公式　化学动力学中非常经典的阿伦尼乌斯公式是试验化学得到的经验公式，该公式是由瑞典化学家阿伦尼乌斯通过大量实验总结的一个化学反应速率常数随活化能和温度变化关系的经验公式，即

$$k = A\exp\frac{-E_a}{RT} \tag{6-11}$$

式中　k——速率系数；
　　　R——气体常量；
　　　T——系统温度；
　　　E_a——反应的活化能；
　　　A——阿伦尼乌斯常数。

k 值通常需要通过试验测得，不同反应的 k 值是不同的。得到化学反应的速率后，可以反过来推导出化学反应的活化能 E_a。活化能越大，反应速率 k 的温度敏感性也越大，反之则减小。对于吸热反应和放热反应 k 的变化有所不同。从公式（6-11）可以看出，如果想提高反应速率，可以提高反应的环境温度，或降低反应的活化能 E_a，通常降低 E_a 的方法是使用适当的催化剂。反应动力学示意图如图 6-16 所示。

对于分子反应，可以从分子碰撞理论进行分析。分子无时无刻（除了绝对零度）都在做无规则运动，从宏观上观察类似于布朗运动，表现为较大的悬浮在气体或液体中的颗粒所做的无规则运动。温度和压力是其运动特征的表象参数（平均速度、密度和平均压力）。在一个体积内，分子之间会发生无数次

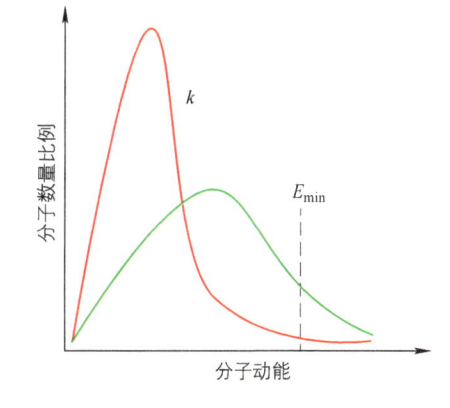

图 6-16 反应动力学示意图

的碰撞，其中一些碰撞会将原有分子的分子间力打破，克服成键阻力而形成新的原子组合。例如，对于 $H_2Te \rightarrow H_2+Te$，首先需要打破氢和碲的氢键，然后需要克服氢离子间的排斥力形成氢气，这两个力形成了活化力。

对于一定浓度的反应物，如果其自由能比其可能反应生成物的自由能高，则这个反应就能自然发生。其反应速度会随着温度和所添加催化剂的变化而改变。

温度可以提高反应物的平均动能，由于是平均动能，所以总存在一些分子的动能大于平均值，这些分子如果发生碰撞，就能够克服以上所描述的活化能势垒，打破原有的化学键并形成新的化学键，即形成新的产物，这些分子被称为活化分子。

由"麦克斯韦-玻尔兹曼方程"可知，整体的分子动量分布概率由3个空间方向的正态分布决定，虽然不同分子的动能分布幅值和延展范围不同，但都遵循指数规律。所以阿伦尼乌斯的经验公式中存在一个以e为底的指数项，表明大于活化能的粒子的概率。这也间接解释了为什么玻尔兹曼方程中存在一个以e为底的对数 ln 算子。

不是所有分子动能超过最低反应能的离子都可以发生有效反应。只有那些符合条件，即实现碰撞的原子才会发生。现代原子碰撞理论表明，除了原始动能外，还需要满足碰撞条件才能发生反应。原子间的碰撞需要符合能量和方向两个特性才能发生。分子速度公式为

$$V = \sqrt{2 \times \frac{8K_B T}{\pi M_a}} \quad (6\text{-}12)$$

式中　K_B——玻尔兹曼常数；
　　　M_a——a 气体的质量；
　　　T——温度。

在体积中的碰撞频率可以计算为

$$f_c = V\rho N\pi d^2 = 4\rho N d^2 \sqrt{\frac{k_B T\pi}{M_a}} \quad (6\text{-}13)$$

式中　N——阿伏伽德罗常数；
　　　k_B——玻尔兹曼常数；
　　　d——分子直径。

总体碰撞频率就可以计算出

$$f_{总} = 0.5 f_c \rho N = 2\rho^2 N^2 d^2 \sqrt{\frac{k_B T\pi}{M_a}} \quad (6\text{-}14)$$

已知 $d\rho/dt = -k\rho^r$（r 为反应阶数，k 为反应速率）。
则对二阶反应有

$$2\rho^2 N^2 d^2 \sqrt{\frac{k_B T\pi}{M_a}} = -k\rho^2 \quad (6\text{-}15)$$

$$k = 2N^2 d^2 \sqrt{\frac{k_B T\pi}{M_a}} \quad (6\text{-}16)$$

但是，并不是所有碰撞都有效，只有那些大于最小能量 E_{min} 的分子碰撞才有效，因此 E_{min} 就被定义为 E_a，即活化能。

第二个影响因数是空间（碰撞）因数 P

$$k = P2N^2d^2\sqrt{\frac{k_BT\pi}{M_a}} \tag{6-17}$$

阿伦尼乌斯方程——$k = A\exp\left(\frac{-E_a}{R_T}\right)$中的 A 就代表空间因数修正的碰撞，使用 $\exp\left(\frac{-E_a}{R_T}\right)$ 能量修正后，k 就是有效碰撞的频率。这是由统计学得出的化学反应概率方程。

除了碰撞理论外，还有过渡状态理论：建立一个中间的过渡状态，反应的速率和过渡状态有关，与成键的振动频率有关。对于不同的相态物质，碰撞理论适用于气体态，过渡状态理论适用于多个状态（气、液、固）。

(3) 氧化反原反应　将金属放入水中，会有一部分失去电子的金属离子游离出来，其中一部分离子获得电子，将重新形成固态金属。在失去电子和获得电子的过程达到平衡时，形成的金属本身（由于失去离子）会带有一定量的负电荷，即产生一定的电势能。由于不同金属的电负性不同，其产生的电势能也不同。例如，将金属镁（Mg）和铜（Cu）都放入相同的水中，元素周期表中镁在第 12 位，铜在第 29 位，镁的活性比铜要强得多。因此，镁金属在水中会释放出比铜金属更多的离子，而本身的金属柱就带有更多的负电荷，从而形成更高的电势能。

$$E^0 : \frac{Mg}{Mg^{2+}} = -2.356V \tag{6-18}$$

$$E^0 : \frac{Cu}{Cu^{2+}} = +0.34V \tag{6-19}$$

以常见的锌汞电池为例，该电池以锌为负极（阳极），以氧化汞为正极（阴极），以氢氧化钾溶液为电解液，也被称为汞电池。由于锌汞电池有很高的电荷体积密度和稳定的电压，因此在民用电子器具上得到广泛应用，市场上的纽扣电池大多就是锌汞电池。

需要注意的是，电池的阳极又是负极，而阴极是正极。因为对电池来讲，对外电路的电流和内部电流是相反的，所以对外叫负极，而对内是阳极；对外是正极，而对内是阴极。

阳极（负极）：$E_{Zn} = -0.76V$　　$Zn = Zn^{2+} + 2e^-$

阴极（正极）：$E_{AgO} = +0.57V$　　$AgO + H_2O = Ag + 2OH^- - 2e^-$

则单个锌汞电池的电压就是：$E_{AgO} - E_{Zn} = +1.33V$

1889 年，德国著名的物理化学家能斯特提出了著名的能斯特公式，即

$$E_e = E^0 - \frac{RT}{nF} \times \ln Q \tag{6-20}$$

式中　n——传递的电子数量；

Q——反应量，代表产品的氧化和中和的密度比值；

R——气体常数（8.31441J/K·mol）；

T——系统温度（K）；

F——法拉第常数（96500C/mol）；

E_0——标准状态电动势（V）。

在氧化还原的过程中，化学反应率可以用氧化产生的电流 I_o 和还原产生的电流 I_r 来表示：

$$I_o = nFAK_oC_o \qquad (6\text{-}21)$$

$$I_r = nFAK_rC_r \qquad (6\text{-}22)$$

式中　n——电子传递的数量；

　　　F——法拉第常数（96500C/mol）；

　　　A——电极的表面面积；

C_o、C_r——氧化集中度和、还原集中度；

K_o、K_r——氧化、还原率常数。

当电池系统达到平衡时，总体的电流为零，即 $I_o = I_r$（它们的方向是相反的）。

$$C_oK_o\exp\left(\frac{-anFE_e}{RT}\right) = C_rK_r\exp\left[\frac{(1-a)nFE_e}{RT}\right] \qquad (6\text{-}23)$$

$$E_e = \frac{RT}{nF}\times\ln\left(\frac{K_o}{K_r}\right) - \frac{RT}{nF}\times\ln\left(\frac{C_o}{C_r}\right) \qquad (6\text{-}24)$$

如果定义 $\dfrac{RT}{nF}\times\ln\left(\dfrac{K_o}{K_r}\right) = E^0$，则可以得到能斯特公式

$$E_e = E^0 - \frac{RT}{nF}\times\ln\left(\frac{C_o}{C_r}\right) \qquad (6\text{-}25)$$

由能斯特公式可以看出，R、F 是常数，在同一温度下 T 的值相同，n 取决于材料，并且电池系统正负极在不同的充电状态下，氧化集中度和还原集中度不同，因此其最终正负极电压差值也不同。对于伏安特性而言，不同电源的特性曲线都应该按照能斯特特性形成相类似的自然对数曲线。在工程实践中，这些曲线却十分不同，主要原因是对电池的电极、电解液等物质按照一定的空间分布形成的一种特性构造，尽量使得电源在曲线的中间部分平缓（这样可以得到较为理想的输出电压信号，有利于电力电子的实际应用）。但由于不同化成、结构、成本等问题，实际的电源电压和能量曲线并不一定为理想状态，这就需要电子外围部件进行修正（电压转换等），才可以实现工程应用。不同单体电池电压和 SOC 的关系如图 6-17 所示。

对于电池而言，阳极发生氧化（失去电子）反应，阴极发生还原（得到电子）反应，这是电池的自然放电过程。而阳极发生还原（得到电子）反应、阴极发生氧化（失去电子）反应是逆向过程，也就是电池的充电过程。

对于常见的镍氢电池，其充放电过程包含两种化合物的氧化还原过程。

1）放电过程：

阳极：MH + OH⁻ = M + H₂O + e⁻，金属失去电子并释放出水。
阴极：NiOOH + H₂O + e⁻ = Ni(OH)₂ + OH⁻，羟基氧化镍得到电子形成氢氧化镍。

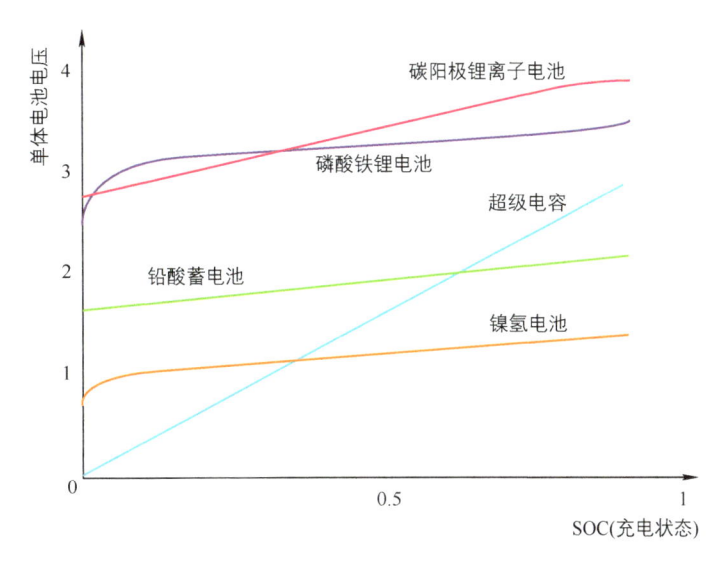

图 6-17 不同单体电池电压和 SOC 的关系

2）充电过程：
阳极：M + H₂O + e⁻ = MH + OH⁻，金属得到电子形成氢化物。
阴极：Ni(OH)₂ + OH⁻ = NiOOH + H₂O + e⁻，氢氧化镍失去电子，形成羟基氧化镍。
对于锂离子电池，其充放电过程也是类似的氧化和还原过程。
1）放电过程：
阳极：LiC₆ = xLi⁺ − Li$_{1-x}$C₆ + xe⁻，锂离子化合物氧化，释放出锂离子和电子。
阴极：Li$_{1-y}$MO₂ + xLi⁺ + xe⁻ = Li$_{1-y+x}$MO₂，锂离子还原得到电子，形成锂离子化合物。
2）充电过程：
阳极：xLi⁺ − Li$_{1-x}$C₆ + xe⁻ = LiC₆，锂离子和电子还原，形成锂离子化合物。
阴极：Li$_{1-y+x}$MO₂ = Li$_{1-y}$MO₂ + xLi⁺ + xe⁻，锂离子化合物氧化，形成锂离子和电子。
对于铅酸蓄电池和镍镉电池，其充放电过程也是类似的氧化和还原过程。

（4）电解质的平衡　电解质是电池或电解电容的介质，为这些器件的正常工作提供离子，并保证工作中发生的化学反应是可逆的，它可以是溶解在液体中的液态物质，也可以是附着在固体上的固态物质。电解质的平衡是非常重要的，每一种电解质都有一个工作电压范围，超过电压值上限时，电解质就会被氧化，低于电压值下限时，由解质就会被还原。因此，电池的电极必须工作在一定的电压操作空间，才能保证电解质的正常运作。

1）电源平衡状态：电池由阳极（负极）、阴极（正极）、中间的离子导体电解液和隔断电子的隔膜组成。电子通过集电极和外接电路从负极流向正极，形成原电池组。每个电极（半电池）都有氧化还原平衡特性，在标准状态下会显现标准势能。电池的阳极和阴极的平衡势能通常不同，配对后形成全电池组，其总体电势差由两个半电池电势差和决定。电解质非常关键，它可以让离子通过形成内部电流。电解质的工作电压有一定范围，电极需要在其工作范围内工作。

2）电源非平衡状态：非平衡状态电源是指电池在电流负载下的特性，电池在非平衡状态下的特性包括平衡特性、内阻特性 IR 和极性特性（离子扩散特性）。

（5）功率型电极和能量型电极　设计不同应用的电源时，应着重考虑其极化特性，以便更有效地优化电源设计。

图 6-18、图 6-19 分别展示了功率型电极和能量型电极，图中的箭头为离子流动方向，x 代表电极的厚度。可以看出，功率型和能量型电极的设计理念、方向都非常不同，原因是它们所面向的对象和需求以及工作要求不同。

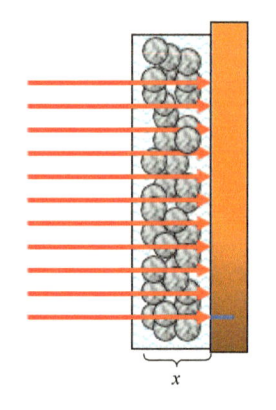

图 6-18　功率型电极示意图

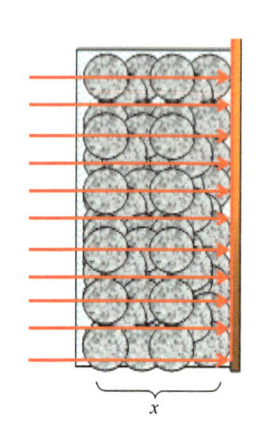

图 6-19　能量型电极示意图

1）功率型电极设计（希望系统瞬间能提供大量的能量）：

① 设计倾向于输出比功率（W/kg），各种电池的功率密度特性如图 6-20 所示。

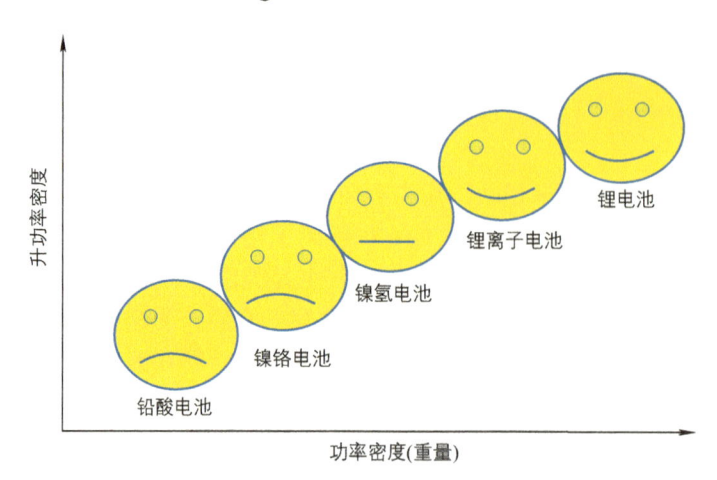

图 6-20　各种电池的功率密度特性

② 单个颗粒较小，带电量也较小。

③ 电极更薄，整体面积更大（瞬间电量大）。

④ 集电极更厚（最小内阻 R）。

⑤ 扩散距离更小。

2）能量型设计（希望系统能持续提供所需的能量）：
① 设计倾向于质量能量密度（W·h/kg）。
② 单个颗粒更大，带电量也更大。
③ 电极更厚，整体面积较小（续流时间长）。
④ 集电极更薄（更多的载流颗粒）。
⑤ 扩散距离更长。

（6）锂元素　锂是元素周期表中原子质量最小的金属元素。其原子序数为3，分子量为6.9，由3个电子形成1S2和2S1轨域，这就决定了其最外层电子的较大活性。锂在地壳中约有0.0065%的储量，居所有元素的第27位，因此并不能称为稀有元素。在元素周期表中，锂的电极电势很低（负值）。因此锂被称为电化学系列中最具活性的金属元素，其化学稳定性很差。锂的电荷密度大，拥有双电子层（1S和2S），容易极化其他分子或离子。

如果以锂金属为电极，利用金属的氧化还原反应就可以形成锂电池。锂金属的还原电压非常高，可达到 –3.04V，如图6-21所示，其能得到电池的能量密度也会非常大。但是，由于锂金属十分活跃，很难形成纯金属的稳固态电极。另外，锂金属形成中的结晶过程也非常难以控制。早期的锂金属电池，还原过程中金属会形成枝晶。如果这个形成过程失控，将会出现金属还原物将电解液隔膜刺穿，造成正负极内部短接。因此，以金属为电极的、基于氧化还原反应的锂电池无法量产。目前的锂离子电池通常把锂离子嵌到固态多孔性寄主物质中（比如石墨）来实现。其发生的氧化还原反应并不是锂金属，而是其他物质（比如铁金属离子），但本质上也是氧化还原反应。

化学反应	反应电压/V
$Co^{3+} + e^- \rightleftharpoons Co^{2+}$	1.92
$PbO_2 + SO_4^{2-} + 4H^+ + 2e^- \rightleftharpoons PbSO_4 + 2H_2O$	1.6913
$Hg^{2+} + 2e^- \rightleftharpoons Hg$	0.851
$Cu^{2+} + 2e^- \rightleftharpoons Cu$	0.3419
$AgBr + e^- \rightleftharpoons Ag + Br^-$	0.07133
$2H^+ + 2e^- \rightleftharpoons H_2$	0.00000
$Fe^{3+} + 3e^- \rightleftharpoons Fe$	−0.037
$PbSO_4 + 2e^- \rightleftharpoons Pb + SO_4^{2-}$	−0.3588
$2H_2O + 2e^- \rightleftharpoons H_2 + 2OH^-$	−0.8277
$Mg^{2+} + 2e^- \rightleftharpoons Mg$	−2.372
$K^+ + e^- \rightleftharpoons K$	−2.931
$Li^+ + e^- \rightleftharpoons Li$	−3.0401

图6-21　各种物质的氧化还原电压

目前市场上大量使用的锂离子电池，是利用锂离子由阳极经过电解液和隔膜到达阴极以实现内部电流流动，配合外电路的电子回路形成完整的原电池。图6-22展示了几款市场上比较流行的锂离子电池的化学成分，其正极可以使用镍钴氧化物、锰氧化物、磷酸铁等材料，而负极材料可以使用石墨、无定形碳、钛合金等。

$$\begin{array}{ll}
1.35\text{V} & \text{NiOOH} + \text{H}_2\text{O} + e^- = \text{Ni(OH)}_2 + \text{OH}^- \\
1\text{V} & \text{Li}_{0.5}\text{Mn}_2\text{O}_4 + 0.5\text{Li}^+ + 0.5e^- = \text{LiMn}_2\text{O}_4 \\
0.4\text{V} & \text{FePO}_4 + \text{Li}^+ + e^- = \text{LiFePO}_4 \\
0\text{V} & \text{H}^+ + e^- = 0.5\text{H}_2 \\
-1.6\text{V} & \text{Li}_4\text{Ti}_5\text{O}_{12} + 3\text{Li}^+ + 3e^- = \text{Li}_7\text{Ti}_5\text{O}_{12} \\
-2.9\text{V} & \text{C}_6 + \text{Li}^+ + e^- = \text{LiC}_6 \\
-3\text{V} & \text{Li}^+ + e^- = \text{Li}
\end{array}$$

镍氢电池（松下）：1.35V、1V、0.4V、0V

锰酸锂电池（丰田日立）：全部

磷酸铁锂电池（A123）：0.4V～-1.6V

钛酸锂电池（东芝）：0.4V～-1.6V

图 6-22　几种不同的锂离子电池的化学成分

下面以磷酸铁锂为例说明。锂离子电池具体的充放电过程

$$\text{LiFePO}_4 + 6\text{C} = \text{Li}(1-x)\text{FePO}_4 + \text{Li}(x)\text{C}_6 \qquad (6\text{-}26)$$

碳原子和锂离子结合形成碳化锂的非稳态物质，相当于碳被还原。磷酸铁化合物失去部分锂离子（多个磷酸铁共用少量锂离子），相当于被氧化。

锂离子电池放电过程如图 6-23 所示，阳极存在大量利用充电充盈的锂离子和电子，它们镶嵌在多孔基材中（比如石墨），和阴极形成较大的浓度差。当外电路没有接通时，无法形成回路而保持在稳定电压状态（这个电压就是开路电压 V_{oc}）。一旦外电路接通，电子就会经外电路流向正极，而锂离子会通过电解液和隔膜流向正极，阳极就发生了氧化反应。正负电荷在阴极汇合，发生还原反应，注意这时的锂还是以离子状态存在，发生还原反应的是 C 和 FePO_4。

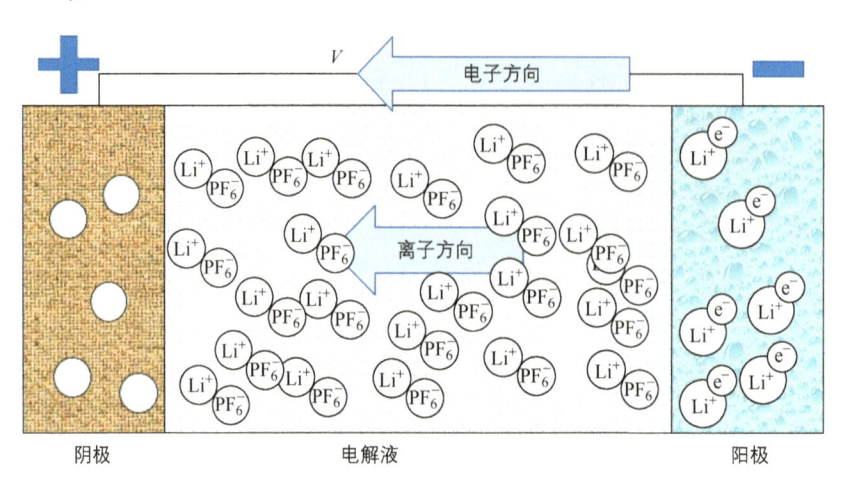

图 6-23　锂离子电池放电过程示意图

锂离子电池的充电过程和放电过程正好相反，如图 6-24 所示。阳极的锂离子数量应该较少，形成较多的空穴可以接受外部游离来的锂离子。如果这时候阳极的锂离子数量较多，会出现没有储存位置而无法充电的结果（充满电的状态）。这时候，如果在阳极施加正电压，形成了外电路，电子就会向正电压方向移动，而阴极的锂离子会通过电解液和隔膜移动到阳极（其传递动力是浓度差和离子间力的作用）。相当于阴极发生了氧化反应，而阳极发生了还原反应 C 和 $FePO_4$ 发生了氧化还原反应。

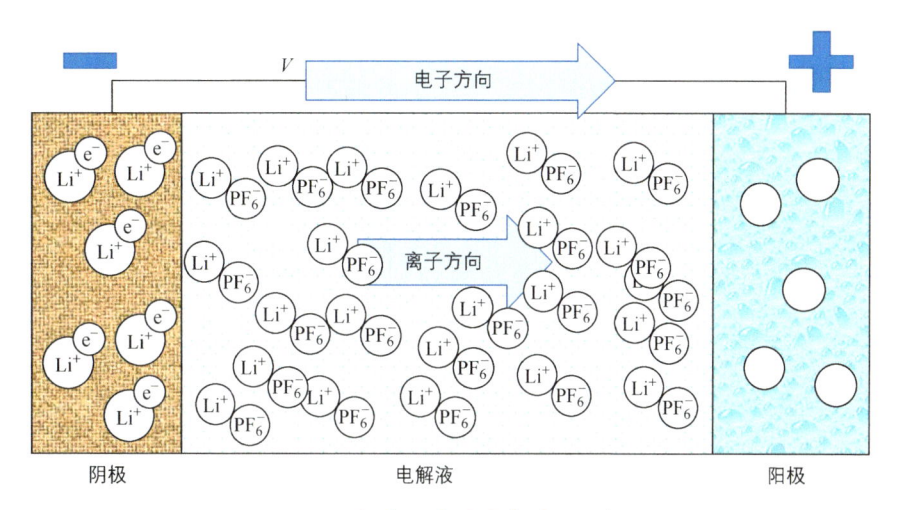

图 6-24　锂离子电池充电过程示意图

6.1.2　电池的性能要求

在电池的评价体系中，寿命是一个非常重要的指标。对于不同的电池使用环境，其寿命的指标体现也会有所不同。例如，对于循环周期的总能量输出（或输入和输出）有要求的场合，其循环周期指标可以作为参考值。而对于汽车应用，可将整车的使用寿命作为参考。

1）循环周期：全生命周期的总体能量吞吐量，单位为 MW·h。
2）时间周期：总体使用年限，单位为年。

在循环周期中，机械作用力是造成电池寿命下降的重要原因。由于离子的嵌入和失去，造成活性物质容积变化，从而产生机械形变，经过一段时间，将形成不可逆的衰减。鉴于此，可以通过两个指标来分析：

1）应用深度（ΔSOC）：由平均应用的 SOC 变化深度决定。
2）使用频率：单位时间内的使用次数。

（1）电池的损耗　对于阳极的活性物质（反应物）而言，在充电过程中，其体积会膨胀；而在放电过程中，其体积会缩小。在一定的温度、湿度和压力下，这种机械膨胀和收缩会造成部分物质分离，从而形成电绝缘现象。电绝缘现象是指，对于低使用频率或高应用深度的应用场景，活性物质会产生较大颗粒的崩塌，沿晶格形成较大的裂缝，甚至导致部分物质脱落。对于高使用频率或低应用深度的使用情况，活性物质会在表面形成较大面积的细小颗粒脱离，从而形成局部电绝缘现象。

镍氢蓄电池（NiMH）的阳极会出现约20%的容积膨胀，锂离子电极会出现5%～10%的容积膨胀。而 NiMH 电池的记忆特性和其形体的变化息息相关。当然，对于所有电池活性物质而言，超出其弹性形变边界都会从本质上影响其寿命周期。

针对低频率周期性机械作用力下的失效现象，德国科学家 August Wöhler 对法国一辆列车进行研究，提出了 S-N 曲线原理。S 代表周期性的机械应力作用，N 代表施加的次数。图 6-25 表示了被测量参数的失效曲线，这也是一个在一定条件下试验的等效曲线。图 6-26 所示为根据 S-N 曲线画出的动力电池疲劳曲线。

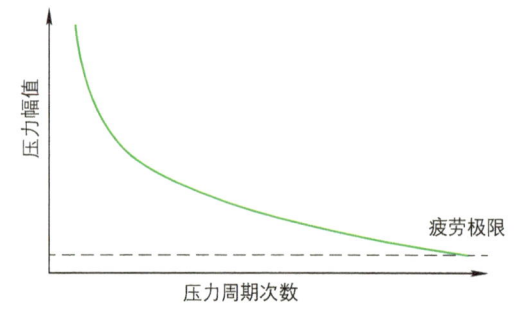

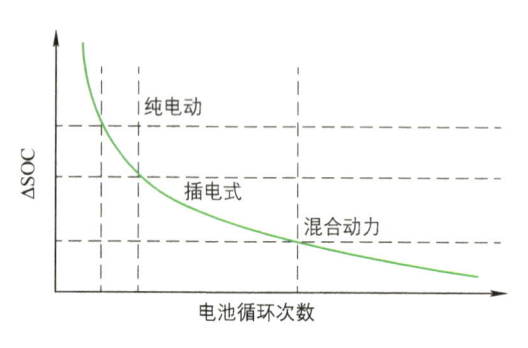

图 6-25　Wöhler 疲劳曲线 S-N

图 6-26　根据 S-N 曲线画出的动力电池疲劳曲线

对于纯电动汽车而言，通常是 SOC 变化较大（充好电后，行驶到快没电了再进行充电），但频率较低（一天甚至几天一次循环）。因此其电源需求在曲线的靠左侧。

对于混合动力电动汽车而言，通常是 SOC 变化较小（可以实现随时的充放电），但频率很高（一次循环可以发生多次充放电循环）。因此其电源要求在曲线的靠右侧。

对于插电式混合动力电动汽车而言，其需求在纯电动汽车和混合动力电动汽车之间，既要有一定的 SOC 变化（纯电动模式），又需要承受较高的使用频率（混合动力模式），因此其电源要求在前两种之间。

（2）钝化膜的形成　钝化膜即固体电解质界面膜，固体电解质界面（Solid Electrolyte Interface，SEI）膜会在阳极逐步形成（从开始阶段到最终衰老），不仅会消耗锂离子，还会同时产生气体。SEI 膜会产生一定的保护，但随其持续增长，由于锂离子的消耗，将产生活性缺失。钝化膜的形成和构成示意图如图 6-27 所示。另外，由于 SEI 膜对于锂离子的扩散起到阻碍作用，因此也会产生功率损失。

图 6-27　钝化膜的形成和构成示意图

（3）电池安全　电池与外界能量交互时，对外界的任何情况，都需要有适当的控制方法。需要避免以下状况发生：过充电、过放电、过电流、过温度（过冷、过热）、短路（极端过电流）等。通常有效的方法是气压释放、热管理和安全管理。安全管理的主要功能是对电池压力和温度的管理。下面主要介绍过电流、过温度和热失控以及短路现象。

1）过电流现象：电流推动锂离子过快超过碳阳极能够接受的能力极限，锂金属表现为析出团聚并可能产生枝晶，阳极表面出现析出团聚，如图6-28所示。这种过充电现象通常发生在低温状态（电池内阻比较小）。

2）过温度和热失控现象：物质在一定的温度下会产生热析出现象，这是电池设计时需要避免的极端现象。图6-29所示为不同物质在不同温度降解下的热析出曲线。

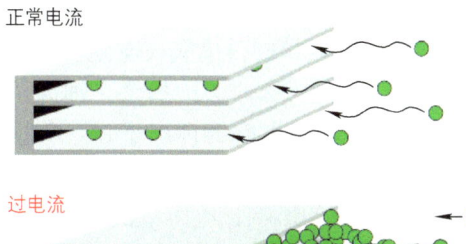

图 6-28　电极过电流示意图

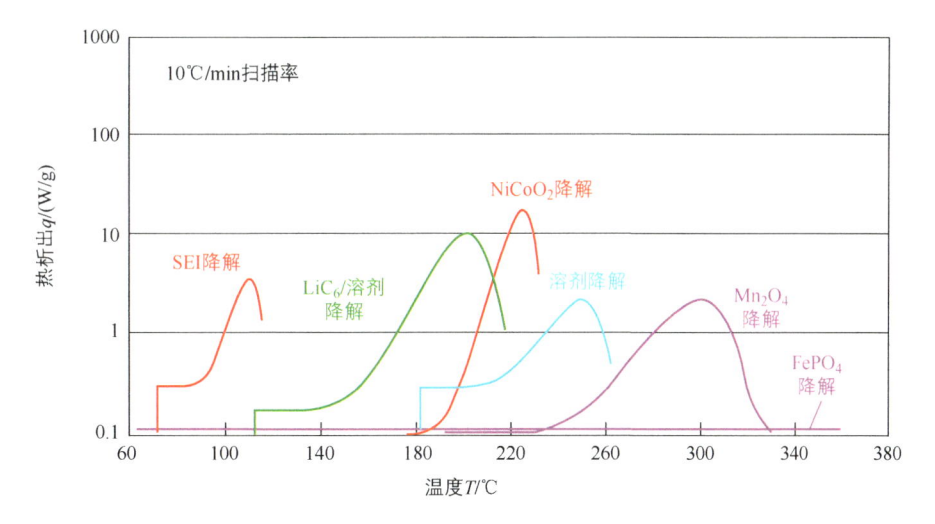

图 6-29　不同物质在不同温度降解下的热析出曲线

3）短路现象：外部短路可以采取被动方式预防（熔断器，内部短路机制）：
① 柔性短路通常为良性，仅仅表现为加速的自放电。
② 硬性短路常常伴随发热甚至热失效，需要特别预防。

内部短路产生的原因主要包括生产不一致性、外力变形、隔膜融化等。其严重性取决于材料导电性和接触面积等因素，通常横膈膜溶解将会产生大面积的内部短路。采用陶瓷材料涂层的隔膜是目前较为有效的方法，它不但可以保持物理强度，还可以保持较高的热强度。

下面对电池安全要求进行总结：
① 锂离子电池的安全特性由其材料、工艺、使用环境、使用方法等决定，有效的安全

控制手段和方法是决定成品电池质量的重要因素。

② 过充电、过放电、过电流和过温度等失效模式可以通过鲁棒性控制系统来预防、控制或减轻。

③ 电芯必须配置有效的通风设计保护，必须在系统设计时考虑电芯之间或电芯与其环境之间产生的热失效。

④ 设计方案和材料选取在电池安全方面至关重要。

<u>（4）锂离子电池的影响因素</u>　锂离子电池实质上是一种锂离子浓差电池，锂离子电池的充放电过程可以理解为锂离子在正负极的嵌入、脱出的过程。影响锂离子电池的因素主要包括：

1）电解液的影响：电解液的电导率不能太低，否则在大负载情况下，会发生极化现象（极化阻抗增加）。锂离子电池用电解液的电导率一般为 0.01~0.1S/cm，是水溶液的 1%。在大电流放电时，电解液中无法快速补充 Li^+，极化现象就会发生。

2）正负极材料的影响：如果正负极材料颗粒大，则锂离子扩散密度及扩散速率将会减小，不利于大倍率放电。另外，导电剂的含量是影响高倍率放电性能的重要因素。如果正极配方中的导电剂含量不足，在大电流放电情况下，电子不能及时地转移，导致极化内阻迅速增大，则会使电池电压很快降到放电截止电压。

3）极片设计的影响：如果极片较厚，则锂离子扩散将受阻，在极片厚度方向会产生很大的锂离子浓度梯度。

4）极片密度的影响：如果极片密度较大，孔隙会变得较小，将导致极片厚度方向锂离子运动的路径更长。同时，材料与电解液之间接触面积将减小，从而造成电极反应场所减少及电池内阻增大。

5）SEI 膜形成的影响：SEI 膜的形成会增加电极和电解液界面的电阻，从而造成电压滞后即极化。

<u>（5）电池控制的原理基础</u>　电池的标准电动势是由参加反应的物质和产物物质的化学键能之差决定的（吉布斯自由能差）。一旦材料选定，理论电压就确定。同时，一旦具体电池构造完成，其实际开路电压特性在一定的工况下也就确定。通过一些较为标准的测试，就可以知道该电池在某些条件下的电压和电流特性曲线，从而给电池控制提供了基础条件。电池阳极、阴极不同材料的特性见表 6-1。

表 6-1　电池阳极、阴极不同材料的特性

	材料	摩尔质量	标准还原电位（25°C）	密度/（g/cm³）	价位变化
	H₂	2.01	0	—	2
	Li	6.94	−3.01	0.54	1
	Na	23	−2.71	0.97	1
	Mg	24.3	−2.38	1.74	2
阳极材料	Al	26.9	−1.66	2.69	3
	Ca	40.1	−2.84	1.54	2
	Fe	55.8	−0.44	7.85	2
	Zn	65.4	−0.76	7.14	2
	Cd	112.4	−0.4	8.65	2
	Pb	207.2	−0.13	11.34	2

（续）

材料		摩尔质量	标准还原电位（25℃）	密度/（g/cm³）	价位变化
阴极材料	O₂	32	1.23	—	4
	Cl₂	71	1.36	—	2
	SO₂	64	—	—	1
	MnO₂	86.9	1.28	5	1
	NiOOH	91.7	0.49	7.4	1
	CuCl	99	0.14	3.5	1
	FeS₂	119.9	—	—	4
	AgO	123.8	0.57	7.4	2
	Br₂	159.8	1.07	—	2
	HgO	216.6	0.1	11.1	2
	Ag₂O	231.7	0.35	7.1	2
	PbO₂	239.2	1.69	9.4	2

电池的理论储能值也可以根据电池内部活性物质的多少来确定。根据电化学反应方程式，一定当量的反应物就可以产生相对当量的产物并释放出一定的能量。通过计算和测量可以得到能够释放的电量 Q，电源的输出通常是以电流来计算的，所以将 Q 除以时间（h），就可以得到标准表达值"安时数"。例如，理论上 $ZnCl_2$ 电池的理论安时数是 0.394A·h/g。

$$Zn + Cl_2 = ZnCl_2 \quad (6-27)$$

Zn 的安时数是 1.22g/A·h，Cl_2 的安时数是 1.32g/A·h，总体反应就得到 2.54g/A·h，取反就得到 0.394A·h/g。在设计电池时，根据需要将定量的反应物配置在电池内，就可以知道此电池的理论容量。

安时数的量值仅仅考虑了电量的部分。而在实际使用中，通常会关注电能，将安时数乘以电池所能产生的电压，就可以得到电池所能输出的电能，如果以单位重量活性物质来计算，就可以得到比能

$$E = V \times Q \quad (6-28)$$

例如，上文介绍的 $ZnCl_2$ 反应，其安时数是 0.394A·h/g，其电压为 2.12V，其反映的比能值就是 0.394A·h/g × 2.12V = 0.835W·h/g。不同电池的特性见表 6-2。

表 6-2 不同电池的特性列表

电池种类	阳极	阴极	反应公式	电压	A·h/kg
Leclanche	Zn	MnO₂	Zn+2MnO₂ = ZnO+Mn₂O₃	1.6	224
Magnesium	Mg	MnO₂	Mg+2MnO₂+H₂O = Mn₂O₃+Mg(OH)₂	2.8	271
Alkaline MnO₂	Zn	MnO₂	Zn+2MnO₂ = ZnO+Mn₂O₃	1.5	224
Mercury	Zn	HgO	Zn+HgO = ZnO+Hg	1.34	190
Meread	Cd	HgO	Cd+HgO+H₂O = Cd(OH)₂+Hg	0.91	163
Silver Oxide	Zn	Ag₂O	Zn+Ag₂O+H₂O = Zn(OH)₂+2Ag	1.6	180
Zinc/Air	Zn	Air	2Zn+1/2O₂ = 2ZnO	1.65	685
Li/SOCl₂	Li	SOCl₂	4Li+2SOCl₂ = 4LiCl+S+SO₂	3.65	403
Li/SO₂	Li	SO₂	2Li+2SO₂ = Li₂S₂O₄	3.1	379

（续）

电池种类	阳极	阴极	反应公式	电压	A·h/kg
LiMnO$_2$	Li	MnO$_2$	Li+MnO$_2$ = LiMnO$_2$	3.5	286
Li/FeS$_2$	Li	FeS$_2$	4Li+FeS$_2$ = 2Li$_2$S+Fe	1.8	726
Li/(CF)n	Li	(CF)n	nLi+(CF)$n = n$LiF+nC	3.1	706

对于电池应用而言，由于整体质量和体积都有实际要求。因此，除了质量密度外，还会根据实际电池的体积来计算出电能的体积密度，即升功率值等。另外，将电能除以使用的时间，就可以得到单位时间内电池所能释放的电能，即电功率 $P = E/T$。

电池电能的释放（或充电）时间可大可小，如果时间过长，单位时间所做的功就会限制到很小的值，无法发挥出电池的作用；而如果时间过短，单位时间内所做的功非常大，对电池本体会产生较大的损伤，使得电池的寿命减少，因此需要平衡电池的使用功率和使用寿命。

由于不同电池的储能大小不同，为了统一比较标准，将所有电能在一个小时内全部释放所需的平均电流值标记为1C值。例如，某电池从充满状态以30A/h进行放电，1h后电能全部放完，这个电池的1C就是30A。以此作为基准，就可以对不同大小的电池进行比较。如果某电池的放电能力为2C，充电能力为1C，表示以2C的值进行电能释放和以1C的值进行充电，可以把它们理解为电源的安全充放电限制值，即在该操作范围内，电池标称的使用寿命可以得到保障。

6.1.3 电池管理系统

电池的控制基础是根据电池的一些参数，估算出电池的状态。电池状态预估包含以下内容：

1）荷电状态（State of Charge，SOC）：电池剩余容量与其完全充电状态的容量的比值。

2）健康状态（State of Health，SOH）：电池状态及继续工作的能力。

3）功率能力（State of Power，SOP）：电池的现有功率状态。

4）能量能力（State of Energy，SOE）：电池的现有能量状态。

同时，还需要测量或估算出电池的以下指标：

1）最大电能：在没有放电条件下，电池所能释放的全部电能。

2）最佳混动燃油经济性：以燃烧燃油来进行充电的绝对必要条件（成本比较）。

3）电池最大寿命：保持设计条件内，电池能量充放大小和频率。

4）可预测、可重复的驾驶特征：持续满足客户对驾驶性能的期待。

（1）电池荷电状态（SOC）信号　此信号是一个无量纲的比例值，表明目前电池的荷电状态，即电池中相对于满载的所剩电量比。例如，100%表示电池完全充满的状态，0%表示电池电能全部释放的状态。对于不同的电池，计算SOC的方法较多，且有所不同。当电池的电压随SOC的变化形成较大的斜率曲线时，使用电压估算的方法比较准确；如果电压在某段特性曲线上随SOC的变化形成较小或基本不变的曲线斜率时，使用电流积分法（即通过测量已经使用的电量值和原有已知的电池电量值进行比较）较为准确。但每种计算方法都有其不足，电压估算法的准确性不足，电流积分法必须接通电流才能得到数值，对于静止状态的SOC估算就比较难。因此，通常是将两种（或多种）计算方法结合在一起进行计算，并相互矫正。

从图 6-30 中可以看出，磷酸铁锂电池在 SOC 曲线的中间段，电压值曲线比较平，如果仅使用电压值来计算 SOC，可能会出现误差。如果仅使用电流积分法测量 SOC 也会出现问题，特别是当计算的初始值有误差时，虽然电流积分法的跟随性较好，但很难自身矫正初始值带来的偏差，最终会使整个计算值都带有误差。

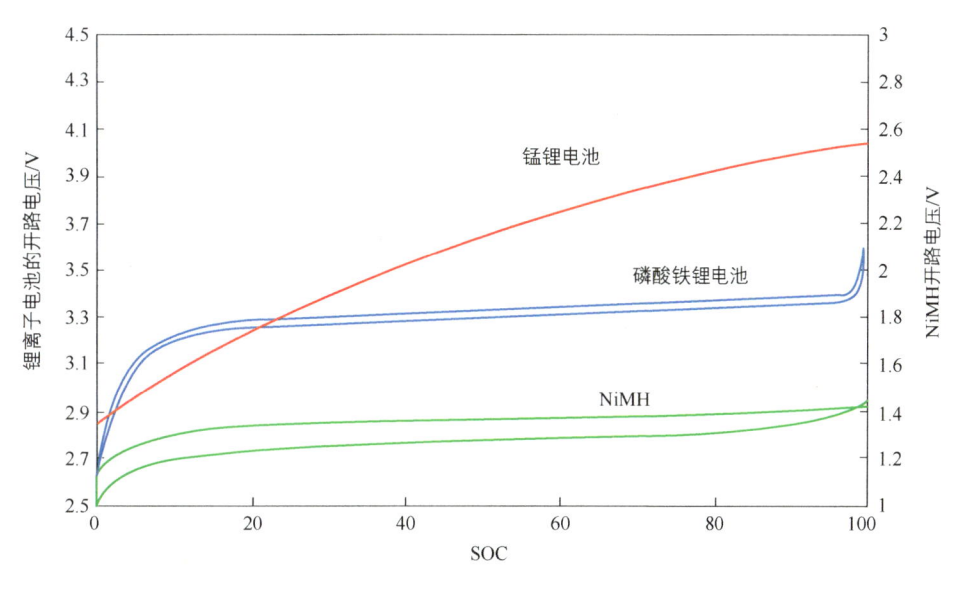

图 6-30 不同电池的 SOC 和电压的曲线关系

（2）电池健康状态（SOH）信号 SOH 是指电池当前状态与最初状态的性能差异，即电池从全新状态使用到当前时刻性能的衰减程度。SOH 是衡量电池健康状况的重要指标，它表示的是电池在规定的条件下，当前能够存储的电荷量与其初始状态下能够存储的最大电荷量的比值。因此，SOH 可以用一个百分比计算公式表达，即

$$\text{SOH} = \frac{\text{Cap}_{\text{init}} - \text{Cap}_{\text{deg}}}{\text{Cap}_{\text{init}}} \times 100\% \tag{6-29}$$

式中　Cap_{init}——电池在初始状态下存储的最大电荷量；

　　　Cap_{deg}——电池的衰减量。

电池 SOH 与其内部的状态密切相关。在使用过程中，由于电化学活性物质的损耗消耗、正负极材料的变化、电解液的降解、过充电及过放电的影响、电池反应界面膜（SEI）和缺口的产生等因素，会导致电池的有效容量产生衰减，造成电池 SOH 参数的恶化。

电池的 SOP 和 SOE 表示此刻电池所具备的输出功率和电量的能力，它和电池 SOC、SOH 密切相关，同时还受到电池瞬态环境条件的影响（比如环境温度）。

（3）电池的等效内阻 电池内阻碍载荷离子移动传输的阻力较多，基本可以总结为 3 个等效的阻抗，即极化阻抗、欧姆阻抗和浓差阻抗，如图 6-31 所示。欧姆阻抗是电池内部电流导通阻抗，包括隔膜、电解液、极板和端子等阻抗，稳态时其大小较为固定；极化阻抗是指由电池活性物质的极化能量产生的内部阻抗，是电池进入正常反应必须提前克服的活化势垒能；浓差阻抗是指浓度差和离子流动速度的需求（如菲克定律）产生的阻抗，其

随电流加大而增加,当达到一定程度时,浓度阻抗会呈现指数增长。

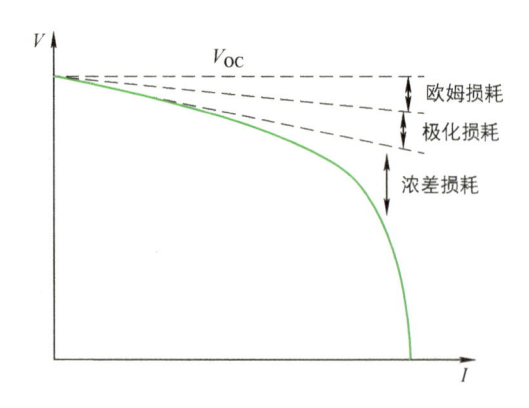

图 6-31 电池内部的阻抗

电池的等效电路模型如图 6-32 所示。电池的等效电路电压公式为

$$V = V_{oc} - IR_{ohm} - V_1 - V_2 \tag{6-30}$$

式中　R_{ohm}——电池等效欧姆电阻;
　　　R_1——双电极等效电阻;
　　　C_1——双电极等效电容;
　　　R_2——浓差等效电阻;
　　　C_2——浓差等效电容;
　　　V_{oc}——电池开路电压。

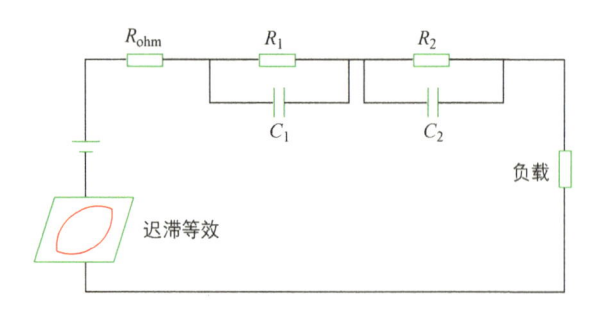

图 6-32 电池的等效电路模型

迟滞现象是电池本身自带的特征,实际在电池使用中可以发现,如果将电池放电至 50%SOC 然后停止放电,则平衡后的电压低于 V_{oc};而如果将电池充电至 50%SOC 然后停止充电,则平衡后电压高于 V_{oc},表明电池端电压存在滞后现象。在建立等效电路的公式时,需要考虑这一影响。

电池管理系统是对根据电池的基本特性和控制目标,对电池进行有效管理的软硬件系统的统称。通常它由多个控制器经过内部总线连接在一起,并通过直连或外部总线和其他控制器进行联系和通信。多个电芯在一起可以组成电池排组,由于电芯的电压和容量都有限,而电源需要更大的功率和能量来满足转矩和续驶里程的需要,因此,每个电池包中的电芯数量就非常可观(比如 Tesla 的 Model S 中的电芯数量就达到上万个之多)。如此众多的电芯，如果每个电芯都需要对电压、电流、温度、均衡等进行管理和控制，那么电池管理系统就会变得庞大且复杂，而且成本也会很高，从而无法实现产业化。为了解决这个问题，可以先将电芯成组，形成电池排组，以每个排组为单元统一管理。这样可以使管理的数量大大减少，管理的成本和复杂程度等也会大幅降低。虽然这样做可能会带来控制不准确等问题，但随着排组控制器的不断发展，这种结构还是得到了广泛的应用。

如图 6-33 所示，电池管理系统（Battery Management System，BMS）通常会有一个主控制器（Master），每一个排组都对应一个排组控制器，而每一个排组控制器都会对其监控的几个或几十个电芯进行采样、测量和控制。排组内的电芯数量越少，控制精度就越高，但整个电池包所需的排组控制器就越多，系统和控制算法也就越复杂。有效地选择电池控制系统的拓扑结构和数量，是电池控制的一个关键点。由于电池需要进行充电（纯电动汽车或插电式混合动力电动汽车），因此需要安装车载充电器。它可以通过 CAN 总线与充电桩进行协议通信，通过电源以及外部充电设备完成对电池系统的充电。另外，电池系统需要和整车的动力总成和控制系统有效地连接起来，相互之间基于 CAN 总线进行通信，以达到监视和控制电池及采集和报告电池工作情况的目的。

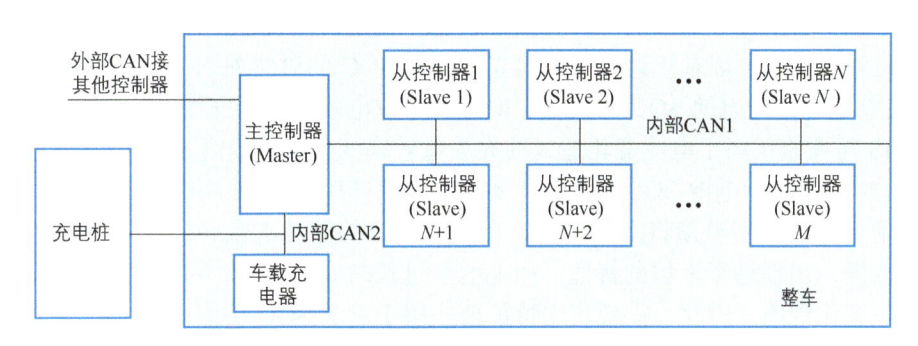

图 6-33 电池管理系统的控制结构简图

综上所述，电池管理系统主要有 3 个方面的功能：

1）数据采集和计算：BMS 需要实时监测电池目前的运行状态。通过对电芯外参数（如电压、电流、温度等）特性的采集，基于采用适当的算法，实现电池内部状态（如容量、功率、SOC、SOH 等）的估算和监控，这是电池管理系统实现有效运行的基础。

2）电池系统管理：在正确获取电池的状态后，BMS 需要对电池系统进行必要的热管理、电池均衡管理、充放电管理和故障警告等，这些管理功能将直接决定电池的功能、性能和安全可靠性。另外，有效地控制方法还可以优化电池系统的使用寿命。

3）通信：BMS 需要和整车系统建立通信联系，并与显示系统、整车控制器和车载充电器等实现数据交换，并根据上位机的有效指令进行电池的相应操作。

具体来说，BMS 应具备的功能包括：①电池电压检测（测量电芯的电压）；②电池温度检测（至少有包和模组）；③电池组工作电流的检测；④绝缘电阻检测；⑤电池均衡管理；⑥充电管理；⑦冷却和加热的热管理；⑧充放电记录；⑨电池 SOC 计算；⑩电池故障分析及诊断警告；⑪分布式布局（多箱体）的管理、控制和优化；⑫电池过充电、过放电、高温、过电压、过电流的诊断警告及控制；⑬电池状态数据通信（动力系统、仪表显示、检测设备等）；⑭充放电设备通信。

BMS 的信号采集包含电池电压采样、高压电采样、总线电流采样、电池排组温度采样等。对电池系统的状态预测和检验功能包含电池 SOC 预测、电池 SOH 预测、电池充放电预测和电池包自诊断功能（电池欠电压、过电压保护、充放电过流保护、高压端安全保护）。动力电池的安全性最为重要，需要在以下几个方面对安全加以重视：充电安全、放电安全、使用安全、维护安全和存储安全等。

精确计算动力电池的 SOC 非常重要，车辆的许多功能都依赖于实时计算出的 SOC 值。影响 SOC 准确计量的因素有很多，其中开路电压、自放电率、温度、充放电电流、老化程度（充放电次数）等与 SOC 密切相关。在 SOC 的估算过程中，忽视其中任何一种因素的作用都将导致较大的 SOC 估算误差。因此，需要建立一个 SOC 的模型，用以确定 SOC 估算策略。在该模型中需要充分考虑以下因素：

1）开路电压与电池 SOC 的对应关系。V_{oc} 在放电脉冲停止后会自恢复，在较短时间内电池电压会升高。恢复到稳定的开路电压需要一定的时间，其长短与放电停止前的 SOC 状态、工作电流大小和电池工作电流的变化率有密切的关系。这个对应关系可以基于试验获取的数据来建立。

2）温度对电池 SOC 的影响。环境温度越低，电池活性就越差，可放出的电量就越少，放电效率也就越低。可以基于试验数据建立温度与 SOC 的对应关系。

3）充放电效率与电池 SOC 的关系。电池的充放电效率随着充放电电流的增加而下降。因此，BMS 需要修正由于电流变化造成的充放电效率变化，以提高 SOC 的计算精度。

4）充放电次数与电池 SOC 的关系。在电池使用初期，可使用电量较大，随着电池循环次数的增加，可使用电量将发生衰减。在达到一定的循环次数后，有些电池放电量下降的趋势会减慢，出现趋于平坦的特性。而电池经过长时间使用后，可放出电量下降得较快，会出现加速老化现象。因此，需要建立特征公式用于调节 SOC 估值。

另外，由于电池存在生产一致性、材料偏差和使用因素等问题，会出现模块内部不同电芯的电量不相同的状况。因此需要对每个不同的电芯进行电量动态均衡，以达到整体电量均一的目的，这个过程可以分为高放电均衡和低充电均衡。

1）电芯电量低充电均衡过程：通过采样电路，判断电芯电量，在整组电池中寻找电量低于均值且偏差超过标定值的电芯，通过变压器采用车载蓄电池系统（通常为 12V 或 24V）对选择该目标的电池进行充电。

2）电芯电量高放电均衡过程：通过采样电路，判断电芯电量，在整组电池中寻找电量高于均值且偏差超过标定值的电芯，对其按放电规范进行放电控制。

目前市场上使用较多的是锂离子电池，自从 20 世纪 80 年代～90 年代牛津大学发现了磷酸铁锂电池和三元电池后，这类电池就逐渐占据了市场的主流地位。但是，也正是因为技术路线从那之后基本没有大的变化，只是通过改变材料配比和工艺等，对电池的功率密度、能量密度和可靠性进行提升。所以目前的四元锂或多元锂电池与三元电池（其实也包含少量多种其他元素）没有本质区别。固态电池（还有所谓半固态电池，包含电解质和隔膜，和液态电池没有实质区别）和石墨烯电池由于其技术难度等问题，近年来才开始产业化应用。因此，新能源汽车电源系统除了使用电池外，还需要同时考虑和研究其他的能量源，比如超级电容器和燃料电池就是很好的发展方向，特别是燃料电池，其特点可以有效弥补电池本身的缺点。当然，成本、技术复杂度等也是其发展过程中的障碍。

6.2 超级电容器

针对电池的特点在 6.1 节做了基本的介绍，由于使用活性材料的氧化还原反应，电池的反应速度受到多种因素影响，导致动力电池的充放电功率会受到限制。因此，一个只能以 0.5C 充电的电池，如果想要充满电，需要约 2h，即使是 2C 的电池，也会需要 0.5h 的时间。传统燃油车的汽油加满也就几分钟，这就形成了充电时间过长的问题。

1746 年，欧洲 Leyden 小镇发现玻璃罐中装有两个金属片和水溶液可以储存电荷，这是电容器第一次被应用和发现。直到一百年后，科学界才逐步构建了现代双电层电容理论。到了 1971 年，以 RuO_2 为电极材料的赝电容被发现。这种电容的材料一般使用金属氧化物，但其性价比和材料稳定性一直是关键。图 6-34 所示为 Maxwell 超级电容器。

电容器可以分为 3 种，第一种是静电电容，这种电容的容量很小，主要应用于调频和滤波；第二种是电容量较大的电解电容，主要应用于电子和电气电路，由于存在电解质。这种电容有正负极之分。静电电容的容量在 pF 和 μF 之间，电解电容的容量在 μF 和 mF 的范围内。电容的电容量通常较小，但是随着产业的不断发展，电池的大充放电倍率的特征在新能源汽车应用中受到广泛关注。同时，业界对于其储存的电量的需求也在大幅度提高。因此，另外一种电容型的储能器件——超级电容器便应运而生。

图 6-34　Maxwell 超级电容器

超级电容器就是电容的容量比较大，为区别于其他的电容，这种电容就叫作超级电容。超级电容器的分类方法较多，按照电解液可分为水系电容和有机系电容；按正负极反应不同可分为对称型和非对称型；按照电极材料可分为碳电容、金属氧化物电容和聚合物电容。根据其结构及储能机制，业界普遍将超级电容分为 3 类：双电层电容、赝电容和非对称电容，如图 6-35 所示。

双电层电容的工作原理和传统电容一样。充电时，电容的两个极板聚集正负离子，电压随之升高；放电时，外部电子流动形成外部电流，内部离子迁移形成内部电流，电容电压随之下降。其构造原理图如图 6-36 所示。

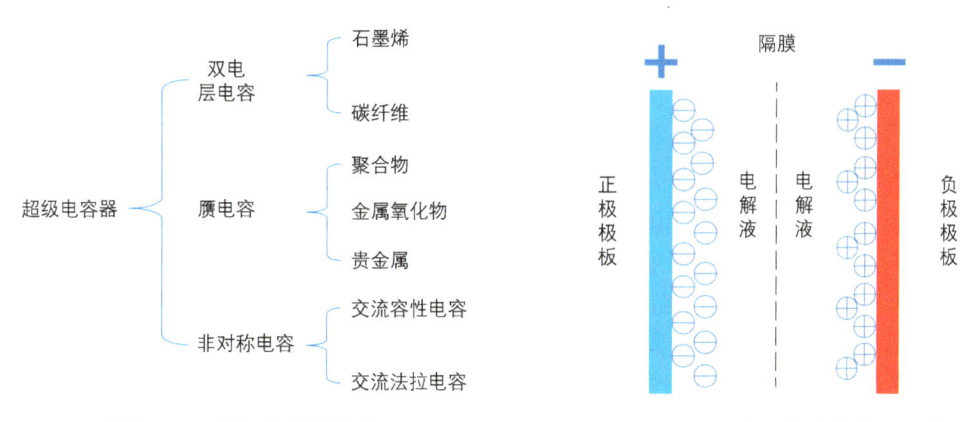

图 6-35　超级电容的分类

图 6-36　双电层电容构造原理图

根据赝电容的名字可以看出，其本身不应该是电容，它的特性介于电容和电池之间，但非常接近电容。图 6-35 中赝电容的分类是按照使用的材料来分的，如果按照反应过程的不同也可以分成三类：低电势沉积赝电容、氧化还原赝电容和离子嵌入型赝电容，分别如图 6-37～图 6-39 所示。

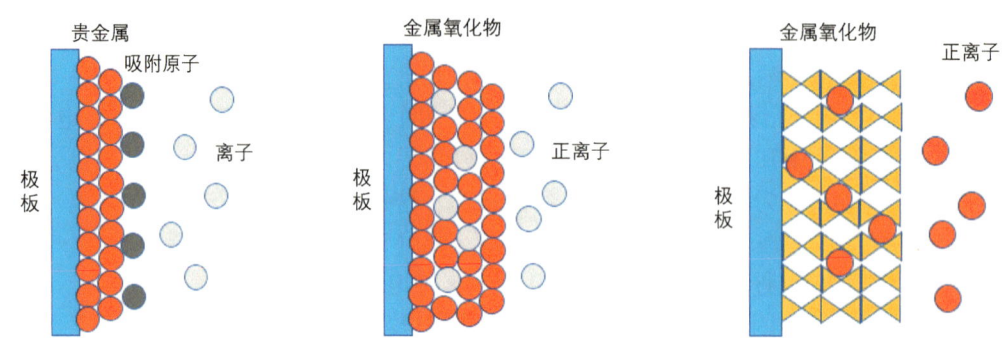

图 6-37　低电势沉积赝电容　　图 6-38　氧化还原赝电容　　图 6-39　离子嵌入型赝电容

（1）低电势沉积赝电容　在较低外加电压作用下，金属离子吸附在另外一种金属（通常为贵金属）的表面，比如金属铅在铂金上形成一个层的过程。电解液中游离着铅金属离子，在和贵金属原子力相互作用下，吸附于贵金属表面，并与外供电子形成原子，这个过程近似于电镀过程。其特点是，反方向时，铅原子必须能迅速脱离贵金属层，失去电子形成离子，回到电解质中。由于贵金属成本较高，因此低电势沉积赝电容很少在实际中应用。

（2）氧化还原赝电容　顾名思义氧化还原赝电容是在电容表面发生了氧化还原反应，作为最常见的一种赝电容，它使用过渡金属氧化物和导电离子在电容表面发生氧化还原反应所制成，这种结构类似于电池。

（3）离子嵌入型赝电容　离子嵌入型赝电容的工作原理与嵌入型离子电池相似，但是离子嵌入主要发生在电极材料的近表面，所以功率密度相比有很大提升（能量密度还较低）。

超级电容的突出优点是其充放电时间较短、功率密度很高、工作温度适应性宽、循环寿命长等。超级电容的缺点也较明显，其耐电压不高，在实际使用中过电压保护电路必不可少。经常将多个超级电容串联用于高电压电路。但由于漏电和品质的非一致性，电容在后期多次的充放电后容易造成局部单元过充电而击穿的现象。

超级电容的电压随着放电而快速下降，因此，对电路的电压控制要求非常高。超级电容器在新能源汽车中的使用已经有较长的时间，但是由于其本身的能量存储不强，一直都还没有作为主能源形式（混合动力除外）流行起来。低成本、高稳定性、大能量密度和功率密度的超级电容器是未来汽车市场所期待的。

美国麻省理工学院和兰博基尼联合开发了一款名为 SIAN 的超级电动跑车，如图 6-40 所示。结合原有的 V12 发动机，SIAN 使用超级电容器可以为汽车提供 603kW 的加速动力，将整车的 0→100km/h 的加速时间缩短到惊人的 2.8s。但仍然可以看出，储能是超级电容的短板，因此原有的发动机无法省去。

超级电动客车在中国的多个城市已经有示范应用。但由于续驶里程的问题，每次充电只能续驶 30km 左右，因此，为了保证行驶里程，在每个车站的上方配有充电装置。到站后，超级电容客车内部升起充电弓进行充电。由于电容的充电时间短，几分钟就可以补充部分电量,所以,非常适合城市公交这种固定线路的应用,图 6-41 所示为中国上海使用充电弓的超级电容巴士。对于像乘用车这种没有固定停车线路的车型,超级电容的应用会受到限制。

图 6-40　兰博基尼 SIAN 超级电动跑车

图 6-41　中国上海申沃超级电容巴士

6.3　燃料电池系统

1839 年,英国人 William Grove 发现将金属铂浸入稀硫酸溶液中,如图 6-42 所示,其电解过程会消耗氢气和氧气,同时会产生一个相应的电流。基于此,他制成了简单的氢氧燃料电池,并在伦敦讲演厅点亮了那里的照明灯。这是最早期的燃料电池,因此 William Grove 被认为是燃料电池的发明人。

1896 年,美国工程师 William Jacques 建成了一个 1.5kW 的以碳为燃料的燃料电池堆(电堆),并在实际中使用了半年。不过,由于这个电堆系统的造价过于高昂,而产出的功率又过于小,其经济性无法实现日常的应用,因此最终没能引起广泛关注(高价格仍然是当前燃料电池的一个问题)。Jacques 的发明其实就是碱性燃料电池,其电解质是 KOH 和 NaOH 的混合物。由于在产物中有 CO_2,它可以和 OH^- 形成碳酸盐而影响电池寿命。在此之后,Haber、Nernst 和 Bauer 开始尝试固体电解质电池并取得一定的成果。1913 年,Seagal 首次使用碳载铂金技术提高催化剂的效率而降低成本,这个技术沿用至今。

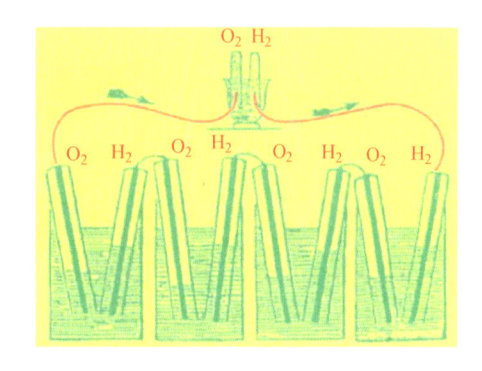

图 6-42　William Grove 设计的氢氧燃料电池

英国发明家 Francis Bacon 被公认为是氢氧燃料电池的第一个实践者。他在 1959 年开发出了一台 6kW 碱性燃料电池(Alkaline Fuel Cell,AFC),电池的直径为 25cm,输出功率为 6kW,电流密度约 700mA/cm^2。在此之后,他又开发出了一台 15kW(1008 个单体电池组成)的动力装置用来拖动农用拖拉机。由于 Francis Bacon 在燃料电池的实际应用领域取得了非凡的成就,因此他被人们称为"现代燃料电池技术之父"。Francis Bacon 开发的 15kW 燃料电池拖拉机和 6kW 燃料电池如图 6-43 所示。

如图 6-44 所示，美国宇航局的两个载人航天计划（双子座计划和 Apollo 计划）都使用了燃料电池技术，让燃料电池技术在航空航天领域的发展重新得到人们的重视。20 世纪 60 年代早期的 Apollo 计划使用的是质子交换膜燃料电池（Proton Exchange Membrane Fuel by the Battery，PEMFC）技术，而 60 年代中期的双子座计划则使用了碱性燃料电池（AFC）技术。需要指出，即使是 PEMFC，在航天飞机上由于没有空气供应，使用的是纯氧气，因此其电堆辅机（Balance of Plant，BOP）系统结构和使用空气的 PEMFC 系统是不同的。

图 6-43　Francis Bacon 开发的 15kW 燃料电池拖拉机和 6kW 燃料电池

a) Apollo 航天飞机　　b) Apollo PEMFC　　c) 双子座飞船　　d) 双子座 AFC

图 6-44　美国宇航局的双子座计划和 Apollo 计划

美国通用汽车公司于 1966 年推出了世界上第一款燃料电池电动汽车——Electrovan，如图 6-45 所示。这款燃料电池电动汽车是由原通用汽车 Handivan 改装而成。在动力总成部位，加装了一台 32kW 的燃料电池系统，整车最高速度达到 115km/h，其最大续驶里程可达 240km。

1970 年，Karl Kordesch 改装了奥斯汀 A40 而推出一款燃料电池混合动力汽车，整个系统使用 7 个铅酸蓄电池以及一个由氢供能的 6kW 碱性燃料电池，总输出功率达到 150kW，已经和传统燃油车相当，如图 6-46 所示。

图 6-45　美国通用汽车公司推出的世界上第一款燃料电池电动汽车 Electrovan

图 6-46　Karl Kordesch 改装的 A40 碱性燃料电池电动汽车

1993 年，第一款使用质子交换膜燃料电池的皮卡车型——Energy Partner Consulier 上市，如图 6-47 所示，其燃料电池系统和储氢装置放在车的后面。这款皮卡可以持续行驶 330km，已经逼近传统燃油车的续驶里程。因此，它标志着 PEMFC 正式登上汽车的舞台。

到了 20 世纪 90 年代，日本丰田汽车公司开始开发其燃料电池车型 Mirai。它在 2013 年的东京车展首次推出，最大续驶里程达到了 550km，如图 6-48 所示。2014，Mirai 在日本正式上市。至今这款车在全世界已经交货超过一万辆，是公认的汽车领域燃料电池系统使用最成熟的车型。Mirai 的基本结构示意图如图 6-49 所示。

图 6-47　搭载 PEMFC 的皮卡车型 Energy Partner Consulier

图 6-48　丰田 Mirai 燃料电池电动汽车

除了道路交通，燃料电池目前在其他领域的应用也十分广泛。从日常生活、轨道交通、航空航天、船只潜艇、居家能源到整体发电等诸多领域都有涉及。英国 Intelligent Energy 公司开发出一个 "Upp" 的氢燃料电池手机充电器，如图 6-50 所示。其发电和储氢装置是分离式的，使用时只需要将储氢罐接上就可以直接使用，非常方便。

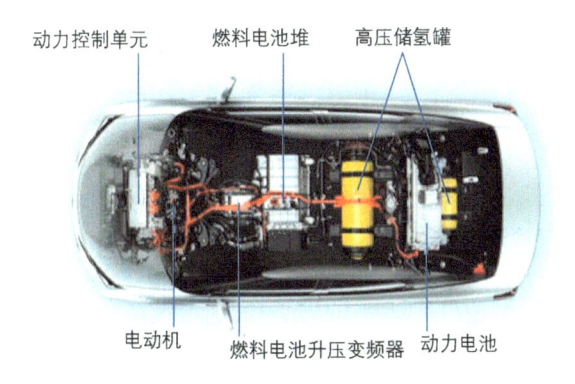

图 6-49　Mirai 的基本结构示意图

图 6-50　英国 "Upp" 氢燃料电池手机充电器

燃料电池在家庭储能供电、供热中发挥出较大优势（主要由于燃料电池本身工作在较高的温度）。日本已经有大量家庭使用燃料电池系统为家庭供电、供热，也称为热电联产，如图 6-51 所示。

另外，燃料电池系统在无人机、潜艇、乘用车、商用车、叉车、工程机械、特种车等领域都有应用，是公认的绿色能源。燃料电池产业链非常宽广，涉及的内容和方面很多。是一个跨学科、多行业的综合产业链。从氢气的制备、提纯、压缩、运输、储存、加氢、使用到后期的维护保养等环节，共同组成了氢能的产业链。

图 6-51 使用燃料电池系统为家庭供电、供热

目前，燃料电池的发展得到了全世界的重视，各国纷纷制定出氢能发展规划。特别是我国和日本，对这种高性能的无污染能源出台了许多扶持性政策。由于燃料电池最终只产生水为排放物，因此也叫作终极能源，这使得燃料电池在全世界各地都得到了广泛的关注和应用。氢能整体产业链示意图如图 6-52 所示。

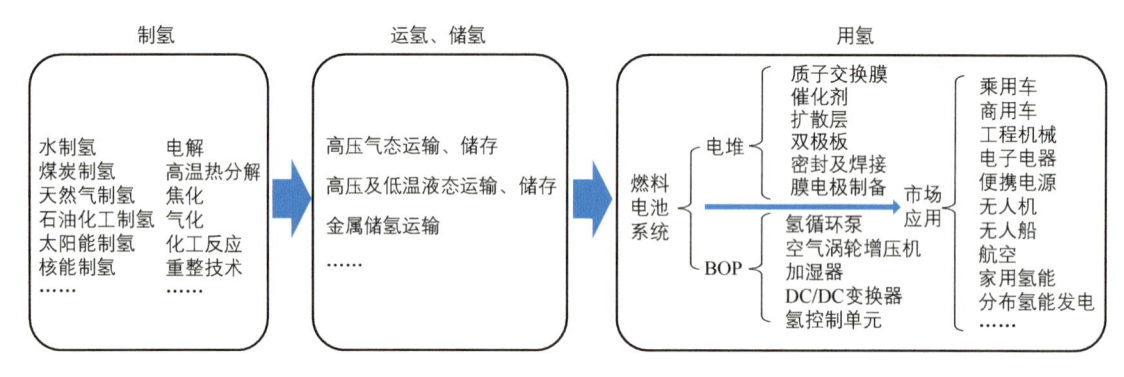

图 6-52 氢能整体产业链示意图

按地区来看，北美、亚洲和欧洲是燃料电池电动汽车主要的市场区域，其中北美的占比最高，达到 53%，亚洲约占 38%，而欧洲占 9% 左右。从车型的分布来看，乘用车车型主要来自亚洲，包括丰田的 Mirai、本田的 Clarity 和现代的 ix35 等，商用车车型则分布比较广泛，我国是商用车燃料电池使用最广的国家，特别是在燃料电池公交、燃料电池卡车和燃料电池物流车等领域都有较广泛的应用。需要指出的是，虽然我国的燃料电池应用走在了前沿，但燃料电池技术还比较落后，和欧美等发达国家相比还有较大的差距。

6.3.1 燃料电池发展存在的问题

燃料电池发展了一百多年，除了在航空航天和大型发电等工业有一些应用外，规模化的应用仍然较少。这主要是由于燃料电池的技术难度和成本难度。

我国的燃料电池技术发展相对较晚，整体水平还处于比较落后的状态。例如，目前我国自行研制的燃料电池使用寿命还普遍低于国外，国产电堆的平均使用寿命只有几千小时，而国外有些已经达到上万小时甚至几万个小时。

当然，国内国外的使用条件不一样，比如空气质量、氢气质量等都直接影响燃料电池电堆的使用寿命。我国的空气污染相对较为严重，供应的氢气质量有时也无法完全保证，如果空气中的杂质较多，会影响燃料电池和氧气反应（比如含碳氧化合物、硫氧化合物较多等），对催化层有较大的破坏。另外，空气中的杂质还会直接影响液态水的形成，如果控制不当，会导致电堆水淹的现象。这些都需要更多的数据和试验验证支持才能定论，但有一点不可否认的是，我国在燃料电池核心技术方面，特别是基础材料研究、核心应用技术、控制实践技术、知识和人才构成等方面，对比国外优秀企业和科研单位来讲还有少许差距。

为了找到燃料电池技术的痛点和薄弱环节，需要对部件、材料、工艺等影响因素进行综合分析。燃料电池虽然是电化学的一个分支，但是其又是一门综合性学科，涉及的核心技术较多，领域也很广泛，比如使用的质子交换膜和碳纤维气体扩散层属于高分子材料、金属催化剂属于金属材料催化剂方向、极板和流道包含冶金材料、机械和空气动力学、燃料电池控制器和 DC/DC 变换器等又涉及电子电控和电力电子等领域，而其使用的空气涡轮增压系统则属于高速电机和电机控制领域。因此，对燃料电池的研究除了基本反应原理外，还需要对其使用的核心部件及其技术进行深入研究。

通过对燃料电池的核心部件进行抽丝剥茧逐层分析后，形成一个从外围一直延续到内核的关键部件图，其相关的核心技术就可以按照重要性，分成不同的层次，如图 6-53 所示。

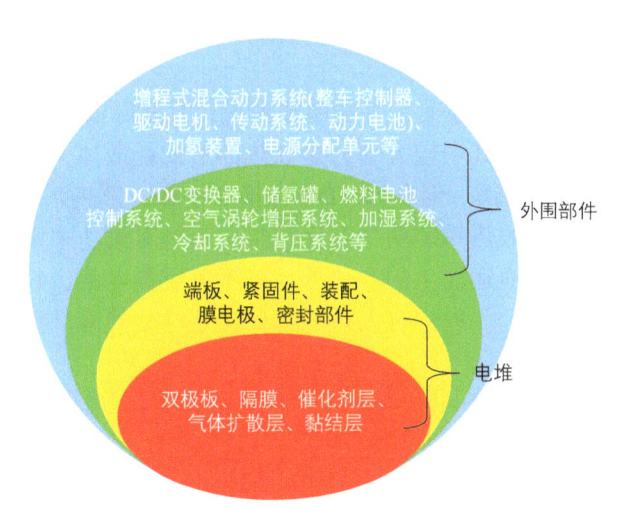

图 6-53 燃料电池核心部件 / 核心材料示意图

燃料电池系统由两大部分组成：电堆和外围部件。外围部件主要包含支持燃料电池运行的辅机系统，比如储氢系统、氢循环系统、空气涡轮增压系统、变电系统、冷却系统（含去离子水系统）、燃料电池控制系统等。

储氢系统主要由储氢罐、降压阀、导管等组成。目前以高压气态储氢瓶的方式最为普遍，现已发展成 4 类产品，分别为纯钢制金属瓶为一型瓶、钢制内胆纤维缠绕瓶为二型瓶、铝内胆碳纤维缠绕瓶为三型瓶和塑料内胆碳纤维缠绕瓶的四型瓶。一型和二型瓶由于质量储氢密度较低，同时金属（合金钢）存在氢脆问题，很难满足车载储氢系统对于质量、可靠性和储氢密度要求而逐渐被淘汰。而 35MPa 和 70MPa 的三型瓶（碳纤维加铝内胆）和四型瓶（碳纤维加塑料内胆）是业界的标准，现在业界已经开始研究更高压的储存方式，相信不久之后，超过 70MPa 的储氢瓶就可问世。

氢气和氧气是 PEMFC 的主要燃料，氧气可以依靠空气供给（空气中约 21% 的含量为氧气），而高纯度氢气则需要专门产生。由于氢气泄漏到空气中会有爆炸的风险，因此需要保证氢气的回收使用。氢循环系统是将电堆中没有反应的多余氢气反馈回来重新使用的装置，它包含隐射泵、卢茨泵和混合泵等。空气涡轮增压系统主要是电涡轮增压泵（电机和泵头组成），燃料电池的氧气端口通常使用空气，约五分之一的氧气需要加大整体压力才能为反应提供足够的燃料供应。由于需要的压力较大，涡轮泵的转速通常为几万转，甚至十几万转。这给电机的轴、轴承、密封、润滑和控制等都带来了较大的挑战。

变电系统 DC/DC 变换器是指将直流电压转换到另外大小直流电压的装置。燃料电池输出的电压一般较低（PEMFC 电芯的输出电压在 0.7V 左右），而实际可以使用的电压往往较高（可达到 400~800），并且对电流也有一定的要求（可达 300A）。因此，除了需要通过并联、串联等方式得到一定的输出电压和电流范围之外，直接有效的方法是使用 DC/DC 变换器。它可以在功率不变的情况下，将输出电压控制在理想的水平。由于燃料电池极化曲线的存在，其输出电压并不稳定（有一定的波动），因此除了电压转换外，还需要提供稳压功能才能和系统连接，所以 DC/DC 变换器同时还需要提供稳压的功能。小功率的 DC/DC 变换器比较容易实现，但随着全功率电堆（输出功率主要依靠燃料电池供应的系统）的推出，对 DC/DC 变换器的功率要求逐渐加大。我国自主的大功率 DC/DC 变换器市场成熟产品较少，业界还需要在这方面加大力度。

燃料电池作为主要能量提供单元，其功率比较大，其实际效率在 50% 左右，也就是说有约一半的功率是耗散掉的，其中较大部分是以热的形式耗散掉，因此，大功率散热系统特别是大功率燃料电池十分关键。但和 DC/DC 变换器一样，散热系统也存在大功率级产业化的问题，现有成熟的车用散热系统功率都比较小，市场对大功率系统的需求也是随着新能源汽车和燃料电池的推广应运而生的。另外，对于氢燃料电池，较为特殊的是，其冷却液会流过双极板，而双极板上一般带有大量的电荷，这样会使冷却液带有电荷。因此，冷却装置需要加装去离子部件。

为了实现燃料电池的有效控制需要燃料电池控制系统，其作用是根据负载的需求，通过控制燃料气体的供应调节反应强度，并对整个电力系统进行耦合控制。它包括燃料电池控制器（Fuel Cell Control Unit，FCCU）的硬件、各种传感器（氢传感器、氧传感器、温度传感器、电流及电压传感器等）、连接线束、执行机构等。软件部分一般有初始化设定、操作系统、输入及输出、Bootloader、基本控制算法、自检等内容。具体的逻辑和算法需要和燃料电池本身构造和特征结合起来，才能够实现有效控制。

以上提到的这些，其本身都不是完全新颖的技术，虽然大功率产业化级的 BOP 系统还需要得到进一步的市场验证，但技术基础应该是存在的。如果假以时日，进行人力和物力的投入，完全可以在一段时期后实现自主配套。

另一方面，燃料电池电堆（以 PEMFC 为例）主要包含双极板、催化剂层、质子交换膜层、气体扩散层（含致密孔隙层）、粘胶层或焊接层、密封部件等。目前，世界多家公司在电堆的核心材料上已经形成可持续性研发和产业化的能力，表6-3列举了一些主要的燃料电池核心材料生产厂家。

表6-3 主要的燃料电池核心材料生产厂家

质子交换膜	催化剂层	气体扩散层	双极板	密封部件	膜电极
美国杜邦	日本TKK	日本TORAY	美国POSO	德国FREUDENBERG	加拿大BALLARD
美国Dow Chem	英国JM	加拿大BALLARD	美国SHF	日本三井	美国Nuvera
美国3M	德国BASF	德国SGL	美国GrafTech	日本三键	武汉理工
日本Asahi	比利时Umicore	德国FREUDENBERG	日本藤仓	德国汉高	—
我国东岳集团	美国E-TEK	加拿大Zenyatta	日本Kyushu	—	—
大连新源动力	大连化物	—	加拿大BALLARD	—	—

从表6-3可以看出，这些关键部件的供应商基本是国外的高科技企业，而这些企业也大多数在这一领域进行了十几年甚至几十年的研发和产业积累，有着非常深厚的基础。但值得一提的是，我国的研发机构和科技公司对于质子交换膜、膜电极、密封部件、催化剂层和气体扩散层等关键部件，仍然掌握了一定的核心技术，有些已经形成了产业配套。

目前，钛合金金属双极板部件（钛金属的抗氧化性比不锈钢高约100倍）成为主流，上面列表中的双极板主要是指石墨、复合材料和不锈钢技术。目前产业化的钛合金极板技术被日本丰田汽车公司作为核心机密，并不对外销售（丰田汽车公司在2015年前后公开了大量燃料电池的专利，但钛合金金属双极板的核心专利却没有透露）。市场上可以买到的基本是欧洲的不锈钢极板，其流道选择也基本沿用传统的（如单S流道、多S流道等）设计。因此，虽然大部分部件可采用外购实现配套，但日本公司利用钛合金金属双极板技术，在产品性能上形成了差异化的垄断。这对于我国发展高效、高品质燃料电池系统十分不利。

极板类型可以根据其使用的基材分为石墨极板（含复合板）和金属极板两种技术路线。在商用车领域，由于对可靠性的要求大于体积和密度的要求，石墨及复合极板技术占主导地位；而乘用车对体积、质量、功率密度和加工性要求较高，金属极板技术占据主流。金属双极板现在有不锈钢基和钛合金基两大方向，由于燃料电池的运行环境为强酸性（pH值在2～3之间），它们都需要经过金属表面改性，才能达到燃料电池的实际运行需求。目前商用车大量使用石墨极板或复合极板技术，其主要原因是为了避开金属极板技术不过关的处境。石墨极板的性能和能量密度近几年有所上升，但和金属极板相比仍然有较大的差距（规模化加工可能性、能量密度等指标）。目前市场上较为成熟的开发商，如加拿大的巴拉德和Hydrogenics、德国的EK、瑞典的Powercell等公司，都在积极开发金属双极板以实现技术的更新换代。

如前文所述，燃料电池电堆的主要构成组件包含质子交换膜、催化剂层、气体扩散层（含致密孔隙层）和双极板电极等。其反应物为氢气和氧气（以PEMFC为例），生成水和热的同时，质子在电池内部传输，电子从外接电路传输，这样就形成直接将化学能转换成电能的原电池。

燃料电池电化学反应的过程是，在阳极的催化层，燃料氢气在贵金属（比如 Pt）的作用下，失去电子被氧化成质子并电离出电子，其反应完整过程可以描述为

$$H_2 + 2Pt = 2(Pt - H_{附着}) \tag{6-31}$$

$$2(Pt - H_{附着}) = 2H^+ + 2e^- + 2Pt \tag{6-32}$$

式中　Pt——铂；

H$_{附着}$——吸附在铂金表面的氢气；

e$^-$——反应电子；

H$^+$——质子（氢离子）。

氢气首先在催化金属表面附着，并在催化剂的作用下形成中间态络合物。随后附着的氢原子氧化成正电荷质子，同时释放出电子。其反应为

$$H_2 = 2H^+ + 2e^- \tag{6-33}$$

在阴极侧，氧气和质子在催化剂的作用下，通过捕捉两个从外电路返回的电子进行电化学反应而形成水。这个过程也可以细化成多个反应步骤，由于反应中间过程和铂的中间价位不好确认，则以 M 代表催化剂金属，而无须细化其反应的化学价数，这样可以简化描述为

$$O_2 + M = M - O_2 \tag{6-34}$$

$$M - O_2 + H^+ + e^- = M - O_2H \tag{6-35}$$

$$M - O_2H + 3H^+ + 3e^- = 2H_2O + M \tag{6-36}$$

式中　M——催化剂金属。

阴极整体反应为

$$O_2 + 4H^+ + 4e^- = 2H_2O \tag{6-37}$$

那么就可以得到整个燃料电池的整体反应

$$2H_2 + O_2 = 2H_2O \tag{6-38}$$

从热力学角度来分析，可以将燃料电池的系统进行更为详细的描述。先回顾一下在本书的电池部分得到的热力学公式，由热力学第一定律（能量守恒定律）可得系统的内能为：$dU = dQ + dW$，引入焓状态函数，即系统的内能加上系统所做的功（对内、对外）可得到：$H = U + pV$。由热力学第二定律，得到熵增的概念，系统的熵计算较难，引入吉布斯自由能定律：$G = H - TS$，$dG = dU + pdV + Vdp - TdS - SdT$。

燃料电池反应通常是在开放的环境中进行，反应温度前后基本不变，而气体压力在反应前后保持不变。整体反应可以看作是在恒温、恒压状态下进行，$dT = 0$，$dp = 0$，可以得到守恒公式 $dG = dU + pdV - TdS$，$U = Q + W_{exp} + W_{nonexp}$，$dG = dQ + dW_{exp} + dW_{nonexp} + pdV - TdS$。如果反应是可逆的，系统的熵值变换等于热变换除以温度 $dS = \dfrac{dQ}{T}$，膨胀功等于 $dW_{exp} =$

$-pdV$,其中的符号表示做功的方向,可以得到 $dG = TdS + (-pdV) + dW_{nonexp} + pdV - TdS$。在电化学反应中,系统的非膨胀功 W_{nonexp} 指电化学反应功,即 dG 的值。系统反应消耗 n 摩尔电荷数,其所做功通常为电势差乘以所有反应的电量,$W_{电化学} = EnF = -dG$,如果使用阿伏伽德罗常数表示,系统还可以写成 $dG = -EnF = -EnNe$。

对于系统反应前后焓减小或熵增大,单一的指标并不能预测反应能否自然进行。而吉布斯自由能结合了焓与熵的值(与温度 T 有关),反应方程可以改写成能量的公式,即对于化学反应,当 $dG<0$,反应可以自然发生。由于自由能可以由反应物和产物的自由能的能量差计算出来,即

$$dG = \sum nG_{产物} - \sum nG_{反应物} \tag{6-39}$$

对于 A 和 B,生成 C 和 D 的反应可以写成

$$aA + bB = cC + dD \tag{6-40}$$

其自由能的关系式就可以写成

$$dG_r = G_c(P) + G_d(P) - G_b(P) - G_a(P) \tag{6-41}$$

$$dG_r = c(H_c - TdS_c) + d(H_d - TdS_d) - a(H_a - TdS_a) - b(H_b - TdS_b) \tag{6-42}$$

式中 G_r——可逆反应吉布斯总自由能;

G_c——反应生成物 c 的吉布斯自由能;

G_d——反应生成物 d 的吉布斯自由能;

G_b——反应物 b 的吉布斯自由能;

G_a——反应物 a 的吉布斯自由能。

对于等温等压系统,$dH = nCdT = 0$。对于理想气体,有 $dS = nR\ln\left(\dfrac{p_2}{p_1}\right)$,如果定义初始状态为统一的理想状态,即理想气体($p_1 = 1\text{bar}$,$1\text{bar} = 10^5\text{Pa}$)为 G_0,理想气体常数为 R,则式(6-42)变成

$$dG_r = -n_c RT\ln(p_{c2}) - n_d RT\ln(p_{d2}) + n_a RT\ln(p_{a2}) + n_b RT\ln(p_{b2}) \tag{6-43}$$

因此,产物的吉布斯自由能 G_r 就可以表示为

$$G_r = G_{0c} + G_{0d} - G_{0a} - G_{0b} + RT(n_a\ln p_{a2} + n_b\ln p_{b2} - n_c\ln p_{c2} - n_d\ln p_{d2}) \tag{6-44}$$

如果将 $G_{0c} + G_{0d} - G_{0a} - G_{0b}$ 定义为标准状态 G_0,就可以得到

$$G_r = \frac{G_0 - RT\ln(p_{c2}^{nc} \times p_{d2}^{nd})}{p_{a2}^{na} \times p_{b2}^{nb}} \tag{6-45}$$

式中 G_{0x}——反应物 x 的标准电动势(x 代表 a、b、c、d 反应物或产物);

G_0——反应的总体标准电动势;

R——气体常数;

T——系统温度;

p_{x2}——反应物或产物的浓度分量;

na、nb、nc、nd——反应物 a、b 的气体常数,产物 c、d 的气体常数。

由于 $\Delta G = -nFE$，就可以得到常见的能斯特公式

$$E_{rev} = E_0 - \frac{RT}{nF} \ln\left(\frac{\sum_i a_i^{v_i}}{\sum_j a_j^{v_j}}\right) \tag{6-46}$$

式中　E_0——可逆反应的标准电动势；
　　　a_i——产物动态参数（浓度或气体分压）；
　　　a_j——反应物的动态参数（浓度或气体分压）；
　　　v_i——产物的化学计量系数；
　　　v_j——反应物的化学计量系数。

标准电势能可以由标准吉布斯自由能经过半反应公式，推导出反应的总体电子移动摩尔数 n，而反向计算出来。

$$E_0 = -\frac{\Delta G_0}{nF} \tag{6-47}$$

可逆电动势是燃料电池最原始的化学电动势，电化学能在这个时候是可逆的。即电化学反应处于临界状态。但是这个电压在实际使用时是测量不到的，主要因为这个电动势是在没有电路电流时的电动势，相当于开路的状态下。

燃料电池的开路电压 V_{oc} 会受到 3 个动态阻抗部分的影响。分别是极化阻抗部分、欧姆阻抗部分和浓差阻抗部分。这些部分在电路中体现出的电压反应就被称为过电势，其方向和可逆电动势相反。因此实际燃料电池对外体现的电特性就是其标准开路电动势减去这些过电势。一个典型的 PEMFC 的极化曲线示意图如图 6-54 所示。

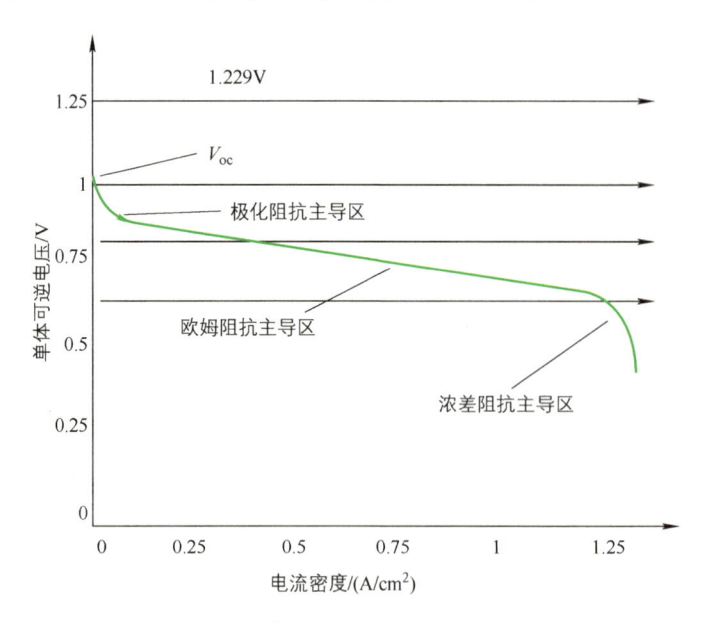

图 6-54　一个典型 PEMFC 的极化曲线示意图

$$V_{actual} = V_{oc} - V_a - V_o - V_c \tag{6-48}$$

式中　V_{actual}——系统实际的输出电压值；

　　　V_{oc}——系统的开路电压（没有有效总电流形成时）；

　　　V_a——系统的极化过电压；

　　　V_o——系统的欧姆过电压；

　　　V_c——系统的浓差过电压。

需要指出的是，这里的系统开路电压和上面导出的系统可逆电压是不同的，开路电压代表实际电池正负极两端的测量电压值（电源开路时电极两端真实的电压值），可逆电压是理论最高化学能转化的电势差（这个值往往会高于V_{oc}，是理论得出的值），后面章节会进行详细介绍。

6.3.2 燃料电池的基础原理

（1）燃料电池的开路电压　燃料电池的开路电压V_{oc}是指燃料电池在电路断开还没有形成有效电池电流时的测量电压值，它代表电池在稳定状态下，正负极可得到的最大实际测量电压差。由于是实际测量值，因此它与电池的可逆电势能不同，理论可逆电动势无法实际得到，仅仅是理论上的解析解值。实际电池存在多种损耗，因此，开路电压要低于理论可逆电压（特别是低温状态）。由于燃料电池的工作状态不是封闭电池（对比于锂离子电池），因此，其V_{oc}通常受到温度和反应物分压的影响，其公式可以写为

$$V_{oc} = 1.229 - 8.5 \times 10^{-4}(T - 298.15) + 4.308 \times 10^{-5}T[\ln(pH_2) + 0.5\ln(pO_2)] \quad (6-49)$$

根据公式（6-49）可以建立出可逆电压与温度和压力的关系图，分别如图6-55、图6-56所示。当温度较高时，反应物活性增加，较低的反应电压即可形成。当生成物为液态水时，开路电压会高一些，因为部分电压损耗在气化H_2O上。而系统压力和可逆电压有一定的正向关系。在分析时，可以根据这个关系建立较为准确的燃料电池开路电压模型。例如，当PEMFC在正常工作温度（60~80℃）和氢气和氧气分压的情况下，开路电压的值可以根据公式（6-49）实时计算出来。由于开路电压同时还会受到其他因素的影响，因此实际V_{oc}的值会和计算值有一定偏差。

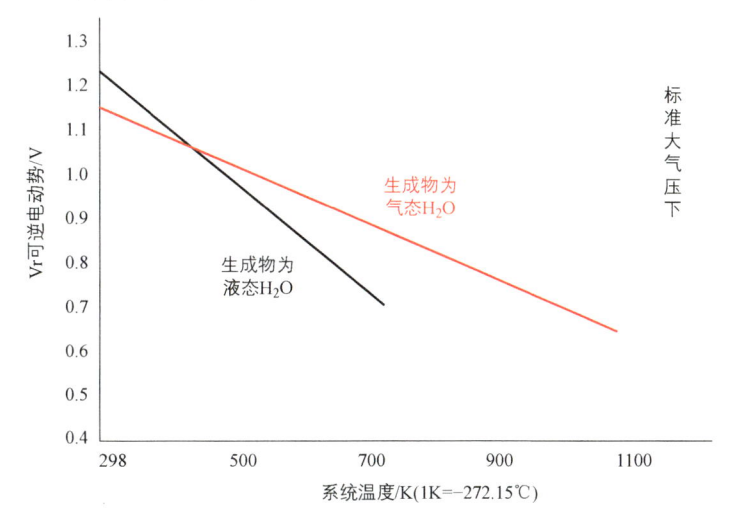

图6-55　可逆电压和温度的关系

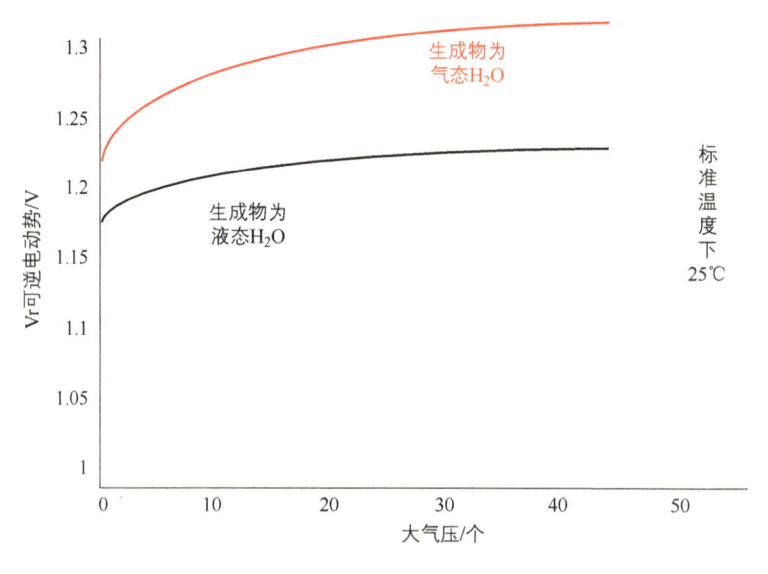

图 6-56　可逆电压和压力的关系

开路电压和可逆电压经常容易混淆，这两个电压其实有着不同的定义。可逆电压是指由电化学反应去除掉膨胀功后的电势能差，也就是化学能可以转化为电能的最大可能形成的电动势，这个电动势的值几乎很难测量。因此，实际中通常使用开路电压 V_{oc} 进行计算。V_{oc} 是指在外电路还没有接通时，燃料电池电势差的可实际测量值。燃料电池在实际运行之前处于稳定的状态，其电极在电解液中会形成稳定的氧化、还原平衡电流，即相应的稳定电极电位。由于两个电极分开分布于电池两端，正负两极都会存在自己的稳定电位。如果使用电压计连接两极，就可以测出此时的开路电压。开路电压值一般会小于可逆电压值。这是由于电极本身存在杂质，会和电极本身建立一个稳定电位，于是就和理论电位有一定的电位差。同时，实际燃料电池存在燃料（氢气）从阳极扩散到阴极的燃料扩散现象，虽然量不大，但对于开路电压会有一定的影响。因此，开路电压在不同环境下包含较多影响因素，很难准确给出其定义。但由于 V_{oc} 是可测量的真实值，在实际工程应用时，可以直接使用，而可逆电动势仅作参考。

（2）燃料电池的极化过电压　在燃料电池的阳极和阴极，同时会发生性质相同但方向相反的电化学反应。为了能使反应顺利进行，需要克服化学活化能（活化能即反应进行的活化势垒，就像火柴燃烧需要划一下，将反应物的能量提高到活化势垒，反应才能正向快速进行）。在燃料电池两端的电压上，体现为一定的小电流开始产生时，电压偏离平衡电位的大小。

对于阳极来说，产生氢离子氧化形成阳极电动势，其大小是阳极标准电动势和反应物浓度差形成的动态电动势的和。由于阳极三相界面的反应物是氢气（催化剂的作用下），产物是氢离子，而总体的电子转移数量是 $2n$，n 为转移电子的摩尔数。其分子和分母的位置和前面的正负号相关，即如果用还原态物质除以氧化态物质，就用减号。阳极电动势为

$$E_a = E_a^0 + \frac{RT}{2F}\ln\left(\frac{a_{H^+}^2}{a_{H_2}}\right) \quad (6\text{-}50)$$

式中　E_a——阳极电动势；

　　　E_a^0——阳极标准电动势。

对于阴极来讲，其氢离子和氧原子及电子发生还原反应的产物是水，化学势能形成阴极的电动势为

$$E_c = E_c^0 - \frac{RT}{2F} \ln\left(\frac{a_{H_2O}}{a_{H^+}^2 a_{O_2}^{1/2}}\right) \qquad (6-51)$$

燃料电池的整体电压就是指两个电极的电势差，所以将两个电极的反应综合在一起就可以得到整体电势差的公式，即

$$E_{rev} = E_0 - \frac{RT}{2F} \ln\left(\frac{a_{H_2O}}{a_{H_2} a_{O_2}^{1/2}}\right) \qquad (6-52)$$

在最终的反应物为液态水时，PEMFC 的可逆电动势为 1.229V，而反应物为气态水时，其可逆电动势会低一些（系统需要消耗一定的能量将液态水气化成液态水）。当系统开始工作而还没有电流产生时（外电路可以测得的整体电流 $I = 0$），电极两边的电压差就是开路电压。当系统开始有一个很小的过电势（几乎测量不到）存在时，系统将呈现一个电流即这个系统的交换电流。

在电化学反应中，电池电压可以改变活化势垒，这时由于带电物质自由能受电压影响，反应速率会改变带电粒子在某一瞬间的位置分布。由于反应速度体现在电流或电流密度上（单位时间内反应的电荷数，电荷在接通的电池中流动形成电流），因此当某一方向电流较大时，会在界面产生电能差，这会抵消一部分自由能。随着反应不断增大，自由能差会进一步降低，当降低到抵消掉原有的自由能差时，系统进入平衡状态。此时，正向电流和反向电流在平衡状态下形成平衡交换电流 i_0。对于非平衡反应，整体电流就可以写成 B-V 公式，即

$$i = i_0 \left\{ \exp\left(\frac{azF\eta_{act}}{RT}\right) - \exp\left(\frac{-(1-a)zF\eta_{act}}{RT}\right) \right\} \qquad (6-53)$$

式中　a——反应的传递系数；

　　　z——参加反应的电子数；

　　　F——法拉第常数；

　　　η——极化电压；

　　　i_0——交换电流。

公式（6-53）体现了电流和系统活化过电势的关系，在燃料电池中，电势可以分成 3 个部分：阳极电压、电解质电压和阴极电压。平时能得到的基本是阴阳两极的电压差，而中间电解质电压较难得到，仅作参考使用。但 B-V 公式中，交换电流其实也是阴阳两极的各自交换电流的和，在阳极的交换电流为

$$i_{0,a} = a\left(\frac{P_{H_2}}{P_{0,a}}\right)\left(\frac{P_{H_2O}}{P_{0,a}}\right) \exp\left(-\frac{E_{act,a}}{RT}\right) \qquad (6-54)$$

阴极的交换电流为

$$i_{0,c} = (1-a)\left(\frac{P_{O_2}}{P_{0,c}}\right)^{0.25} \exp\left(-\frac{E_{act,c}}{RT}\right) \quad （6-55）$$

式中　　a——电荷转移系数，其值取决于活化势垒的对称性（完全对称时，参数取值都为0.5）；
　　　　$E_{act,a}$、$E_{act,c}$——阳极、阴极的极化能；
　　　　P——所处的压力；
　　　　T——燃料电池的温度。

如果对 B-V 方程取对数，在电流密度较小时，就可以得到 Tafel 公式（这并不是一个理论公式，而是通过大量的试验而得到的经验公式），其过电压为 0 时的点就对应交换电流。于是，极化电压的值 η 就可以写为

$$\eta = -\left(\frac{2.303RT}{aF}\right)\log i_0 + \left(\frac{2.303RT}{aF}\right)\log i \quad （6-56）$$

Tafel 曲线和交换电流点如图 6-57 所示。在过电压较大时，它和电流对数的关系可以近似为线性，而在电流值很小时，其曲线表现为非线性。于是，交换电流就可以体现电极的极化能力，即在过电压较小的状态（可忽略的值）可以产生多大的交换电流，这个值还和使用的催化剂有关，比如铂的 i_0 较大，而镍等其他金属的 i_0 较小。在电化学应用中，还需要综合考虑催化金属的成本，比如钯（Pd）金属的 i_0 较大，但成本较高，所以并不适合在 PEMFC 中使用，而价格相对较有优势的铂金（或其合金）就成为首选的催化剂。

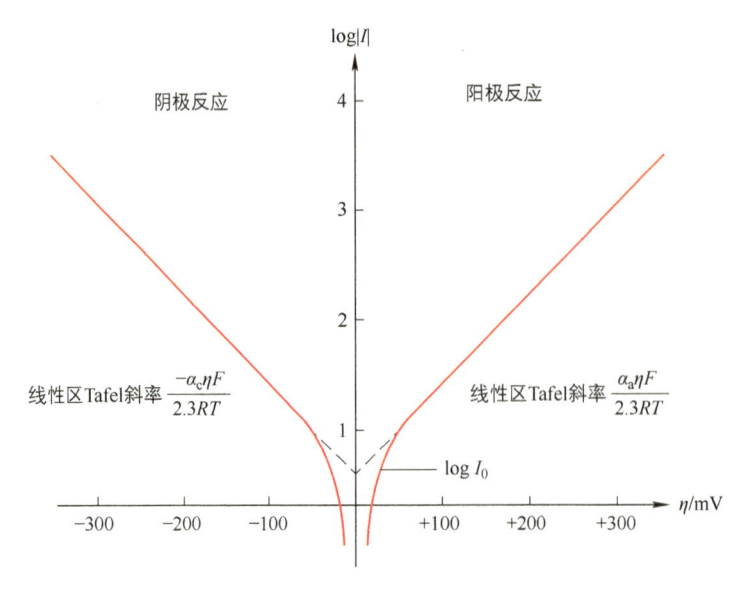

图 6-57　Tafel 曲线和交换电流点

当系统开始产生电流时，极化电动势产生出较大的增幅，直到 Tafel 进入到线性区间（由于图 6-57 使用电流的对数为纵坐标，所以在电流增幅很大的情况才会产生线性关系的电压增加）。于是，随着过电压的增加，相应的电源电流成指数增长，因此，在较大电流区

间，过电压的增长就会快速减小。随着电流进一步增大，极化过电势的增幅就会小于由于电源内部阻抗而产生的过电势（这个过电势在一定温度和压力状态下，基本呈现电压和电流的线性关系），因此电源的极化曲线就可以视为进入欧姆过电压区间。

从 B-V 和 Tafel 公式可以看出，要想提高反应速度，可以从以下几个方面进行改善：

1）提高反应物浓度：反应物浓度在热力学公式中由于能斯特的对数特性，其影响较小，但在动力学公式中有直接比例关系，所以影响较大。

2）提高反应温度：温度的提高可以抵消一定的活化势垒作用（指数幂的分母上），但其效果不会太明显，原因是高温会带来其他对阻抗的影响（使得传输阻抗增大）。

3）降低活化自由能：由于活化能的指数幂影响，使得这部分的效果非常显著，比如使用催化剂可以降低活化势垒，但反应速度会加速进行。

4）增加反应场所（面积）：使得所使用公式整体乘以一个系数。有诸多方法，比如增加催化剂比表面积、增加电极空间分布等。但是这个改进措施的效果并不明显。

（3）燃料电池的欧姆过电压　除了极化过电压，燃料电池的第二个过电压是由于其内部阻抗所引起，因此也称为欧姆过电压。由于电极的反应通常由电子相和离子相组成，电子通过外电路传递到还原极，而离子侧通过电解液直接从内部传递过来。这样就形成了一条有各种阻抗的电路通路。内部阻抗同样可以分成3个主要的部分：离子氧化电极游离过电解质到达还原电极的等效阻抗、电极（双极板表面电子阻抗、内部传递阻抗等）的等效阻抗以及电极的接触阻抗和外电路的电阻之和。

$$R_{ohm} = R_{contact} + R_{bpp} + R_{mea} \tag{6-57}$$

式中　R_{ohm}——燃料电池等效欧姆阻抗；
　　　R_{bpp}——双极板的等效阻抗；
　　　R_{mea}——膜电极的等效阻抗；
　　　$R_{contact}$——等效接触阻抗。

R_{bpp} 的大小和使用的材料（石墨或金属）及形状（流道的槽和脊的形状和有效面积）有关，当槽和脊的面积不同时，其等效电阻会有一定的偏差；R_{mea} 是离子游离过膜电极的等效阻抗（这个阻抗和三界构成、磺酸基浓度、水饱和度、电势差等有关）；$R_{contact}$ 是等效的接触电阻和连接处电阻的和。于是，欧姆过电势就可以写成电流和上面分析的这些阻抗和的乘积，即

$$V_o = I_{stack}(R_{contact} + R_{bpp} + R_{mea}) = I_{stack}R_{ohm} \tag{6-58}$$

式中　V_o——欧姆过电压；
　　　I_{stack}——电堆电流。

在燃料电池运行的大部分区域，欧姆过电压基本处于主导地位，因此这段区间的极化曲线会体现出线性的关系，使得系统控制起来也会比较容易。由于系统的高效率区间也通常在这个范围（大约单体电压在 0.7V 左右），因此燃料电池的控制系统基本也就集中在这段区间。

随着燃料电池电流的继续增加，极化曲线会出现一个电压呈指数下降的过程区间，这个急速形成的过电压就是浓差过电压。

（4）燃料电池的浓差过电压　燃料电池极化曲线的最后一个区间，会出现一种以指数增加的过电压，称为浓差过电压，这个过电压的出现会使电池电压在电流增速很小的情况下迅速下降。浓差极化可以理解为：支持电化学反应的反应物供给不足（或可反应的有效机制不足），而无法满足外界负载对于功率输出的要求，所显现出的过电压现象。

在反应初期，由于反应速度较小，反应燃料处于过量供应的状态，这时电池的浓差过电压很小，可以忽略不计。到了大电流区，反应速度加快。这时会有3个因素产生影响：第一个原因是，反应所需要的反应物氢气或氧气供给不足，特别是氧气，由于纯度问题而供应不足比较常见。空气中的氧气含量只有21%左右，反应所需的空气量就需要是氧气量的5倍。当反应加大时，氧气需求加大，对应的空气需求量就会更高。当空气供应量不足时，会导致没有足够的氧气参与反应。氢气侧由于是纯氢气供应，所以出现供气不足的情况较多。因此，如果持续增加输出电流，电压就会快速下降而形成浓差极化现象。实际工程应用中，空气进气端需要加上增压装置以提高氧气的供给速度来延迟浓差极化的发生。第二个原因是，当催化剂的有效面积不够时，也会出现浓差极化现象。可以理解为，虽然反应物的供给充足，但由于催化剂的活性面积（催化剂颗粒分布、有效表面积大小等）或活性性能（有无CO中毒等）受到影响，再多的反应物也无法瞬间一起实现反应，就好像反应物排队等待反应的现象，因此而出现浓差极化。除此之外，三相反应的空间结构、催化剂支撑物特性等也会有一定的影响。第三个可能的原因是，在大电流区，反应物水将会大量产生，如果系统的排水不畅，会出现堵塞气路的现象，导致反应变慢。但由于水的影响有不确定性（可以发生在任何区间），一般的浓差极化不将水的影响并入浓差极化中。

浓差极化现象通常发生在欧姆极化之后，即高电流区。其特征是电压出现指数衰减变化（由于反应物分压比和过电压的对数关系所引起）。V_c可以简化地描述为

$$V_c = I\left(c_2 \frac{I}{I_{max}}\right)^{c_3} \qquad (6-59)$$

式中　I_{max}、c_2和c_3——通过经验公式取得的常数参数，其大小受电堆温度和反应物的分压影响。

6.3.3　燃料电池的效率

知道了燃料电池的理论化学转换能，并得到输出的有效功，就可以计算出燃料电池的效率。吉布斯自由能的限制和转化过程中的非可逆过程所产生的损耗再加上可能的燃料损耗，会使燃料电池的效率进一步降低。在理想状态下，燃料电池的效率等于其消耗的所有能量除以其产生的有用功得到的数值∂，即

$$\partial = \frac{W_{useful}}{W_{produce}} \qquad (6-60)$$

式中　∂——燃料电池效率；
　　　W_{useful}——有用功的能量；
　　　$W_{produce}$——总体产出的能量。

公式（6-60）可以用来计算实际效率和理论效率。通常可以将效率进行分布计算。首先可以计算出燃料电池的理论效率。电化学反应所能产生的最大吉布斯自由能是$\Delta G = $

$-nFE$，其整体化学反应所能提供的自由能是化学反应焓的变化值 ΔH，所以其理论效率就可以写成自由能变化和化学焓变化比值的绝对值（考虑效率为正值），即

$$\partial_{\text{理论}} = \left| \frac{\Delta G}{\Delta H} \right| \tag{6-61}$$

式中 $\partial_{\text{理论}}$——燃料电池理论效率；
ΔH——化学反应焓的变化值。

由吉布斯自由能的公式可知，ΔG 和 ΔH 的差值是 $-T\Delta S$，由于 $T > 0$，ΔS 对于实际反应都是增加的，所以理论的效率损耗主要是熵增造成的。对于标准的氢氧生成水的反应，反应物为液态水的反应焓的值是 285.8kJ/mol，而其电化学自由能的量值为 –237.1kJ/mol。因此，PEMFC 的理论效率为

$$\partial_{\text{理论}} = \left| \frac{-237.1\text{kJ}}{-285.8\text{kJ}} \right| = 82.96\% \tag{6-62}$$

燃料电池的理想效率很高，但在实际应用中，就需要考虑各种影响因素。燃料电池正常工作时，会被控制在高效区（输出电压在 0.7V 左右）进行。这时，系统反应中已经包含了极化过电压损耗。由于反应还没有到浓差区，所以浓差损耗较小，主要的动态损耗是欧姆过电压。随着电流的加大，I^2R 电阻热损耗也会随之增加。实际应用需要综合考虑瞬间的功率响应，为了不让电池随负载要求而产生较大的输出波动，通常需要在系统中加上一个缓冲单元（功率型电池或超级电容器）进行削峰填谷，使得燃料电池工作稳定在高效区。于是，燃料电池正常运行时的损耗主要是可变的欧姆损耗（I^2R），基本固定的极化损耗和较小的浓差损耗。

除了电堆本身的损耗外，BOP 系统的损耗也需要考虑进去。因为，最后的有用输出功率包含了 BOP 部分，而系统效率的分子是有用输出功。首先，氧气的供应需要跟得上化学反应的速度，而燃料电池的反应又不太可能在一个功率下进行，一般需要和外部的负载（比如汽车的循环工况）相对应。这样在设计时，通常使用过气策略，就是将燃料的供应量提高到高于实际需求的状态。但这就会在正常的工作状态下产生空压系统的功率损耗。散热系统的循环泵使用电机驱动，其功率损耗是带走的热量除以其效率值。在氢气侧，由于是纯氢气供应，所以需要将多余的反应剩余氢气循环回系统，一般使用氢气循环泵（卢茨泵或隐射泵），这些泵存在电损耗和机械损耗。另外，BOP 系统中其他的电子电器也会有相应的损耗。如果将所有这些损耗加在一起，除以化学反应的吉布斯自由能转化的电能值，就可以得到实际的燃料电池效率。

质子交换膜燃料电池的整体效率可达 50% 左右。如果使用能量回收策略，比如热电联营，这个效率还会进一步增加。即使 50% 的效率相对于热机的理论最高效率——卡诺效率来讲也已经很高了，汽油机的实际效率为 35% 左右，而柴油机高一些在 43% 左右。燃料电池效率高的主要原因是燃料电池将化学能直接转化为电能，而发动机中间需要一个将热能转化为机械能的过程，也就是需要进行两次转换。

$$\partial_k = 1 - \frac{T_L}{T_H} \tag{6-63}$$

式中　　∂_k——热机的卡诺效率；
　　　　T_L——低温热源的温度；
　　　　T_H——高温热源的温度。

图 6-58 所示为燃料电池的理想效率曲线和发动机卡诺效率曲线的对比图。可以看出，燃料电池的高效区在系统功率较低的区域，而发动机的高效区在系统功率较高的区域。按照此规律，早期的工程技术人员设想能否使用燃料电池和发动机的混合动力模式提供能源，就可以有效利用两种机构的效率特征，形成一种总体高效的能源系统（即在低功率区主要使用燃料电池系统供电，而在高功率区，逐渐加大发动机的输出功率）。

由于总体的成本、体积、质量和控制复杂度等原因，在规模化的工程应用中，这种耦合结构还无法得到产业化推广。实际应用中，常常用燃料电池系统耦合另外一种能量源，形成增程模式为电驱动系统供电（燃料电池主要功能是为系统增加续驶里程而非主要驱动动力源）。多种组合方式（比如燃料电池、电机、发动机和光伏等）在未来的能源发展中是很有实际价值的研究方向。

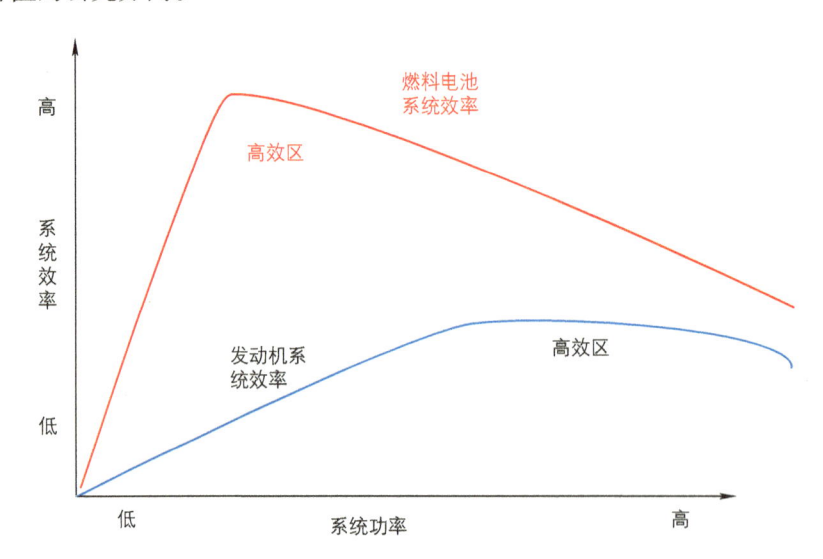

图 6-58　燃料电池的理想效率曲线和发动机卡诺效率曲线的对比图

6.3.4　燃料电池的分类

燃料电池的分类通常是以其使用的电解质作为标准，分为碱性燃料电池（AFC）、磷酸燃料电池（Phosphoric Acid Fuel Cell，PAFC）、质子交换膜燃料电池（PEMFC）、熔融碳酸盐燃料电池（Molten Carbonate Fuel Cell，MCFC）、固体氧化物燃料电池（Solid Oxide Fuel Cell，SOFC）等（直接甲烷燃料电池和直接甲醇燃料电池将在本书第九章作简单介绍）。

同时还存在其他的分类方法。例如，按其工作温度的不同，把其中的碱性燃料电池（工作温度为 100℃）、固体高分子型质子交换膜燃料电池（工作温度为 100℃以内，目前也有工作温度在 200℃左右的高温质子交换膜燃料电池）和磷酸型燃料电池（工作温度为 200℃左右）等称为低温燃料电池；把熔融碳酸盐型燃料电池（工作温度为 600℃左右）和固体氧化型燃料电池（工作温度为 500~800℃）等称为高温燃料电池，高温燃料电池由于其排放的高温排气可以进行再利用，因此又叫作可热电联产的燃料电池。

按照燃料电池开发出来的时间顺序，把 AFC 和 PAFC 称为第一代燃料电池，把 MCFC 称为第二代燃料电池，把 SOFC 称为第三代燃料电池等。

还有按照燃料处理方式的不同，可将燃料电池分成直接式、间接式和可再生式三类。直接式燃料电池指燃料无须转化而直接被燃料电池利用，它又可以按温度的不同细分为低温和高温两种类型（也有加一个中间温度的分类）；间接式燃料电池指燃料不可直接使用而需要中间的转化过程，它包括重整式燃料电池和生物燃料电池；可再生式燃料电池则包含光、电、热、放射等化学燃料电池。下面，我们以按不同电解质分类的燃料电池作简单介绍。

（1）磷酸燃料电池　磷酸燃料电池（PAFC）是一种开发较早、使用较普遍且技术也比较成熟的燃料电池技术路线：对于使用酸性电解质的燃料电池系统来讲，其他强酸比如硫酸有很强腐蚀性、盐酸有很强挥发性能，它们都不适合燃料电池的环境。而酸性相对较弱的磷酸比较适合作为电解液选择对象。

但是，仍然不能完全不考虑其酸性溶液和使用贵金属催化剂的特性，在设计和材料选用时加以注意，比如硫化物、氮化物的影响等。图 6-59 所示为磷酸燃料电池的反应原理示意图。

作为电解质的浓磷酸水溶液，其腐蚀性虽然低于其他强酸，但仍然有较强的腐蚀性，对接触的电极等部件的耐腐蚀能力要求较高。为了提高反应面积，电极均采用碳的多孔体，同时为了使反应能快速进行，需要以铂金（Pt）作为催化剂，这也导致其成本无法大幅下降。同时，燃料气体中如果存在 CO，会对催化剂先行附着而造成催化剂中毒，从而降低整体电极性能。因此，在 PAFC 的使用过程中必须限制燃料气体中含有的 CO 量（特别是对于温度不高的反应），这个要求会进一步增加使用成本。

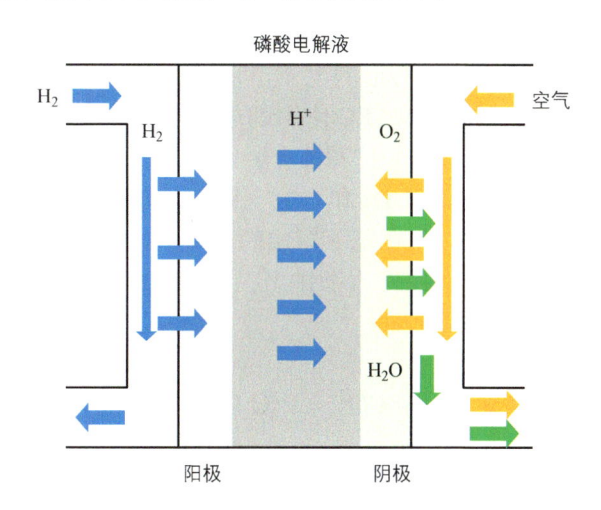

图 6-59　磷酸燃料电池的反应原理示意图

磷酸燃料电池的基本组成和反应原理：燃料气体可以使用纯氢气（成本较高），也可以使用城市煤气添加水蒸气后送到重组器，把燃料转化成 H_2、CO 和水蒸气的混合物，CO 和水进一步在移位反应器中经触媒剂转化成 H_2 和 CO_2。燃料气体进入燃料堆的负极（燃料极），同时将氧输送到燃料堆的正极（空气极）进行化学反应，借助催化剂的作用迅速产生电能。

磷酸燃料电池的化学反应是，在阳极，H_2 被氧化形成质子 H^+，在阴极 H^+ 和空气中的 O_2 以及外电路传来的电子形成水。

燃料极：
$$H_2 = 2H^+ + 2e^- \qquad(6\text{-}64)$$

空气极：
$$2H^+ + \frac{1}{2}O_2 + 2e^- = H_2O \qquad(6\text{-}65)$$

总体：
$$H_2 + \frac{1}{2}O_2 = H_2O \qquad(6\text{-}66)$$

相比碱性燃料电池，其电解液使用酸性物质可以减少对 CO_2 的产生，但存在产生难溶固态碳酸碱金属化合物的问题。

（2）熔融碳酸盐燃料电池 熔融碳酸盐燃料电池（MCFC）就是使用熔融状态的碳酸盐作为电解质的燃料电池，图 6-60 所示为 MCFC 的反应原理示意图）。其主要构成部件有和电极反应相关的电解质（通常是 Li 与 K 混合的碳酸盐），与电解质上下相接的 2 块电极板（燃料极与空气极），以及两电极各自外侧流通燃料气体和氧化剂气体的气室、电极等。

碳酸盐电解质在 MCFC 中约 500～800℃的工作温度下呈现熔融的液体相态，这时的电解液为离子导电体，其传导的离子为 CO_3^{2-}，于是在内部会形成离子电流。如果将外部连接使反应析出的电子形成外回路，就可以形成原电池模型。MCFC 使用的电极为镍系的多孔质体，气室的形成采用抗腐蚀金属。

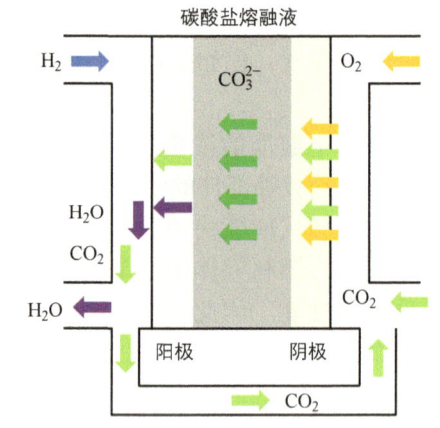

图 6-60 熔融碳酸盐燃料电池的反应原理示意图

MCFC 的化学反应是：空气极的 O_2 和 CO_2 与阴极的电子相结合，生成 CO_3^{2-}，电解质将 CO_3^{2-} 移到燃料极（H_2）侧，H_2 在高温下形成的 H^+ 与 CO_3^{2-} 相结合并释放出电子 e^-，生成 H_2O 和 CO_2。最后，反应生成物——水被排出，而生成的 CO_2 可以被回收到阴极再次参加反应。整体化学反应式为

燃料极：
$$H_2 + CO_3^{2-} = H_2O + CO_2 + 2e^- \qquad(6\text{-}67)$$

空气极：
$$CO_2 + \frac{1}{2}O_2 + 2e^- = CO_3^{2-} \qquad(6\text{-}68)$$

总体：
$$H_2 + \frac{1}{2}O_2 = H_2O \qquad(6\text{-}69)$$

在该反应过程中，电子的生成和传输与在磷酸燃料电池中的情况一样，从燃料极被放出，通过外部的回路返回到空气极，电子在外部回路中形成电流。同时，在 MCFC 内部也

必须形成离子流才能组成完整的电流回路，由于熔融碳酸盐内部有大量的游离态 CO_3^{2-}，碳酸根离子团就成为在电源内部电传递的离子。因此，为了保证反应的不断进行，供给的氧化剂气体中必须含有碳氧成分。

另外，通过在电池内部充填耐催化物质，可以直接实现将天然气主成分的 CH_4 在电池内部改性，从而可以间接生成 H_2。如果使用的燃料是煤气，由于其主成分为 CO，可以利用 CO 和水汽反应生成 H_2，因此，可以等价地将 CO 作为燃料来利用，由于 MCFC 没有使用贵金属作为催化剂，所以无须担心贵金属的 CO 中毒现象。另外，由于温度较高，MCFC 的隔板通常采用镍（Ni）和不锈钢来制作。

（3）固体氧化物燃料电池　固体氧化物燃料电池（SOFC）是以陶瓷材料为主构成的，电解质通常采用固体状态氧化物氧化锆（ZrO_2），通过添加氧化钇（Y_2O_3）形成稳定化的稳定化氧化锆（YSZ），构成了 O^{2-} 导电固态电解质。ZrO_2 本身不具备氧离子的导电性，在添加一定量的氧化钇后，由于钇是正三价，而锆为正四价，因此，一个钇离子就会形成 1/2 量的氧离子空穴，从而就有了非本征载流子氧离子。在高温下，其传导性能优越。燃料极通常采用 Ni 与 YSZ 复合多孔体构成金属陶瓷电极，空气极采用氧化镧锰（$LaMnO_3$）材料。隔板采用氧化镧铬（$LaCrO_3$），图 6-61 所示为 SOFC 的反应原理示意图。

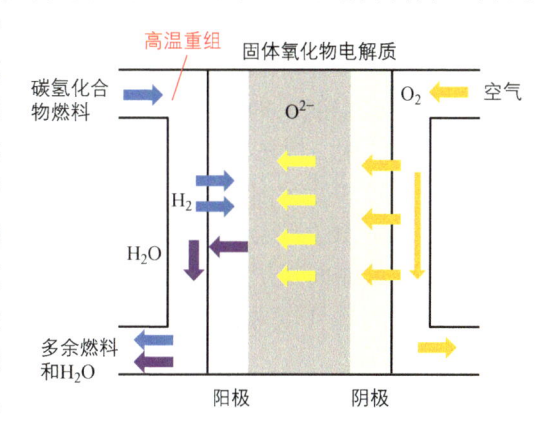

图 6-61　固体氧化物燃料电池的反应原理示意图

由于固态陶瓷性物质有较大的脆性，为了避免因电池的形状变化，如电解质之间热膨胀差造成裂纹等，开发了在较低温度下工作的 SOFC。固态氧化物燃料电池的形状除了有同其他燃料电池一样的平板型外，还开发出了为了避免应力集中的圆筒形（由于其高温特性，因此对于内部的导电阻抗要求并不太高，因此可以做成较复杂的外部形状）。除了使用 YSZ 外，还有使用 GDC 三价氧化镓掺杂四价氧化铈和 SDC 三价氧化钐掺杂四价氧化铈作为电解质的固体氧化物燃料电池，SOFC 的化学反应式为

燃料极：
$$H_2 + O^{2-} = H_2O + 2e^- \tag{6-70}$$

空气极：
$$\frac{1}{2}O_2 + 2e^- = O^{2-} \tag{6-71}$$

总体：
$$H_2 + \frac{1}{2}O_2 = H_2O \tag{6-72}$$

和 MCFC 相似，SOFC 使用高温为化学反应提供动力，从而可以使用贱金属催化剂替代贵金属催化剂。整体 SOFC 的成本要低于使用贵金属的燃料电池（如 PEMFC 等）。由于使用高温，H_2 可以通过碳氢燃料的高温裂解在电池的前端实现。形成的 H_2 输入到燃料极，和从阴极出发经电解质移动过来的 O^{2-} 反应生成 H_2O 和 e^-。在空气极，由 O_2 和外电路传输

过来的 e^- 生成 O^{2-}。整体反应同其他燃料电池一样，都是由 H_2 和 O_2 生成 H_2O。因 SOFC 属于高温工作型，可以实现无其他触媒作用的情况下，直接在内部将非 H_2 的燃料改质成 H_2 加以利用，由于其对 CO 不敏感，因此主要成分为 CO 的煤气也可以直接作为燃料直接利用。

SOFC 本身有成本的优势，但其反应所需的高温条件也使得其应用受到限制。例如，在新能源汽车领域，SOFC 就很难得到广泛应用。如果每次开车前，都需要先将电池系统加热到 400℃ 以上，汽车的便捷性就会大打折扣。但是，SOFC 在家庭储能领域却非常适合，由于场所固定，运行时间可控且较长，SOFC 的余热部分还可以应用到其他家庭场景（家庭供暖、热水等）。在日本，大约几十万个家庭都使用 SOFC 技术，图 6-62 所示为日本 OSAKA Gas 等联合开发的 ENE-FARM Type S SOFC。

（4）碱性燃料电池　碱性燃料电池（AFC）是第一个产业化的燃料电池技术。其最初应用于美国航空航天局的太空计划，在 NASA 的航天器上用于发电，而其反应产生的水还可以循环使用。但是，由于其对燃料的纯度有较高的要求，除了在不计成本的航天飞机上，其商业应用十分有限。AFC 使用碱（KOH）作为电解质，在阴极输入氧气，阳极输入氢气。这是由于碱会和空气中夹杂的 CO_2 发生反应形成 K_2CO_3 这种难溶于水的碳酸盐固体物质，长时间使用会形成聚集并堵塞燃料电池，从而使反应无法进行。因此 AFC 需要使用纯净的氧气作为燃料，这限制了其应用范围。其阴极的反应是 O_2 和溶液中的 H_2O 形成 OH^-，即

$$O_2 + 2H_2O + 4e^- = 4OH^- \tag{6-73}$$

阳极反应时，H_2 和 OH^- 形成水，即

$$H_2 + 2OH^- = 2H_2O + 4e^- \tag{6-74}$$

总反应是 H_2 和 O_2 形成 H_2O（这与 PEMFC、SOFC 的总反应一样）。碱性燃料电池的反应原理示意图如图 6-63 所示。

图 6-62　日本 OSAKA Gas 等联合开发的 ENE-FARM Type S SOFC

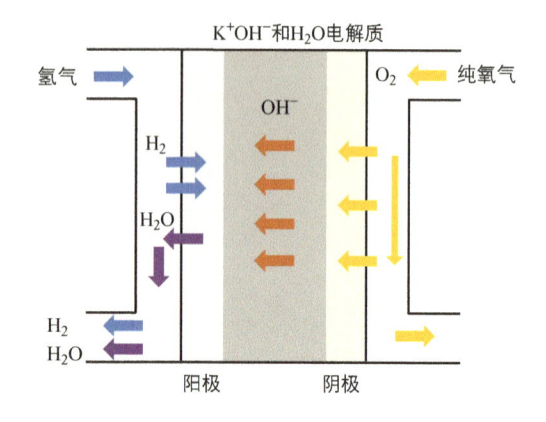

图 6-63　碱性燃料电池的反应原理示意图

在该反应过程中，不仅要防止固态反应产物的形成，从反应公式还可以看出，反应的产物水会直接生成在电解液中，如果控制不好水的含量，会导致电解液的浓度被稀释而影响反应效果，因此碱性燃料电池还需要进行电解液的浓度控制。

这些不利因素在对于像汽车这种需要规模化开发，同时对环境要求和控制要求都不能苛刻的产业，推广起来比较困难。这也是为什么 AFC 开发很早，但一直都没能实现产业化推广的原因。

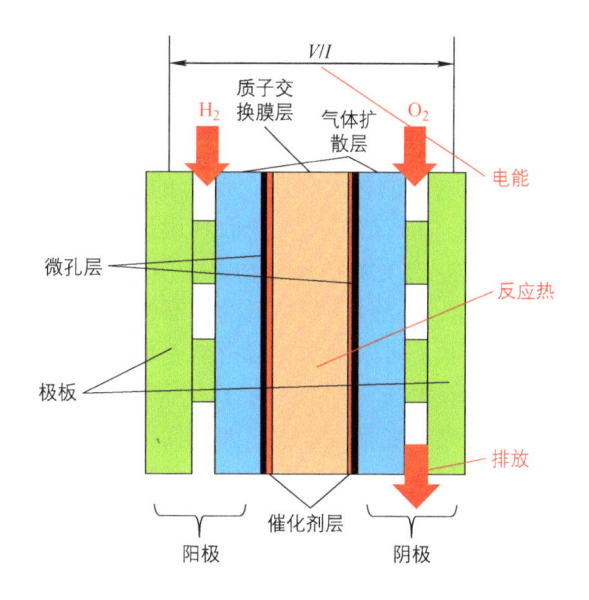

（5）质子交换膜燃料电池　质子交换膜燃料电池（PEMFC）是燃料电池中使用最为普遍的一种，由于它具有能源转化率高、对环境友好、工作温度低（也可以高温运行，但需要保湿膜保水）、适用于较频繁起动的特点，使其成为汽车应用中的主要技术路线。随着世界各国对清洁燃料汽车、纯电动汽车（EV）、混合动力电动汽车（HEV）、燃料电池电动汽车（FCV）等研究的日趋深入，燃料电池被认为是一种极有可能取代普通燃油成为未来汽车动力的主要来源。特别是绿氢概念的提出，使得氢燃料电池被越来越多的人认定为终极能源类型。而 PEMFC 也被认为是未来电动汽车最好的动力源之一。

如图 6-64 所示，质子交换膜燃料电池单体是两个极板夹着膜电极的类似"三明治"的结构，膜电极（Membrane Electrode Assembly，MEA）由质子交换膜层、催化剂层和气体扩散层组成。质子交换膜层的主要作用类似于电解液，可以通过质子，而不能通过电子，这样即可形成电源内部电流，如果将外部用导线连接，就可以形成原电池；催化剂层的作用是使反应物（氢气和氧气）发生化学反应并形成产物（水）的过程加快；气体扩散层负责将燃料气体在燃料电池内进行传输，同时将多余的生成物——水排出。

质子交换膜燃料电池的反应机理是，氢气通过阳极板上的流道至阳极表面，经气体扩散层到达电极。电极是催化剂层、气体扩散层和质子交换膜层形成的三界交界处。在催化剂的作用下，氢气被氧化为质子和电子，阳极反应释放的电子经外电路到达阴极，氢离子则穿过质子交换膜从内部到达阴极。在阴极，同样在阴极催化剂的作用下，质子和极板流道扩散过来的氧气和电子发生还原反应生成水，而产物水最终会被流道气流带走排出。

图 6-64　质子交换膜燃料电池的工作原理

PEMFC 的反应公式和磷酸燃料电池的一样，由于本文将以 PEMFC 为设计对象，后文将有更为详细的介绍，因此这里就不再赘述其化学反应公式。

通过反应前后的自由能差计算，PEMFC 的理论效率可达 83%（反应前后的化学键能量比）。在实际应用中，由于燃料电池存在多种极化现象，并且其使用的辅助设备存在功率消耗等因素，系统实际效率通常为 40%～60%。这个能量效率仍然远高于传统的发动机（汽油机在 30% 左右，柴油机在 40% 左右）。同时，由于燃料电池工作效率在全部的负载变化过程中能维持在40%以上，所以燃料电池可以表现出良好的效率分配特性。

表6-4对上文描述的5种主要的燃料电池进行了简单的介绍，并从使用的电解质、电化学效率、工作温度和实际应用中主要的输出功率进行了比较。

表6-4 各种燃料电池的对比

简称	燃料电池类型	电解质	工作温度/℃	电化学效率	燃料、氧化剂	输出功率
AFC	碱性燃料电池	氢氧化钾溶液	室温~90	60%~70%	氢气、氧气	较小
PEMFC	质子交换膜燃料电池	质子交换膜	室温~80	40%~60%	氢气、氧气（或空气）	中等
PAFC	磷酸燃料电池	磷酸	160~220	55%	天然气、沼气、双氧水、空气	大型
MCFC	熔融碳酸盐燃料电池	碱金属碳酸盐熔融混合物	620~660	65%	天然气、沼气、煤气、双氧水、空气	超大型
SOFC	固体氧化物燃料电池	氧离子导电陶瓷	800~1000	60%~65%	天然气、沼气、煤气、双氧水、空气	大型

燃料电池的种类较多，反应的机理有所不同，每种类型的燃料电池都存在自身的不足和特点，在对燃料电池选取和设计时需要综合考虑。例如，部件对于空气中的不同物质（碳氧化物、氮化物、硫化物等物质）是否存在氧化还原反应、是否形成不可溶物质而阻碍反应、高温反应时使用材料的可靠性和耐久性、高温反应的低可逆电动势（较高的反应保持温度降低了可以使用的自由能差值）所造成的电压转换需求和效率需求、低温反应所需的贵金属催化剂（比如Pt及其化合物）的反应方向性和有效活性面积、低温反应产物如果是水所造成的水淹现象等，如果使用电解液，还需要考虑电解液的稳定性和腐蚀性等。以上这些问题，对于使用燃料电池的环境兼容、成本设计、材料设计、系统设计和控制设计等都会涉及。

6.3.5 案例——质子交换膜燃料电池

（1）膜电极 燃料电池的电极是燃料发生氧化反应与氧化剂发生还原反应的电化学反应场所。因此，严格意义上的电极含有反应催化、反应物供应和电解质传输3个功能。在燃料电池中，这个部分也被称作膜电极（MEA），但实际上它是由3个独立的部分，按照某种工艺合并在一起形成的。MEA包括气体扩散层、催化剂层和质子交换膜层3部分，分别对应完成上述的3个功能。阳极氢原子在催化剂的作用下氧化成氢离子，而阴极游离过来的氢离子与氧气和电子同样在催化剂的作用下还原成水。膜电极形成了反应三相界面：质子交换膜形成的电解质界面、催化剂及其支撑材料形成的催化界面和氢气、氧气等燃料形成的燃料界面。由于电化学反应既要能和燃料有接触面（氢气或氧气），又要和电解质有接触面（磺酸基传递水合氢离子H_3O^+），还要和催化剂有接触面（PtC加速反应的速度）。同时，还要和导体有接触面（产生或接收的电子通过微孔层传递），一次电极的性能和其材料、空间结构、制作工艺等都有密切的关系。

和普通的化学反应不同,燃料电池的化学反应在正负电极两个地方分别进行。因此电极分为两个半电池部分,阳极(Anode)半电池发生氧化反应,阴极(Cathode)半电池发生还原反应。两个半电池组成一个完整的燃料电池系统。其结构与一般电池电极还有一个不同之处,即燃料电池的电极为多孔结构,主要原因是燃料电池所使用的燃料及氧化剂大多为气体(比如氧气、氢气等),而气体在电解质中的溶解度并不高,因此需要不断由外界输送,多孔结构适应这一要求。同时,为了提高燃料电池的实际工作电流密度与降低极化作用,发展出多孔结构的电极还可以增加参与反应的电极表面积,这是燃料电池所以能从理论研究阶段逐渐进入实用化阶段的关键因素之一。图 6-65 展示了燃料电池阳极氢气的反应示意图。

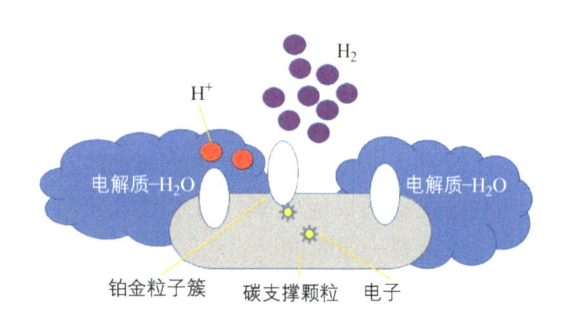

图 6-65 阳极氢气的反应示意图

膜电极的制造工艺过程同样非常重要,好的工艺可以将催化剂有效、均匀地分散在电极上,与质子交换膜层和气体扩散层有机地连接在一起,形成高效三相界面。目前膜电极的制造技术主要有 3 种:

1)气体扩散电极(Gas "Diffusion" Electrode,GDE)技术:GDE 技术是将催化剂层(含催化剂、支撑基材、聚四氟乙烯乳液和醇类物质按一定比例形成的催化剂浆料)在气体扩散层(或微孔层)涂布或喷涂等方式形成。之后使用热压工艺将质子交换膜夹在两层电极中间形成膜电极。由于这种制备方法是在气体扩散层上喷涂催化层,容易造成催化剂喷涂不均,必须加厚催化剂层以保证效果,所以其铂载量较高、利用率较低,使得 MEA 效果变差。同时,由于其热压制备工艺的特点,质子膜必须达到一定的强度,所以通常选用的膜较厚,从而导致内阻的增加。因此,这个技术基本已被业界淘汰(一部分氢氧燃料电池还在使用)。

2)催化剂成膜(Catalyst "Coating" Membrane,CCM)技术:如果将 GDE 技术叫作第一代 MEA 技术,CCM 技术就可以叫作第二代技术。它采用卷对卷直接涂布、丝网印刷、喷涂等方法直接将催化剂、全氟磺酸基聚合物和适当分散剂组成的浆料涂布到质子交换膜两侧,然后将气体扩散层夹在两边形成 MEA。这种技术由于没有高强度热压流程,可以使用较薄的质子膜,从而可以降低内阻提高质子传导率。同时由于喷涂对象为膜,催化剂层也可以较薄,其铂载量可以大幅降低。但由于催化剂层密置于质子交换膜上,其疏水性较难控制,所以其缺点是水控制较难,容易发生水淹。因此,催化剂层必须做得非常薄,这也正好契合其催化剂层可以变薄的特点,但同时其催化剂分布、活性等效果也会受到一定的影响。总体来讲,CCM 技术是市场上普遍使用的膜电极加工工艺,目前世界上主要的商业膜电极供应商(比如杜邦、戈尔、3M、Captive 等)都在使用 CCM 技术。

3)有序化膜电极(Ordered Membrane Electrode,OME)技术:GDE 和 CCM 型 MEA 的催化剂层都是采用催化剂与电解质溶液混合形成催化剂浆料再进行涂覆,所以形成的催化分布和方向在微观结构上都处于无序的状态。而燃料电池膜电极的物理量(电压、电流、反应物浓度、水含量等)在 3 个维度上的不均匀分布,会导致电极的电化学反应在电池的不同区域出现差异现象,进而导致系统的整体性能下降。同时,反应所形成的质子、气体、水等物质的传输也属于无序状态,导致物质传输效率较低,且可能存在较大的极化现象。于是,试图通过结构控制将三相界面进行有序化处理,使得反应和物质传递(质子、水、电子、反应气体等)按一定的顺序有效进行。有序化膜电极包括基于碳纳米管的有序化膜电极、基于催化剂薄膜的有序化膜电极和基于质子导体的有序化膜电极。它们都会在电极形成有序的空间结构,使得催化剂、质子交换膜和气体扩散层的三相界面形成有序的空间分布,进一步降低催化剂的载量,形成高效的水、气体、质子的传输通道,提高燃料电池的整体效率。OME 技术可以被称为第三代 MEA 技术,目前大多处于实验室验证阶段。同时,有序化提高反应效率,对水处理(可能形成水淹)的要求更高,因此这种技术的产业化推广还需要一段时间。

(2)质子交换膜 膜电极的中间部分是质子交换膜(Proton Exchange Membrane,PEM),其主要功能是分隔氧化剂与还原剂,为质子传导(含水合氢离子 H_3O^+)提供通道,并阻挡电子在电池内部传输。为了减少内部阻抗,电解质隔膜一般是越薄越好,前提条件是同时需要顾及强度要求和稳定性要求。电解质的选择条件包含反应物易于溶解、易于传递,其物理稳定性(热稳定性、机械稳定性和电稳定性)和化学稳定性(不易被氧化腐蚀)要高于或至少满足使用条件,有一定的表面附着性(较好的和催化剂结合),同时对反应物的渗透性要小(避免反应物直接接触),使用寿命要达到一定的标准,性价比较高等要求。其性能指标包含离子基团当量值、质子传导及交换能力、燃料渗透率、拉伸强度、膜厚度、成本等。

按照含氟量的不同,可以将酸性质子交换膜分成 3 大类:全氟磺酸质子交换膜、无氟磺酸质子交换膜和部分氟化磺酸质子交换膜,另外还有碱性质子交换膜等。但由于酸性含氟质子交换膜为 PEMFC 主要应用的质子交换膜,因此其他类型的质子交换膜本书不做介绍。

业界最早使用全氟材料的全氟磺酸基聚合物(Nafion)质子交换膜是美国杜邦公司从 20 世纪 60 年代开始研究的一种高分子质子交换膜。在此之前,质子交换膜基本是 CH 结构的,其稳定性不高(CH 的化学键能约为 413kJ/mol,而 CF 的化学键能约为 485kJ/mol),无法满足现代工业的需要。杜邦公司开发出的特氟龙材料,用氟替代 CH 中的氢,形成多 CF 的高稳定性和强疏水性高分子材料。最早的特氟龙材料用于不粘锅的使用。后来经过对这种高分子材料在端基进行磺化后,形成带有亲水基团 SO_3^{2-} 的适合质子交换(类似于硫酸电解质)的全氟膜,这种膜(或其异构体结构)在燃料电池上已得到广泛应用,并取得很好的效果。Nafion 质子交换膜的结构基础是聚四氟乙烯高分子链,这种长链的骨架是 C-C 键,十分坚固,有着很好的机械稳定性、化学稳定性和热稳定性,其高分子结构示意图如图 6-66 所示。

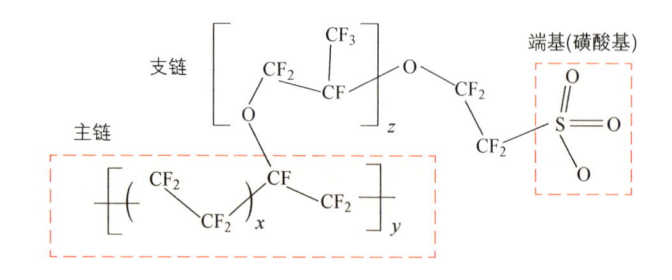

图 6-66 杜邦公司的 Nafion 质子交换膜的高分子结构示意图

Nafion 的链状结构分成主链、支链和端基 3 个部分，端基带有磺酸基。由于磺酸基的离子键特性，使得其有较强的亲水性。当周围有水分子时，高分子链聚的末端会由于和水分子的分子间力聚集在一起，形成反胶束结构。当质子交换膜中不断有水分子进入后，多个 Nafion 的链由末端的磺酸基将水分子聚合在一起，形成类似球状体。这种结构和胶束结构正好相反。胶束体的亲油性在内，而亲水性在外，这样就可以将类似小的油点包围起来。而反胶束对内形成对水的包围结构。

质子交换膜的许多亲水性支链组成大小不一的类似球状或柱状结构（直径在 nm 级别，从 1~5 甚至更大），中间会聚集一定量的水。这样多个磺酸基簇自由组合在一起，形成多个球状结构。这些球状结构在空间相互连接、交叠，构成了水路通道。由球形直径和基团特点（端基的水亲和力和链条的疏水性的排斥力）可以得到水球的基本参数，由于球形的表面积是 $4\pi R^2$，体积为 $4\pi R^3/3$，而通常磺酸基离子 SO_3^- 的间隔约 1nm 左右。这样在 4~5nm 直径的球形内部，就可以形成约 50~70 个左右的磺酸基数量。考虑到水分子尺寸大小，可以粗略地算出，每个半径为 5nm 左右的球形约包含 1000~2000 个左右水分子，如图 6-67 所示。

这种类似反胶束的结构形成了质子交换膜的存水模式和离子导通模式。如果膜的水量增大，球形的体积就会加大，同时会在链上产生更多的反胶束球状体。更多的氢离子就会沿着磺酸基跳动传输，整体电流就会上升。如果水分进一步加大，由于表面的张力作用，反胶束会将体积较大的水分子团截断，从而形成多个更小的反胶束球形结构。于是，每个有效的质子通道中的水分子量就会减小，相当于单位摩尔量的水，可形成的离子通道就变得更有效。因此，可以看出质子交换膜有自我调整的功能。反胶束球吸收水分是在亲水的磺酸基和疏水的聚四氟乙烯（Polytetrafluoroethene，PTFE）分子链的整体相互作用下形成的，离子沿着球面（也会有一小部分离子在离子化水中传递）的内表面向质子浓度较低的方向传递。PTFE 质子交换膜的反胶束球的结构示意图如图 6-67 所示。

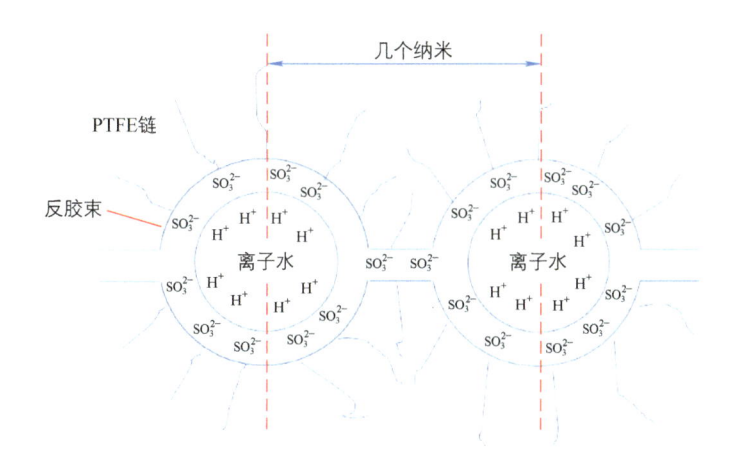

图 6-67 PTFE 质子交换膜的反胶束球的结构示意图

由于质子交换膜中水的量和反应的速度、环境、初始状态等有关，水的增加和减少将在膜中形成膨胀和缩小的周期运动，加上温度上的不确定性（开机时低温，反应后到达 60~80℃），同时，使用环境也会出现机械振动和拉伸（汽车上的使用），这对膜的机械特性和温度特性要求很高。Nafion 的化成和制备工艺需要保证这种膜具有一定的柔韧性，同时又有一定的物理化学坚固性。因此可以得出这样的结论：水分过大（有效传递密度就会降低）或过小（会出现传递不足）都会对离子传递的有效性产生影响。因此，在燃料电池控制时，需要建立闭环控制和较为准确的数理模型，保证在质子交换膜中形成的反胶束构造和水含量达到控制精度。

离子受力通常分为两大类：一种是由电势场梯度形成的电场作用力，一种是由离子浓度梯度形成的扩散作用力。磺酸基全氟聚酯由于其部分厌水性和部分亲水性，还存在另外一种对水或水合氢离子的局部推拉作用力（严格说也是局部形成的电场力），在一定的空间分布下，会对离子的迁移有促进作用。这样离子的定向扩散会在质子交换膜中形成。水域中的离子的定向扩散将有利于离子的持续流动，但这种趋向性会当离子扩散停止随时间衰退。新的离子进行扩散时需要重新建立扩散趋势。当纳米级水域的水和磺酸基极的数量比值在 3~5 之间时，各向异性的衰减几乎呈线性，在到达 8 的时候，基本呈指数变化。所以需要考虑纳米水域的大小，将水分子数和磺酸基的数量比值控制在 6 以下比较合适。但在实际控制时，还需要考虑其他因素，比如质子交换膜的厚度，因为质子交换膜的两边气压有压差，质子交换膜的水分在压差作用下特别是空气端会被吹干，同时气流会加大水的蒸发过程。当氢离子在水通道中向阳极传递，形成内电流时，如果电流过大，离子的通过数量大，离子会同时将水分子带走。于是形成的水通道就会干掉，进而影响导电性（体现为内阻增大）。

全氟膜虽然有很多优点，但其成本较高，因此无氟膜成为 PEM 的一个重要分支。早期的 PEM 大多就是 CH 结构，其聚合材料可以选用聚芳基醚、聚醚酰亚胺、聚苯乙烯等，亲水端基通过磺酸基团的接枝形成 SPEEK、SPES、SPDI、SPI 等多种苯环无氟膜。由于这种结构的聚合物使用非 CF 键，而使用键能较小的 CH 键，因而其机械性能、稳定性能较差。还有一种是介于两者中间的部分氟化磺酸膜，主要包括辐射接枝膜和氟聚物为主体的共混膜两种。辐射接枝膜通常使用两步法制备而成：先将苯乙烯或三氟苯乙烯接枝到含氟的惰性高分子膜上，然后磺化接枝。共混改性法在共混膜材料的选择和制备上，一般选取聚砜、聚丙烯腈、聚偏氟乙烯等高分子材料作为共混制膜材料。这种膜的结构还是利用 PTFE 主链结构，通过醚键链接磺酸化苯环侧链，主链的全氟聚乙烯结构保证其稳定性，但较小的分子链使其机械性较差，无氟部分仍然有键能小的问题。

以上 3 种膜虽然化成不同，但其化学质地一致，所以都称为均质膜。目前流行的一种膜为复合膜。均质膜机械强度较低、溶胀较为严重、厚度较大，很难满足日益增加的大功率、大功率密度燃料电池的要求。美国 Gore 公司研发出了增强型聚四氟乙烯（ePTFE）复合膜，可以将它看成一种全氟膜的改进形式。其方法是将全氟磺酸树脂（Perfluorosulfonic Acid Ion Exchange Resin，PFSA）加注到多孔性基材 ePTFE 中，这样不仅不阻碍质子传导，又增加了膜的机械强度。制成的质子膜厚度可以大幅降低（传统 Nafion 膜在 25μm 以上，Gore 复合膜可以达到 15μm 以下厚度）。增强型全氟膜的制备过程较复杂，原因是 PFSA 有亲水性，而 ePTFE 有较强的疏水性，较难在微孔的结构中交融。因此需要将其前驱物 PFSF 进行处理，才能形成有效融合。另外一种膜是高温质子膜，由于较高的温度对 PEMFC 可以带来许多好处，包括改善水处理（气态水）、提高反应速度（高温降低活化势垒）、提高 Pt 抗 CO 毒性能力等。高温膜主要利用无机酸类作为质子传输载体，如磷酸、硅酸等，加拿大 Ecole 公司使用硅钨酸（STA）添加到 Nafion 中得到杂多酸共混膜。但是无机酸和 PTFE 等聚合物结合作用较弱，容易脱落或降解，使得这种高温膜的稳定性受到影响。

目前，市场上主要以增强型全氟膜为主，其他的技术路线虽有研究和发展，但离规模化产业应用还有较大的距离。值得一提的是，质子交换膜为了进一步改善性能，通常需要添加一些无极小分子（SiO_2、TiO_2、CeO_2 等）。SiO_2 和 TiO_2 可以保持低湿度下的保水性（其前驱物含有硅醇或硅羟基等亲水性质，同时形成的二氧化硅胶类物质可以保湿），CeO_2 可以用来淬灭催化剂层产生的自由基，以提升耐久性。另外，在阴极侧添加纳米 Pt 作为膜材料，可以在多处形成氢气和氧气的反应，以提升反应速率和改善水控制。这类膜也被称为自增湿膜。由于增加的物质（SiO_2、TiO_2、CeO_2 和 Pt 微粒等）在膜中的位置不固定，并有一定的流动性，会在某些部位形成较大的颗粒或反应水聚集，所以其可靠性和稳定性也会受到一定的影响。

（3）气体扩散层　气体扩散层（Gas Diffusion Layer，GDL）的典型材料是导电性、透气性、机械特性和热特性较好的碳纸和碳布。其功能是为催化剂层提供结构支撑，为反应气体（氢气和氧气）到达催化剂层提供通道，将水进出催化剂层以及电子从催化剂层到阳极中双极板的传输侧和从双极板到阴极侧的催化剂层提供通道，以及从催化剂层将系统产生的部分热排出去。因此，GDL 需要有优异的透气性、优良的耐腐蚀性（强酸环境下的耐久性能）、良好的导电性、较高的机械强度和热稳定性、一定的疏水性、较小的质量和较高的性价比。

GDL 的材质主要是碳纤维（碳纸、碳布）、无纺布、泡沫金属和金属网材等。由于碳纤维的化学性质比较稳定，对酸性环境的抗腐蚀性较高，因此是 GDL 的流行基材。其透气性能除了和材料有关外，也与其工艺成型过程相关。GDL 的原始材料通常具有一定的亲水性（碳纤维材材料），因此需要进行疏水性处理，以保证不会由于水的聚集将孔隙堵住而影响气体的流通。常用的气体扩散层疏水处理手段，是使其表面包围一层如 PTFE 的疏水性物质，含量可以从 1wt%~50wt%。试验显示，当 PTFE 的含量为 5wt% 时，GDL 足以获得明显的疏水性，因此 5wt% 的 PTFE 处理工艺被业界视为标准工艺。

在电阻抗方面，由于碳纸的结构比碳布更杂乱，当环境的湿度较低，水分流失效果会减弱。当电流通过时，其欧姆阻抗减小，因此电损耗相应减小。当外界湿度较高且电流密度也较高时，碳布具有更多的孔隙结构，碳丝的弯曲度也较低，使得水可以形成更有效的分布型分散，其导电效果比碳纸有所提升。碳纸和碳布的扫描电镜微观图像如图 6-68 所示。

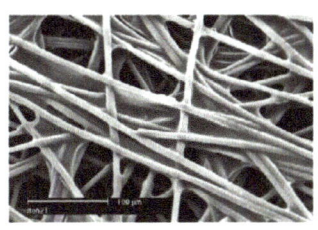

a）碳纸　　　　b）碳布

图 6-68　碳纸和碳布的扫描电镜微观图像

为了更有效地控制燃料电池中的水场和气场，气体扩散层和催化剂层中间一般会加入一个微孔层（Micro Porous Layer，MPL），其组成可以是不定形碳等良导体物质，由于其密度较大，因此也叫致密层。MPL 的作用和 GDL 相得益彰。由于 MPL 的孔径较小，又经过疏水处理，在反应初期或低电流输出时，气场中的水分较少，气体会顺利通过 MPL，而反应侧的水分会由于 MPL 的疏水作用被一定程度的保留在膜电极一边，这样就可以起到保水的作用。当反应持续进行或电流较大，系统中的水分较多并可能产生水堵塞时，MPL 会受到浓度差的作用，将水分导出到 GDL 层。由于 GDL 层的孔径较大，因此水滴可以比较顺利地排出。可以看出，MPL 主要是通气作用，而通水主要靠 GDL。早期的 MEA 制作工艺是将催化层涂布在 GDL 层上，其过程叫 GDE，因此 GDL 还有涂布 CL 的作用，由于现在已经大量采用 CCM 的工艺，GDE 工艺渐渐过时而不再使用。

（4）催化剂层　由于化学反应的动力学特征，如果温度本身不能提升得很高，催化剂就将对燃料电池的反应速度起到决定作用。催化剂可以将本来很慢的反应加速，以实现实际工程应用。在理想状态下，催化剂本身在反应前后可以保持不变，这会使人们误以为催化剂不参与化学反应。实际上，催化剂不但参与反应，而且可以将反应速度大幅提高。例如，气体和催化剂的几个交互过程如下：

1）气体扩散到催化剂表面。
2）气体分子吸附在催化剂表面（表面能）。
3）气体分子和催化剂反应，产生中间产物。
4）产物（离子）脱离，同时由于浓度、电荷力作用产生传递。
5）产物脱离后，催化剂恢复原样。
6）电子脱离后沿着导体流走。
7）整个反应过程被分解为多个中间级反应，最终达到原化学反应的结果。这相当于降低了正常反应的活化能，从而加速了反应过程。在理想状态下，催化剂在反应前后应该没有变化，但在实践中，催化剂在每次反应后都会有所变化，比如催化剂团聚（活性面积减小）、催化剂钝化（催化剂被破坏、氧化等，使得其催化性能变差）、催化剂分布移动（分布不均匀，使得反应界面产生变化）等。因此，化工领域中相应的催化剂保护技术就针对上面这几个方向开展研究。

对于 PEM 燃料电池来讲，其正负极的催化剂金属都可以使用铂金或其合金。金属的催化剂活性不同（比如 Pd≈Pt＞Rh＞Ru≈Ir 等），铂金（Pt）的催化性能略低于钯金（Pd），但是高于镍、锰、铅等金属，催化能力强。虽然催化性能略低于钯金，但由于铂在地壳中的含量为亿分之五，而钯在地壳中的含量为亿分之一，因此，使用铂金作催化剂的性价比较高。不过，由于铂金仍然是非常贵重的金属（燃料电池中铂金的成本几乎可以占到三分之一以上），因此在不牺牲催化性能的基础上，有效减少铂金的使用量，从而降低总体成本，是近年来燃料电池催化方向的研发重点。目前，研究方向主要有两个方面：一方面是提高铂金颗粒的反应比表面积，使其催化效率提高；另一方面是使用铂金和其他金属的合金（比如 Ni 金属等），以提高催化剂整体的高性价比。

直接使用催化剂的效率较低（很难有效进行大面积均匀分布），需要其他材料的帮助。因此燃料电池的催化剂铂金为负载型催化剂，并由支撑基底加强铂金的热稳定性和机械强度，同时还可以使其表面积加大，从而使分布更加均匀。目前使用最多的是碳支撑材料，包括活性炭（AC），其次是炭黑（CB）和石墨或石墨化材料。

碳材料用作催化剂载体有诸多优点。比如碳具有良好的耐酸、碱、腐蚀能力，在高温下，仍具有稳定的结构特性，其本身可以制成多孔的不同物理形态（层形、马鞍形、管状等），以适合铂金及其合金颗粒的不同吸附要求。碳的活性相可以较为容易地恢复，碳载体的成本相比于金属氧化物陶瓷性载体较低（氧化铝、二氧化硅等）。更重要的是，碳（除了金刚石 SP3 结构外）是优良导体，阳极的氢气氧化形成的游离电子可以轻松地沿着碳支撑部分到达 GDL，进而到通道极板。阴极可以将外电路的电子导入到电极的反应发生界面，使得反应可以快速进行。

催化活性发生在铂金粒子的表面，为了使铂颗粒的表面积最大化，常见方法是将铂金打碎，将较小的颗粒团（纳米级）沉积在较大的炭黑颗粒上面。铂金和支撑碳形成催化活性单元。由于碳颗粒比较大，一个颗粒可以载入多个铂金分子团。打个比喻，形成的机构类似枣糕状，铂金类似枣糕上的枣，嵌入到碳颗粒上。如何将催化单元有效地在燃料电池电极上进行分布十分重要，上文讨论过，膜电极的 GDE 制备方法已经过时，目前业界普遍使用的是 CCM 技术。它是将催化剂层施加到质子交换膜上，常用的几种方法是散布、喷涂和催化剂功率沉积。当然，有序化膜电极的方法效果更好，但是目前还处于研究阶段，没有形成规模化的能力。

由于燃料电池普遍使用贵金属作为催化剂，而成本是燃料电池目前进入规模化应用的最大障碍之一。有效降低膜电极的铂载率，就成为有效降低燃料电池成本的最直接手段。除了使用多金属外，将原来较为圆形的铂金粒子，用压力的手段压成盘状，可以提高有效反应面积；另外，纳米技术将大颗粒铂金打碎成纳米级的更微小的颗粒，也可以有效提高燃料电池反应物的反应面积，如图 6-69 所示。

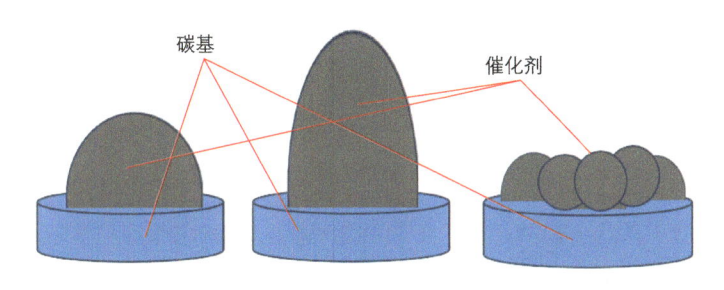

图 6-69 PtC、盘型 Pt、纳米细化 Pt 颗粒嵌入碳基底

工业上较为普遍的方法是使用活性炭作为载体，搭载铂金和钯金分别称为铂炭和钯炭，形成的催化剂层选择性好、活性高、寿命长，同体系可循环多次不衰减。同时，其可在低温、低压甚至常温常压下使反应进行，非常适合 PEMFC 的工况。

（5）双极板层　燃料电池的集电极又称作极板，由于燃料电池通常是叠加在一起工作，即一个电芯的阳极和另一个电芯的阴极叠加在一起形成一个双电极的板，因此也叫作双极板（Bipolar Plate，BPP）。双极板的主要功能是提供反应气体传输的通道；形成燃料电池堆一个电池到另一个电池的电子传导路径；分离电池堆中的各个电池；将反应产物水从电池中带走，并为电池提供冷却通道。有效地选择极板板材和拓扑结构，有助于实现这些功能。极板常见的拓扑结构包括直形、蛇形或相互交叉形的流场。

双极板的工作环境是比较恶劣的，在约 60~80℃的温度里，和 H^+ 及 F^- 形成的酸性环境下工作。因此，双极板理想的材料特性是具有高电导率、不透气性、良好的导热性、质量小、耐腐蚀性和易于制造。双极板中常用的材料是石墨、复合材料（含树脂）和金属及合金（比如不锈钢、铝、铍铜、钛或其合金材料），如图 6-70 所示。

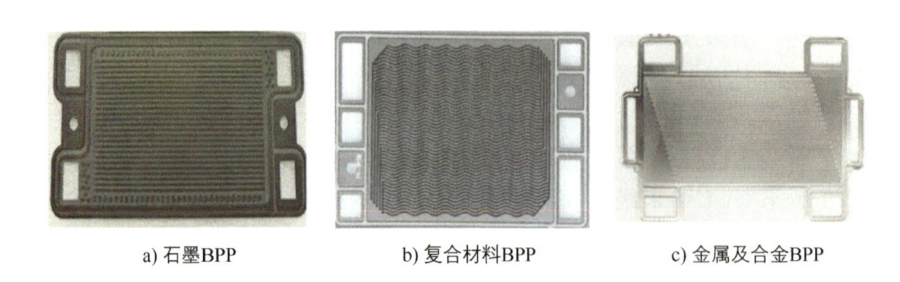

a) 石墨BPP　　b) 复合材料BPP　　c) 金属及合金BPP

图 6-70　三种材料制成的 BPP

石墨极板原材料的成本、导电性、耐腐蚀性等优点十分突出，因此碳基极板基本可以满足质子交换膜燃料电池性能的大多数要求。但石墨极板也有其缺点，就是其质脆性使得加工流场的成本非常高，而其低密度性使得体积功率密度很低。这就造成石墨极板在规模化量产时，产能成为最大的瓶颈。同时，其较低的密度使得电池的成品体积巨大，无法适应对体积要求较高的应用场景。

于是，科研人员又开发出了复合极板作为电极。它通常使用树脂材料加上碳粉制成，树脂的可塑性强、密度大，可以改善石墨极板的脆性和低密度性缺点。但是，由于树脂类物质的导电、导热性能较差，通常需要在复合物中再加入一些金属碎片等物质，以提高整体的导电、导热性能。即便如此，复合极板的导电、导热性能相比传统石墨极板和金属极板还是较差，其综合特性介于石墨极板和金属极板之间。举例 3 种材料 BPP 的特性见表 6-5。

表 6-5　举例 3 种材料 BPP 的特性

极板类型	密度 / (g/cm³)	电导率 / (S/cm)	H_2 的透气率 / (cm³/cm²·s)	弹性模量 / GPa	抗弯强度 / (kg/cm²)	抗拉强度 / (MPa)
石墨极板	1.78	680	$10^{-6} \sim 10^{-2}$	100	407	15.85
复合极板	1.97	200	2.5×10^{-5}	—	878	—
金属极板	7.95	13513	$<10^{-12}$	193	—	515

金属极板价格相对便宜且易于制造，但是由于在极板和气体扩散层之间容易形成金属氧化物而具有高的接触电阻。金属的属性，使得其更容易受到电池环境的高腐蚀性而产生降解，导致寿命缩短。现在业界已开发出基于某些金属板镀层，可产生与石墨极板相当的抗腐蚀和高导电性能的金属双极板。图 6-71 总结了燃料电池的双极板材料及表面涂层信息。

图 6-71　燃料电池双极板材料及表面涂层

金属极板通常分为不锈钢系列和钛合金系列。不锈钢系列使用较早（普遍以 SS316L 材料为主），以欧洲为主要开发使用地区（比如德国 EK、瑞典 Powercell 等）。而钛合金的使用在亚洲较为流行，以丰田、本田和现代为代表。其中，丰田的金属双极板电堆在 Mirai 汽车上得到规模化验证。因此，钛合金极板的电堆已经被证明是可以满足汽车产业量产需求的。

日本丰田电堆金属双极板的具体技术目前还属保密阶段。可以确定的是，其主要由钛金属板经过表面改性技术形成表面涂层（去除氧化钛之后，使用化学气相沉积技术形成 SP^2 杂化的致密碳涂层），由于 SP^2 杂化形成的三对 Σ 键和一对共轭 π 化学键，使得极板的导电性和防腐蚀性同时得到保障。丰田的金属极板通过冲压、切削等工艺过程形成有孔的 3D 形流场，在保证反应物在反应界面供给的同时，实现了较为灵活有效的氢气场、空气场及水和热场控制。丰田 PEM 电堆 3D 流道示意图如图 6-72 所示。

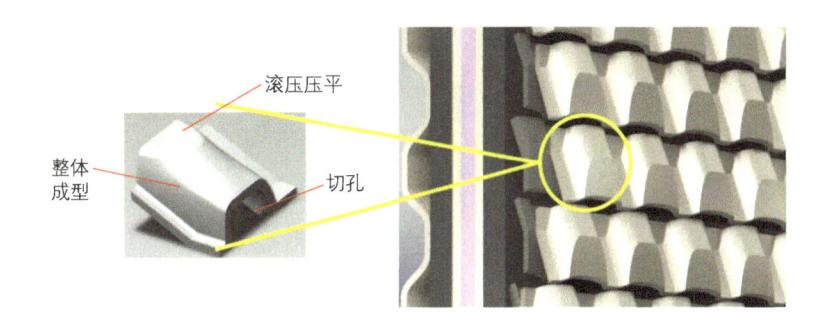

图 6-72　丰田 PEM 电堆 3D 流道示意图

钛金属的抗腐蚀性本身比不锈钢高 100 倍左右，即便如此，仍然无法满足燃料电池 5000～20000（乘用车和商用车要求）h 强酸环境下的寿命要求。钛金属本身具有较好的导电性，但通常会和空气中的氧气发生氧化反应而生成 TiO_2，这种物质俗称钛白（是制造颜料的原料），其为半导体性质，导电性能大大下降。因此，需要对钛金属或合金进行表面改性，使其抗腐蚀性提高，同时需要继续增加其导电性，以降低接触阻抗。

碳有许多种异构体，其空间结构的不同，使得其物理、化学特性差别很大。石墨是层状结构，而碳原子序数为6，最外层成键的有效电子数为4，形成层状结构后会有一个电子不参与杂化，这样其导电性和导热性较强，但会有层间滑移特点，不是非常坚固，机械特征较差。而其余电子和相邻碳原子形成Σ键，其物理和化学强度很高。而金刚石为立体结构，没有多余的游离电子，虽然其物理强度、化学强度非常高，但是其导电和导热特性较差。因此，类金刚石（Diamond Like Carbon，DLC）技术是PEMFC极板表面改性的一个热门方向。但是，有效形成部分金刚石、部分石墨构造的工艺过程比较复杂，需要进一步的研究。

6.3.6 燃料电池气场简介

燃料电池的气场主要包括进气场、排气场和气体交换场3个部分。阳极和阴极需要为反应提供燃料（氢气和氧气），燃料在电极进行化学反应后，形成氢离子、电子或产物水。反应剩下的空气需要在背压情况下排出系统，没有用完的氢气同时也需要回流系统重新使用。

PEMFC气体系统示意图如图6-73所示。阴极的供气通道是氧气的提供场所，空气经过空气过滤器（减少空气中的颗粒状杂质，其本身可以产生堵塞，同时对水滴的形成很关键）进入空气压缩机进行加压。这是由于氧气在空气中的含量较低（约占21%左右），为了保证反应燃料的供应量，必须对其进行加压处理。加压后的空气由于压强变大，气体温度往往会有所升高，温度与具体的压缩情况相关（理想气体$PV=nRT$）。在车辆起动时，由于系统的温度较低，较高的温度对系统反应有促进作用，但在热机的时候需要将系统冷却到适当的温度，因为过高的温度会使系统中的液态水蒸发，造成电解质的消失，从而影响氢离子移动通道的形成。因此，进气的气体温度需要根据燃料电池的状态和需求进行动态控制。

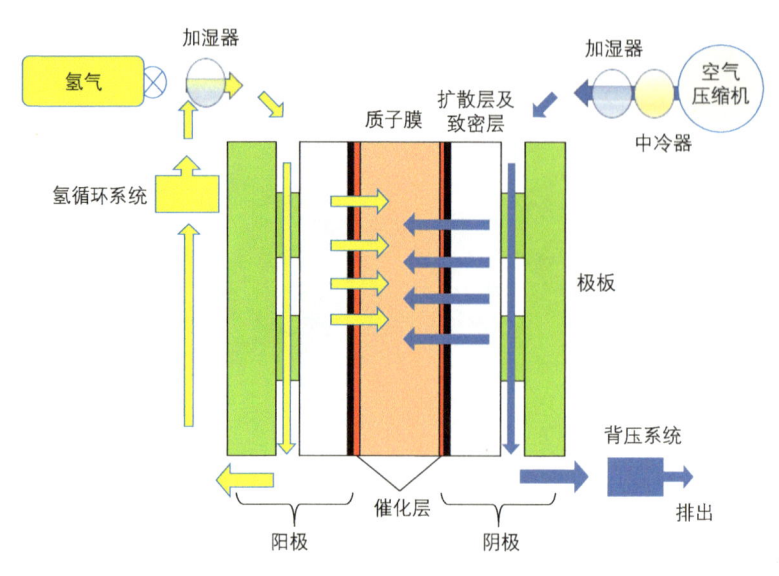

图6-73　PEMFC气体系统示意图

考虑到压缩进的空气由于湿度并不一定在近饱和状态，为了使质子交换膜中有充分的水分进行离子传递，需要使用加湿器进行加湿处理。加湿后的气体会通过进气歧管进入到燃料电池系统中。空气中的氧气经过扩散、对流等（由阳极的极板流道构造决定）过程流入燃料电池的电极处参加反应，另一部分会流出燃料电池。为了保证系统内的压力，阴极有时候会使用背压系统以提升系统内的空气压力，最后，剩余的空气会经过背压装置（通常使用背压阀）排出燃料电池系统。

由于氢气通常储存在高压储氢瓶中，因此，输入的端口是连接储氢装置的控制阀体和导管。氢气本身就是以高压形式储存的（35MPa或70MPa的压力），这些氢气需要先进行减压到适当的压力值才能被输入到燃料电池中使用。减压的过程可以是一级减压，也可以是多级减压，多级减压由于步骤较多，可以实现较为精确的压力减小，输出的压力稳定性高。由于氢气没有增压的过程，所以不需要冷却。有时为了控制氢气中的水，需要对氢气进行适当加温或减少管路的长度避免在中间形成凝结。另一方面，在车辆刚开始起动时，为了提高氢气侧质子膜的水分，在氢气端也会加装增湿装置以提高气体的湿度，但有些设计中也没有这个环节（丰田的燃料电池系统氢气端就没有加湿环节，而是依靠系统反应后形成的水来湿润燃料电池）。氢气进入电堆之后，在电极附近和催化剂反应，一部分被氧化成氢离子，剩下的部分会流到电堆氢气出口。如果将氢气排出到空气中，会造成氢源的浪费，同时也不安全（氢气和氧气的混合物是易爆气体）。这就需要将多余的氢气循环使用，一般使用引射泵或罗茨泵等形成氢气循环系统。

阳极端的氢气流动和压力形成相对简单，而空气侧由于氧气的含量只有约21%，氧气原子自身质量比氢气重，同时空气在自然情况下的大气压力比加压下的氢气要低很多，所以空气端通常需要加压才能满足使两边的燃料供应达到平衡水平。因此，对氧气侧的气体状态需要进行较复杂的控制。

基于热力学方程，可以计算空气压缩机在稳态时通过的空气流量，基于空气输入时压缩机输入端的压力（一般为大气压）和温度（室温25℃）。同时，根据空气压缩机和电机的转动惯量、当前转速及需求功率来计算出压缩机的转速要求，进而得到空气流量。压缩机的控制是燃料电池控制器根据进气需求向压缩电机发送指令来控制其转速实现的。

进气管路的容量需要考虑输入端压缩机管路、燃料电池电堆间的管路、循环冷却系统及加湿器（可选）。气体排出管路就是电堆本身的排气管路。气体单位质量在管道中的变化可表示为

$$\frac{dM_g}{dt} = W_{in} - W_{out} \tag{6-75}$$

式中　M_g——气体质量；
　　　W_{in}——气体进入管道的流速（kg/s）；
　　　W_{out}——气体流出管路的流速（kg/s）。

如果假设进气管中的温度T为恒定不变，即$T=T_{in}$（进气温度），同时考虑管路处于绝热状态，那么管路内压力的变化率公式可修正为

$$\frac{dp}{dt} = \frac{RT}{V}(W_{in} - W_{out}) \tag{6-76}$$

式中 R——气体常数；

V——管路的容积。

如果进气管内的温度有变化，可以根据能量守恒和理想气体定律，得出变温状态下的压力变化率公式，即

$$\frac{dp}{dt} = \frac{\gamma R}{V}(W_{in}T_{in} - W_{out}T) \tag{6-77}$$

式中 γ——系统的比热比 $\frac{C_p}{C_V}$。其中，C_p——定压摩尔热容；C_V——定容摩尔热容；对于空气来讲，γ 可以取值为 1.4。

（1）阴极侧气场介绍　燃料电池阴极流量模型代表反应气体（空气或氧气）在系统阴极流道中的流动特性，可以根据质量守恒定律和空气的热力学特性搭建。在理想状态下，阴极引入的是空气，其中主要的含量是氧气、氮气和水。即电堆的电流是 I_{stack}，温度是 T，氧气占比 $\delta_{c,O_2}=21\%$，可以通过电化学反应原理计算出氧的消耗量和水的生产量，其消耗速率或生成速率的大小和反应产生的电流量成正比，即

$$W_{O_2,react} = m_{O_2}\frac{nI_{stack}}{4F} \tag{6-78}$$

$$W_{H_2O,react} = m_{H_2O}\frac{nI_{stack}}{2F} \tag{6-79}$$

式中 I_{stack}——电堆的输出电流；

$W_{O_2,react}$——在输出电流为 I_{stack} 时的氧气反应消耗速率；

$W_{H_2O,react}$——在输出电流为 I_{stack} 时的反应所生成水的速率；

n——电堆中的单电池的数量（通常是串联形成整堆）；

m_{O_2}——氧气的摩尔质量，约 32g/mol；

F——法拉第常数，$F=96485$C/mol；

m_{H_2O}——水的摩尔质量，18g/mol。

为了简化计算，假设所有气体为理想气体，电堆运行温度为 80℃，流入阴极流道的气体温度与电堆温度和从阴极流道流出气体的温度都相等，就可以计算出氧气含量的变化，氮气含量的变化（没参加反应）和水气含量的变化，即

$$\frac{dM_{c,O_2}}{dt} = W_{c,O_2,in} - W_{c,O_2,out} - W_{O_2,react} \tag{6-80}$$

式中 M_{c,O_2}——阴极氧气质量；

$W_{c,O_2,in}$——氧气进入阴极的单位时间流量；

$W_{c,O_2,out}$——氧气流出阴极的单位时间流量；

$W_{O_2,react}$——氧气在阴极界面反应的消耗速率。

$$\frac{dM_{c,N_2}}{dt} = W_{c,N_2,in} - W_{c,N_2,out} \tag{6-81}$$

式中　M_{c,N_2}——阴极氮气质量；

　　　$W_{c,N_2,in}$——氮气进入阴极的单位时间流量；

　　　$W_{c,N_2,out}$——氧气流出阴极的单位时间流量。

$$\frac{dM_{c,H_2O}}{dt} = W_{c,H_2O,in} - W_{c,H_2O,out} + W_{H_2O,react} + W_{c,H_2O,C-Over} - W_{c,H_2O,liq} \tag{6-82}$$

式中　M_{c,H_2O}——阴极水的总体量；

　　　$W_{c,H_2O,in}$——水进入阴极的单位时间流量；

　　　$W_{c,H_2O,out}$——水流出阴极的单位时间流量；

　　　$W_{H_2O,react}$——在反应界面反应生成物（水）的时间单位产出量；

　　　$W_{c,H_2O,C-Over}$——阴极的部分水单位时间跨过阴极到膜的量；

　　　$W_{c,H_2O,liq}$——阴极的液态水离开阴极单位时间量。

水在相对湿度达到100%时开始由气态转变成液态，当相对湿度低于100%时，液态水将会转变成气态水。其实，液态水的蒸发现象在任何温度都存在，只是在相对湿度较低时气态水的饱和浓度比例较小，而限制了气态水向液态水凝结。当然，水的相态变化与温度和压力都有关，考虑到燃料电池电堆中各个点的温度和气体压力分布并不均匀，例如，由于放热反应，在反应发生较为强烈的时候，产生的水和热都比较多，导致局部氧气压力、水压力和温度都会较大；在反应较为平缓的时候（氧气分布、催化剂分布、电解液分布等影响），这些参数值就会较小，而这些值又与使用的材料和空间分布等有关；为了分析方便，可以进行简化处理，如基于电堆各个区域平均分布来进行定性分析（在定量局部分析时可以对不同区域独立分析，比如FMEA分析等）。

阴极中的水有气态和液体两种形式，在一定温度下，一部分水气会凝聚成液态水，同时一部分的液态水也会蒸发成气态水。当这两个过程达到平衡时，系统就处于饱和状态。此时的蒸气压力就称为饱和压力，该压力和温度也相关，当温度升高时，水分子有更大的动能，也就更容易蒸发成气体，而气饱和压力也就越大。如果用相对湿度描述，这个时候的相对湿度就达到100%。当系统的相对湿度小于100%时，更多的水会挥发成气态，如果系统的相对湿度大于100%时，更多的水气会凝聚成液态水。在这个压力下，也可以将温度描述为饱和温度。

通常可以通过查表法求取饱和分压，还可以通过Clausius-Clapayron方程得到在任意温度下的饱和分压值，饱和（平衡）压力随温度变化的变化率关系为

$$\frac{dP_{sat}}{dT} = \frac{\gamma}{T\Delta V} \tag{6-83}$$

式中　P_{sat}——饱和蒸气压；

　　　T——饱和时的温度；

　　　γ——摩尔相变的热值（cal/mol），相当于相变焓；

　　　ΔV——相变过程中的比容变化。

知道了饱和分压后，将此时的气体体积和温度作为已知输入量，再将水气当作理想气体处理，就可以近似地求出此时的最大水的摩尔量，将水的摩尔质量代入即可得到质量，即

$$\mathrm{Max}(M_{\mathrm{c,H_2O,气}}) = \frac{P_{\mathrm{c,H_2O,sat}}V_{\mathrm{c}}}{RT_{\mathrm{sat}}} \tag{6-84}$$

式中　$P_{\mathrm{c,H_2O,sat}}$——阴极水的饱和蒸气压；

$M_{\mathrm{c,H_2O,气}}$——阴极气态水的量；

V_{c}——等效的阴极气体总体积；

R——气体常数；

T_{sat}——饱和压力时的饱和温度。

如果建立的水模型中包含初始含量（可以通过湿度计计算周围环境的湿度，这时候由于反应还没有进行，所以电堆的内外湿度是一样的），基于前文介绍的水含量的变化公式，就可以计算该时刻的总体水含量。如果总体阴极的水含量小于饱和水含量，则阴极空气体中的液态水含量很少（计算时可以约等于 0）；如果总体阴极水含量已经超过饱和最大水质量，则它们的插值就是阴极所形成的液态水的含量。

$$\mathrm{Max}(M_{\mathrm{c,H_2O,液}}) - M_{\mathrm{c,H_2O}} = \begin{cases} 0, & x<0 \\ M_{\mathrm{c,H_2O,液}}, & x \geqslant 0 \end{cases} \tag{6-85}$$

式中　$M_{\mathrm{c,H_2O}}$——阴极水的整体量；

$M_{\mathrm{c,H_2O,液}}$——阴极的液态水量。

因此，在已知任意时刻的氧气、氮气的摩尔质量的情况下，也可以利用理想气体状态方程，计算出氧气、氮气在阴极流道中的相应分压，即

$$P_{\mathrm{c,N_2}} = \frac{M_{\mathrm{c,N_2}}R_{\mathrm{N_2}}T}{V_{\mathrm{c}}} \tag{6-86}$$

$$P_{\mathrm{c,O_2}} = \frac{M_{\mathrm{c,O_2}}R_{\mathrm{O_2}}T}{V_{\mathrm{c}}} \tag{6-87}$$

式中　$P_{\mathrm{c,N_2}}$——阴极氮气的分压；

$M_{\mathrm{c,N_2}}$——阴极的氮气量，是氮气气体常数；

$P_{\mathrm{c,O_2}}$——阴极氧气的分压；

$M_{\mathrm{c,O_2}}$——阴极的氧气量；

$R_{\mathrm{N_2}}$、$R_{\mathrm{O_2}}$——氮气和氧气的气体常数。

因此，阴极气体的整体压力就可以写成氧气分压、氮气分压和水分压之和，即

$$P_{\mathrm{cair}} = P_{\mathrm{c,N_2}} + P_{\mathrm{c,N_2}} + P_{\mathrm{c,H_2O}} \tag{6-88}$$

（2）阳极流量模型　依据同样的理论，燃料电池阳极流量模型也可以根据质量守恒定律和空气的热力学特性进行搭建。在理想状态下，阳极的流场模型比较简单，原因是对于

PEMFC，阳极输入的是纯氢气（也可能有加湿器连入）；在非纯氢阳极的输入燃料情况下，可以对各个分压进行分析而得到整体的模型。本书仅对 PEMFC 的阳极进行分析。

对于连入加湿器的氢极，其输入主要是水和氢气。和阴极一样，电堆的电流是 I_{stack}，温度是 T，氢气比例 δ_{c,H_2}=100%（干气体，湿的气体需要加上水的比例）。通过电化学反应原理来计算出氢的消耗量，和阴极不同，由于阳极的反应仅仅是氢气在催化剂的作用下被氧化，形成氢离子。其消耗速率或生成速率的大小和反应产生的电流量成正比，即

$$W_{H_2,react} = m_{H_2} \frac{nI_{stack}}{2F} \tag{6-89}$$

式中　I_{stack}——电堆的输出电流；

$W_{H_2,react}$——在输出电流为 I_{stack} 时的氢气反应消耗速率；

n——电堆中的单电池数量；

m_{H_2}——氧气的摩尔质量，约 1g/mol；

F——法拉第常数，F=96485C/mol。

阳极的氢气由储氢罐供给，其进气流量和压力可以通过调压阀来调节。每个水分子的形成需要两倍的氢，由于阴极的空气中，氧气仅占 21%，而氢气几乎是 100%，所以氢气这边的压力形成相对简单。因此，在大多数的流道设计中，氢极流道基本可以沿用简单的 Multi-S 流道或多直线流道，而氧气一侧的流道需要使用复杂的 3D 流道。

与阴极流道模型类似，氢气分压和阳极湿度取决于氢气流量和阳极的水平衡。

$$\frac{dM_{a,H_2}}{dt} = W_{a,H_2,in} - W_{a,H_2,out} - W_{a,H_2,react} \tag{6-90}$$

式中　M_{a,H_2}——阳极内氢气质量；

$W_{a,H_2,in}$——阳极氢气的进气量速率；

$W_{a,H_2,out}$——阳极氢气的输出回流口气量速率（氢气通常需要回流）；

$W_{a,H_2,react}$——阴极氢气的反应量速率。

对于水的模型，和氧气端相似，即

$$\frac{dM_{a,H_2O}}{dt} = W_{a,H_2O,in} - W_{a,H_2O,out} + W_{a,H_2O,c\text{-}over} - W_{a,H_2O,liq} \tag{6-91}$$

式中　M_{a,H_2O}——阳极内水的质量；

$W_{a,H_2O,in}$——阳极氢气的进气量速率；

$W_{a,H_2O,out}$——阳极氢气的输出回流口气量速率（氢气通常需要回流）；

$W_{a,H_2O,c\text{-}over}$——阳极水进入质子膜的反应量速率；

$W_{a,H_2O,liq}$——阳极液态水离开阳极的速率（排出的水）。

类似阴极，阳极的最大气态水气量也可以求出，如果阳极的水量小于这个值，液态水量可以约等于 0，如果大于这个值，阳极的液态水量就是它们的差，整体的气体压力就等于这两种分压的和，具体计算和氧气类似，这里就不再赘述。

6.3.7 燃料电池控制系统

为了测试电堆的特性，除了使用电堆台架进行测试外，最有效的方法就是设计出整个燃料电池系统，包含电堆和电堆辅机系统（Balance of Plant，BOP）。通过燃料电池控制器（Fuel Cell Control Unit，FCCU）对燃料电池的输出进行控制，这样得到的测试结果更加接近实际使用情况，因此也可以更加真实地验证设计效果。

燃料电池的控制指标包括额定功率、最大峰值功率及持续时间、最小稳定功率、系统效率、启动时间、停机时间等，电池经过试验测试出来的极化曲线特性代表燃料电池的本体特性，控制系统就是需要在不同工作环境下，将这个特性发挥并保持在最佳状态。下面以燃料电池电动汽车为例，介绍燃料电池的控制逻辑。

(1) 空气进气控制策略　通常根据 FCCU 的功率需求，来确定阴极氧气路控制策略、阳极氢气路控制策略、冷却回路控制策略、氢气吹扫控制策略、低温冷冻处理控制策略、燃料泄漏处理控制策略、冷启动控制策略。

现有的燃料电池总成系统，一般由燃料电池发电单元、传统电池/超级电容能量缓冲单元、驱动单元（电机）、传动系统和控制系统组成。燃料电池的控制按照输出电流大小进行。由于整车控制器通常先接受功率需求，所以需要先根据极化曲线计算出所需电流的大小。由于燃料电池极化曲线的一一对应特征（每个电流密度对应的电压是不同的），就可以将目标输出电流密度和现有电流状态进行比较得到电流需求差值后，进行电流控制。电流由低向高或由高向低的过程需要进行斜率控制（ramp-up 或 ramp-down），这样不会出现瞬间较大的电流变化。

$$P_{\text{wheel}} = P_{\text{out}} \eta_{\text{trans}} \tag{6-92}$$

$$P_{\text{out}} = (P_{\text{batt}} + P_{\text{fc}}) \eta_{\text{mtr}} \tag{6-93}$$

$$P_{\text{fc}} = V_{\text{stack}} I_{\text{stack}} \eta_{\text{stack}} \tag{6-94}$$

式中　P_{wheel}——车轮需求的功率输出；

P_{out}——动力总成系统的功率输出；

η_{trans}——传动系统的效率；

P_{batt}——电池（锂电池或超级电容）的输出功率；

P_{fc}——燃料电池的输出功率；

V_{stack}——燃料电池的输出电压；

η_{stack}——燃料电池堆（电堆）的效率。

根据反应所需电流值 I_{stack}，可以计算出新的空气输入需求率，即

$$I_{\text{stack}} = W_{\text{O}_2,\text{reaction}} 4F / nM_{\text{O}_2} \tag{6-95}$$

$$W_{\text{a,req}} = W_{\text{O}_2,\text{reaction}} F_{\text{ov}} \tag{6-96}$$

式中　$W_{\text{a,req}}$——单位时间空气需求量；

F_{ov}——过量系数。

氧气侧的过量系数通常需要考虑多重因素，并不是过量系数越高越好。例如，如果空气压缩机的效率较高，则整体系统输入效率就高；反之，则要调整反应速率。原因是空气

压缩机的电源也来自燃料电池的反应，同时还需要动态反应延迟（综合指标）、系统背压设定（过高背压虽然可以增加反应物供应量，但也会对膜电极造成机械损伤，同时会形成较大风速而影响反应界面湿度）和极板流道设计（好的流道设计可以增加反应物的推送而不需消耗过多的能量）等。

当知道了空气需求量之后，通过 FCCU 调整电动空气压缩机、调压阀、开关阀等对空气的进气量进行合理控制（对比现有的电流值，计算出目标电流差。经过查表法求得电流 Ramp-up 或 Ramp-down 的步骤，就可以对空气压缩机进行转速或转矩控制以实现进气控制）。空气路的控制主要通过供应空气流量和压力以满足功率需求。由于整车的需求功率是发动机净输出功率需求，因此在空气路计算空气的流量和压力需求时要考虑空气压缩机的功率消耗。空气路入口设有质量流量传感器，用来监控进入电堆的空气质量流量是否满足电堆的需求。燃料电池空气路径示意图如图 6-74 所示。

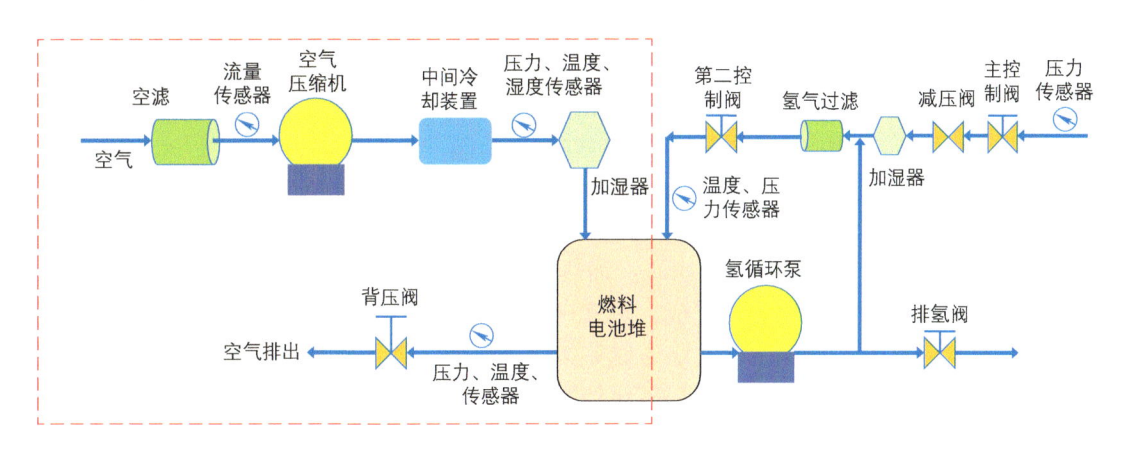

图 6-74　燃料电池空气路径示意图

主要传感器有质量流量传感器、入堆温度及压力和湿度传感器、出堆温度和压力传感器；主要的执行器包括空气压缩机和电子节气门。空气从中冷器流出后，在进入电堆前需要先通过加湿器，加湿器模型用来计算由于额外注入水所引起的空气相对增湿度的变化。需考虑回流管道空气温度变化。

（2）氢气进气控制策略　氢气进气控制策略和氧气进气控制策略的基本原理相似，首先需要根据电堆的需求电流求出反应所需的氢气供应率，即

$$I_{\text{stack}} = \frac{W_{\text{H}_2,\text{reaction}} 2F}{n M_{\text{H}_2}} \quad (6\text{-}97)$$

整体功率需求及电流 ramp-up 和 ramp-down 控制策略和氧气侧类似，这里就不再赘述。氢气的控制方法和氧气侧不同，由于氢气一般是通过高压瓶供气（可以为 10MPa 甚至达到 70MPa 压力），在进入电堆前会经过主控制阀、多级减压阀、可选加湿器、氢气滤清器、电堆氢气入口第二个控制阀后，才会进入电堆。主控阀可以是开关阀（只有开关两种状态）也可以是比例阀（可以按占空比控制开度），多级减压阀一般是机械固定式的，其输出压力通常也是固定的。第二控制阀一般是可调节阀，可以根据需求和传感器反馈信号，使用 PI 控制算法实现。燃料电池氢气路径示意图如图 6-75 所示。

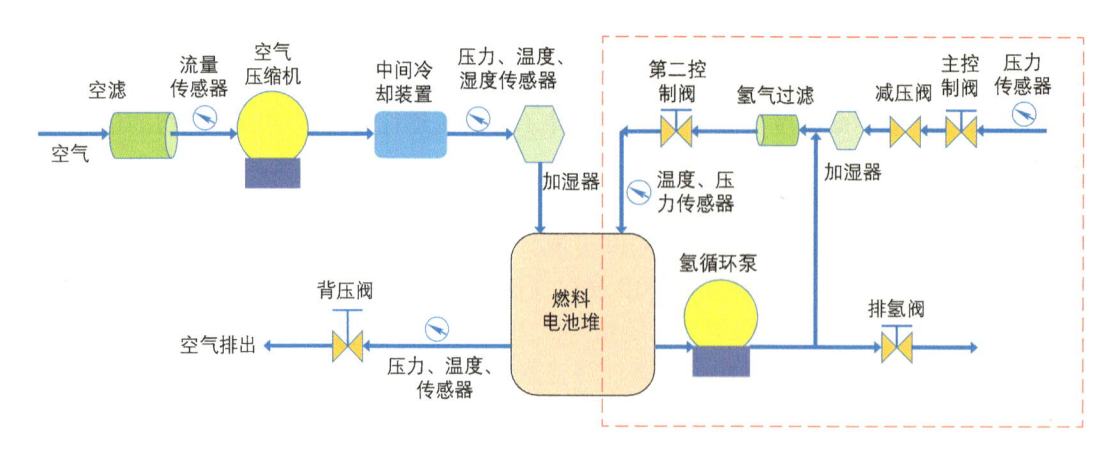

图 6-75 燃料电池氢气路径示意图

氢气支路在与电堆形成完整闭环回路的同时，还需要执行排水的工作。此功能通常叫作吹扫，即在关机前，需要将系统中的残留水分清除掉。由于空气部分需要空气压缩机工作，而氢气部分可以利用气源的现有压力实现吹扫功能。

（3）热管理控制策略　由于燃料电池的工作温度要求较高，PEM 一般在 60～80℃左右。同时，燃料电池本身的实际效率在 50% 左右，意味着有一半的能量将以热的形式散出去。因此，燃料电池的热管理包含两个功能：加热和散热。

这两种功能通过热管理支路完成，热管理支路需要包含水箱、水泵、过滤器、控制阀门、散热器、去离子装置等，与电堆形成完整闭环回路。除了电堆，还需将冷却水部分引入空气支路进行空气中间冷却。根据需要控制相应的执行器工作。对流经该部件模型的每一种气体，计算其所有的热力学状态，包括摩尔流速、质量流速、压力、温度、摩尔组分、气体组分、吉布斯自由能流率、热容流率的计算等。

加热时，通过开通控制阀将流体通过加热器加热；降温时，控制阀关断加热器而连接散热器降低循环液体的温度降温；在两者都不需要时，还可以关闭循环水泵，同时冷却加热系统停止工作。

设计时，需要根据热量的需求选择散热器和加热器。散热器一般使用散热管、散热片等装置，同时可加上风扇等强制散热装置以增加散热效果。加热器件有多种形式：电阻型加热、燃烧型加热（燃烧燃料）、PTC 陶瓷型加热、电磁型加热等。其中 PTC 加热器件由于其结构简单、控制性能优异、相对安全可靠和成本低廉等优点得到广泛应用。PTC 加热器可以通过接触介质传热、热辐射传热、对流传热等传热机制，燃料电池系统可以采用流动介质的传热方式。燃料电池热管理系统的整体架构如图 6-76 所示。

热管理控制策略按照功能可以分为以下 7 个部分：

1）启动热管理：根据燃料电池现状和启动指令，计算出 PTC 和冷却系统的控制目标状态，输出响应的 PTC、水泵、控制阀的控制模式及控制参数（PWM 占空比）。

2）运行热管理：根据燃料电池运行现状和目标状态，得出热管理运行指令，输出运行过程中 PTC、水泵、控制器的控制模式及 PWM 占空比。

3）停机热管理：基于燃料电池状态控制指令、停机指令和冷却控制指令，输出停机过程中的水泵、控制阀的控制模式及占空比。

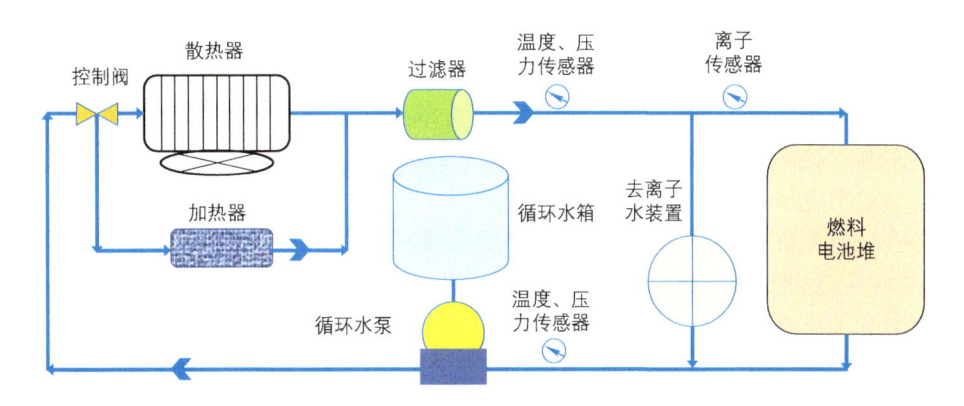

图 6-76 燃料电池热管理系统的架构图

4）PTC 管理：根据燃料电池的启动、运行和停机指令，计算并输出 PTC 的控制模式及 PWM 占空比。

5）水泵管理：根据燃料电池的启动、运行和停机指令，输出水泵的控制指令和占空比。

6）散热风扇管理：根据燃料电池的启动、运行和停机指令，输出散热风扇的状态和相应的占空比。

7）热管理系统状态：基于 PTC、水泵、控制阀的需求和反馈的实际状态，计算并判断进入热管理运行模式，以及冷却系统工作状态。

（4）启停控制策略　启动流程控制有常温启动流程和低温启动流程两种。

1）常温启动流程：

开机后根据采样系统的温度状态，判断常温启动条件；然后闭合空气压缩机接触器、PTC 接触器和氢气循环泵继电器；闭合 DC/DC 变换器继电器后由 FCCU 给 DC/DC 变换器发送"enable"指令，工作模式处于恒功率输出状态；闭合冷却水泵继电器，启动燃料电池过程控制（主运行控制模式）；电堆输出电压会由开机时较高的电压逐渐随电流增大而下降，当其小于一定值时，维持运行可标定的一段时间后，则常温启动过程完成。

2）低温启动流程：低温启动流程主要是在常温启动流程基础上加上加热控制部分。

开机后根据采样系统温度状态，判断低温启动条件；然后闭合（DC/DC 变换器、空气压缩机、PTC）控制器供电继电器、冷却水泵继电器和氢气循环泵继电器；闭合空气压缩机接触器和 DC/DC 变换器输入接触器，由 FCCU 给 DC/DC 变换器发送"enable"指令，此时工作模式处于恒功率输出；启动冷却系统，将 PTC 需求功率设为标定功率值，利用附加电源给 PTC 供电，使得冷却水加热到标定温度以上；启动燃料电池过程控制（功率控制模式）；电堆输出电压会由开机时较高的电压逐渐随电流增大而下降，当其小于一定值时，维持运行可标定的一段时间后，则低温启动过程完成。

停机过程可以分为正常停机过程和紧急停机过程。

1）正常停机过程：燃料电池停机之前通常需要对电堆进行吹扫，将残留的水吹出系统。这样可以保证下次启动时，不会由于水滞留和可能的低温结冰使得系统运行异常。

吹扫过程如下：

① 将需求功率降为固定功率。

② 完成降功率后，仍给 DC/DC 变换器发需求功率。
③ 冷却液入口温度降至一定值。
④ FCCU 发送命令，DC/DC 变换器进入"Discharge"模式，需求电堆需求功率设置为 0kW，关闭空气路供应。
⑤ 监测输出电压至一定值。
⑥ 断开空气压缩机接触器，给 DC/DC 变换器发送"Stop"指令，断开 DC/DC 变换器输入接触器（先断开正极，再断开负极）。
⑦ 关闭冷却系统。
⑧ 断开氢气循环泵、冷却水泵、DC/DC 变换器、空气压缩机、PTC 的控制器供电继电器。

2）紧急停机过程：紧急停机是系统在某种条件下必须执行紧急停机（如安全状态下），此操作将无法保证燃料电池的吹扫等过程而必须实现快速关断：
① 同时关闭所有继电器及接触器。
② 同时关闭氢气路调压阀及两个开关阀。
③ 保持节气门（开度标定）及氢排阀开启一定时间后关闭。

燃料电池控制的整体框架如图 6-77 所示，前面介绍的多种控制子系统可以融合其中。对于不同的开发习惯和软件使用规范等，需要根据自身情况调整控制模式和实现方法。特别是对不同设计、不同材料和不同要求的燃料电池系统（水冷堆、风冷堆、全功率设计、电电混合功率设计等）需要采取不同的控制算法、逻辑和标定参数，以达到满足不同控制对象和不同控制目标的目的。

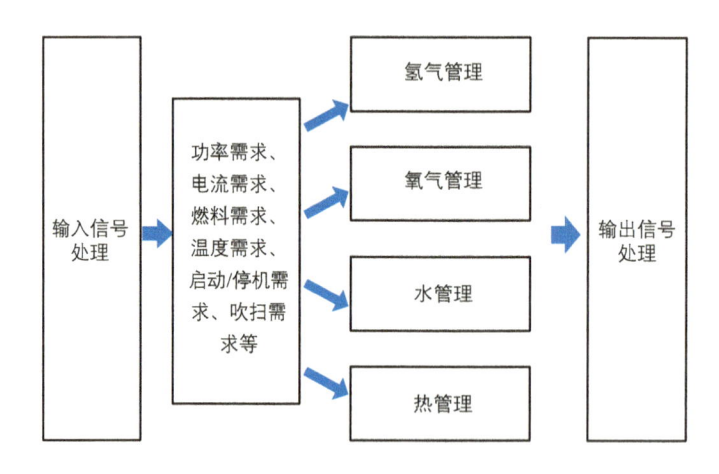

图 6-77 燃料电池控制框架图

需要指出的是，燃料电池的控制架构和控制逻辑，都需要根据燃料电池本体、燃料电池外围构件（BOP）来量身定制。仅仅基于电化学反应而实现高效、可靠的燃料电池控制是远远不够的。例如，相同的膜电极组件，使用不同的双极板，将会有完全不同的效果；相同的电池本体，使用不同的 BOP，其整体特性也会大不相同。因此，好的控制逻辑和算法，需要以燃料电池本体特性、外围配置特性、实用工况特性等为基础，定制化燃料电池系统的最有效控制方法，以达到希望的效果。

第 7 章 新能源汽车的电力电子系统

7.1 电力电子技术的背景简介

前文介绍了电源（电池、超级电容器和燃料电池）可以产生电力（电压和电流），而驱动部分的电机可以使用这些电力做功形成驱动输出。但如何将电源的电能（通常以直流电的形式存在），有效地施加在电机上呢？这就需要本章所介绍的电力电子系统。

电力电子技术是由电力学、电子学和控制理论三个学科交叉而成的，是电子技术在电力方面的应用，也就是使用电力电子器件对电能进行变换和控制的技术。电力电子器件大多数选用功率半导体器件，也称为电力半导体器件。电力电子技术所变换的"电力"，功率可以达到数百 MW 甚至 GW，也可以小到数 W 甚至 1W 以下。

综合来讲，电力电子涉及半导体技术、电磁技术、功率半导体器件和功率变换技术、古典和现代控制技术、数字和模拟电路、电力器件和驱动设备技术等方面。电力电子设备在新能源汽车上主要应用功率半导体器件和其他电力元器件来实现电力在幅值、相位和频率上的变化。常用的电力电子变换器件如图 7-1 所示。

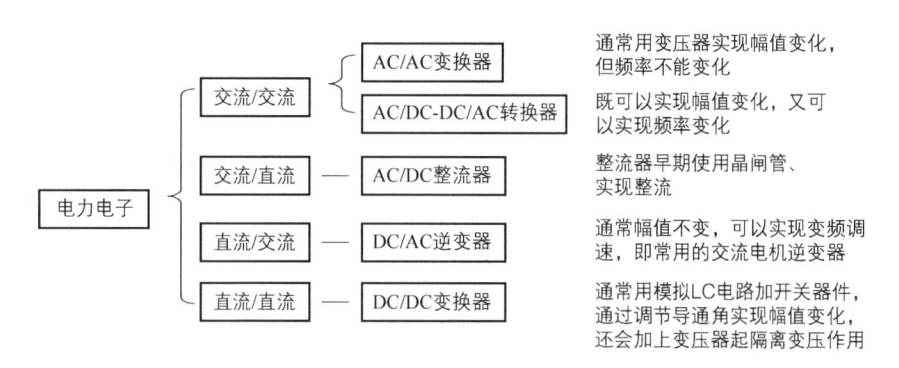

图 7-1 常用的电力电子变换器件

这些元器件的各种变化可以用来控制电力电子设备。例如，对于电力风扇旋转方向的改变就可以通过电力电子开关来实现，如图 7-2 所示。

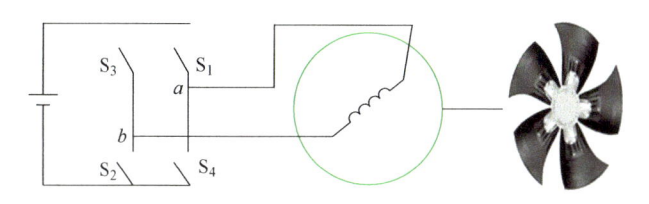

图 7-2 电风扇转向控制示意图

在图 7-2 中，电源有正负两级，连接由 $S_1 \sim S_4$ 组成的"H"功率桥组。通过对"H"桥电力电子器件开关的控制，电源的两极将连接到被控对象的不同端，从而形成对负载不同方向的电流，进而形成不同方向的受力使得电机在正反两个方向旋转。例如，当 S_1 和 S_2 导通，而 S_3 和 S_4 关断时，电流经 a 点流向 b 点，形成顺时针电路，电机将带动风扇向一个方向旋转。而 S_3 和 S_4 导通，S_1 和 S_2 关断时，电流经 b 点流向 a 点，形成逆时针电路，电机将向相反方向旋转。需要注意的是，如果 S_1 和 S_4 同时导通，或 S_3 和 S_2 同时导通，将会出现电源短路的现象，因此在控制时需要避免该现象发生。

典型的电力电子框架示意图如图 7-3 所示。从图 7-3 可以看出，电力信号经过输入的信号处理后，进入主要由开关器件组成的电力转换系统，并由控制系统对系统的元器件进行控制（主要是电力开关器件的导通和关断），形成需要的电力输出信号。电力信号最后到达被控对象，从而实现控制。同时控制系统会从各个环节提取各种信息（电压、电流、位置、温度等），对控制参数进行调节，以达到闭环反馈控制。系统中，输入、输出信号的处理元件主要有电阻、电感、电容、变压器等，而中间的逆变、整流和开关系统，主要由二极管、晶体管、场效应管等功率半导体器件组成，最后的电力电子控制系统通常是指包含输入信号处理和输出电力驱动的控制器系统。

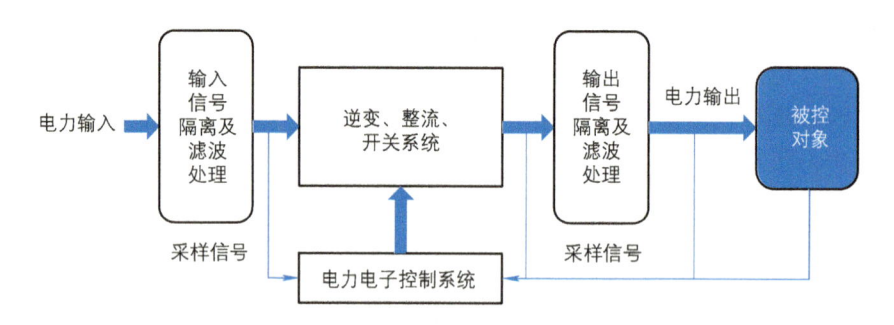

图 7-3 典型的电力电子框架示意图

对于电控系统，特别是新能源高压系统，在设计开发时，需要克服 4 个方面的挑战：第一个方面的挑战是产品品质和可靠性，包括功能、热管理、热平衡、噪声、振动、恶劣环境等；第二个方面的挑战是产品的性能和效率，包括生命周期、能量效率、传动效率等；第三个方面的挑战是产品的体积和成本的挑战，包括能量密度、装配、零部件、半导体技术等；最后一个方面的挑战是安全和故障处理，包括非预期急加速和急减速、系统非正常关闭、车载自诊断系统等。

在电力电子技术中，经常会提及高压电、低压电。从人体对电压和电流的反应来看，能引起人感觉到的最小电流，即感知电流，交流为 1mA，直流为 5mA；人触电后能自己摆脱的最大电流，即摆脱电流，交流为 10mA，直流为 50mA；能危及生命的电流称为致命电流，通常定义的致命电流为 50mA。行业规定安全电压为不高于 36V，持续接触安全电压为 24V，安全电流为 10mA，电击对人体的危害程度，主要取决于通过人体电流的大小和持续时间：电流强度越大，致命危险越大；持续时间越长，死亡的可能性越大。对于电力电子技术来讲，通常会忽略电流值，而电压的定量值一般定义为：

1）高压电：直流 > 60V，交流 > 30V（rms）。

2)中压电:30V < 直流 < 60V,15V(rms)< 交流 < 30V(rms)。

3)低压电:直流 < 30V,交流 < 15V(rms)。

图 7-4 所示为一个典型的电子计算机内部的电力电子组成图。图 7-5 所示为一个混合动力电动汽车内部的电力电子组成图。电力电子元器件是电力变换的核心。

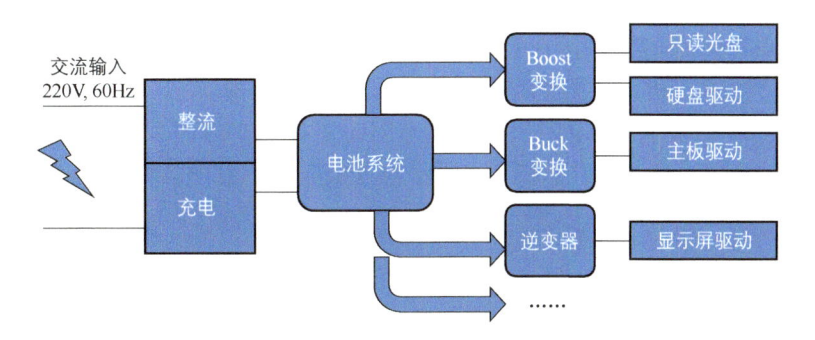

图 7-4 典型的电子计算机内部的电力电子组成图

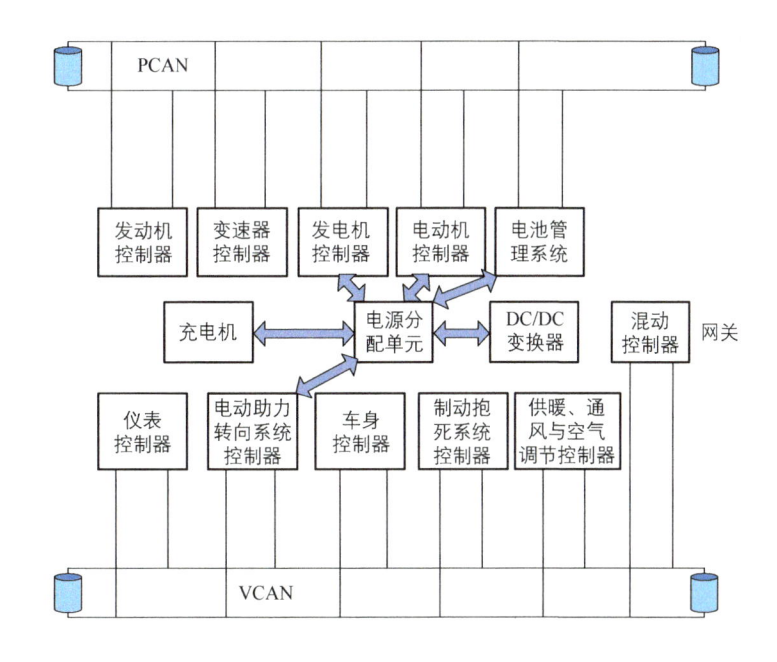

图 7-5 混合动力电动汽车内部电力电子组成示意图

电力电子元器件包括电阻、电容、电感、变压器、开关器件等,它们是组成电子电气电路的基本组成部分。每种元器件都有其自身的特征,下面将作简要介绍。

7.2 电子元件

基本电子元器件包括电阻、电容、电感、二极管、晶体管等,它们在实现电路搭建与控制中至关重要。本节先介绍其中 4 种重要的电子元件,下一节将介绍其中 4 种重要的开关器件。

(1) 电阻器 可以将电阻比作摩擦，在一定的势能作用下，水经过通道产生摩擦，从一头流到另一头。如果用电压表示势能，电流表示水的流动，则电阻就可以表示通道的摩擦。另外，带电粒子（电子和离子）的传输一般会由场两端的势能差决定，3种主要的势能差为电势差、化学势差和压强差。电势差形成传导，化学势差形成扩散，而压强差形成对路。那么，电阻中由于没有化学势差和压强差，主要是电压形成的势能差，所以电阻的电气特性公式就可以写成 $V = I \times R$，也就是欧姆定律。由于电阻只能被动地阻碍流过其体的电流，所以电阻是一种被动元件。图7-6所示为电阻电路示意图。电阻的计算公式为

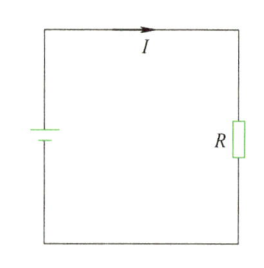

图7-6 电阻电路示意图

$$R = \rho \frac{L}{A} \qquad (7\text{-}1)$$

式中　ρ——电阻材料的电阻率（$\Omega \cdot cm$）；
　　　L——电阻的长度（cm）；
　　　A——电阻的截面积（cm^2）。

电阻消耗的功率可以表示为 $P = I^2 \times R$。这部分功通常是以热能的形式耗散的，所以电阻还可以在电热装置中使用。电阻的应用很广，可以用于限流器、放电电路、负载、电压分配器等。

电阻器根据其组成成分可以分为膜电阻（碳膜电阻、金属膜电阻、复合膜电阻等）、绕线电阻和特殊电阻等。碳膜电阻是通过真空镀膜的工艺，使用碳原料覆盖于瓷棒表面形成电阻，并利用碳膜的厚度和刻槽来调节电阻的大小。这种电阻价格低、性能稳定，但精度较差。金属膜电阻是将镍铬或铜等合金利用真空电镀于磁棒表面形成电阻，这种电阻的精度较高，且温度系数、耐压系数等相比碳膜电阻要好，当然价格也贵一些。复合膜电阻使用不同薄膜叠合而成，可以形成相互补偿，从而克服单层膜的自身缺陷。复合膜比如 NiC 和 Ta$_2$N、CrSiCo 和 NiCr 等，当然复合膜电阻结构成分复杂、制造工艺较难、成本也较高。绕线电阻是使用铜或镍铬合金缠绕在磁棒上，这种电阻有精确度高、工作稳定及可靠性高等特点，但由于其金属环绕特性，因此其寄生电感特性较为明显，对于较高频率的电路（比如>50kHz）不太适用。特殊电阻包括热敏电阻和光敏电阻等。

电阻器的理想电压和电流特性为线性（在一定环境条件下），满足欧姆定律。需要指出的是，当电阻足够大时，它同样会体现出电容特性，也就是电荷在电阻的两边聚集，中间形成相当于介电物质的电容特性。电阻（特别是绕线电阻）还存在寄生电感的特性，对于电气信号的高频部分会产生衰减，因此在电力电子应用或高频电路应用中，这些电阻自身所产生的寄生电容和电感是不能忽略的。

(2) 电感器 电感器可以用减振器进行类比，它是一种能够把电能转化为磁场能并且在其内部储存起来的元件。从这点上看又很像变压器，但是没有铁心而只有一个绕组。对外的表现可以简单地描述为通低频信号、阻高频信号的特性。

电感是一种被动的元件，其特点是阻碍流过电流的变化，通常伴随出现反向电压的较大变化以抵抗其电流的变化。电感对于低频信号的阻碍能力并不强，而对于高频信号有较强的抑制能力，因此，在类似开关稳压电路的输出端，通常需要加上电感器来抑制纹波。

电感器又称为扼流器、电抗器、动态电抗器等。

电感的计算公式为

$$L = \frac{\mu_0 \mu_r A N^2}{l} \quad (7\text{-}2)$$

式中　L——电感；
　　　μ_0——自由空间磁导率；
　　　μ_r——相对磁导率；
　　　A——环绕的截面积；
　　　N——线圈匝数；
　　　l——电感长度。

电感的电压、电流关系式为

$$V = \frac{L\mathrm{d}I}{\mathrm{d}t} \quad (7\text{-}3)$$

式中　V——电感上的电压；
　　　L——电感器的电感值；
　　　I——流过电感的电流。

从公式（7-3）可以看出，当流过电感的电流产生变化时，电感两端会产生感应电压，这个电压的方向是阻碍电流变化的方向，所以有些公式将电压描述为负值。电感所储存的电能为

$$E_L = \frac{1}{2}LI^2 \quad (7\text{-}4)$$

式中　E_L——电感储存的能量。

电感器从磁场的角度可以理解为，元件通过电流后产生磁场的能力，磁链 $\Psi=LI$。电机的电枢使用感性负载（线圈），其电感特性十分明显。而电机的转子在磁链上也可以以等效电感来计算。在实际应用中，会将整个磁链用等效电感来计算（Lq、Ld 等）。电感电路示意图如图 7-7 所示。

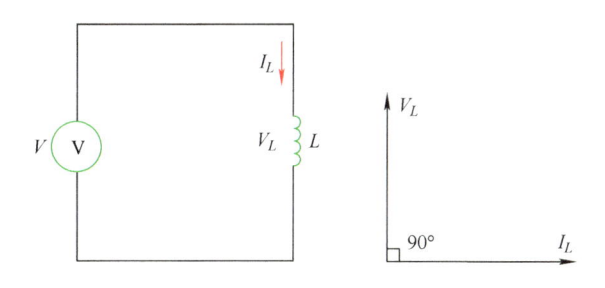

图 7-7　电感电路示意图

（3）电容器　电容器可以用弹簧进行类比。电容同样是一种被动元件，有容纳电荷的特性。电荷可以在电容的两端聚集，聚集的多少由电容的容量决定。电容的容量就是描述承载电场能力的大小，因为电荷聚集会形成电场，而电容对电荷聚集的能力就可以表达成承载电场的能力。

对于平板电容器,电容的计算公式为

$$C = \frac{\varepsilon A}{d} \tag{7-5}$$

式中　ε——极板间介质的介电常数;
　　　A——极板的面积;
　　　d——极板间的距离。

除此之外,还有一种广义的电容定义,即其电量和电压之间形成的关系,其公式可以表达为

$$C = \frac{Q}{U} \tag{7-6}$$

式中　Q——电容的存储电荷量;
　　　U——电容两端的电压值。

由于在计算中,电荷的计算非常麻烦,通常需要用较为方便的电流来进行计算。电流是由电荷的流动形成的,在电容上的 Q 可以用电流的积分来表示。相反,如果再把电压带入进去,电容的电压、电流公式就可以表示为

$$I = \frac{C\mathrm{d}V}{\mathrm{d}t} \tag{7-7}$$

电容所储存的电能为

$$E_C = \frac{1}{2} \times C \times V^2 \tag{7-8}$$

式中　E_C——电容储存的能量。

汽车电子电路上常用的电容器主要为电解电容、钽电容和陶瓷电容等。电解电容是利用金属箔为正极(铝或钽等)夹卷电解液形成的,因此这种电容有正负极之分。电解电容成本低、容量大,但存在稳定性较差、精度不高等缺点。通常用于低频滤波和解耦等,不适用于对频率响应有较高要求的场合。钽电容和电解电容类似,只不过其正极为钽金属,电解液使用二氧化锰等固态物质,因此其具有寿命长、体积小、误差小、漏电流小等特点。但由于其耐压、耐流特性较差,而且成本比电解电容高,因此其使用受到一定的限制,多用于容量不太大且对信号输出特性有较高要求的场合。陶瓷电容(主要指高频陶瓷电容)使用银金属通过工艺(烧渗等)镀在云母片上形成,其特点是稳定性好(特别是高频特性)和温度系数小等,但其容量较小,主要使用于高频场合。

电容器的用处有很多,可用于电源滤波、信号滤波、信号耦合、谐振、滤波、补偿、充放电、储能、隔直流等,它是电力电子领域重要的元件。电容电路示意图如图 7-8 所示。

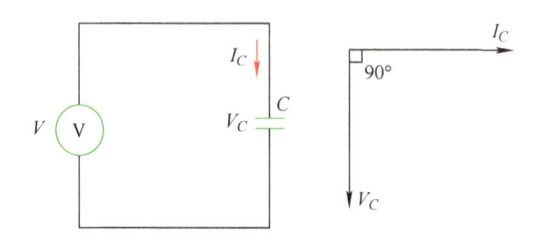

图 7-8　电容电路示意图

（4）变压器　变压器可以用齿轮进行类比。因为齿轮啮合后，两个齿轮之间传递的是功率，功率是保持不变的（除去中间可忽略的损耗）。组成齿轮输出功率的是转矩和速度的乘积，这两个耦合量（转矩和转速）可以随着啮合齿轮齿数的不同而产生符合设计需要的变化。同样，变压器中一级和二级的电功率是不变的，而电压则按照匝数的不同呈反比例变化，因此可以根据输出电压需求设计匝数。

对于齿轮，其功率公式为

$$P_{\text{gear}} = T_{\text{gear}} \times \omega_{\text{gear}} \tag{7-9}$$

式中　P_{gear}——齿轮输出功率；
　　　T_{gear}——齿轮输出转矩；
　　　ω_{gear}——齿轮角速度。

对于变压器，有

$$\frac{V_1}{V_2} = \frac{N_1}{N_2};\ \frac{I_1}{I_2} = \frac{N_2}{N_1};\ V_1 I_1 = V_2 I_2 \tag{7-10}$$

式中　V_1、V_2——原边、副边的电压；
　　　N_1、N_2——原边、副边的线圈匝数；
　　　I_1、I_2——原边、副边的电流。

变压器在电源和电力电子领域应用很多，除了能够起到电压的变换作用外，由于电路中间通过磁场进行了耦合，所以可以起到绝缘外部干扰的作用，在大功率场合广泛使用。变压器示意图如图7-9所示。

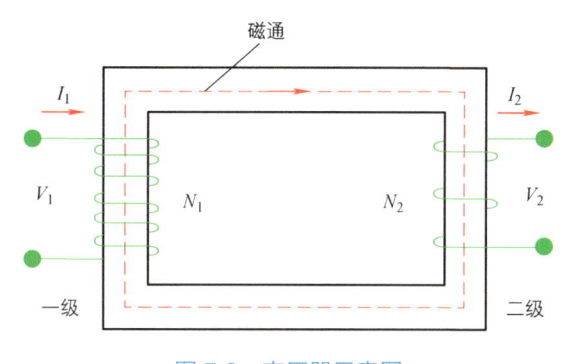

图7-9　变压器示意图

7.3　开关器件

由于电力电子技术中的许多控制是对被控对象实现电压、电流等电特性控制，早期的电力电子通过模拟电路实现，但是其控制精度、损耗等都不理想。于是，基于开关电路形成等效电压和电流的控制技术逐渐发展并占据主导地位。最常见的开关是单极点开关，例如，常用的继电器就是单极点开关，其作用是通过弱电控制其导通和关断，从而实现对其连接的强电电路导通和关断。电气开关示意图如图7-10所示。

图7-10　电气开关示意图

这种机械型电气开关器件不同于功率半导体器件（晶闸管、晶体管或场效应晶体管等），它是简单的机械型开关器件。虽然其结构简单、成本较低，但其内阻、接触点等有性能限制。例如，较大的起动电流或持续电流会熔化接触部位的金属，造成开关器件黏连；机械触板会产生机械振动，造成信号的不稳；机械部件的耐久性较差等缺陷。最重要的是，这种机械型开关由于其机械限制，很难作为可控开关来实现电路电压、电流的控制，因此，以功率半导体为基础的开关器件成为控制电路设计的主流。

（1）二极管　二极管是一种双电极的导电器件，但电流通常只允许从一个方向导通（反向偏置为设计目的除外），而另一个方向会形成很大的电阻。二极管的示意图如图7-11所示。早期的二极管以使用真空电子管为主，现在大多使用半导体电子二极管（比如硅或锗等金属）。硅元素的最外层特征电子为4个，在空间形成较为稳定的结构。由于原子核对电子的吸引力，电子脱离其约束的能力有限，因此在外加电场的作用下形成自由电子的能力就较弱，对外表现为半导体的特征。但是如果在其中掺杂5价元素，如P，其外层有5个电子，在和Si形成配对（八隅体稳定结构）的同

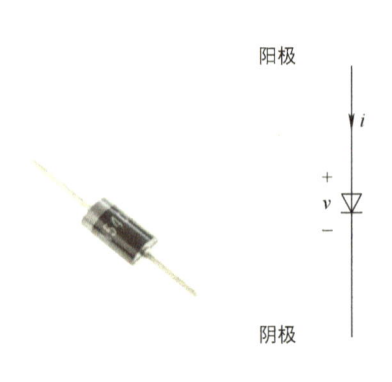

图7-11　二极管示意图

时，会多出一个较为"自由"的电子，因此其多数载流子为电子；在硅基中掺杂3价元素，如B，其外层有3个电子，在和Si形成配对的同时，会多出一个较为"自由"的空穴，因此其多数载流子为空穴。如果将这两种掺杂的半导体材料接在一起，N极的多数载流子"电子"因为浓度差的原因，会向P极材料扩散；而P极的多数载流子"空穴"同样会因为浓度差的原因向N极材料扩散。这样在它们衔接的附近，就形成了一个N极材料呈正极性特征（失去电子），而P极材料呈负极性特征（失去空穴）的区域。其电场方向为N极指向P极，这个电场的方向是阻碍多数载流子扩散的方向。随着电场逐渐增大，扩散的浓度差产生的势能逐渐被减弱，直到其大小正好抵御两边的扩散动力势能时，就形成了一个稳定的PN内部电场，也称为PN结。

正向导通时，电阻主要为PN结的阻抗（硅管的PN结正向导通压降约为0.7V，而锗管的PN结正向导通压降约为0.3V）；二极管反向电阻很大，通常不能正常导通，如果施加一定范围的反向电压，通常反向电流为零（有一定的漏电流），呈阻断特性。但二极管随着反向电压的继续增大，会出现可逆性导通。这种现象也十分重要，NPN型功率半导体器件就是利用这种反向特性实现晶体管的导通。如果反向电压继续增大，器件就会出现不可恢复性的反向击穿（热击穿），从而造成器件的损坏。在正常电压范围内，当外加电压去掉时，二极管通常能够自行恢复。

二极管的伏安特性曲线如图7-12所示。二极管的特点就是正向导通，但是也会有一个导通

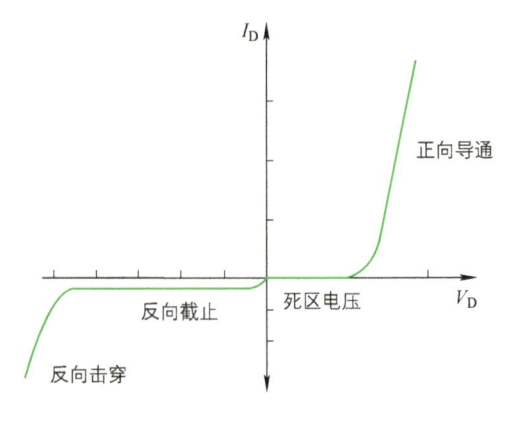

图7-12　二极管的伏安特性曲线

门限电压,当正向电压小于这个门限电压时,二极管并不会导通,流过的电流为零(实际使用中,会存在一个 $10^{-6} \sim 10^{-7}$ A 级别的漏电流),这个伏安区间被称为二极管的死区。当开始施加反向电压后,一般会形成一个较小的反向导通电流(同样被称为反向漏电流),而这个电流并不会随着反向电压的增加而变大,这时,二极管处于反向导通状态。如果反向电压继续增大,到达二极管材料不能承受的程度,就会出现反向击穿现象。有些二极管在一定范围内的反向击穿是可逆的(比如稳压二极管),恢复电压后,仍然可以正常运行。如果这时的反向电压不恢复或进一步加大,就可能出现热击穿现象(通常指电子雪崩式碰撞而破坏半导体材料的分子结构),二极管就会出现不可逆损坏而无法使用。

由于使用掺杂不同浓度的半导体材料,其导带中的电子随着温度的升高,通常会更加活跃。这种特性就体现为二极管的伏安特性曲线在温度升高时会向左边移动,这种温度漂移现象在二极管的使用过程中需要注意。

(2)双极晶体管 通常双极晶体管有两种基本结构:NPN 型和 PNP 型。其生产方式是用不同的掺杂方式在同一个硅片上产生出 3 个掺杂区域,并在这 3 个区域之间形成两个 PN 结。在这 3 层半导体中,中间一层称为基极,另外两层分别称为发射极和集电极。当基极注入电流时,在发射极和集电极之间就会有放大的电流流过,形成放大效应,这就是晶体管的基本工作原理。这 3 个区间的特性是不对称的,以 NPN 型双极晶体管为例,其基极为较薄的 P 型半导体,集电极为接触面积较大但掺杂浓度较小的 N 型半导体(容易形成反向偏置电流),而发射极为浓度较大的 N 型半导体。这种设计的目的是为了在基极和发射极(BE 间)形成正向偏置,而在集电极和基极(CB 间)形成反向偏置。在载流子浓度较大的发射区,电子会在外部电压的作用下大量流向集电极。整体来看,载流子在发射区形成 I_E,其中小部分流向基极形成 I_B,剩余部分在流过集电极区间时形成 I_C。这样电流之间就形成了 $I_B+I_C=I_E$ 的关系,而 I_B 比 I_C 要小得多。从而形成了从小的基极电流到很大的集电极电流的放大特性。通常通过控制 I_B,可以在输出端按一定的比例形成较大的 I_C,也就形成了双极晶体管的可控放大特性(电流放大特性)。双极晶体管如图 7-13 所示。

由于双极晶体管同样使用半导体材料,并形成两个相连接的 PN 结结构,其伏安特性曲线可以分为 4 个区间:死区、饱和区、放大区和击穿区,如图 7-14 所示。

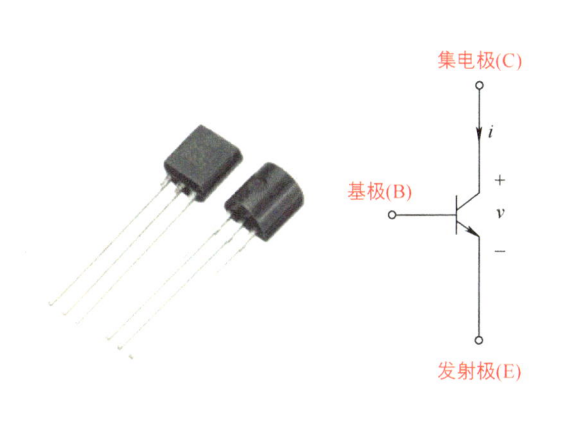

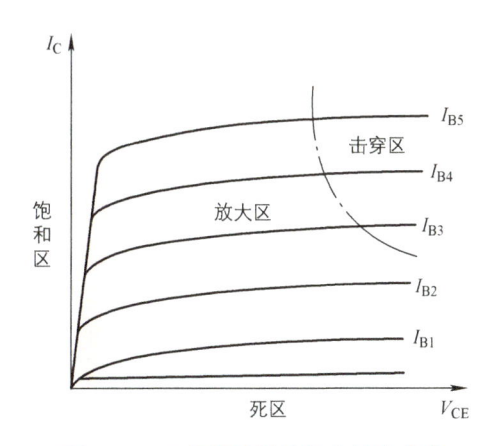

图 7-13 双极晶体管 图 7-14 双极晶体管的伏安特性曲线

当 V_{BE} 的电压小于开启电压时，双极晶体管进入死区状态，这时 $I_B=0$，I_C 也只有很小的值（漏电流 I_{CE0}），双极晶体管关闭。随着 V_{BE} 的增大，双极晶体管开始开通，出现 I_B 值，如果集电极电压不大于基极电压，此时集电极正偏 V_{CE} 小于或等于同样正偏的 V_{BE}，双极晶体管的 $I_C=\beta I_B$ 的关系并不成立（所有的电流都从基极发出），这时双极晶体管进入饱和区。随着 V_{CE} 的增大，V_{CE} 的电压形成反偏（较薄且较宽的 PN 结形成反向偏置），双极晶体管的电流放大特性成立，即 $I_C=\beta I_B$。双极晶体管进入线性放大区，这个区域也是通常双极晶体管的正常使用的区域。如果电压继续增大，双极晶体管的管压到达极限后，就会进入击穿区，双极晶体管会发生不可逆的热击穿（雪崩击穿）而损坏。

（3）场效应晶体管　从以上分析可以看出，双极晶体管是电流控制器件（通过基极的电流可以按放大倍数控制集电极的电流）。在控制器件中，还有一种普遍使用的电子开关类型——金属氧化膜半导体场效应晶体管（Metal Oxide Semiconductor Field Effect Transistor, MOSFET），也叫作 MOS 管。其特点是在半导体中利用外界电压形成一个载流子的通道或沟道，电子或载流子就会在这个沟道中导通达到开关控制的作用。依据沟道的极性不同，其沟道可分为电子占多数的 N 型沟道和空穴占多数的 P 型沟道。金属氧化膜中的金属在现在的 MOS 管中已经没有了，只是在早期制造的 MOS 管中栅极使用，现在的 MOS 管基本上用多晶硅。MOS 管又可以分为增强型和耗尽型两种，增强型 MOS 管需要在门极加上开启电压，例如，对于 N 沟道的 MOS 管，V_{GS} 高于开启电压时，MOS 管导通。而耗尽型 MOS 管则不需要在门极施加电压就可以工作。耗尽型、增强型 N 沟道场效应晶体管分别如图 7-15、图 7-16 所示。功率型的 MOS 管在低电压级的应用十分广泛。N 沟道的场效应晶体管 V_G 需要大于 V_S，而 P 沟道的场效应晶体管 V_G 需要大于 V_D 才能实现导通。在通常的电力电子应用中，N 沟道通常用于接地端的低边控制，过去在高边控制中使用 P 沟道，但由于其门极电压需要加高，而且 P 沟道是空穴型沟道，导通电阻比较大，所以实际上用得较少。

图 7-15　耗尽型 N 沟道场效应晶体管　　图 7-16　增强型 N 沟道场效应晶体管

场效应晶体管的伏安特性和双极晶体管有些相似，但又不相同，如图 7-17 所示。当门极电压 V_{GS} 的值小于开启阈值时，场效应晶体管处于截止状态。当门级电压继续升高超过门限值后，场效应晶体管开始导通。门极电压的作用是在电极中间产生导通沟道，当刚刚达到门极电压，相当于刚好产生一个预截断的状态。这时，V_{DS} 和 I_D 之间是一个类似可变电阻的关系。这种特性可以用作可控电位器、集成电路可变电阻、线性电源等设计使用。

当沟道完全形成后，其载流的能力也就基本确定。这时，电流的大小并不随两端电压的加大而线性加大，相当于进入一个饱和区间。可以看出，MOS 管和双极晶体管的特性不同，最明显的就是双极晶体管是电流控制器件，而 MOS 管是电压控制器件。

（4）绝缘栅双极型晶体管 还有一种在大功率电力电子中普遍使用的器件——绝缘栅双极型晶体管（Insulate Gate Bipolar Transistor，IGBT），如图 7-18 所示。它是由双极晶体管和绝缘栅型场效应晶体管组成的复合全控型电压驱动式功率半导体器件。绝缘栅极形成了高控制输入阻抗，使得控制端的功率损耗相对减小。而双极晶体管是多载流子导电（两种），这样就使得其驱动电流相对较大。也就是说 IGBT 的饱和压降低，载流密度大，但驱动电流较大。

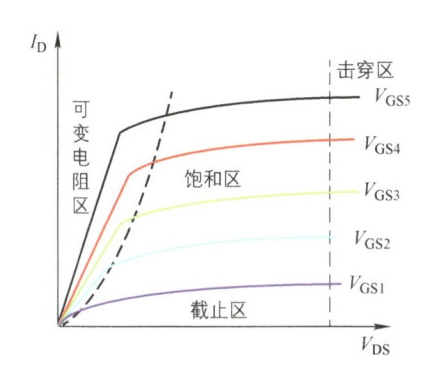

图 7-17　MOS 管伏安特性曲线 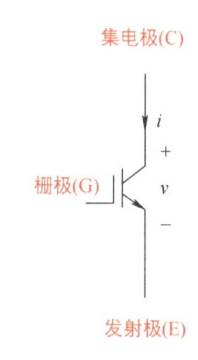　　图 7-18　绝缘栅双极型晶体管（IGBT）

IGBT 实际上可以看作是 NPNP 结构的晶闸管加上门极场效应控制的功率半导体器件。最后一层 P+ 层的制造和载流子加注是其技术的关键点之一。传统的制造工艺可以实现横向布局工艺，但其存在诸多缺点，比如面积必须加大。目前纵向布置方案是主流。

相对 IGBT 而言，MOS 管驱动功率小、速度快，但导通压降大、载流密度小。因此将这两种器件结合起来，对于栅极使用场效应形成控制电路并为 PNP 晶体管提供基极电流，另一方面，PNP 管形成较低的导通阻抗，使得这种管子同时兼有 MOSFET 和 IGBT 两方面的优点，输入阻抗大、驱动功率小而饱和压降低，因此非常适合应用于高压的变流系统。对于 IGBT，其寄生电容对晶体管的特性非常重要。特别是 C_{GD} 和 C_{GS} 实际上是绝缘栅形成电场的必要因素，也正因如此，IGBT 的门级驱动需要对导通上电的过程（短路积分过程）进行有效控制，才能保证晶体管的正常工作。

IGBT 在伏安特性上表现为晶体管特性，分为阻断区、饱和区、有源区和击穿区几个部分，如图 7-19 所示。而控制上更多地表现为场效应晶体管的特性，即由电压控制，而不是像晶体管那样的电流控制模式。

在电机控制中，逆变系统使用的通常是两种装置：场效应晶体管和 IGBT 管。目前，SiC 由于其极好的特性，正得到业界一直推崇，不过价格的原因使得 SiC 还需要一些年来实现低成本化，现在还无法取代 MOS 管和 IGBT 在功率半导体器件中的地位。

场效应晶体管的耐压能力较弱，而 IGBT 的耐压能力较强。MOSFET 的功率等级也较小，而 IGBT 的功率等级较高。由于 MOSFET 的导通损耗相对较大，而开关损耗相对较小，因此在相对高频的应用中，MOSFET 有更大的优势，IGBT 则多用于相对低频的应用场合，如图 7-20 所示。

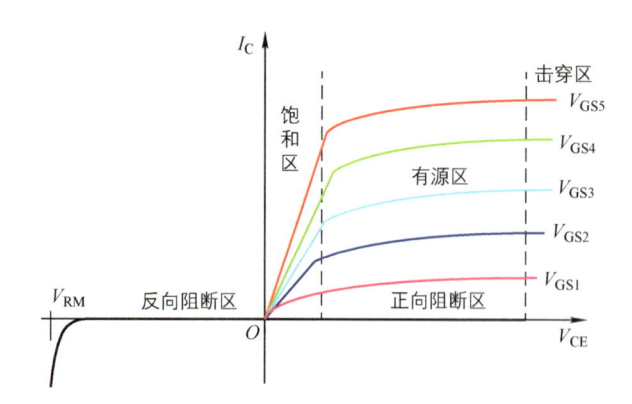

图 7-19 IGBT 伏安特性曲线

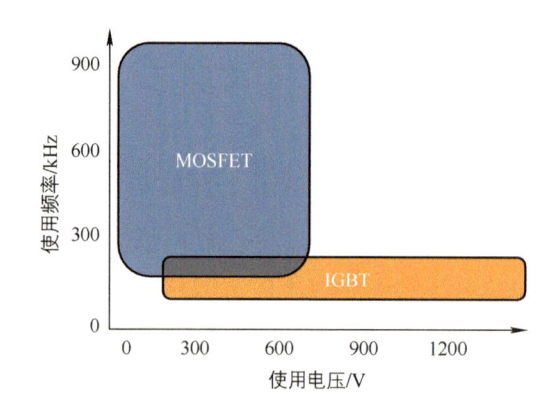

图 7-20 MOSFET 和 IGBT 适用的电压和频率范围示意图

7.4 电子元器件在新能源汽车上的应用

7.4.1 电机控制

直流电机的控制需要用机械换向装置实现电流流向的改变，从而形成磁场力驱动电机转动。而可控功率半导体器件的出现使得非机械换向（功率管开关实现换向）成为可能。通过逆变器的功率变换单元，对可控功率半导体器件进行变频控制技术。

通过控制每个功率半导体器件的导通和关闭，可以实现将交流变成直流，即 DC/AC 转换器，也叫作逆变器。电机的驱动控制就是通过逆变器来实现的。如果通过控制实现交流转换成直流，即 AC/DC 转换器，也叫作整流器。通常在逆变器的输入端，为了防止有大的电压或电流波动，通常需要串联上电感及并联上电容以实现滤波及稳压。图 7-21 所示为普遍使用的三相电机控制开关电路，由 6 个功率半导体器件组成，上下器件间没有阻抗，因此需要在控制策略上考虑单相短路导通的问题，通常由死区控制逻辑来解决。

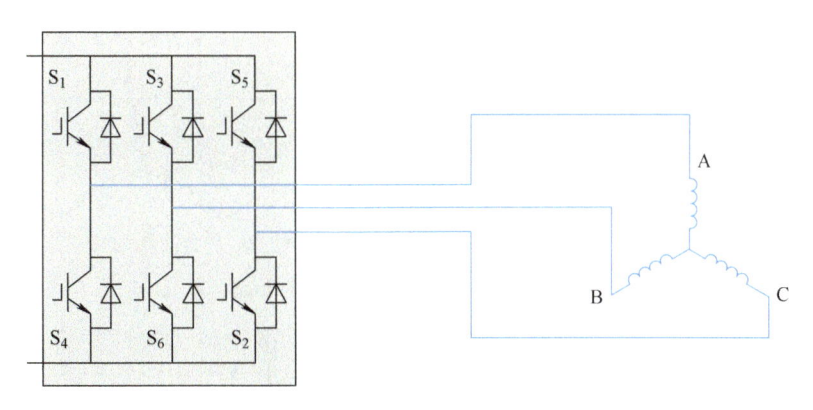

图 7-21 三相电机控制开关电路

下面介绍六段直流无刷电机的控制电路（6-Step BLDC）及其控制原理。

图 7-21 的左边是逆变桥电路，本例中该电路由 IGBT 搭建而成，低压系统可由场效应晶体管组成。电机控制系统控制 IGBT 的门级驱动，经一定的顺序对 $S_1 \sim S_6$ 的开关器件进行导通或关闭控制，从而在负载电机（本例中为星形联结的三相电机）中形成电流回路。电流流过线圈会形成磁场。将此磁场按一定规律交变，就可以形成旋转磁场，带动转子上的磁极做跟随运动，周而复始，电机就可以转动。可以通过电流的大小来控制电机的旋转转矩，电流是由加在线圈两端的电压决定的，但电压和电流并不是简单的线性关系，还受线圈的阻抗和电抗及反向电动势等多种因素影响，所以需要综合考虑并建立精确的数学模型（具体控制请参考本书的电机控制部分）。

从图 7-22 中可以看出，当电机处于 0°~60° 的范围内时，$V_{An} = V_{Cn} > V_{Bn}$，电流受电压控制从 A 端和 C 端流向 B 端，如图 7-23 所示，因此 A 端和 C 端的电流为正值（电流流入为正方向），B 端电流为负值（电流流出为负方向）。当电机旋转到 60°~120° 的范围内时，电压状态变为 $V_{An} > V_{Cn} = V_{Bn}$，电流此时受电压控制从 A 端同时流向 B 端和 C 端，因此 A 端的电流为正，B 端和 C 端的电流则为负值。以此类推，就可以判断出电机在其他各个角度范围内的电压和电流状况。电机旋转到各个角度范围时线圈电流流向示意图如图 7-24 所示。

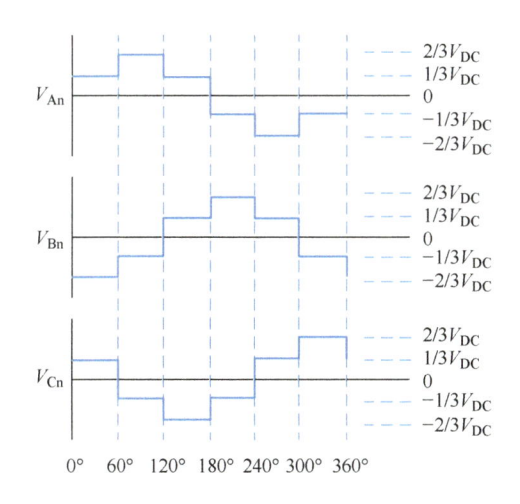

图 7-22 六步骤电机控制逻辑电压示意图

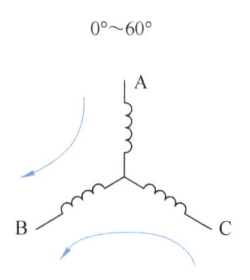

图 7-23 0°~60° 电流流过线圈示意图

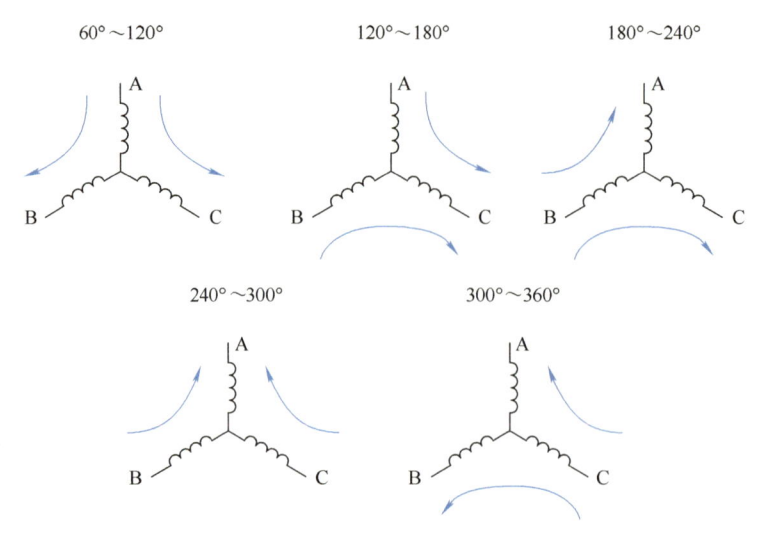

图 7-24　电机旋转到各个角度范围时线圈电流流向示意图

从六段直流无刷电机的控制图可以得知，任何时候都有三个相的绕组同时工作，相邻两相换向的时候都会保持其中一相电流的方向不变。每个相的电压和电流和邻相的电压和电流相差 +120° 或 -120°（取决于电机的旋转方向）。

电机三相电流如图 7-25 所示，在 0°～60° 的区间，A 端和 C 端电流流入，合并的电流从 B 端流出，这时 B 端的电流渐渐达到最大值（此时为负值最大）；到了 60°～120° 的区间，A 端电流流向 B 端和 C 端，因此 A 端电流渐渐达到最大值（此时为正值最大），B 端负电压绝对值由大变小，因此 B 端负电流绝对值渐渐变小，C 端正电压比上个周期值减小，因此 C 端正电流渐渐变小；到了 120°～180° 的区间，A 端电压从正值最大减小，B 端电压由负值变为正值，而 C 端电压则变为最小负值，因此 A 端电流由最大正值减小，B 端电流逐步由负值上升为正值，而 C 端电流则达到负值绝对值最大状态。剩下 3 个区间（180°～240°、240°～300°、300°～360°）的电流变化情况感兴趣的读者可以自己推算出来，这里就不一一赘述。

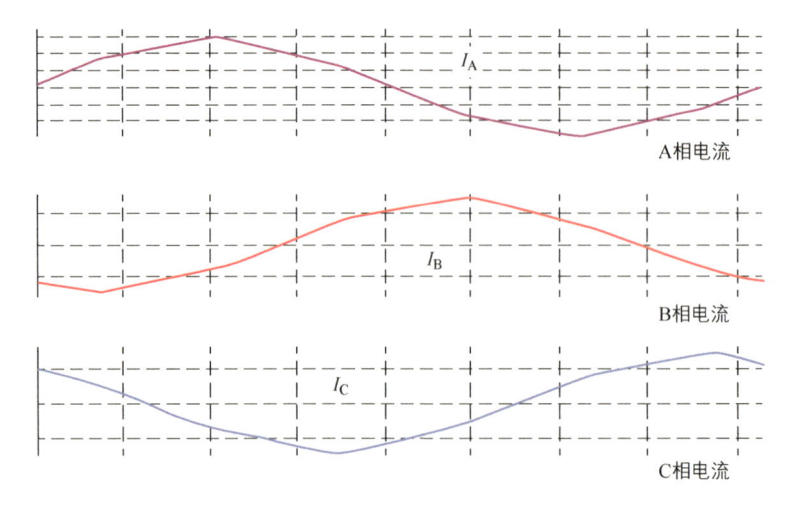

图 7-25　电机三相电流示意图

需要强调的是，每一相的电压和电流并不是完全同步的，如图 7-26 所示，这是因为整个系统中的电感、电容所起到的相位移动现象。电容能将电流提前于电压形成 90° 相位差（这个相位差不同于电机旋转的相位差，只是元件形成的电压和电流相位移，大小和其工程值大小有关），同样电感能将电压提前于电流 90° 相位差。这样在以电感为主要特征的电机中，电压通常会比电流超前一些。而这个不同步会造成一定的效率下降，形成电机自身效率因数。

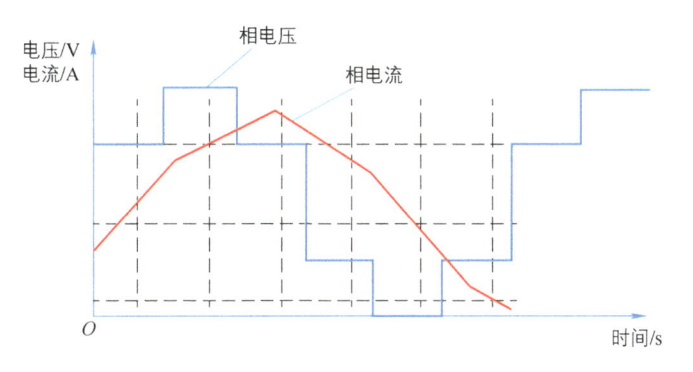

图 7-26　电机单相电压和电流示意图

对于每一个单相线圈，流过其内部的电流通常由主电流和续流电流两个部分组成。

对于连接线圈 a 的控制电路，如图 7-27 所示，电路上面的可控器件 S_1 导通，下面的 S_4 必须关闭，以防止同时导通引起的短路现象。其余半桥的工作原理类似，从而在母线电压的作用下，线圈 a 上就会形成 I_a 电流，而其大小等于流过 S_1 的电流 $I_Q^{S_1}$。由于控制方法为 PWM 方式，通过调节不同的占空比，将在线圈上形成不同的加压时间（电压的幅值一样，持续时间不同）。在线圈 a 中的电流由回路中的电阻、电容、电感特性决定。当占空比到达控制点时，PWM 信号关闭，S_1 也就关闭。通常情况下，线圈 a 有电感属性，电流无法瞬间减少为零，因此需要一个续流电路（续流二级管 D_1 和 D_4），保证线圈 a 中电流的持续。这就会形成一个在线圈两端的反向电压，这个电压将持续推动在线圈 a 中的电流持续，由于 $I_D^{S_1}$ 反相连接，续流电流会通过 $I_D^{S_4}$，从而通过 S_1 和 D_4 的交互作用，就会在线圈 a 中形成连续的电流 I_a。

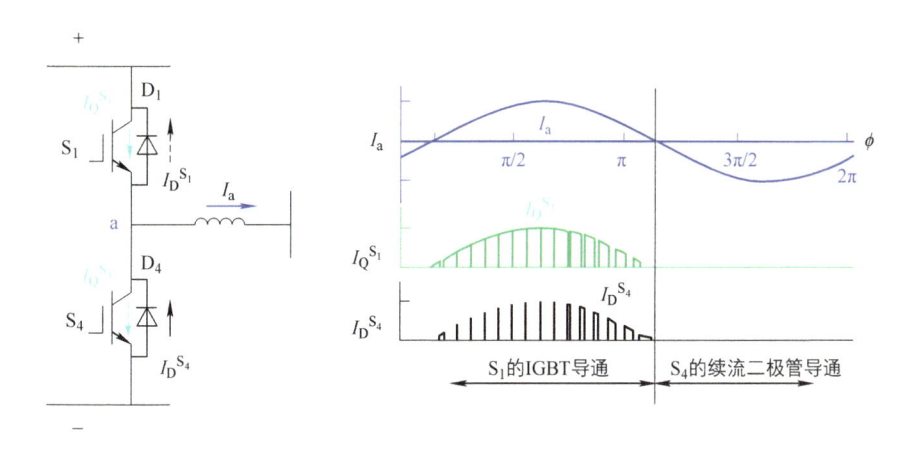

图 7-27　IGBT 的 PWM 控制和相电流示意图

半个周期之后，电流的方向根据控制需要变为负方向。于是，S_4 导通，形成主通电路。线圈 a 在母线电压作用下，形成反相电流 I_a。同样，由于使用 PWM 控制，根据占空比，形成 S_4 的导通和关闭的周期控制方式。当 S_4 导通，电流在电压的作用下，电流大小由回路的电阻、电容、电感特性决定，关闭后，通过 I_D^S 续流。从而在 S_4 和 D_1 的交互作用下，在线圈 a 中形成连续的负值电流 I_a。

对于不同的控制算法，比如梯形波控制、矢量控制、直接转矩控制等，可以依据控制要求（转矩、转速、位置等），得到三相电路的电流和电压特性，再根据线圈回路的整体阻抗特性，计算出任意时刻开关器件的控制状态，就可以形成有效的逆变控制。

IGBT 其实是门极绝缘的晶体管，其特性集合了绝缘门级控制器件和晶体管器件的特性。下面分析其开关过程。

IGBT 在导通时，需要在门极加上电压。而绝缘门极有些像电容，在电容上施加电压，需要一个电荷的积累过程。IGBT 导通过程示意图如图 7-28 所示。图 7-28 中从上数第二条曲线代表门级电流的提升（这个过程可以很快，和等效门级电容的大小有关）。在此之后，V_{ge} 上会形成门极电压。随着门极电压的升高，当达到开启电压 V_{th} 时，IGBT 被正式打开。但是这个时候，I_c 还需要一个开启的过程，随着 V_{ge} 继续上升，I_c 逐渐达到导通电流值。此时 V_{ce} 开始下降，这时候 IGBT 进入开关阶段，持续的时间和 IGBT 材料有关。V_{ce} 则一般不会下降到 0，根据所使用的基材不同，这个值可以是较小的电压值。从门极电压上升到 V_{th} 开始，一直到 V_{ce} 降到 0V 左右，这个时间定义为开启时间 T_{on}。这期间门极电压维持恒定，被称为米勒平台。在此之后，IGBT 进入导通过程，I_g 会逐渐降低，V_{ge} 会逐步升高到一个定值。之后 IGBT 平稳工作，开通全过程结束。整个过程可以简单描述为门极电压建立沟道，V_{th} 是沟道达到导通 C 和 E 两极的限值。之后沟道变厚，导通能力增强，直到通道完全打开。

IGBT 关闭过程示意图如图 7-29 所示。IGBT 的关闭过程和导通过程相反。当 V_{ge} 开始下降，I_g 值随电压也开始下降（方向为反方向）。但 V_{ce} 仍然没有变化，I_c 也并不受影响。随着门极电压降到一定程度，V_{ce} 开始上升，一直到 I_c 开始下降，这时门极电压继续下降到开启电压 V_{th}，则电流 I_c 会降到关闭状态。V_{ce} 也表现为关闭时两端的电压值。整个关闭过程随着 V_{ge} 逐渐降低到 0V，而 I_g 也会降低到 0A 为止。关闭时间从 V_{ce} 开始变化到门极电压降到 0，这段时间定义为关闭时间 T_{off}。这个过程同样可以用导通通道的变窄（V_{ce} 开始变化），直到通道关闭（门极电压低于 V_{th} 值）来描述。

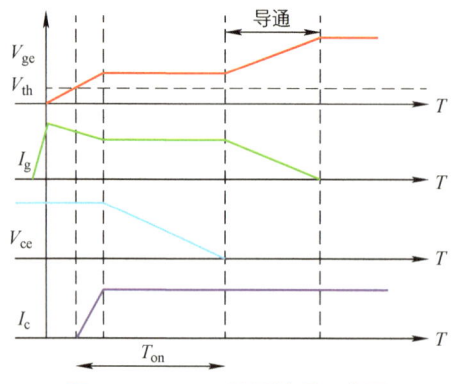

图 7-28　IGBT 导通过程示意图

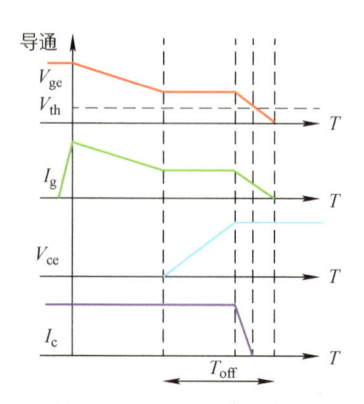

图 7-29　IGBT 关闭过程示意图（其中 I_g 电流方向为负）

在上述 IGBT 导通和关闭的过程中，电压和电流并不是理想的开关状态。在开关过程中，由于存在电压和电流同时不为零的情况，会产生相应的损耗。整体的损耗包含两个部分，导通损耗和开关损耗。导通损耗是指在导通的时间内等效的导通电阻和流过的电流平方乘积 I^2RD，如果用电压和电流可以表示为

$$P_{cond} = \frac{1}{2\pi} \int DI_c \times V_{ce} d\theta \tag{7-11}$$

式中　D——IGBT 导通的占空比（Duty Cycle）。

而开关损耗是导通过程电流和电压乘积的积分（由于电压和电流并不是常量），如图 7-30 所示。

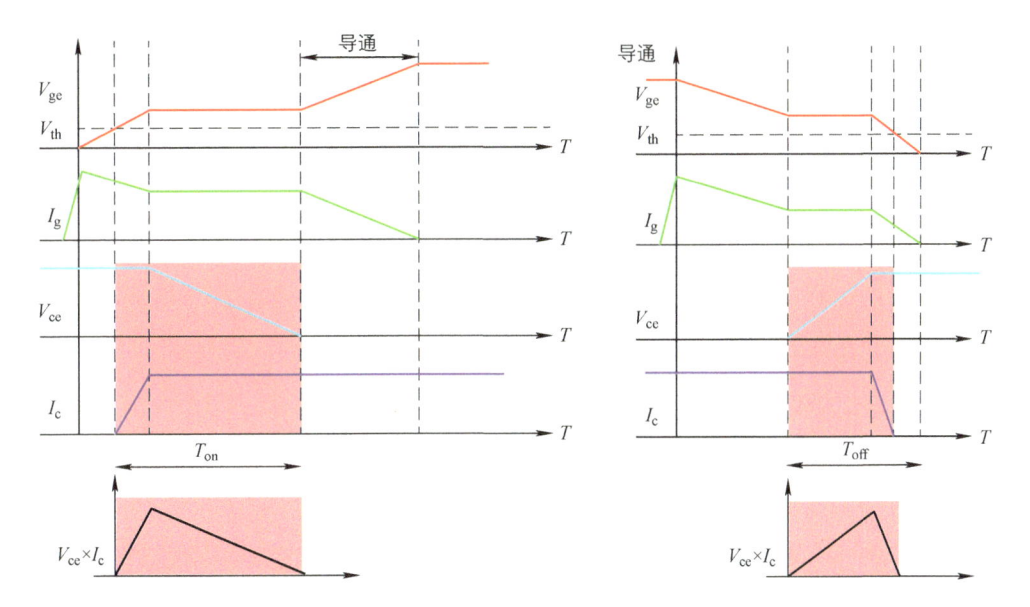

图 7-30　开关损耗示意图

$$P_{loss} = P_{switch} + P_{cond} \tag{7-12}$$

式中　P_{loss}——总体损耗；

　　　P_{switch}——开关损耗；

　　　P_{cond}——接触损耗。

总体损耗就是开关损耗和接触损耗之和，见式（7-12）。具体的损耗可以根据损耗发生的波形进行计算。可以看出，对于开关行为较多的控制方法（PWM 控制），其开关损耗较大。由于 IGBT 开关期间的电压和电流都比较大，因此开关速度成为控制损耗的关键因素。同时，大量的开关信号会产生电磁干扰（Electromagetic Interference，EMI），会影响其他汽车电子元器件的正常工作。

7.4.2　变压电路 Buck 变换器

一种较为普遍应用的输出电压可控电路叫作 Buck 电路，这种电路基于开关元件的导通和关断，利用电路中的电感和电容形成两个相互关联的电路，通过占空比调节输出电压。

Buck 变换器的电路示意图如图 7-31 所示。

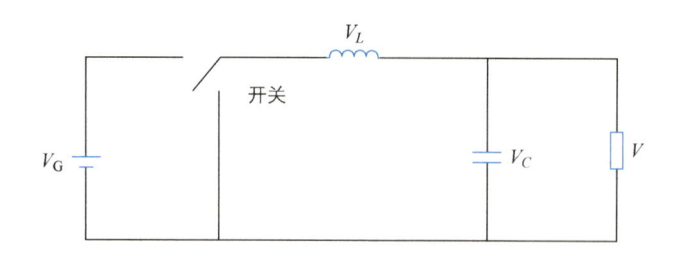

图 7-31 Buck 变换器的电路示意图

当开关电路接到电源一端时，形成电容与负载并联并与电感和电源串联的等效电路。

开关将电源端连接后的等效电路和电流方向如图 7-32 所示。该等效电路的电压公式为 $V_G = V_L + V$。在开关刚刚闭合的时候，V_G 上电压，电感上的电流呈线性上升，上升的曲线由电感特性决定，电感 $V_L = L \times di/dt$ 可推导出 $di/dt = V_L/L$。那么对于时间的坐标来讲，电流的变化就可以描述成斜率为 V_L/L 的一条直线，由 $V_L = V_G - V$，可以推出在开关导通期间，电流的斜率为 $(V_G - V)/L$，如图 7-33 所示。

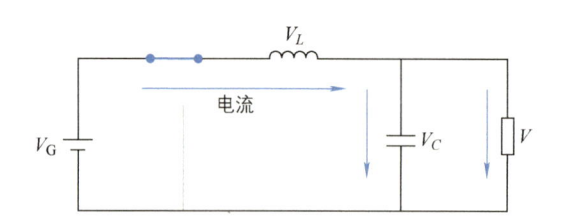

图 7-32 开关将电源端连接后的等效电路和电流方向 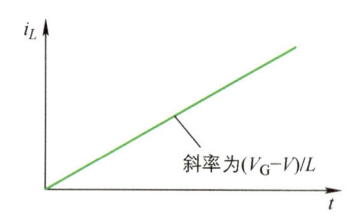   图 7-33 第一阶段电流和时间的关系示意图

如果将一个周期的时间定义为 T，而导通的百分率（PWM 导通比）为 D_1，那么电流的变化等于 $D_1 \times T \times (V_G - V)/L$。$V_C$ 的电压跟随电容特性，刚通电时电压为高频变换，电容的阻抗最小，因此电流主要从电容通过，输出电压降很小。随着电容聚集的载流子不断增多，电容的电压会逐步上升，由于和输出是并联模式，系统的输出电压也相应升高。所以，电流的变化应该是曲线，而不是一条直线。但就某一段时间 dt 范围内，为了计算的方便，可以将电流看成一条直线（和积分的概念类似）。

将开关电路接到另一端（非电源端）时，等效电路如图 7-34 所示。该阶段的电流变化示意图如图 7-35 所示。等效电路的电压公式为 $V_L = -V$。

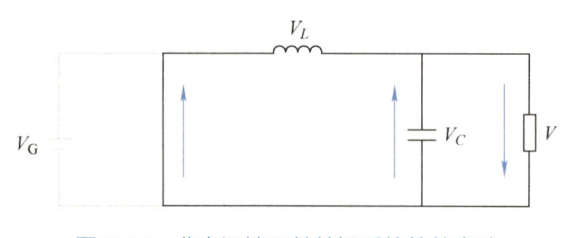

图 7-34 非电源端开关关闭后的等效电路 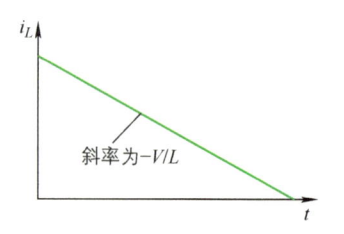   图 7-35 第二阶段电流与时间的关系示意图

电感电流并不能突然变化，而是以一定的斜率逐渐降低。斜率的大小符合电感伏安特性，为 $-V/L$。下降时间和占空比 $D_2 = 1 - D_1$ 相关，等于 $D_2 \times T_S$。因此整体电流的变化 Δi_2 就等于 $D_2 \times T_S \times (-V/L)$。总结上述开关管接通两个电路的全部过程，可以得到第一个过程的伏安特性为

$$\Delta i_1 = \frac{D_1 T_S (V_G - V)}{L} \qquad (7\text{-}13)$$

相应的第二个过程的伏安特性为

$$\Delta i_2 = \frac{D_2 T_S (-V)}{L} \qquad (7\text{-}14)$$

根据电感本身的伏秒平衡定律（$Ldi = Vdt$）可得

$$\Delta i_1 + \Delta i_2 = 0 \qquad (7\text{-}15)$$

$$\frac{D_1 T_S (V_G - V)}{L} = \frac{D_2 T_S V}{L} \qquad (7\text{-}16)$$

$$D_1 (V_G - V) = D_2 V \qquad (7\text{-}17)$$

由于两个电路的占空比关系为 $D_2 = 1 - D_1$，则有 Buck 电路的电压传递方程为

$$\frac{V}{V_G} = D_1 \qquad (7\text{-}18)$$

作为单管降压电路，由于开关的源极电位不确定，开关电压不好控制。当输入电压不高时，可以采用电压平移电路，将输出端电压反馈，并产生出门极控制电压。加上电压平移电路的 Buck 电路示意图如图 7-36 所示。

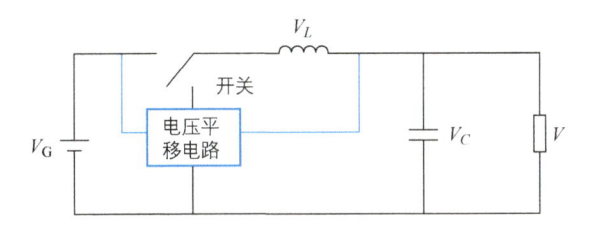

图 7-36　加上电压平移电路的 Buck 电路示意图

7.4.3　变压电路 Boost 变换器

Buck 电路可以将输出电压按照占空比的大小 D_1 进行控制，由于 D_1 的变化范围是 0%~100%，这样形成的 Buck 电路实际上是降压电路。通过将开关和电感的位置调节，可以形成一种新的电路，即 Boost 电路，如图 7-37 所示，它的电压输出特性可以满足升压的作用。

Boost 电路的电感置于开关元件的前端，使用一个二极管 VD 限制负载端的电流方向。其他的构造和 Buck 电路几乎相同。

如图 7-38 所示，当电路中的开关元件导通时，相当于短路（电压降为开关管的导通电压值）。电感上的电流在 V_G 的作用下开始上升，电感两端的电流按照 $V_L = V_G = Ldi/dt$ 的规律变化，此时电容向负载供电。电感上的能量为 $V_G \times i_L \times D_1 \times T$，$T$ 为调制周期，D_1 为占空比。

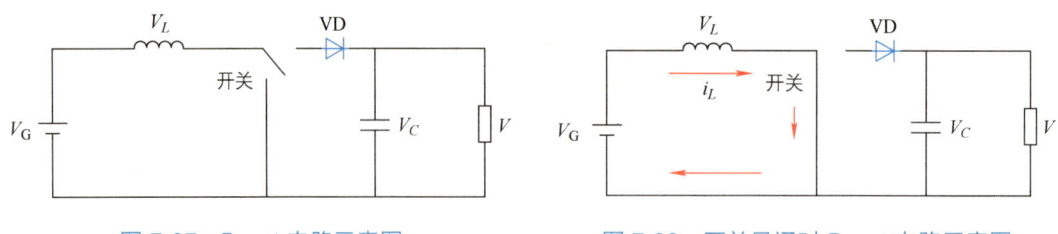

图 7-37　Boost 电路示意图　　　　　　图 7-38　开关导通时 Boost 电路示意图

当开关关断时，如图 7-39 所示，电源 V_G 和电感 V_L 连接二极管共同向负载供电，电感释放的电能为

$$E = (V - V_G)i_L D_2 T \tag{7-19}$$

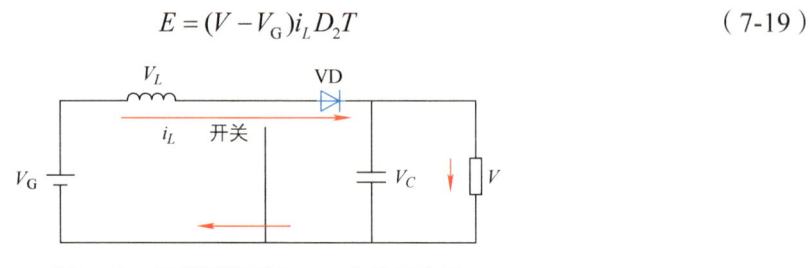

图 7-39　开关关断时 Boost 电路示意图

当电路达到稳态平衡时，电感中储存和释放的能量相等，即

$$E = V_G i_L D_1 T = (V - V_G)i_L D_2 T \tag{7-20}$$

$$V - V_G = \frac{V_G D_1}{D_2} \tag{7-21}$$

$$V = V_G \left(1 + \frac{D_1}{D_2}\right) \tag{7-22}$$

通过调节 D_1/D_2，就可以得到大于 1 的输出电压和输入电压的比值，即得到放大电压。

7.4.4　变压电路 Buck/Boost 变换器

Buck 电路可以降压，而 Boost 电压可以升压，如果将这两种电路结合起来，就可以形成另外一种电路，即包含降压和升压的 Buck-Boost 电路，如图 7-40 所示。

这种电路中有一个反向的二极管，这是保证在状态 2 时，电感可以反向向输出负载供电。如图 7-41 所示，当开关处于接通状态 1 时，$V_L = V_G$，电源给电感充电并满足电感特性，$V_L = L di/dt$。那么电流增量就是 $\Delta i = V_G/L \times D_1 \times T$。

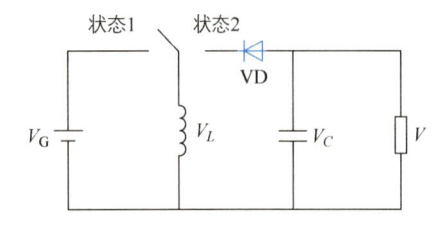

图 7-40　Buck-Boost 电路示意图 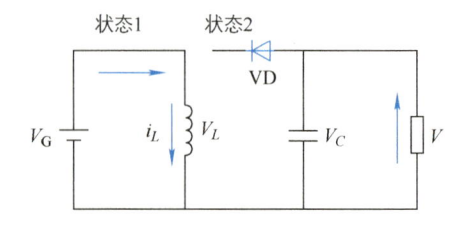　　　　　　图 7-41　Buck-Boost 状态 1 示意图

如图 7-42 所示，当开关处于状态 2 时，$V_L = V$，$-\Delta i = \dfrac{V}{L(1-D_1)T}$。注意，由于方向相反，电流变化前有一个负号。同样根据伏秒平衡原则，Δi 必须相等，就得到

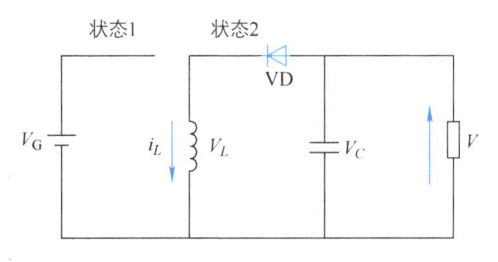

图 7-42　Buck-Boost 状态 2 示意图

$$\frac{V_G}{L}D_1T = -\frac{V}{L}(1-D_1)T \tag{7-23}$$

$$\frac{V}{V_G} = -\frac{D_1}{1-D_1} \tag{7-24}$$

从而得到 Buck-Boost 电路的传递方程 $\dfrac{-D_1}{1-D_1}$，通过调节 D_1 的大小，就可以得到不同的输出电压。需要注意的是，由于电流的方向相反，输出电压的极性和输入电压也相反。

直流-直流转换电路基本由这 3 种电路构成，本书中的电路只是功能示意图，实际电路要复杂很多。在现实应用中，对于电压的方向性也有一定的灵活性要求。例如，高压系统可以给低压系统供电，同时在紧急情况下，也需要由低压系统给高压系统供电。因此，就需要双向 DC/DC 变换器。

7.4.5　变压电路双向 DC/DC 变换器

双向逆变器集成了升压和降压两套电路。从电路的一个方向看过去，它是一个 Buck 降压电路；从另一个方向看过去，它则是一个 Boost 升压电路。其电路拓扑的灵活性为电路提供了复杂的功能，从两个方向都可以得到响应的输入输出电压特征结果，图 7-43 所示为双向 DC/DC 变换器的示意图。

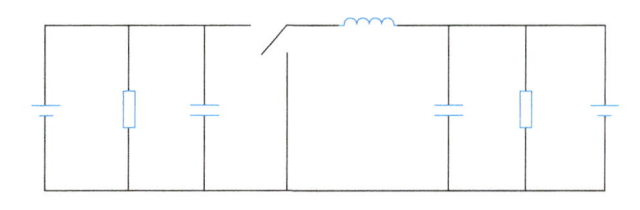

图 7-43　双向 DC/DC 变换器示意图

在实际应用时，此电路的功能可以根据从哪边施加电压而定。当电压从左边加入时，电路等效为 Buck 电路，如图 7-44 所示；当电压从右边加入时，电路等效为 Boost 电路，如图 7-45 所示。

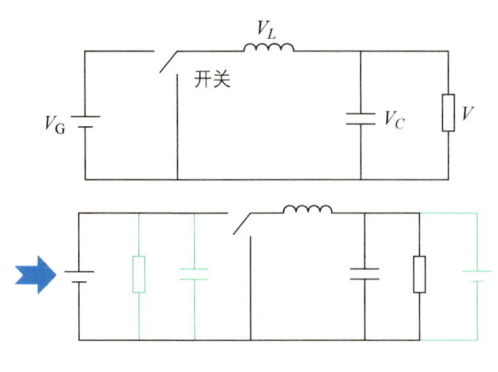

图 7-44　Buck 等效电路示意图 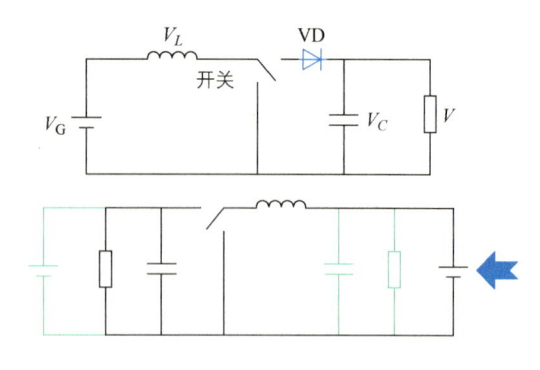　　　　　　图 7-45　Boost 等效电路示意图

逆变器电路在实际工作中（特别是大电流、大电压的应用中）需要进行有效的隔离，否则很小的感、抗、容都会给电路造成巨大影响。一种解决方法是使用变压器，它不仅可以进行电压的转换，还可以将输入和输出利用电磁场解耦以达到隔离的作用。

变压器的基本原理

本书前面的内容已经简单介绍了变压器和齿轮传动的相似性。下面就变压器的原理进行进一步的阐述。变压器的示意图如图 7-46 所示。这里需要提及两个理论基础：

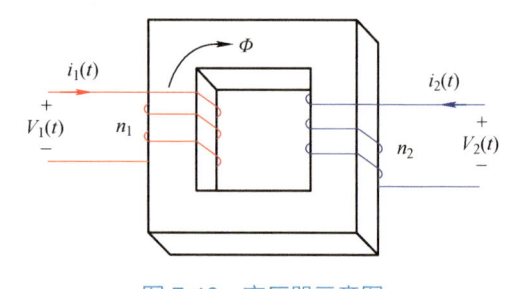

1）安培定律。对于闭合回路，其磁动势的大小等于流经其内环的电流的总和。由于变压器形成一个闭环，因此理想变压器的磁动势总和为零，即

图 7-46　变压器示意图

$$N_1 i_1 + N_2 i_2 + \cdots + N_x i_x = 0 \quad (7\text{-}25)$$

2）法拉第定律。变化的磁场产生电场，对于绕线于同一个铁心的变压器系统，各个绕组都遵从于这一原理，即

$$V_x = \frac{N_x \mathrm{d}\Phi}{\mathrm{d}t} \quad (7\text{-}26)$$

变压器原边绕组在原边电压作用下，形成原边电流。根据法拉第电磁感应定律，原边绕组电流产生磁通量 Φ。但如果电流保持不变，磁通量就会消失，因为只有变化的电场才能产生磁场。因此，原边需要有交变的电场，在铁心上形成交变的磁场。由于铁心为原边和副边共有，所以交变的磁场就会作用副边绕组线圈，并形成交变的电场。副边绕组线圈在交变电场作用下，产生交变的电流。

安培定律指出，磁动势总和为零，也就是说，对于只有两个边（原边和副边）的变压器，其电流比值将是绕组线圈数的反比，方向相反。同时，法拉第定律指出，原边和副边的电压比值和绕组线圈数成正比，方向由电流方向确定。并且，变压器也必须符合能量守恒定律，即两边绕组的功率必须相等。

俄罗斯物理学家楞次对感应的电压和电流方向进行了研究，并发现，感应出来的电压将驱动线圈产生出相应的电流，而电流的方向将是阻碍磁场变化的方向。当然，这个定律

是在磁场材料没有饱和的状态下，如果发生磁场饱和，线圈将类似短路，楞次定律将不再适用。于是，线圈的绕线方向就可以直接影响电压的方向。

在实际应用中，变压器的输入电压为交流电，正负方向对变压器没有太多的意义，因为输出的电压也为交流电，正负总是在不断地变化。通常，为了统一标识，会用一个实心圆点表示两个绕组线圈的绕线方向，原边绕组线圈的点表示电流从此点流入，将会在副边的圆点处感应出流出的电流，如图 7-47 所示。

因此，变压器就有 3 个特性可以利用：第一可以改变电压和电流，第二可以改变方向，第三个是通过磁场的解耦，变压器可以起到原边和副边的隔离作用。如果将多个绕组线圈以某种方式结合起来，将可以形成多种不同的带有隔离功能的电路，以满足不同的应用方向。

变压器可用于改变电路的参考点，参考移位特性通常用于选通高端驱动器电路。变压器还可用于平衡阻抗，以实现最大功率传输。阻抗匹配特性通常在 RF 应用中使用。

以上面介绍的 Buck/Boost 电路为例，如果使用变压器，电路可以设计成一种类似的 flyback 逆变电路（其功能和 Buck/Boost 相似），如图 7-48 所示。

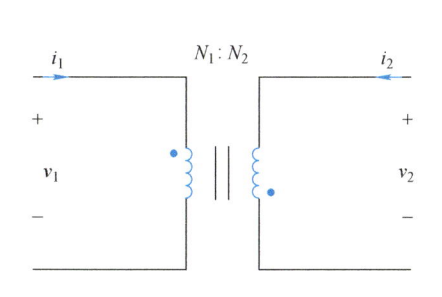

图 7-47　变压器原边副边线圈方向 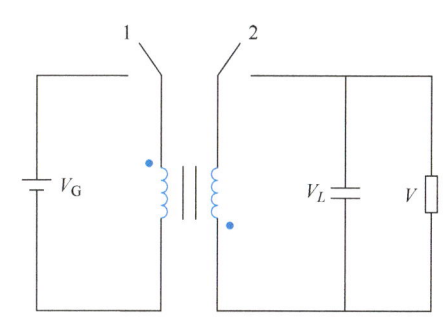　　图 7-48　使用变压器的 flyback 逆变电路

这种电路利用变压器耦合两个绕组线圈来替代一个传统 Buck/Boost 电路中的电感。除了电感功能外，变压器还可以改变电压数值和方向。其传递函数为

$$\frac{V}{V_G} = \frac{nD}{1-D} \tag{7-27}$$

式中　　n——线圈匝数比（副边：原边）。

如果将副边根据需要，增加多个绕组线圈电路，就可以使用一个原边电路形成多个输出特性（比例和方向）可调节的副边电路，如图 7-49 所示。

将多副边变压器的电路整合，可以形成全桥电路，如图 7-50 所示。这种全桥拓扑具有多个优点。由于初级电流是双向驱动的，因此变压器铁心的利用率非常好，这可以有效减小变压器的尺寸。但这种电路的一个缺点是可能通过错误地接通单条支路的高低侧开关从而造成短路状态。这种情况称为射穿。

1）电压控制：

图 7-51 所示为电压模式控制。在该模式下在电压模式下控制。输出电压被反馈并与指令电压进行比较。将结果（称为误差电压）与内部生成的斜坡信号进行比较。当斜坡信号超过误差电压时，开关被禁用。

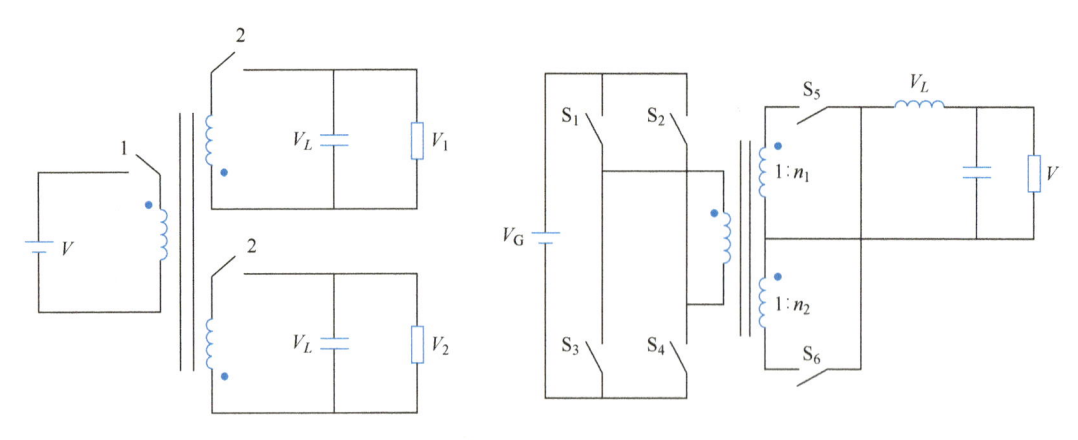

图 7-49　多副边 flyback 电路示意图

图 7-50　多副边变压器全桥电路

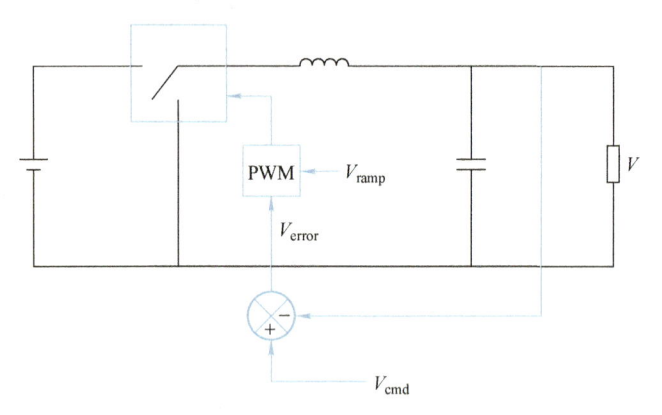

图 7-51　电压模式控制示意图

2）电流控制：

图 7-52 所示为电流模式控制。电流模式使用电感器电流生成斜坡信号。结果是一种前馈机制，可以显著增强控制器的带宽。由于电感器电流是一个控制参数，因此该模式具备电流限制的特点。

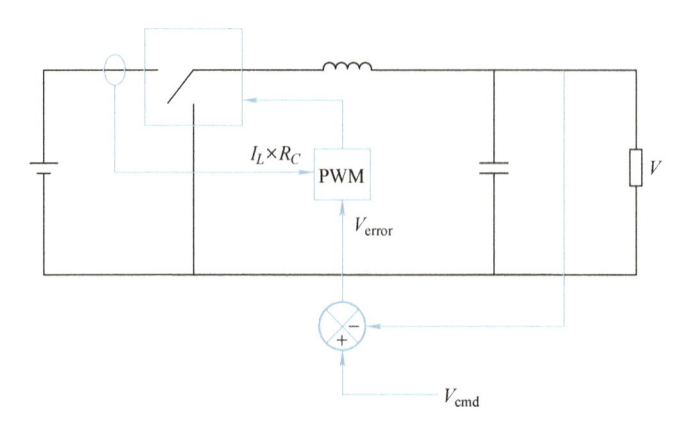

图 7-52　电流模式控制示意图

电力电子由于涉及的电流和电压较大，如果控制不当，会出现部件损毁甚至漏电危及人身安全的现象。因此，对电路进行保护非常重要，基本的保护功能包括：

① 线电压过电压保护（Line Over Voltage Protection）。
② 线电压低电压保护（Line Under Voltage Protection）。
③ 射穿保护（Shoot Through Protection）。
④ 过电流保护（Over Current Protection）。
⑤ 短路保护（Short Circuit Protection）。
⑥ 电源反接保护（Reverse Battery Protection）。
⑦ 高温保护（Over Temperature Protection）。

7.4.6　新能源汽车的充电器

新能源汽车的电源需要使用外部设备进行充电。因此，新能源汽车需要配备充电桩和车载充电器（On Board Charger，OBC）。目前，普遍使用的充电方式有直流充电和交流充电两种。其中，直流充电通常是较大功率充电，而交流充电为小功率的充电过程。本书介绍交流小功率充电电路，其输入电压为我国市电标准（220VAC，50Hz），也同样适用其他电源。

交流充电机功能示意图如图7-53所示。交流电输入后先进行全桥整流，将交流电的负半周电压逆转。整个电压就变为有波动的直流电信号，由于上电信号中的波动存在，需要进行浪涌保护，主要功能是抑制瞬态过电流。功率因数矫正升压电路是对由电路的电压和电流的不同相位（电容/电感的相位移作用）所造成的功率因数下降而进行矫正的电路。之后，对于不同高电压的幅值要求，需要DC/DC输出一路高电压满足使用要求。同时，电路会有直流低电压的需求，因此电路需再加上一路DC/DC低压直流输出信号。整体的交流充电系统主要由上述5个部分组成，这里介绍的只是理论上功能型的电路，实际电路要复杂得多。

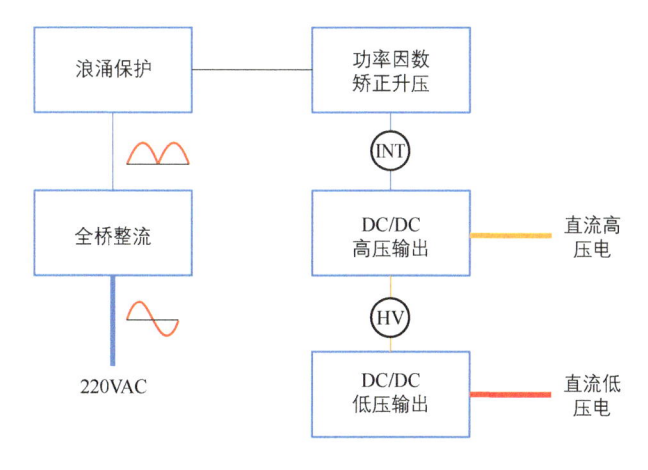

图 7-53　交流充电机功能示意图

（1）全波整流器　全波整流电路结构比较简单，就是传统的全桥整流电路。不可控的全波整流利用功率二极管的单向导电特性，形成特定的导通路径，形成输出具有直流特性的整流波。

由于功率级二极管的功耗较大，为了提高效率同时增加可控性，可以使用开关器件（MOS 管、IGBT 或 SIC 等可控功率元件）模仿二极管的单向导电性，形成低损耗的可控整流输出。如图 7-54 所示，整流电路的输入交流电由正电压波形部分和负电压波形部分组成。全桥电路将正电压的波形保留通过（S_1 和 S_3 导通，S_2 和 S_4 关闭），而负电压的波形进行开关翻转再通过（S_1 和 S_3 关闭，S_2 和 S_4 导通）。这种技术由于是可控器件主动根据波形特点，调节开关顺序形成整流，所以也叫主动整流或同步整流。全桥的控制需要防止上下的短路导通状态，即 S_1 和 S_4 或 S_2 和 S_3 同时导通。

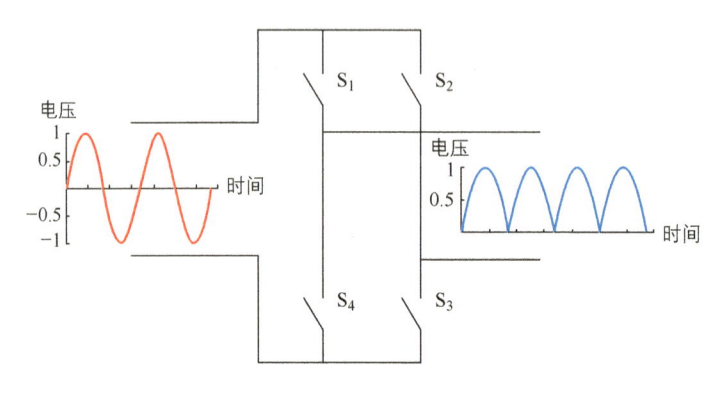

图 7-54　全波整流电路示意图

（2）浪涌保护电路　在电力系统接入大电压的瞬间，由于其预充电容的存在，瞬间的阻抗非常小。相当于一个接近短路的电路连接高压电，这会对连接线路上的器件造成损坏（比如接触器、继电器等），同时也可能烧毁电源。为了防止这样的瞬间接入或电力系统内的浪涌破坏，需要一个预充电路来限制上电期间瞬时电流。这种电路可以通过连接一个预充电阻来降低瞬间产生的大电流。一旦预充电完成（预充电容器充电完成），旁路开关将使预充电阻短路，以消除不希望的功率损耗。许多电路为了加强保护，在低压边也加入一个开关进行逻辑控制保护。浪涌保护电路示意图如图 7-55 所示。

（3）功率因数调整电路　功率因数为有功功率与视在功率的比值。对于理想电路，电压和电流的相位不产生错位，且信号没有失真，其功率因数的值为最大，如图 7-56 所示。

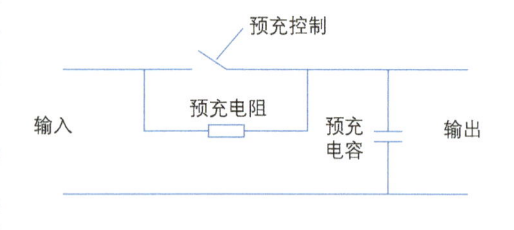

图 7-55　浪涌保护电路示意图

实际电路存在电压和电流信号的相位移，如图 7-57 所示电压信号偏离电流信号，电路的功率因数小于 1。由于 $P=V \times I$，输出的电压和电流的峰值就不能重叠，两者的乘积也就不能达到最大值，从而造成功率损失。

另一种信号变形是谐波失真，如图 7-58 所示，其常见来源是位于整流器级之后的滤波电容。其特性是会造成峰值电压波形缓慢下降（红色显示部分）。

可以使用功率因数调整 Boost 电路来实现功率因数校正，如图 7-59 所示。输入信号同时作为矫正信号，与 V_{cmd} 信号和反馈信号的差值相乘，得到 PWM 信号的调节输入参考值。

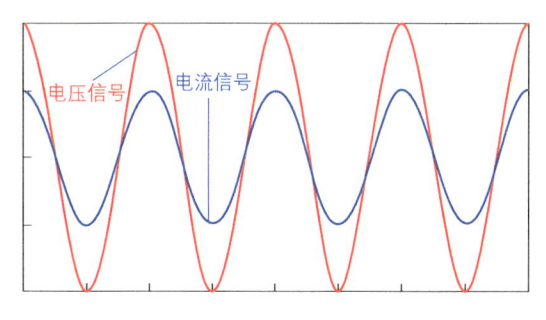

图 7-56　理想电压和电流信号关系示意图

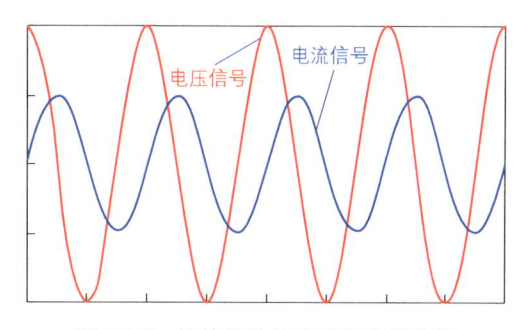

图 7-57　相位错位的电压和电流信号

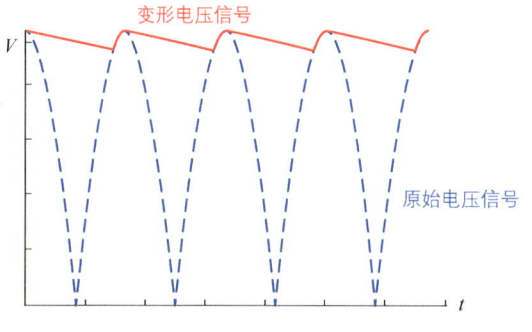

图 7-58　谐波失真信号示意图

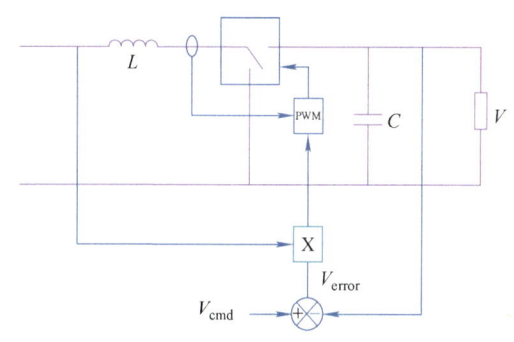

图 7-59　功率因数调整 Boost 电路示意图

如图 7-60 所示，乘积信号包含误差信号和整流后的输入信号。

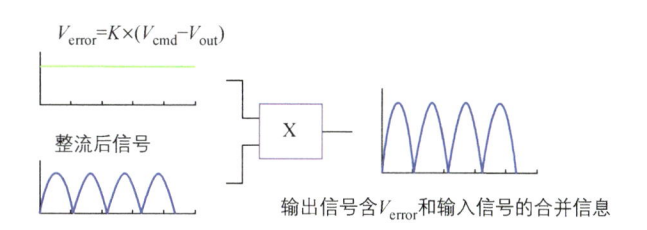

$V_{error}=K\times(V_{cmd}-V_{out})$

图 7-60　反馈 PWM 控制单元的输入信号

将相乘后的误差信号与当前的斜坡信号进行比较，如图 7-61 所示。当斜坡超过乘法误差信号时，PWM 信号终止。结果是跟踪负载和输入电压的等效输入电流信号，并形成电压和电流的相同相位差。

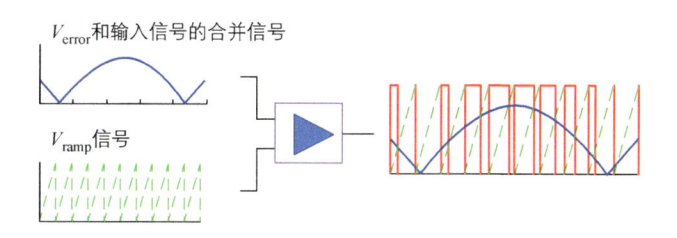

图 7-61　电压误差信号和电流斜坡信号比较后控制 PWM 信号的输出

可以看出，功率调整电路的作用是将电流信号紧密跟踪整流后的交流电压的电流波形，如图 7-62 所示。最终形成电压和电流的相位差消失，从而提高系统的功率因数。

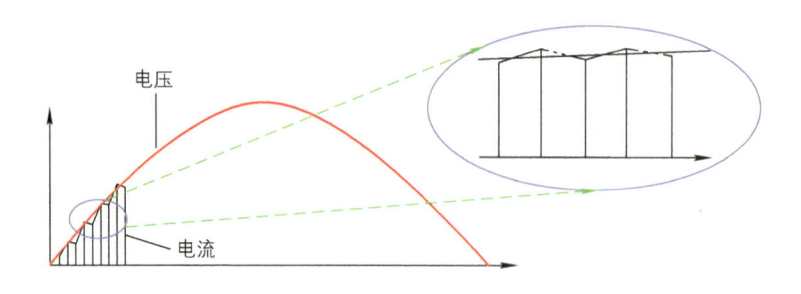

图 7-62　电流跟踪电压示意图

除此之外，新能源电力电子产品还有高电压空调、高电压空气压缩机、高电压转向、高电压制动等，其基本原理和逆变系统相类似，本书就不一一介绍了。

7.4.7　高压熔断器

高压熔断器通常作为新能源汽车电力系统的主要保护元件，它可以消除电力系统的短路故障造成的电流过大的现象，是新能源汽车不可缺少的安全部件。新能源汽车的动力电源系统可以有数百伏特的高压电，一旦发生短路或过电流现象，不仅电力电子器件会被烧毁，还可能引发燃烧、燃爆等事故。因此，新能源汽车必须安装限流部件，从而可以快速、有效切断短路电流，以防止事故恶化。这对于保护车内乘客、车辆和器件的安全十分重要。熔断器连接示意图如图 7-63 所示。

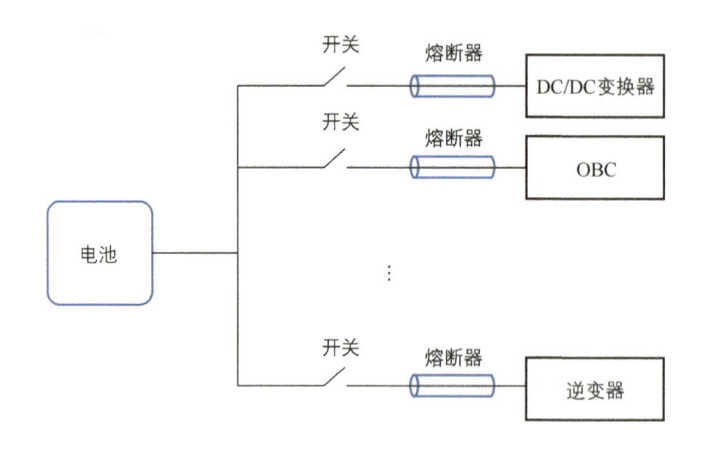

图 7-63　熔断器连接示意图

熔断器通常分为两种类型：不可恢复型和可恢复型。熔断器通常采用低熔点的金属（铅锡合金、锌、铜、银等）制成，不可恢复型熔断器的基本原理是，当通过其本身的电流超过某个特定值时，在电力发热原理（I^2R）的作用下温度升高。当熔断器的材质达到其熔点而开始熔化时，会造成电路的断开。这种继电器通常不可恢复，因为融化后的材料无法再还原成原有的形态，所以需要人工更换才可以使电路恢复运行。

还有一种熔断器是利用不同材料的热膨胀系数不同，在同一温度下，两种材料会产生不同的形变。通过将它们（导电碳和不导电的聚酯混合物）以一定的形式装配（通常为交织一起），当温度升高时，聚合物会膨胀得更快而将导电碳包围，从而形成断开状态，而当温度降低到一定温度后，导体会逐渐恢复到原来状态而形成接通状态。这种熔断器通常用在小功率器件上（比如计算机等），在新能源汽车上通常不会使用这种熔断器。

汽车熔断器以 60V 为界限，高于此阈值为高压熔断器，低于此阈值为低压熔断器。这是因为 60VDC 被定义为人体的安全电压，超过此电压将对人体形成触电危害。

新能源汽车高压工作电压一般在 370V 以上，由于锰锂离子单体电池电压在 3.7V 左右（正负极的氧化还原电势），所以通常将一百个电池单体串联可形成 370V 左右的电压。而磷酸铁锂的单体电压为 3.4V，所以如果使用 100 个电池单体串联将形成 340V 输出电压。为了提高效率，电源有向更高压设计的趋势，有些大型车的动力电源电压可达 500~800V 甚至更高。这种电压高于传统汽车的 12V/24V 标准。因此对熔断器的设计和选用提出了更具挑战性的特殊要求。传统的电子电力熔断器，其特性由 UL248 或 IEC 60127/60269 指定，但它们对熔断器的可靠性没有特殊要求。而 ISO 8820-7/8 定义了燃料电池和混合动力电动汽车专用的熔断器，并没有涵盖纯电动系统，且电压范围也只到 450VDC。新能源汽车动力电池和逆变器 IGBT 电流短路耐受时间非常短，因此熔断器必须能够快速切断电流防止事故发生。同时，汽车应用要求熔断器具有抗浪涌能力，可以承受频繁起动冲击。

对于高压熔断器而言，传统高压熔断器主要面对交流电（AC），而新能源汽车主要面对的是高压直流电（DC）。它们之间有很大的区别，比如有效值和电弧问题（交流电有过零点而直流没有）等。因此，对于新能源汽车的熔断器的要求一般需要重新定义。

在新能源汽车应用中，加热器、电子空调压缩机、电力助力转向、DC/DC 变换器、OBC 等辅助模块的电路设计较为复杂，而且在功率匹配和不可控触发功能（比如起动、通断等）时都会造成瞬态电流。熔断器需要承受这个浪涌负载且不会提前动作导致模块断开。熔断器的抗浪涌能力对于整车厂或者 PDU 制造商来说非常关键。当发生浪涌现象且熔断器意外动作导致相关模块失去功能，这会给客户体验产生负面影响，使得客户认可度大幅下降。

除额定电压需满足大于系统工作电压和关注合适的尺寸之外，熔断器选型的主要难点在于额定电流的计算和选定。

熔断器额定电流 I_n 的计算公式为

$$I_b = I_n K_t K_e K_v K_f K_a \tag{7-28}$$

实际应用可转换为

$$I_n \geq \frac{I_b}{K_t K_e K_v K_f K_a} \tag{7-29}$$

式中　I_n——熔断器的额定电流；

　　　I_b——熔断器所在回路可允许的最大连续负载电流；

　　　K_t——温度校正因数（基本温度为 25℃，高于或低于此温度需要加入系数调整），通常的温度因数校正曲线是一个温度和因数的负斜率曲线，温度越高，取值越低（表明需要在高温时限流或加大熔断器容量）。

　　　K_e——连接器件热传导因数（比如接入铜排，其传导系数会小于 1）。热传导校正曲线通常和电流密度成正比，即电流密度越高（以 1.3A/mm² 为基准），因数越大。

K_v——风冷校正因数（和风冷的对流效果或风速有关）。如果系统为自然冷却，即没有风冷（风速为0），系数取值为1。风速越高，风冷校正因数越大（但通常会有一个极限值，比如5m/s，因数就不再提升）。

K_f——频率校正因数。信号的频率也会对熔断器的电流承受能力产生影响。

K_a——海拔校正系数。空气的绝缘性能随着海拔的升高而下降，因此在高海拔条件下使用时必须考虑其影响。对于新能源汽车来讲，设计主要为普通应用，所以很多设计没有考虑 K_a 或者加入 2%~5% 的调整值。

作为汽车保护电器，熔断器的机械特性必须满足基本的车规级电器标准，如耐高温、耐湿热、抗冲击、抗振动等。在实际应用中，不同工况下熔断器的实际载流不同，持续时间也不同，很难用精确的模型来对熔断器载流进行定义。用户需要根据基本选型和内部控制策略来对熔断器的选择进行调整，通常实际工况的加速验证（Highly Accelerated Life Testing, HALT）是非常有效的手段。

第 8 章　新能源汽车的控制技术

开发一款新能源汽车，需要知道其使用场合（是家庭用车还是商务用车）以及整车本身的功能、性能和安全可靠性等方面的要求。例如，汽车从 0～100km/h 的加速时间、最大爬坡度、最高车速、整车质量、满载质量、油耗、排放及寿命周期等。开发团队将这些要求进一步分解为动力系统具体的技术指标，例如，在已知轮胎的滚动阻力系数和风阻系数的条件下，确定动力系统的转速、转矩和功率等指标。然后，针对动力总成的要求，可分解为发动机、变速器、电机、电源、控制系统和辅机系统的技术要求。

在现代汽车工业发展中，新能源汽车的开发通常分为原创开发和改装开发两种类型。美国通用汽车公司的 Volt、日本丰田汽车公司的 Prius 等车型，虽然都可以找出其基础车型，但基本上都属于原创开发的汽车。原创开发的汽车，从车身、底盘到动力总成，由于是为新能源汽车专门设计的，所以其功能、性能和安全可靠性等技术指标都要为新能源汽车量身定做。而我国现在的许多新能源汽车都是从传统燃油车改装而来，因此在许多方面需要对原有设计进行保留，当然其代价就是性能上的一些妥协。

本书以一款独立开发的动力总成为例，介绍正向开发的思维方式。首先，从汽车的行驶动力学入手，了解汽车的行驶特性。

8.1　汽车行驶动力学基础

8.1.1　汽车动力需求

如图 8-1 所示，汽车在运行过程中会同时在 3 个坐标方向受力：沿 X 轴向自由度运动，汽车可能发生侧向倾斜，同时会有加速或减速运动；沿 Y 轴向自由度运动，汽车可能发生"点头"或后仰，同时有侧向滑动运动；沿 Z 轴向自由度运动，汽车可能发生左右旋转，同时有上下振动运动。

3 个方向的力相互作用、耦合，为了有效地提升驾驶性能，需要对受力进行解耦分析，并分别加以控制。在这 3 个方向的力中，X 轴和 Z 轴方向的受力主要影响车辆稳定性、舒适性和安全性，本书主要讨论动力性的要求，所以仅讨论 Y 轴方向和部分 Z 轴方向的受力（上坡、下坡状态），其余部分感兴趣的读者可自行查阅相关资料。

如图 8-2 所示，汽车在行驶过程中，Y 轴方向除了行驶驱动力外，汽车还需要克服多种阻力，主要有 4 种阻力：轮胎的滚动阻力、迎风阻力、坡度阻力以及加速阻力。

所以，汽车行驶方程式可以写为

$$F_{ZZ} = F_{TZ} + F_{FZ} + F_{PZ} + F_{JZ} \tag{8-1}$$

式中　F_{ZZ}——汽车行驶所受到的总阻力；
　　　F_{TZ}——轮胎滚动阻力；
　　　F_{FZ}——迎风阻力；
　　　F_{PZ}——坡度阻力；
　　　F_{JZ}——加速阻力。

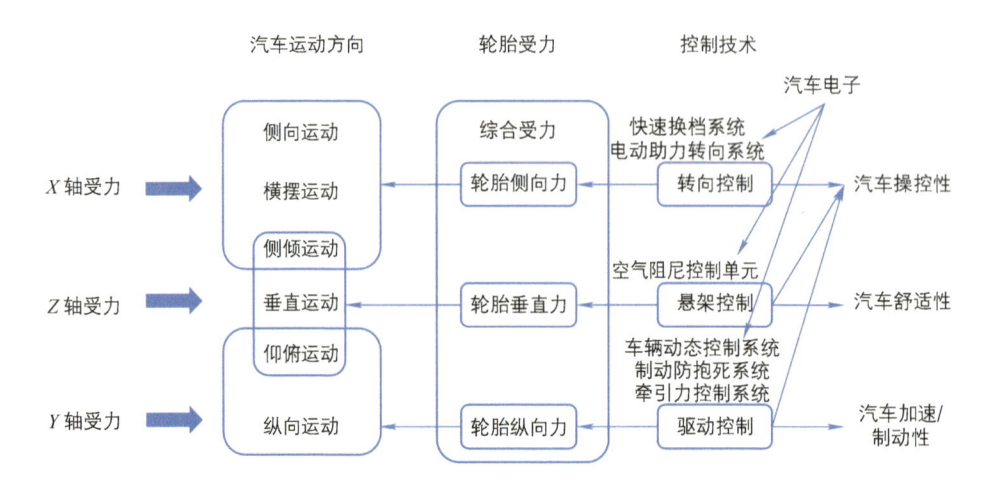

图 8-1　汽车 3 个方向受力影响

图 8-2　汽车行驶阻力

（1）轮胎的滚动阻力

$$F_{TZ} = WC_1\cos\alpha \tag{8-2}$$

式中　C_1——轮胎滚动阻力系数，影响因素包括轮胎和路面的变形，与轮胎、路面以及行驶速度都有关。对于较好的路面，C_1 的取值大约为 0.01；对于普通路面，C_1 约为 0.015；石子路或有油渍的路面，C_1 可升至 0.02~0.025；对于沙子路面，C_1 可以达到 0.1~0.15；为简化分析，本书假设 C_1 为常量。
　　　W——汽车自身的质量；
　　　α——路面的坡度。

轮胎滚动阻力示意图如图8-3所示。水平路面坡度为0，则滚动阻力为

$$F_{TZ} = WC_1\cos\alpha \tag{8-3}$$

（2）迎风阻力　汽车的空气阻力主要包含两个阻力：迎面气流撞击汽车造成的压力阻力和气流划过车身的摩擦阻力。如图8-4所示，空气阻力通常与车速平方成正比，即

$$F_{FZ} = C_2 A V^2 \tag{8-4}$$

式中　C_2——汽车的复合空气阻力系数（N·s²·m⁻⁴），可以记为 $C_2 = C_D\rho/2$，ρ 为空气密度，C_D 为风阻系数值，一般乘用车的 C_D 大约是0.214515，小型货车的 C_D 为0.36774，大型货车的 C_D 可达0.6129；

A——汽车等效迎风面积（m²）；

V——汽车和风的相对时速，在迎风和逆风时是不同的（km/h）。

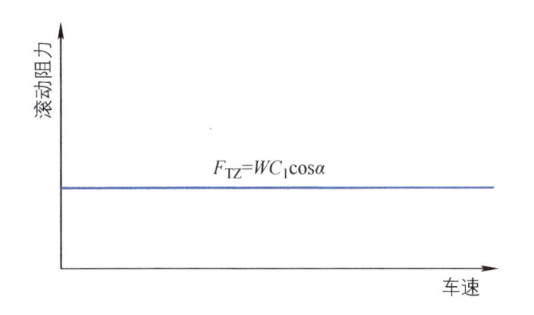

图8-3　轮胎滚动阻力示意图

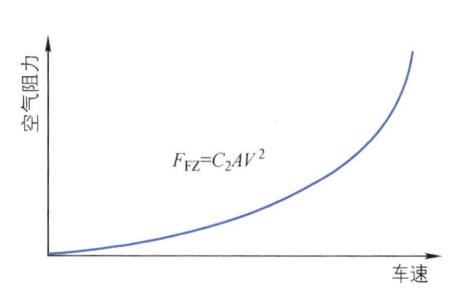

图8-4　空气阻力曲线

从式（8-4）可以看出，当车速较低时，由于 V^2 较小，所以形成的空气阻力较小；当车速较大时，空气阻力随车速的平方值增大。所以对于高速行驶的汽车（如赛车），降低迎风阻力十分重要。

（3）坡度阻力　汽车行驶经常会经过坡度路面，因此在上坡或下坡时，汽车的重力会形成沿坡道的分力，这个力称为汽车的坡度阻力，如图8-5所示，它与坡道法线和垂直线的交叉角的正弦成正比，即

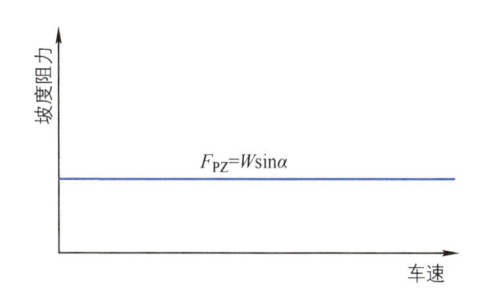

图8-5　坡度阻力

$$F_{PZ} = W\sin\alpha \tag{8-5}$$

需要注意的是，坡度和坡度阻力的计算是两个概念。坡度习惯使用百分比数值来表示，由于汽车轮胎对地面的附着系数一般不会超过1（除非有吸力的轮胎），汽车的理论最大爬坡角度通常不会超过45°角。因此，可以把45°角定义为100%坡度（非90°）。因此，坡度就可以由高度除以长度再乘以100%来确定，对于45°角，高度等于长度，所以坡度就等于1×100% = 100%。因此，坡度可以用正切公式表达，而坡度阻力使用正弦公式表达。对于等坡度道路，其坡道阻力为一个常数，和车速大小无关。

（4）加速阻力　汽车加速行驶时，克服由质量产生的惯性所需要的力称为加速阻力，即

$$F_{JZ} = \frac{Wa}{g} \qquad (8\text{-}6)$$

式中　a——汽车加速度；
　　　g——重力加速度；
　　　W——重量。

式（8-6）中的规律即牛顿第二定律——$F=ma$。由于 W 所指为重量，需要除以 g 而得到质量，才能计算正确。对于静态系统，可以通过式（8-6）计算。但在汽车动态行驶过程中，还必须考虑部件的旋转惯量。因为在动态状态下，动力总成和与其连接的旋转部件有很大的惯量，如图 8-6 所示，而这种惯量是汽车加速中不能忽略的。因此，还需要考虑旋转惯量的等效重量，即

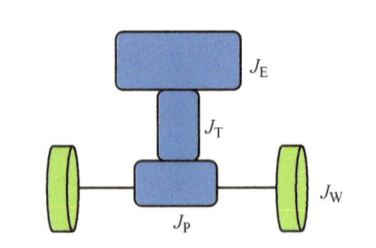

图 8-6　旋转部件的等效惯量示意图

$$W_P = M_P g = \{J_W/r_r^2 + J_P(r_f/r_r)^2 + (J_T + J_E)(r_f r_T/r_r)^2\} g \qquad (8\text{-}7)$$

式中　M_P——旋转部件的等效质量；
　　　J_W——车轮转动惯量；
　　　J_E——发动机旋转部件等效惯量；
　　　J_P——传动轴转动惯量；
　　　J_T——变速器旋转部分等效惯量；
　　　r_r——车轮等效惯性半径，即 $J_W = m_w \times r_r^2$，m_w 为车轮质量；
　　　r_f——驱动轴等效惯性半径；
　　　r_T——变速器旋转部分等效惯性半径。

一般来说，在低档位时，惯量导致的等效质量可达到整车质量的一半，但在最高档位时，可以只有整车质量的 1/20 左右。

汽车的等效总重量则变为

$$W_{total} = W + W_P \qquad (8\text{-}8)$$

如图 8-7 所示，加速阻力为

$$F_{JZ} = W_{total} a/g \qquad (8\text{-}9)$$

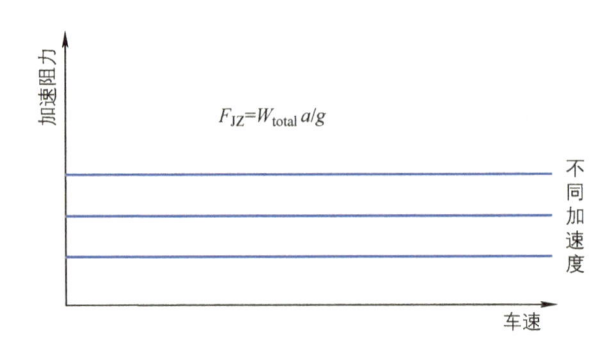

图 8-7　加速阻力

为了更为直观地了解加速阻力，可以将加速阻力和坡度进行对比。通过计算，可得到加速所需驱动转矩与爬坡所需驱动转矩大致的对应关系。见表8-1，等效爬坡度与加速度之间存在一个对应关系，这在整车性能设计时可以作为参考。

表8-1 加速度与等效爬坡度对应关系

加速度	等效爬坡度
0	0
0.1g	10%
0.2g	20%
0.3g	30%
0.4g	43%

综上所述，可以将汽车行驶状态简化为4类：平路稳态行驶、平路加速（或减速）行驶、坡路稳态行驶和坡路加速（或减速）行驶。于是，可以计算出设计的边界条件（驱动系统输出转矩和转速的范围）。需要指出的是，汽车的最大驱动转矩是否能有效地转化成输出动力，还与汽车轮胎和地面的接触摩擦力相关，如果轮胎和地面间的附着力不够大，动力总成作用在车轮上的转矩将无法全部输出，形成轮胎打滑现象（其滑动摩擦系数通常小于静态摩擦系数）。因此，汽车最终的驱动力也受限于轮胎和道面的最大摩擦系数。摩擦力公式为$F=W\mu$，其中μ代表路面附着系数。对于汽车来讲，考虑不同的驱动模式，这个公式需要进行校正，即

$$F = W\mu X \tag{8-10}$$

式中 X——驱动轴的汽车重量分配系数，对于两轮驱动的汽车，X一般在40%～60%（视汽车重心位置而定），而对于四轮驱动的汽车，这个数值是100%。

需要指出的是，即使将整车全部质量施加在两个轮子上，其效果也与平均分布在4个轮子上是不同的。在粗略计算时，这部分的校正通常会被忽略，但在汽车的底盘稳定性控制和牵引力控制等逻辑中，需要将这部分内容细化考量。

在实际驾驶过程中，摩擦力产生的第一要素是路面的情况，在不同的路面、不同车速下，最大的路面附着系数是不同的，见表8-2。

表8-2 不同路面不同车速时的最大附着系数

行驶速度/（km/h）	干燥柏油路面附着系数	湿滑柏油路面附着系数
50	0.85	0.65
90	0.8	0.6
130	0.75	0.55

其次，路面附着系数还与车轮的相对滑移率有关，当滑移程度达到一定值时（一般在10%～20%），附着系数达到最大，如图8-8中的S点所示。在S点之后，随着滑移率的增加，附着系数逐渐减小，当车轮完全滑动时，附着系数为轮胎-路面动摩擦系数，如图8-8中D点。

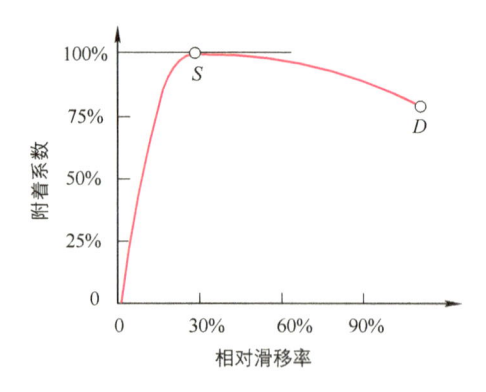

图 8-8 附着系数与相对滑移率关系曲线

8.1.2 汽车动力性计算

基于上文的理论分析，在汽车整体设计前，可以通过仿真计算，得到整车的一些基本动力性能。为整车的具体设计指标提供依据。

（1）汽车的最大加速度计算　假设汽车初始速度为 0，且路面平坦，则有

$$F_{ZZ} = F_{TZ} + F_{FZ} = WX\mu = C_1W + Wa/g \tag{8-11}$$

假设汽车行驶的路面状态良好，C_1 的值比较小，因此 $C_1 \times W$ 可以忽略不计；假设汽车是四轮驱动（4WD），则 $X=1$；如果 $\mu=1$，汽车的加速度就是 1g；如果不是四轮驱动的汽车，对于前驱 FWD 或后驱 RWD 的车辆，加速度需要乘以系数 X，得到 Xg。实际使用中，由于汽车在加速时车身的重心会暂时向后偏移，后轮的系数会大于前轮，因此 RWD 车型加速能力要强于 FWD 车型，所以许多运动型车做成了 RWD，以提高汽车的加速度性能。但是，这是以牺牲了一部分方向控制能力为前提的，这部分内容在本书介绍转向系统时会进行讲解）。

（2）汽车的最大爬坡度计算　假设汽车初速度为 0，加速度为 0，则有

$$F_{ZZ} = F_{TZ} + F_{FZ} = C_1 W\cos\alpha + W\sin\alpha \tag{8-12}$$

同样，如果 C_1 可以忽略不计，则汽车为四轮驱动，此时 $X = 1$。可以得出附着系数 $\mu = \tan\alpha$，如果附着系数 $\mu = 1$（理论上的最大值），$\alpha = 45°$，也就是 100% 爬坡度。

实际的最大爬坡度比理论计算值要小得多。例如，在冰面上，附着系数 $\mu < 0.1$，汽车即使在很小的上坡都会出现打滑现象，甚至会出现下滑的可能。

图 8-9 所示为汽车上坡行驶特性图，其中斜线部分是汽车行驶动力区间，分别为汽车在平路及有坡度的道路上可能出现的有效行驶工况。

汽车的动力单元在不同转速下释放转矩并输出功率，由变速系统（变速器、主减速器等）进行转矩和速度变换（保持功率不变）。如果忽略损耗，只考虑理想状态的话，汽车最高速度就是在汽车输出转矩等于行驶阻力（包括滚动阻力、坡度阻力和空气阻力）时的速度，如图 8-9 中的汽车理论最高车速点所示。整车要求动力系统的输出功率曲线是一条连续的平滑曲线，对配置单档减速器的纯电动汽车，其动力总成输出功率基本也是一条平滑曲线。但对配置燃油发动机及多速变速器的传统燃油车，由于其档位速比是不连续的（除

非采用类似 CVT 或 EVT 这样的变速系统），汽车实际行驶时的动力总成输出功率也是不平滑的。

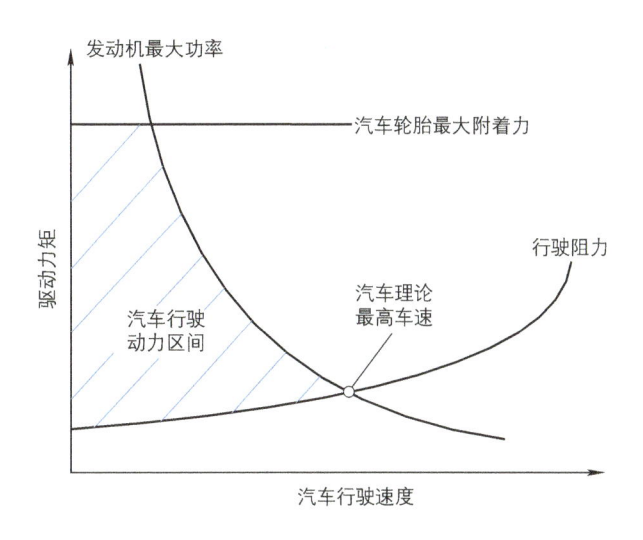

图 8-9 汽车上坡行驶特性图

由机械传动功率公式 $P = T\omega$ 可知，功率等于转矩和转速的乘积，因此汽车最大转矩点不一定是最大功率的发生点，两者有相对独立的转速特性曲线。

用功率和转矩对整车的动力性能进行分析有各自的优缺点。现在的汽车动力系统大都是基于转矩控制。驾驶人踩下加速踏板给出动力需求，动力总成系统根据汽车当前状态，把输入信号转化成汽车相应的加速度（转矩）需求，输送给动力总成系统。传统燃油车是转化成发动机输出转矩，但由于转矩需求仍然需要根据汽车行驶速度进行调节，这实际上就间接地提出了功率控制的理论。转速和转矩都是矢量，计算起来非常复杂。而功率是标量，仅仅有正负之分，相应的逻辑就可以简化成对转矩和速度的乘积进行控制。当然，在具体控制设计时，还需要根据当前档位、发动机转速来控制输出转矩，这就又相当于回到了传统的转矩控制。所以，无论是功率控制还是转矩控制，其实质都是一样的，只是在计算的时候，步骤和方法有些不同。

8.2 新能源汽车的控制算法

新能源汽车的控制算法与其所使用的技术路线相关，不同的结构和技术路线需要不同的算法。由于新能源结构变化多样，很难用一种控制理论涵盖所有的新能源控制模式。但是，新能源汽车控制的主要目标之一是节能减排，所以控制设计仍然有规律可循。

图 8-10 介绍了新能源汽车设计的各种要素，可以看出从客户需求、法规需求、性能需求、成本需求等多个方面，逐步过渡到具体的子系统需求，而控制算法就是将这些需求内容具体化到控制器中，并通过执行机构控制被控对象，使其输出达到预期要求。

在进一步讨论新能源汽车控制策略之前，先回顾一下控制理论基础，所有新能源汽车系统的控制方法也都源自这些控制理论。

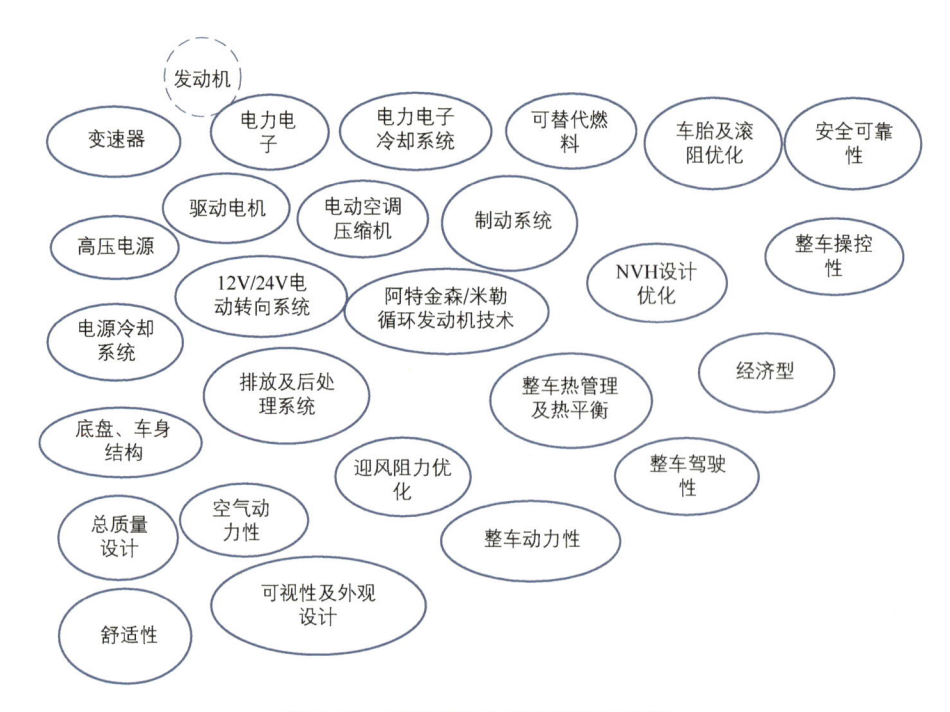

图 8-10　新能源汽车设计要素示意图

8.2.1　控制理论基础

系统是指完成某一特定任务及由多个执行特定子任务的元器件组成的有机组合体，如发动机电控系统由多个执行特定子任务的部件组成（喷油部件、进排气部件、燃烧部件、后处理排放部件等），系统按照不同维度有多种分类方法：

1）按反馈可分为：开环控制系统、闭环控制系统。

2）按参数变化可分为：定参数系统（时不变系统）、变参数系统（时变系统）。

3）按物理性质可分为：液压控制系统、机电控制系统。

汽车电控系统，如机电和液压等，大都采用闭环控制，通常被视为线性时不变系统。一般情况下，对系统的要求包括：

1）稳定：避免振荡现象，如放大器和麦克风相连。

2）时不变：特性和行为不随时间变化，即相同输入总可以得到相同的输出。

3）线性：实际系统大多有非线性因素，一般需要预先进行线性化处理，再进行建模和控制设计。

4）一对一特性：不同输入决定不同输出。

5）因果性：输出不能由未来的输入决定，可以是记忆性或非记忆性，即只与现在和过去的信号有关。

（1）传递函数　系统的输出和输入相关，在时域可以用 $Y(t) = F(X(t))$ 来表示，其中 $X(t)$ 为输入信号，$Y(t)$ 为输出信号，$F(\cdot)$ 为传递函数。在时域里，传递函数以微积分方程的形式存在，如果用拉普拉斯变换从时域变换到频域，复杂的微积分方程就可以变成简单的线性代数方程，将极大简化控制分析和设计。拉普拉斯变换和傅里叶变换是两种纯数学的空间变换方法，早期的应用过程是将时域内不便于计算的方程，如积分和微分，经过变换后，可以直接进行四则运算（加、减、乘、除），最后再将运算结果经过其反变换恢复到时域，就可以得到时域的结果。傅里叶变换使用复变域的虚部，所以需要系统本身为稳定的前提条件，但计算过程相对直接，通常可以用来作数值计算，如数字信号处理中的频率域分析就经常使用傅里叶变换 FT 和快速傅里叶变换 FFT。而拉普拉斯变换包含实部，因此还可以进行系统稳定性计算分析。拉普拉斯变换为

$$x(s) = \int_0^\infty e^{-st} x(t) \mathrm{d}t + x(t)|t=0 \tag{8-13}$$

经过拉普拉斯变换的传递函数：$H(s) = A(S-Z_1)(S-Z_2)\cdots B(S-P_1)(S-P_2)\cdots$

$$Y(s) = X(s)H(s) \tag{8-14}$$

其中 Z_n 被称为零点，当 $S = Z_n$ 时，系统的输出为 0；系统收敛而稳定；P_n 被称为极点，当 $S = P_n$ 时，系统的输出为无穷大；系统放大而不稳定。当一个零点和一个极点位置比较临近时，它们的效果是相互削弱。

对于非线性系统有专门的计算，一种简单的方法是限制信号的状态，让其在一定的范围内近似于线性系统；钟摆系统是一个典型的非线性系统，其时域传递函数包含正弦运算，在摆动角度趋近于 0 时，由于 $\sin a$ 与 a 相差很小，即 $\sin a \approx a$，因此可以将其简化为等效的线性系统。类似的应用还有晶体管控制单元，在信号很小的时候（信号级而非功率级别），可以将其近似为线性器件。

（2）一阶系统　指动态特性可以用一阶微分方程描述的系统，即应变量 y 的本身和其一阶微分项的线性组合与自变量 x 成比例关系，即

$$a_0 y + \frac{a_1 \mathrm{d}y}{\mathrm{d}t} = bx \tag{8-15}$$

在 S 平面的方程可以相应地写成

$$a_0 y + a_1 sy = bx \rightarrow y = \frac{b}{(a_0 + a_1 s)x} \tag{8-16}$$

显然，存在一个极点 $s = \frac{-a_0}{a_1}$，取拉普拉斯反变换可得到时域解为

$$y = \frac{b}{a_1}\left[1 - \exp\left(\frac{-a_0 t}{a_1}\right)\right] \tag{8-17}$$

从图 8-11 可以看出，一阶系统的响应表现为指数光滑曲线的逼近，信号没有超幅振荡，与系统的一个极点特征吻合。

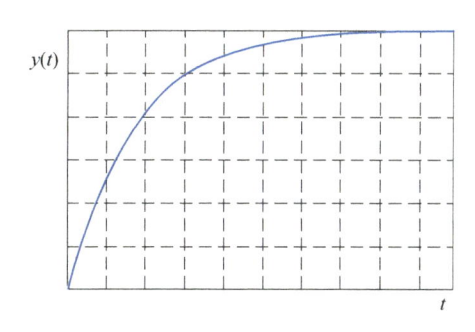

图 8-11　一阶系统的响应反应曲线示意图

（3）二阶系统　指动态特性可以用二阶微分方程描述的系统。如图 8-12 所示，弹性悬架可以被看成一个二阶系统，它在物理上由阻尼部分和弹簧部分并联而成，时域传递函数为

$$F = Md^2y - Ddy - Ky \tag{8-18}$$

式中　M——被控对象的质量；
　　　D——阻尼系数；
　　　K——弹簧系数。

记 $\omega_0 = \left(\dfrac{K}{M}\right)^{1/2}$ 和 $\delta = \dfrac{D}{2\omega_0 M}$，频域传递函数为

$$\frac{F}{M} = y(s^2 + 2\delta\omega_0 s + \omega_0^2) \tag{8-19}$$

显然，该系统存在两个极点。

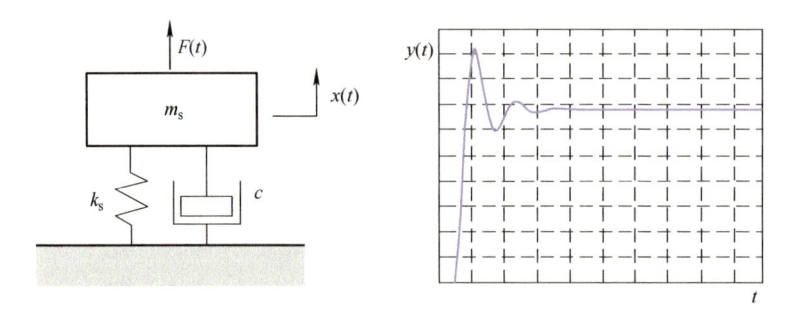

图 8-12　阻尼弹簧的二阶系统案例和响应曲线

（4）SSS 静态正弦频率反应系统　在进行系统分析时，一种非常有效的方法是输入周期性变化的正余弦曲线，因为一个稳定的线性系统对于正弦波输入的响应由两部分组成：暂态部分和稳态部分，暂态部分是对正弦波的初始状态反应，将按指数衰减到 0；稳态部分就是系统的稳定响应，也是需要研究的部分。记输入函数为

$$x(t) = A\cos(\omega t) + B\sin(\omega t) \tag{8-20}$$

由于正弦函数和余弦函数的一阶导数是彼此互换的关系（不考虑符号），而二阶导数是恢复自身（同样忽略符号位），这样就可以将系统中的导数项去掉，从而极大地方便了运算。传递函数通常可以写成

$$H(j\omega) = \frac{Y(j\omega)}{X(j\omega)} \tag{8-21}$$

傅里叶变换有效地将微分和积分运算变成简单的四则算术运算，但需要保证绝对可积分性，许多系统并不适合。于是，拉普拉斯加入了 exp(-a) 部分，保证了其收敛性，因此更具有普遍适用性。Z 变换可以看作是在离散域的拉普拉斯变换，对于计算机离散控制系统非常方便，这里不再赘述。需要指出的是，对于车辆的噪声和振动问题，噪声其实也源于物体的振动，并通过接触或媒介传递。外界的噪声和振动大多是正弦或余弦周期形式，而 SSS 分析是 NVH 研究的重要内容。

(5) 开环控制　控制由命令端直接发出，从命令端到执行端单方向进行，但系统没有信号反馈，不能验证系统是否满足控制要求。

开环控制器的核心组件是电子控制器，其输入信息通常来自一些先验经验或计算，在转换成相应的信号后，执行器会根据它们与被控变量的关系来调节控制参数，最终提供期望的输出。在汽车电子系统中有许多开环控制的示例，如某些操作模式下的燃油控制和变速器离合器的部分控制等。

开环控制系统示意图如图 8-13 所示。开环控制系统的主要优点是设计相对简单，在系统输入和输出关系比较明确及被控对象状态比较确定的条件下，可以考虑采用开环控制。但由于不具备将实际输出与期望值进行比较的机制，无法对控制误差进行有效抑制。为了利用开环控制的优点，并避开其固有的缺点，在控制系统设计之初，可以根据系统、环境和被控对象的特性，采用部分开环控制或分时开环控制的方法，以简化控制设计。

图 8-13　开环控制系统示意图

线性时不变系统脉冲响应示意图如图 8-14 所示。时域公式见式（8-22）。

图 8-14　线性时不变系统脉冲响应示意图

$$y(t) = \int_{-\infty}^{+\infty} \delta(\tau) g(t-\tau) d\tau = g(t) \tag{8-22}$$

从时域公式可以看出，输入信号和系统之间是卷积的关系，如果系统的输入是脉冲信号，那么系统的输出信号就是系统本身的传递函数。因此，通过给系统施加脉冲信号，可以观察线性时不变系统的输出而得到其传递函数。

(6) 闭环控制　闭环控制系统如图 8-15 所示。闭环控制系统和开环控制系统的区别在于是否有反馈环节，通过信号反馈，可以得知控制对象的状态，与期望值对比之后，对控制输出进行调节，从而减小它们之间的偏差。开环控制就像闭着眼睛控制，而闭环控制就像睁着眼睛控制。因此，闭环控制的效果比开环控制好得多。但由于信号反馈和比较及调节控制等多个环节的叠加，闭环控制在控制响应时间和反应速度方面有一定的劣势。

图 8-15　闭环控制系统

图 8-16 所示为闭环控制系统传递函数示意图，控制输入信号 x 和控制反馈信号 y_s 形成控制偏差信号 e，控制系统 $H_c(s)$ 对 e 进行调节，产生控制信号 u，被控对象 $H_p(s)$ 在 u 的作用下产生控制输出 y，反馈环节（传感器）$H_s(s)$ 对输出信号 y 进行测量产生控制反馈信号 y_s。从控制系统、被控对象和反馈的传递函数，就可以得到闭环控制系统的传递函数。

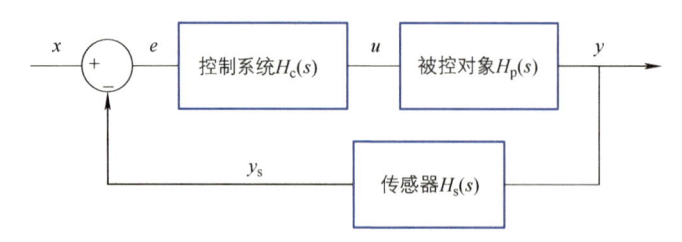

图 8-16 闭环控制系统传递函数示意图

闭环控制系统的传递函数可以通过输入和输出的关系求出，即

$$H_{sys}(s) = \frac{H_p(s)H_c(s)}{1 + H_p(s)H_c(s)} \quad (8\text{-}23)$$

在传统控制领域，控制系统 $H_c(s)$ 通常采用 PID 算法，常用的算法如下：

① 比例控制 P：$u = k_p e$。

② 比例积分控制 PI：$u = k_p e + k_I \int e \, dt$。

③ 比例积分微分控制 PID：$u = k_p e + k_I \int e \, dt + k_D \dfrac{de}{dt}$。

相对应的 S 域传递函数为：

① 比例控制 P：$H_c(s) = k_p$。

② 比例积分控制 PI：$H_c(s) = k_p + \dfrac{k_I}{s}$。

③ 比例积分微分控制 PI：$H_c = k_p + \dfrac{k_I}{s} + k_D s$。

相应地，闭环控制系统的传递函数就可以写成：

① 比例控制 P：$H_{sys} = \dfrac{k_p H_p(s)}{1 + k_p H_p(s)}$。

② 比例积分控制 PI：$H_{sys} = \dfrac{\left(k_p + \dfrac{k_I}{s}\right) H_p(s)}{1 + \left(k_p + \dfrac{k_I}{s}\right) H_p(s)}$。

③ 比例积分微分控制 PID：$H_{sys} = \dfrac{\left(k_p + \dfrac{k_I}{s} + k_D s\right) H_p(s)}{1 + \left(k_p + \dfrac{k_I}{s} + k_D s\right) H_p(s)}$。

PID控制可以有效提升系统的反应速度，考虑到微分控制D可能会引起不稳定性现象，比例+积分PI控制应用得较为广泛。纯比例控制仅使用反馈误差信号的比例项形成控制输出，因为没有反映过程趋势的积分项，系统的反应可能较慢（多振荡），也存在稳态控制误差，达不到理想的控制效果。而比例积分控制同时使用反馈误差的比例项和积分项来形成控制输出，即考虑了控制误差的过程趋势，系统的动态响应比较好，同时可以实现稳态无差控制，效果比纯比例控制要好得多。

（7）连续控制和离散控制　现代控制理论使用两种常用的方法将系统放入不同的域进行观察、描述和控制：连续控制和离散控制。它们和使用的环境息息相关，特别是随着计算机的流行和发展。

1）连续控制：这种方法使用连续的时间域为坐标。横轴为时间，纵轴为信号本身，这种信号通常需要人来解析。虽然这种系统较为直接，但对于操作者的要求非常高。由于计算机的发展，离散系统越来越重要。但计算机无法处理无限数值（时间在0s和1s之间都会有无穷多个中间量），因此，需要将信号离散化（采样和处理）并通过控制方法，由执行机构还原到连续域进行对象控制。

2）离散控制：计算机（嵌入式系统）控制需要对信号进行离散化处理，即对连续信号系统进行有效采样和处理。如图8-17所示，左边是连续信号，也就是实际存在的信号，右边是对该连续信号采样后的离散信号。可以看出，在计算机系统里，连续信号是以离散的方式存在的，即通过离散的集合来描述或近似在时域里连续变化的信号。

为了能无失真地复现原有信号，需要满足香农采样定理：采样频率大于或等于被测

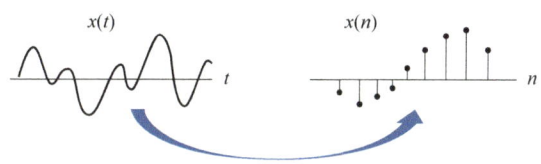

图8-17　连续信号和离散信号

信号频率的两倍，这是能够恢复原有信号特征的最小采样频率。实际控制设计中，通常采用10倍以上的采样频率来保证被处理信号的真实性。如果处理器的运算能力和存储能力较强，可以尽可能提高采样频率以保证控制的可靠性。

在计算机控制系统中，每一个信号在不同采样时刻都有一个不同的取值，因此存在大量代表各种物理信号的离散数据组。类似于连续时域的拉普拉斯变换，在离散时域里有Z变换，可以将时域里的微分和积分运算转化为频域里的四则算术运算，极大地方便了离散控制系统的建模分析和控制设计。

（8）系统需求的确定　车辆的需求分成多个层级，包括整车级、系统级、零部件级，每个层级均有属性需求，包括功能性、性能性、安全性、可靠性、经济性和舒适性等，如图8-18所示。

常见的指标要求包括：

1）基本性能：分配布置、整车及零部件安装、整车可运输性和保管性、整车可通过性和可维修性及正常寿命等。

2）动力性：整车在正常良好路面行驶时，其动力系统克服行驶阻力达到的动力性指标，包括最高车速、加速能力、最大爬坡度、驾驶操控性能、带负载能力等。

3）经济性：燃油经济性包括等速油耗、综合油耗和续驶里程等，对于电动汽车，还应包含百公里耗电量、充电速度和电池寿命等。

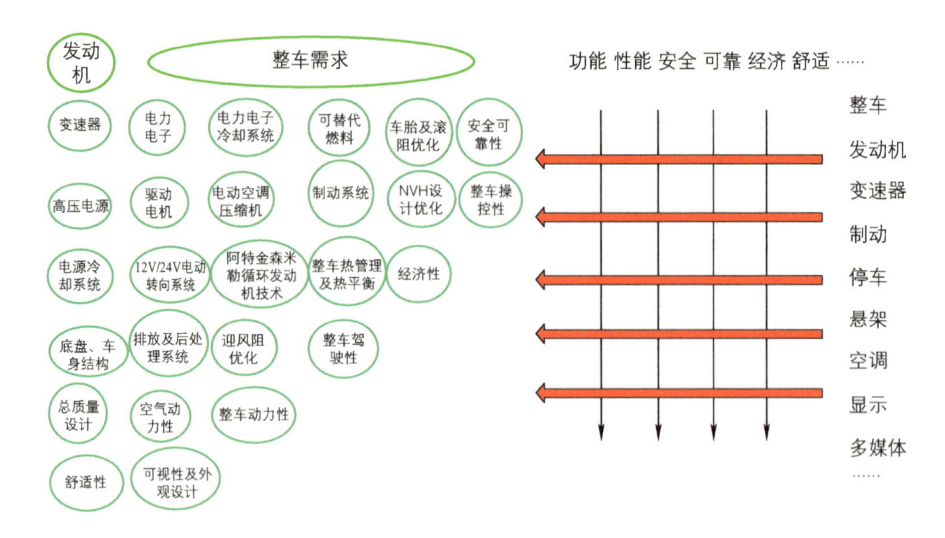

图 8-18 需求的确定方法

4）驾驶性：整车在正常状态下按照驾驶人意图进行平稳运转的能力，包括加速、减速、起动、停车、转向、直线行驶能力等。

5）舒适性：人体工程学的要求，包括坐姿、视野、操作、上下车等指标，确保制造者、使用者以及维护维修者进行各自活动的舒适性、高效性、安全性等。

6）平顺性：整车在不平路面行驶时，驾驶人和乘客的舒适性。

7）可靠性：整车的可靠性和耐久性，包括故障间隔里程、首次故障里程、平均故障间隔里程、故障率、首次大修前行驶里程、零部件寿命、整机寿命等（可靠性指汽车在规定的使用条件下和规定的行驶里程内，完成保证所要求功能的能力，耐久性是指在汽车正常的使用和维护条件下，汽车整车和总成在达到极限磨损值或不堪使用之前的工作期限）。

8）内饰和外饰：内外部造型、风格、颜色等特征，会影响到整车的风阻系数和客户满意系数等。

9）NVH：整车和主要零部件的噪声、振动和粗糙度等。

10）质量：整车自重和载重能力等。

11）成本：材料成本、生产成品成本、整车终端价格及使用维护成本等。

12）结构配置：操控性和舒适性等。

13）供热通风与空气调节：空调、除霜化冰、动力总成热管理和冷启动等性能。

14）安全性：防止或减少交通事故，主要降低事故中驾驶人、乘客以及行人的伤害程度，包括主动安全和被动安全（灯光信号安全、警告等）；对电动汽车需要考虑动力电池和电驱动系统的安全性能。

15）环保性：对环境的影响程度，包括尾气排放、能量回收、驾驶室空气质量、电磁兼容性等，对电动汽车的电池回收和环境影响也需要关注。

各级需求的形成过程示意图如图 8-19 所示。在总的需求确定以后，需要将它们转变成细致的设计要求，包括系统、软件、硬件、算法、标定等。具体设计流程以项目产品需求作为总输入，基于控制系统工具得到硬件物理结构、功能结构、软件结构和子系统需求等信息，然后进一步分成硬件部分和软件部分。

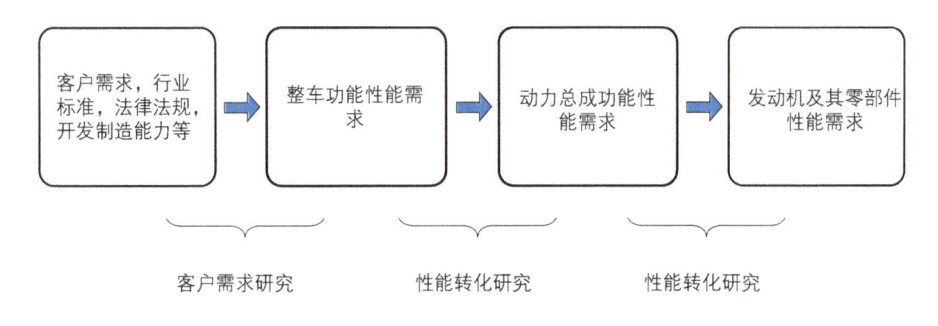

图 8-19　各级需求的形成过程示意图

硬件部分的开发需要客户技术需求文档和印制电路板（Printed Circuit Board，PCB）等信息，具体工作包括：系统和子系统的硬件需求、物料清单（Bill Of Materials，BOM）、开发测试工具认定、可靠性/稳定性/EMC/EMI 形成要求、计算机辅助工程（Computer Aided Engineering，CAE）开发、PCB 设计制造及具体工艺和测试等过程。汽车电子控制系统开发过程示意图如图 8-20 所示。

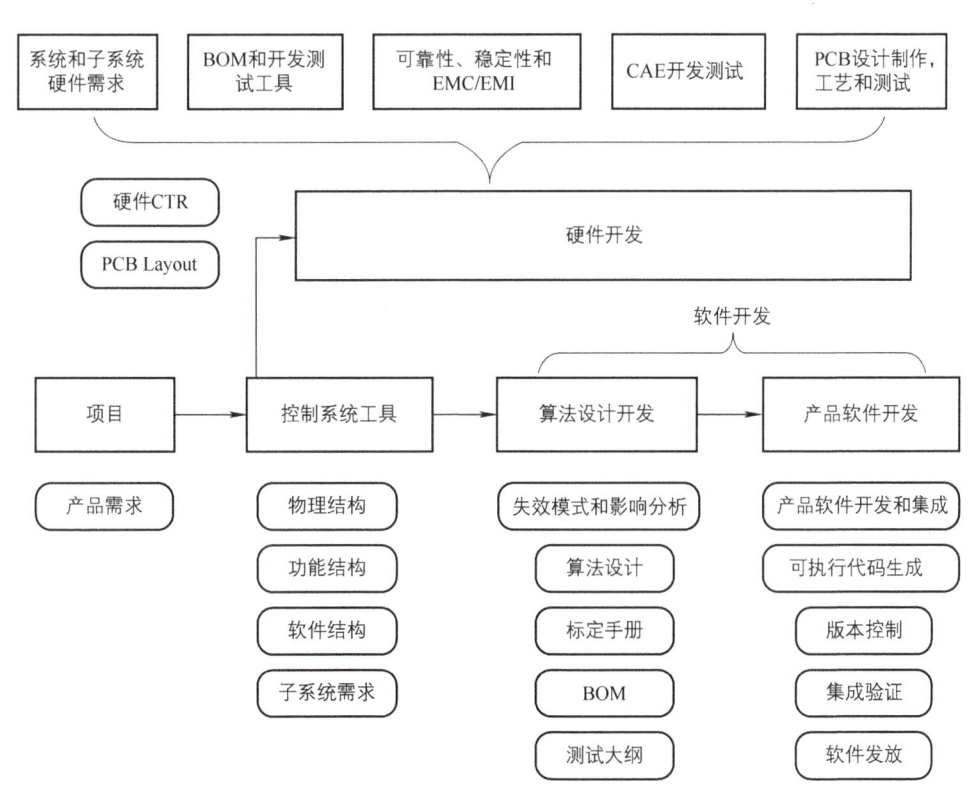

图 8-20　汽车电子控制系统开发过程示意图

随着电控系统结构越来越复杂和功能越来越强大，对软件的需求急速增加，软件的开发也变得愈加复杂。软件开发可以分为算法设计开发和产品软件开发两个阶段。算法设计开发指软件功能开发和验证，参照概念验证 – 设计验证 – 产品验证（CV-DV-PV）的流程，此阶段相当于 CV 和部分 DV，输出物包含失效模式和影响分析（Failure Mode and Effects

Analysis, FMEA）、算法设计、标定开发、BOM 及测试大纲等；产品软件开发阶段相当于部分 DV 和 PV，输出物包括产品软件开发和集成、可执行代码生成、版本控制、集成验证和软件开放等。显然，产品软件开发阶段是控制开发产业化的主要内容。需要指出的是，软件开发需要与硬件开发有效配合，整个设计开发过程不是一次性的，是一个循环往复和不断完善的过程，尤其是在前期需求不明确和开发周期短的情况下，后面的补充和修改是不可避免的。因此，为了提高产品开发的效率和降低产品开发的成本，在产品开发开始之前，应该把产品需求明确下来，避免后期的重复开发工作。

8.2.2 混合动力系统的控制算法

纯电动系统和传统燃油车的发动机系统在控制逻辑上基本相似。驾驶人根据需要提出方向性指令（前进、后退、空档或停车）；当车辆起动开始行驶后，加速踏板和制动踏板传递来自驾驶人的动力控制命令；系统根据加速踏板位置及其变化速率、档位信息以及标定好的加速踏板特性曲线（Pedal Map）来确定转矩需求，由发动机或电机输出所需转矩。与此同时，变速器（单档纯电动除外）根据车速和发动机/电机转速等信息，按照标定好的变速曲线实现档位控制。这种控制逻辑可以较好地应用于传统燃油车，考虑到纯电动汽车也只有一个动力源，基于其转矩、功率、转速和效率之间的关系，经过标定修正，同样可以将这种控制逻辑应用于电动汽车上。纯电动系统的控制框图如图 8-21 所示。

混合动力系统由于有两个不同的动力源（发动机和电机），其控制逻辑和纯电动系统（或传统燃油车的发动机系统）有较大的不同。在保证功能和性能的基础上，控制逻辑需要使用两种动力源的互补特性（电动机低速大转矩特性和发动机中高速输出特性），来优化整体系统的控制效果。混合动力系统的控制算法较为复杂，涉及的部件也较多，在实际开发中有一定的挑战性。因此，下面以混合动力系统为例，简单介绍新能源汽车的控制算法。

按照实现功能的顺序，混合动力系统的控制算法可以简单地分为 4 个步骤：能量流（正能量流和损耗能量流）的建立、成本函数的建立、边界条件的建立和相应控制算法的建立。

1）首先需要根据技术路线结构，勾画出能量流和损耗信息，如图 8-22 所示。

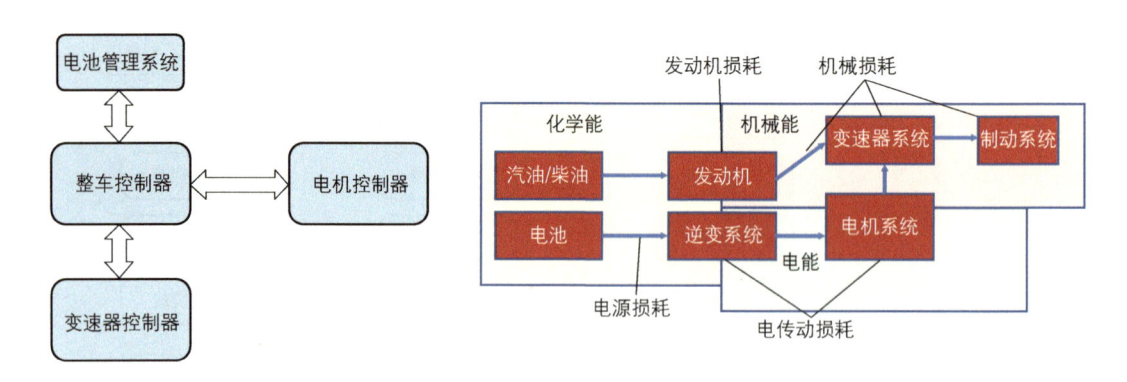

图 8-21 纯电动系统的控制框图

图 8-22 混合动力系统能量流和损耗信息

能量源头为发动机燃料（汽油/柴油）和电池内部储存的电化学能，燃料到达发动机，通过热循环过程将化学能转化为热能，再通过活塞、曲轴和连杆等装置将膨胀功转换为旋转机械能输出给传动系统。在机械能量传递过程中，发动机本身有损耗（燃烧效率、摩擦损耗等），机械能传递过程中有传动损失，变速器系统也有其本身的损耗（如果有液力变矩器、摩擦、离合换档等），刹车系统将制动能转化成热量耗散出去；在电能量传递过程中，电池存储的化学能从电池释放（电池的各种过电压损耗），经过逆变系统（开关损耗、接触损耗、热损耗等）将电能（转换成 AC 信号）输入到电机，经过自身损耗（漏磁损耗、铜损、涡流损耗等）后，电机将电能转化成机械能输入到变速器；于是，就可以得到一个较为完整的能量传递和能量消耗路径图。

2）基于以上分析，可以得知系统的能量分配和损耗分布，从而可以根据各个子系统的特性，列出其相应的损耗方程式，即成本函数

发动机损耗为

$$P_{\text{engine,loss}} = P_{\text{fuel}} \times e_{\text{engine}} \tag{8-24}$$

机械损耗为

$$P_{\text{mech,loss}} = P_{\text{spinloss,trans}} + P_{\text{pump,loss}} + P_{\text{axle,loss}} + P_{\text{trans,loss}} \tag{8-25}$$

电机损耗为

$$P_{\text{motorsys,loss}} = P_{\text{motor,loss}} + P_{\text{inverter,loss}} \tag{8-26}$$

电源损耗为

$$P_{\text{batt,loss}} = P_{\text{polarity,loss}} + P_{\text{ohm,loss}} + P_{\text{concentration,loss}} \tag{8-27}$$

制动损耗为

$$P_{\text{brake,loss}} = N(T_{\text{actual}} - T_{\text{require}}) \tag{8-28}$$

式中　$P_{\text{engine,loss}}$——发动机损耗；

P_{fuel}——燃烧释放功率；

e_{engine}——发动机效率；

$P_{\text{mech,loss}}$——机械损耗；

$P_{\text{spinloss,trans}}$——旋转损耗；

$P_{\text{pump,loss}}$——泵损耗；

$P_{\text{axle,loss}}$——传动轴损耗；

$P_{\text{trans,loss}}$——变速器系统损耗；

$P_{\text{motorsys,loss}}$——电机系统损耗；

$P_{\text{motor,loss}}$——电机本身损耗；

$P_{\text{inverter,loss}}$——逆变系统损耗；

$P_{\text{batt,loss}}$——电池损耗；

$P_{\text{polarity,loss}}$——电池极化损耗；

$P_{\text{ohm,loss}}$——电池欧姆损耗；

$P_{\text{concentration,loss}}$——电池浓差损耗；

$P_{\text{brake,loss}}$——制动损耗；

N——转速；

T_actual——实际转矩；
T_require——需求转矩。

知道了各个部分的损耗，就可以得到总体损耗，即

$$P_\text{total,loss} = P_\text{engine,loss} + P_\text{mech,loss} + P_\text{batt,loss} + P_\text{motorsys,loss} + P_\text{brake,loss} \tag{8-29}$$

控制算法的目标，就是找到一个最优控制解，保证总体损耗最小，即

$$\text{ControlTarget} = \text{Min}(P_\text{total,loss}) \tag{8-30}$$

在控制算法中，得到一个公式的最小值可以有多种计算方法。比如扫描法：将控制目标的可能状态全部扫描，从而得到最小值。但这种方法较耗时间。此外还可以使用最小方差法、梯度下降法等。但这些方法需要建立较为复杂的模型（甚至神经网络）来计算最优值。为了计算方便，也可以使用简单的加权和以及分段式计算方法（将连续方程变成一段一段的阶梯关系），这样就可以在满足整体成本基本最优的情况下，快速地计算出新的控制目标点。

3）成本函数给出了控制目标，在实际应用中，最优控制解还需要考虑约束条件，即系统和部件的边界条件。因此，需要根据实际情况，在边界条件的约束下，对控制目标进行调整，以达到可能的最优控制效果。

① 电机边界条件：最大功率、最大转矩、最高和最低工作温度、最大和最小运行电压、最大电流、额定运行速度、最高运行速度、磁饱和区间等。

② 电源边界条件：额定电压、最大电压和最大电流、最大充放电电压和电流等。

③ 发动机边界条件：燃烧状态、最高和最低转速、怠速状态、最大转矩、最高温度、动态响应特征等。

④ 变速器边界条件：档位、转动方向、最高输入和输出速度、最大输入和输出转矩、最高温度、变速器油压等。

⑤ 辅机系统边界条件：电压、电流、功率、温度、能量等。

边界条件并不是一成不变的，会随工况动态变化。例如，电池的能量和功率的输入和输出能力，在常温条件下与在高温下是不同的，需要根据实际情况进行实时调整。

4）建立相应的控制算法

得到了能量流、成本函数、边界条件，系统就可以得到一个控制的目标值，下一步就需要对具体的部件进行控制命令的执行。图8-23列出了混合动力系统的子系统和相互控制关系图。混合动力控制系统在中间，它和主要的动力总成系统各个子系统进行互连，从而可以得到信息、进行计算、进行模式判断、设定目标状态、发出指令、回馈监督执行并进一步对状态实时控制，同时通过得到外界条件（驾驶人意图、环境信息）更新系统需求，然后循环上述过程达到持续性控制效果。由于各个子系统的反应速度不同，反应效果不同，所以信号采集、计算、控制输出的顺序间隔和重要性排序也是不同的。

混合动力控制器和变速器之间输入档位信号、转速信号和转矩预测信号，经过计算输出档位命令（有些混合动力系统的档位控制完全由变速器制定，但这会产生发动机和电机的配合问题）。变速器在混合动力系统中的作用很大，它可以将整体的转矩和转速实现改变，它的控制策略是较为决定性的控制策略，所以在控制算法中需要将变速器的控制放在重要位置，因此可以把这部分的控制算法称为策略控制逻辑。

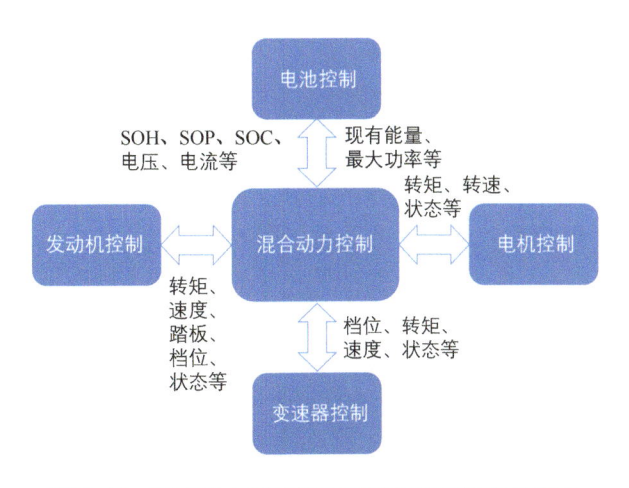

图 8-23　混合动力系统的子系统和相互控制关系图

当档位控制决策后，整车控制器会发送命令给变速器，以实现目标档位执行。变速器完成换档后，决策系统根据动力源总体转矩及发动机、电机转矩分配计算结果，首先给发动机发出指令。原因是发动机的反应较慢，同时影响发动机转矩输出的因素很多（变速器、ABS、转向、稳定系统等都会影响发动机转矩输出），因此需要先给发动机发出命令。在得到发动机的反馈后，就可以知道发动机能否执行整车控制器发出的指令请求，如果发动机可以满足指令要求，下一步给电机发出最后的转矩指令；如果发动机无法执行转矩输出命令，就需要将这部分转矩全部传给电机完成。这时，就需要调整系统的边界条件，同时对电机的能力和电池的能力进行评估。在这种情况下，系统有可能只能执行部分转矩指令，从而系统会进入降级控制模式。混合动力系统控制逻辑示意图如图 8-24 所示。

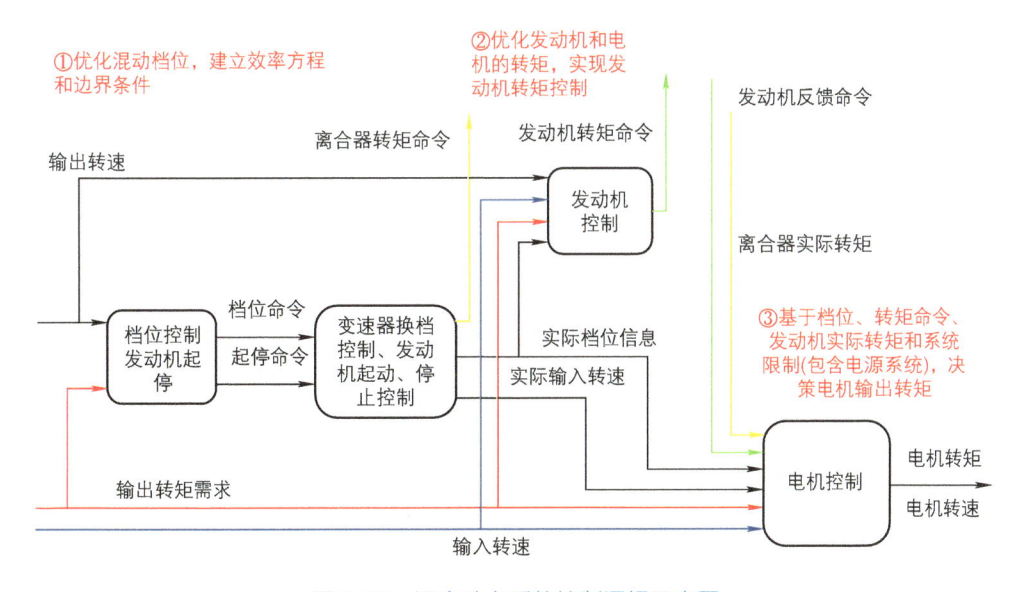

图 8-24　混合动力系统控制逻辑示意图

由于新能源的控制算法较多，种类和使用的理论不尽相同，本书仅作简要介绍。对于较为复杂的系统，还需要根据具体结构和元器件特点进行设计和建模。

8.3 新能源汽车的电子与电控系统

汽车电子主要指在汽车内用的电子电气产品，通过感知、计算、控制使得汽车在安全性、功能性、性能性、舒适性和经济性等方面达到要求。新能源汽车的电子架构就是在传统燃油车电子架构的基础上，加入新能源的部分。新能源汽车电子架构示意图如图 8-25 所示。新能源汽车的电子电控和人与社会的联系如图 8-26 所示。

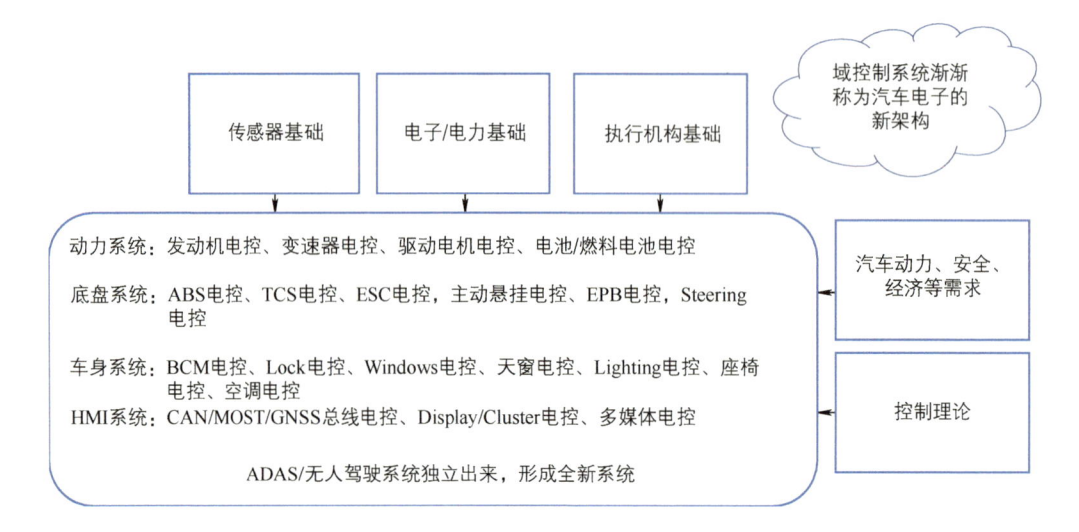

图 8-25 新能源汽车电子架构示意图

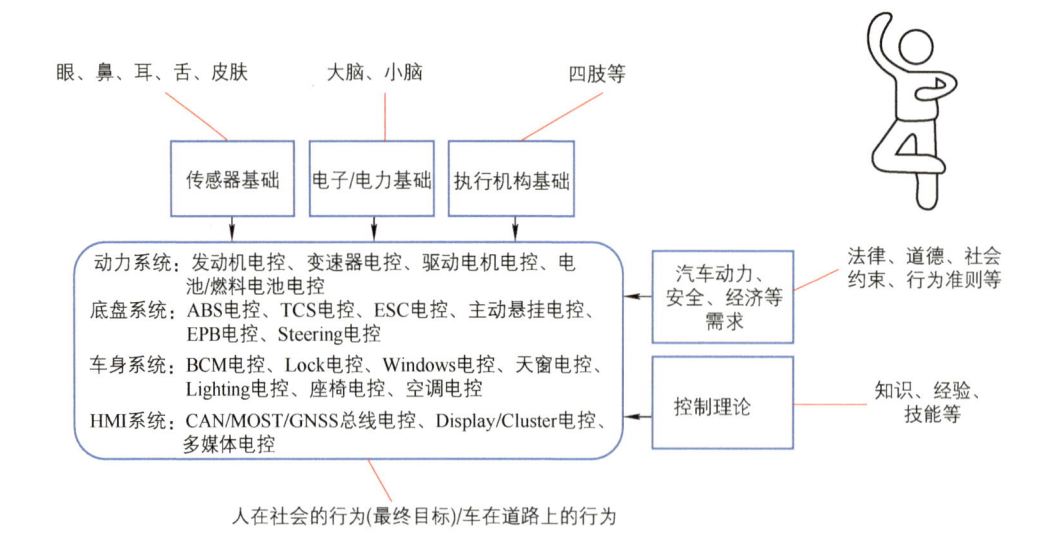

图 8-26 新能源汽车的电子电控和人与社会的联系

8.3.1 传感器基础

智能信息控制技术已经浸入到汽车领域的各个方面，作为最外层的感知技术，传感器技术已经成为现代汽车技术的一个重要方面，并具备了数字化、集成化、智能化、系统化、轻量化和网联化等特点。传感器是一种将被测量变量的某种能量转化为另外一种能量（通常为电量），并能按一定的函数关系表达出来的设备（传和感两重特性）。常见的输入和输出之间的关系可以用比例函数表示为

$$V_s = K_s X \qquad (8\text{-}31)$$

式中　V_s——传感器的输出信号；
　　　K_s——传感器的转换特性；
　　　X——被测的特征变量。

测量系统通常包含以下几个要素：
① 被测对象物理变量：热、光、气、力、磁、电、湿、声、色、味等。
② 转换能量形式：通常为电信号。
③ 信号处理：硬件电子电路和软件。
④ 控制系统接口：A/D 转换。
⑤ 用途：控制算法、控制逻辑等。

传感器信号误差来源通常包括：
① 传感器位置。
② 信号处理电路带宽。
③ 控制器 A/D 采样精度。
④ 数字计算精度。

如图 8-27 所示，传感器信号误差可能出现在每一步上，且会迭代递增。在实际应用中，应根据需要谨慎选择传感器类型和信号处理方法，并对测量结果进行验证，保证其真实性和可靠性。下面对汽车中常用的一些传感器作简单的介绍。

图 8-27　信号误差的来源

（1）热敏电阻　热敏电阻的电阻值随所处位置温度的变化而变化，这种物理特性被用于测量温度。热敏电阻有两种常见的类型：负温度系数热敏电阻（Negative Temperature Coefficient，NTC），其阻值随温度上升而下降；正温度系数热敏电阻（Positive Temperature Coefficient，PTC），其温度随温度上升而上升。

图 8-28 和图 8-29 分别示意了 NTC 型热敏电阻的特性曲线和使用电路。

（2）热电偶　将热电特性不同的两种物质并放在一起，一端温度高，另一端温度低，就会形成电压差，即塞贝克效应（Seebeck effect），这就是热电偶的工作原理，如式（8-32）所示。

$$E_{AB}(tt_0) = f(t) - f(t_0) \qquad (8\text{-}32)$$

a) 热敏电阻阻值温度曲线

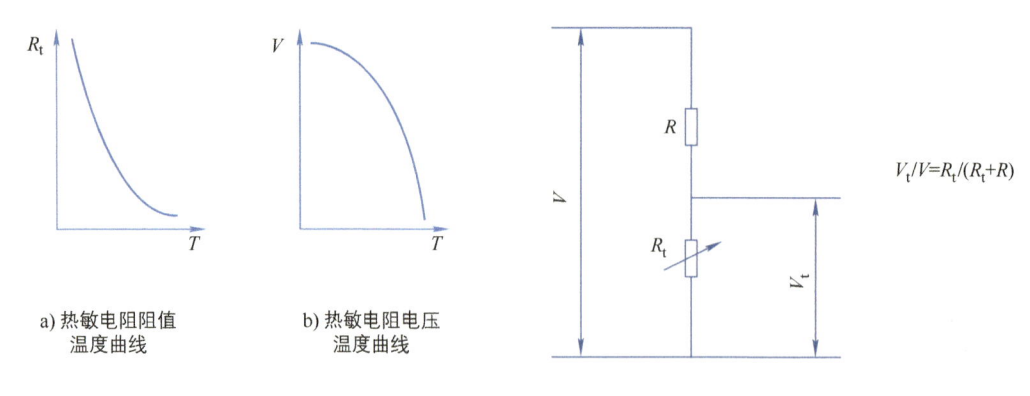

b) 热敏电阻电压温度曲线

图 8-28　热敏电阻的特性曲线

$V_t/V=R_t/(R_t+R)$

图 8-29　热敏电阻的使用电路示意图

图 8-30 示意了典型的热电偶的电路接口方式。一般情况下，热电偶可以测量的温度范围比较广泛，通常可以达到 1800℃，适用于发动机排放等高温应用场景。另外，热电偶也可以直接测量温度差，但也同样需要像热敏电阻一样使用采集电路或放大电路。

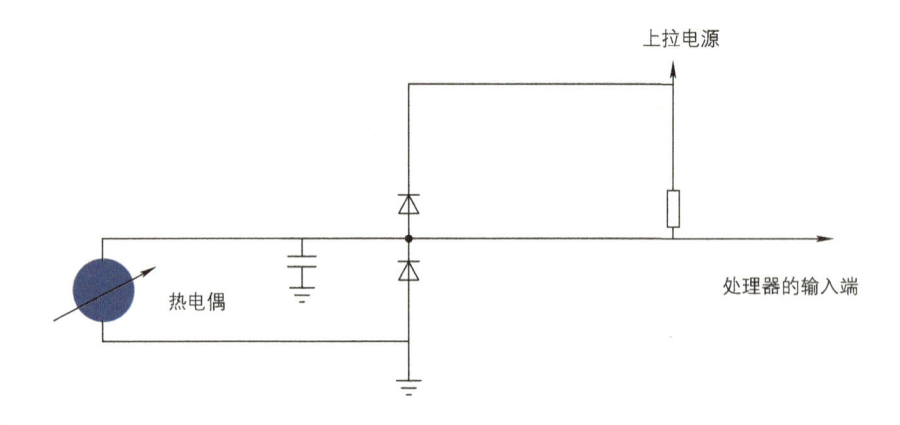

图 8-30　典型的热电偶的电路接口方法示意图

（3）霍尔传感器　如图 8-31 所示，当磁场通过有电流流过的霍尔器件时，会在霍尔器件 90°方向上形成感应电动势，该电动势与电流强度和磁场强度的乘积成正比关系，因此可以通过电动势的大小来检测磁场强度，这构成了霍尔传感器的基本工作原理，常常用来测量旋转部件的速度和位置信号。霍尔效应也可以用于测量齿轮转速，齿轮一般由磁性材料制作，齿轮转动至不同的位置，外部电磁场会发生变化，引起导致感应电动势的变化，传感器的输出电压值与齿轮位置呈一一对应关系。

（4）感应传感器　电磁场在不同磁导环境下将产生不同的反向电动势，经滤波放大处理后，产生的信号可以反映与位置相关的电磁场空间分布状况，则构成了感应传感器的基本工作原理。感应传感器的工作原理与开关磁阻电机的原理类似，不同的气隙所产生的空间磁导变化会引起感应电压的变化。感应传感器示意图如图 8-32 所示。

感应传感器和霍尔传感器都是基于电磁场原理工作的，通常配有一定的电子电路，结构比较简单，同时具有非接触式的特点，因此使用十分广泛。

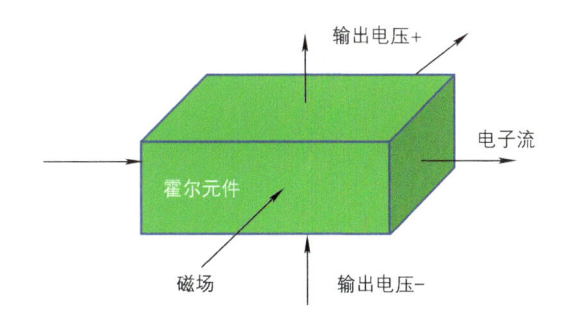

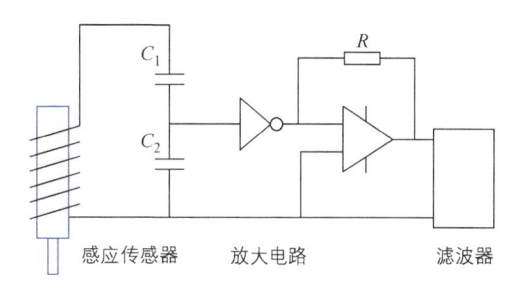

图 8-31　霍尔传感器示意图　　　　　图 8-32　感应传感器示意图

（5）应变传感器　物质受力后会产生形变，形变会引起内部电阻的变化，通过电路可以把内阻变化测量出来，从而得到作用力的信息，则构成了应变传感器的基本工作原理。应变传感器通常组合成立体形状，可以对多个方向维度形成的应变力进行测量。应变传感器示意图如图 8-33 所示。应变传感器应用电路示意图如图 8-34 所示。

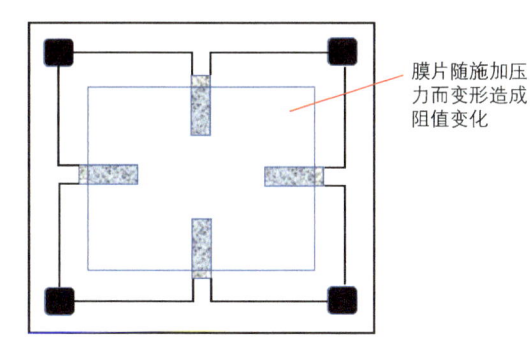

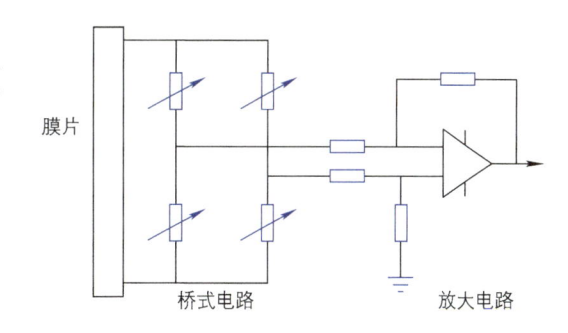

图 8-33　应变传感器示意图　　　　　图 8-34　应变传感器应用电路示意图

如图 8-33、图 8-34 所示，传感器由一个薄膜作为支撑，根据需求组合成桥式电路，将由应力引起的电压信号放大和传输到控制系统的输入端，传感器的应变系数为

$$K = \frac{\frac{\Delta R}{R}}{\frac{\Delta L}{L}} \quad (8\text{-}33)$$

式中　ΔR——电阻变化；
　　　R——原始电阻；
　　　ΔL——尺度变化；
　　　L——原始尺度。

（6）变电容传感器　改变电容器的特性，如双极板有效面积、双极板距离、极板间介质等，能引起电容容量大小的变化，该变化可以通过电路检测出来，则构成了变容传感器的基本工作原理。电容的公式为

$$C = \frac{\sigma S}{4\pi k d} \quad (8\text{-}34)$$

式中　　σ——介电常数；
　　　　S——有效面积；
　　　　k——静电力常数；
　　　　d——有效距离。

显然，电容值与介电常数 σ、有效面积 S 和有效距离 d 相关，这些参数的变化会改变电容值的大小，从而可以形成不同类型的变电容传感器。

1）介质变换：通过介质变换可以形成液面位置传感器。如图 8-35 所示，随着液面位置的变化，传感器的介质也发生变化，如在液面升高时，部分空气介质 $\sigma_{空}$ 被液体介质 $\sigma_{液}$ 取代，从而导致电容容值变化。

2）有效距离变换：通过有效距离变换可以形成压力传感器。如图 8-36 所示，压力的变化引起电容器有效距离的变化，从而导致电容容值的变化。

3）有效面积变换：通过有效面积变换可以形成位置传感器。如图 8-37 所示，位置的变化将改变电容器的有效面积，从而导致电容容值的变化。

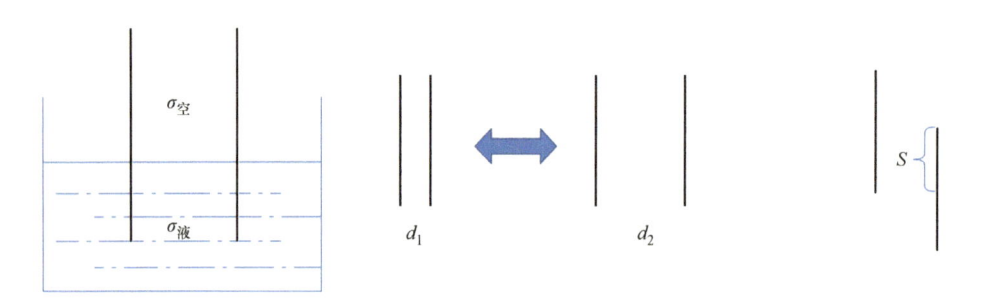

图 8-35　液面位置传感器示意图　　图 8-36　压力传感器示意图　　图 8-37　位置传感器示意图

（7）变电阻传感器　电阻的公式为 $R = \dfrac{\rho L}{S}$（ρ 为电阻率，L 为电阻长度，S 为电阻的截面积），显然，改变电阻长度 L 或电阻截面积 S，均可改变电阻阻值，这就构成了变电阻传感器的基本工作原理。

如图 8-38 所示，电阻阻值变化可以通过电路测量出来。另外，如图 8-39 所示，在实际应用中，通常将两个线性变阻器连接在一起，一个电阻正向关联、另一个电阻负向关联，也就是一个电阻变大时另一个变小，这样就形成了一个冗余信号对，可以有效防止由电阻失真导致的信号错误。

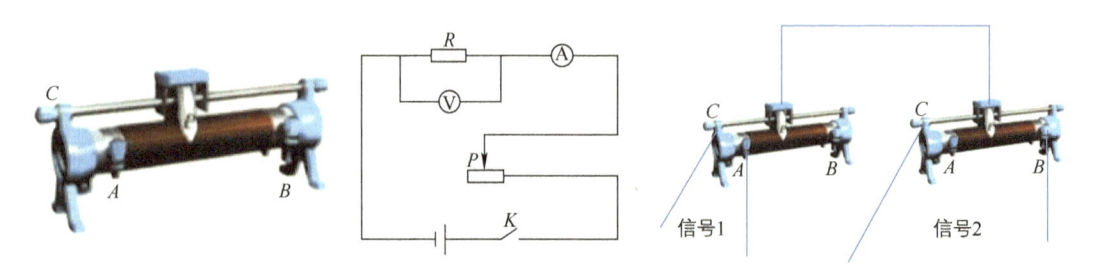

图 8-38　变阻传感器示意图　　图 8-39　双变阻器形成的负耦合信号系统

（8）振动传感器　晶体振动时会产生相应的电压，电压的幅值与振动的频率相关，这就构成了振动传感器的基本工作原理，其典型应用是加速度检测。振动传感器示意图如图 8-40 所示。

振动传感器的主要部件为振动晶体，通过振动支撑件和螺栓固定连接在传感器上。当振动或加速度出现时，振动晶体上会产生高频的振动，进而产生高频的电压变化，通过电压输出进行测量。其频率公式为

$$f = \frac{1}{2\pi\sqrt{\frac{k}{m}}} \tag{8-35}$$

式中　k——弹性系数；
　　　m——振动支撑件的质量。

（9）变压器传感器　随着互耦变压器铁心位置的移动，输入侧产生的耦合磁链会发生变化，从而导致输出侧电压的变化，这就构成了变压器传感器的基本工作原理。

如图 8-41 所示，变压器传感器由 3 个线圈和 1 个铁心构成，原边和副边共用铁心，副边有 2 个线圈，匝数和方向相同。输入信号通过原边线圈在铁心里产生交变磁链，从而在副边线圈里感应出交变电压。如果铁心处于中间位置，副边两个线圈的感应电压相等，总的输出电压为零。在铁心上下移动时，副边两个线圈的感应电压出现差异，因而总的输出电压将随铁心位置的变化而变化。

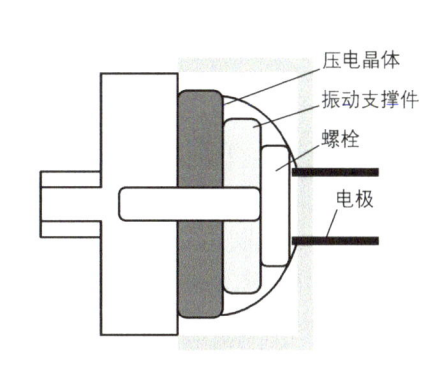

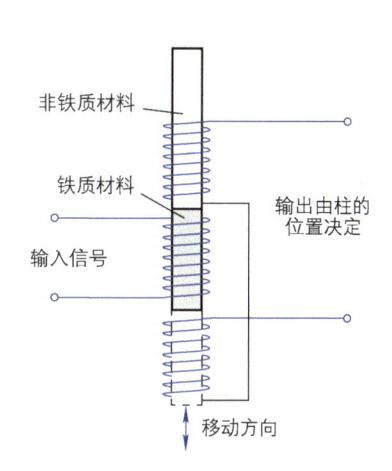

图 8-40　振动传感器示意图　　　图 8-41　变压器传感器示意图

（10）气流传感器　气流传感器的基本工作原理，既可以基于空气压力产生变形，也可以基于 I^2R 产生热，后者多用于对信号要求较为精确的场合。

如图 8-42 所示，当传感器中接通电流时，I^2R 产生的热使其温度升高；当空气流入时，气体会使传感器的温度降低；加大电流会增加 I^2R，可以维持温度不变，因此电流的大小就与空气的流量呈一定的关系，这就构成了气流传感器的基本工作原理。

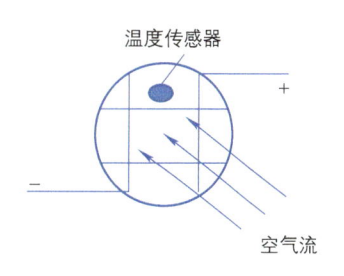

图 8-42　气流传感器示意图

(11）光电传感器 光电器件，如光电二极管，在有光和无光的条件下，会呈现不同的电特性，这就构成了多数光电传感器的基本工作原理。

图 8-43 示意了光电传感器的工作原理。齿轮形轮作为被测对象，齿轮转动时，齿轮的齿会周期性地阻挡和通过 LED 发出的光，光电二极管在接收到光照时导通，而没有光照时关闭。放大电路将开关信号放大后传至 CPU 进行处理，通过开关频率可以判断齿轮的转动速度。

（12）氧传感器

不同的物质有不同的介电常数，不同的介电常数有不同的电容值，氧传感器通常使用电容介电常数类型传感器来检测杂质含量。氧传感器大多使用 ZrO_2 为电解质，铂金为催化剂，在温度高于 300℃时，尾气中的氧气会在铂金的催化作用下形成氧离子，氧离子通过 ZrO_2 传递到端口形成离子电压，测量电压量就可以测出氧气含量。氧传感器示意图如图 8-44 所示。

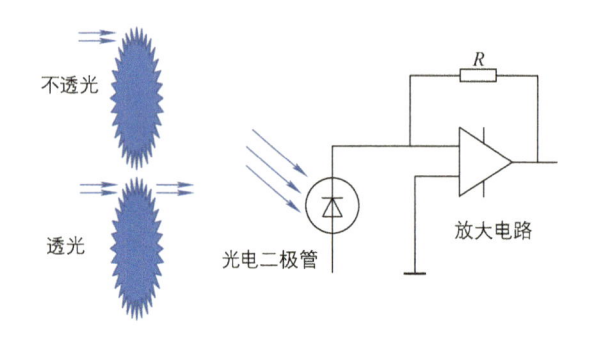

图 8-43 光电传感器示意图

图 8-44 氧传感器示意图

汽车中的传感器种类繁多，使用的技术也千变万化，采用适用可靠的传感器技术对于汽车的有效控制至关重要。

8.3.2 执行机构基础

（1）电磁阀 电磁阀的核心部件是线圈和铁心，线圈通电后会引起铁心的运动，这就构成了电磁阀的基本工作原理。一般情况下，铁心位于线圈轴心，线圈和铁心整体可以被视为电感，即电磁阀对外呈电感特性，电感值随铁心的运动产生变化，图 8-45 示意了一个典型的电磁阀结构——两通开关型电磁阀。考虑到线圈的内阻，电磁阀的电压、电流公式为

$$V = L\frac{di}{dt} + Ri \qquad (8\text{-}36)$$

式中　R——电路总电阻；
　　　t——电流流经的时间。

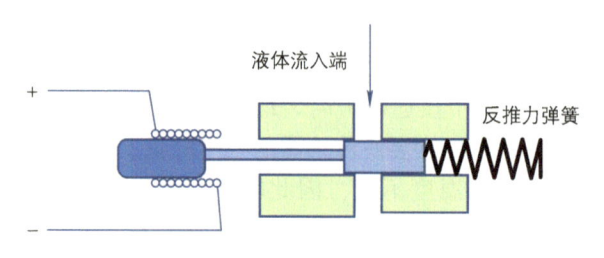

图 8-45 两通开关型电磁阀

电磁阀通常用于控制油、气、水等多种液态介质，有些应用场合，如发动机喷油嘴，对电磁阀的响应速度和控制精度有非常高的要求。而有些应用场合，如门锁等，对电磁阀控制的要求就比较低。在考虑成本的前提下，需要根据设计需求合理选择电磁阀方案。

（2）电机　汽车中的电机种类比较多，包括直流电机、永磁同步和磁阻电机等；电机控制方式主要有速度类（泵）、位置类（座椅电机）和转矩类（驱动）等，不同的应用对电机控制方式有不同的要求，某些场合可能要求多种方式，如速度和转矩。

1）泵类：包含水泵电机、油泵电机、风扇电机等。泵控制电机如图8-46所示。

2）低压位置类：包含座椅电机、镜子电机、车窗电机、车灯位移电机、雨刷电机、发电电机和起动电机等。汽车发电电机如图8-47所示。

3）高压驱动类：包含混合动力驱动电机、纯电动驱动电机等。高压驱动电机如图8-48所示。

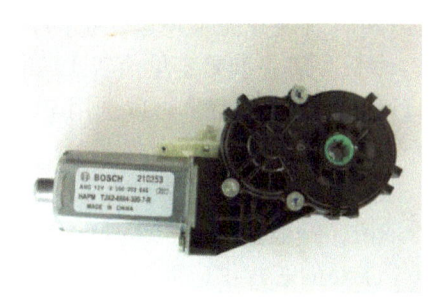

图8-46　泵控制电机　　　图8-47　汽车发电电机　　　图8-48　高压驱动电机

8.3.3　电控硬件系统

与传统燃油车相比，新能源汽车的控制系统通常需要执行更多的任务，包括采样、计算、输出、任务分配、电机控制、电源控制、电池控制等，因此需要较强的储存能力来完成复杂的任务。储存能力的大小与控制目标的多少及复杂度相关，通常需要储存的信息包括：

1）程序指令语句：目标任务相关的指令集。

2）标定值：与硬件和控制性能相关的量，有以下类别。

① 在标定任务完成后就不会再变化。

② 在控制系统运行到一定时间或执行某些任务时才会定下来。

③ 在整个汽车的生命周期内都需要不停的变化，如离合器的接合点（磨损后会产生变化，更换后又会恢复最初值），需要不断地更新和储存。

3）常量：在整个汽车生命周期里保持不变量，既可以作为标定的一部分，也可以单独列出来。

4）普通变量：本次驾驶循环内随时间变化的变量，如发动机转速、车速和当前档位等。

5）保持变量：需要保存下来为下次驾驶循环使用的变量，如自检信号等。

上述变量应储存在相应的存储器中，常见的存储器类型包括：

1）RAM：随机存储器（Random Access Memory，RAM），用来储存普通变量，储存的信息在控制器下电时将丢失。

2）ROM：只读存储器（Read Only Memory，ROM），用来储存指令和常量，储存的信息永久保存，控制器下电时也不会改变。

3）PROM：可写只读存储器（Programmable Read Only Memory，PROM），用于储存用户不可改变的底层程序，只能在 CPU 下线时刷写一次，储存的内容在写完之后不能改动。

4）EPROM：可擦写只读存储器（Erasable Programmable Read Only Memory，EPROM），用于储存应用程序或数据，可掉电保持，在特殊外力的作用下（比如紫外线照射），可以被重新刷写。

5）EEPROM：电可擦写只读存储器（Electrically Erasable Programmable Read Only Memory，EEPROM），用于储存故障信息和其他信息，可实现掉电保持，可以被重新刷写。

6）FLASH：闪存器（Flash Memory），由于储存应用程序和数据，可实现掉电保持，EEPROM 的一个变种，对一片内存区域进行刷写，而 EEPROM 可以对单个内存进行刷写。

存储器的能力与成本相关性比较大，RAM 和 ROM 的成本较低，但灵活性较差；Flash 和 EEPROM 的成本较高，但它们可以实现掉电保持和动态刷写；为了平衡功能和成本，通常闪存 Flash 用来储存开发程序，而 RAM 用来储存可以随时改变并无须掉电保护的普通变量，同时一些特殊变量需要保持变量的内容（SOC、诊断、某些重要变量值等）、部分 RAM 要进行带电储存（可以选择外置 RAM，与电源直接连接）及标定值可以选用 EEPROM；另外，常量可以直接储存在闪存里，ROM 由于不可重新刷写，逐渐被淘汰。

随着电子技术特别是半导体设计和制程技术的发展，微处理器的成本越来越低，功能越来越强，运算速度越来越快。就新能源动力总成控制器来说，一般会选择 300MHz 及以上主频的 CPU，需要 32 位以上及浮点运算能力。汽车电子主要的芯片供应商包括飞思卡尔（Freescale）、瑞萨（Renesas）、意法半导体（ST）、英飞凌、德州仪器（TI）等。

20 世纪 60 年代，美国著名芯片公司英特尔的创始人戈登·摩尔（Gordon Moore）提出了以他的姓命名的摩尔定律。当产品价格不变时，集成电路可容纳的晶体管总数目，每隔两年就会增加一倍，性能也会随之提升一倍，主要原因是晶体管的体积可以不断缩小。因此，处理器的能力会越来越高，价格也会越来越便宜。新能源汽车电控系统硬件技术的发展趋势也类似，功能越来越复杂，运算速度越来越快，资源越来越丰富，体积和成本越来越低。这里着重提出纳米级制程技术的重要性，受技术和材料的影响，早期的制程宽度都比较宽，如 45nm、32nm、28nm、20nm 和 16nm 等，现在已经发展到 10nm、7nm、5nm、3nm 甚至 1nm。目前，28nm 技术基本可以满足汽车电子对运算速度和精度的要求，但随着智能驾驶和 AI 技术在汽车上的应用推广，对芯片和制程技术的要求会越来越高。

8.3.4 控制系统对输入输出信号的要求

汽车电子，尤其是动力总成电子控制系统对输入输出信号主要有以下几个方面的要求：

1）具备电平转换能力，保证控制器外部端口和处理器端口之间在电气上合理匹配。

2）输入对外部干扰有过滤能力、对电压冲击有吸收能力，保证系统在任意工况下，尤其在上电和下电的期间能可靠工作。

3）信号丢失或有误时，将输入信号限定在安全范围内，保证系统运行的安全性。

控制系统对不同类型的信号具有不同的要求，并采用不同的电路进行处理，基本的信号类型包括数字信号、模拟信号和脉冲信号，下面分别予以简单介绍。

（1）数字信号（开关信号、Switch 信号） 数字信号是最基本的信号类型，一般只有 0 或 1 两个逻辑状态值，可以表示控制器输入端的高电压（如 5V）和低电压（如 0V），也可以表示开关的"导通"和"关断"两种状态（也是表现为电压的高低）。在变速器控制系统中，驾驶人模式开关信号和换档手柄信号大都是数字输入信号，数字输入信号包括无源输入和有源输入两种，相应的硬件电路处理方法分别如图 8-49、图 8-50 所示。图中的上拉电源用于防止三态（导通、截止、高阻）的出现，即在输入信号悬空时，处理器输入端将被强制拉高。另外，开关信号在电路接通的时候容易产生抖动，导致输入端信号不稳定，出现断开、接通、又断开、再接通的现象。为此，需要加入一个滤波电容以消除信号中的扰动成分，形成稳定的输入信号。在信号电压和处理器输入电压不匹配的情况下，需要对进行信号进行放大或缩小，以适配不同 CPU 的输入端口特征。

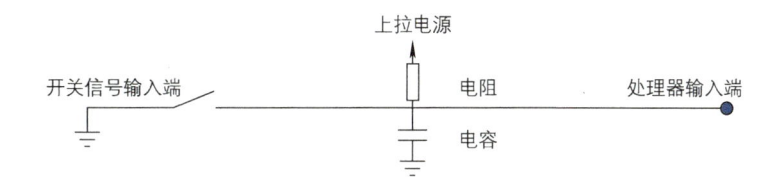

图 8-49　数字输入无源信号处理示意图

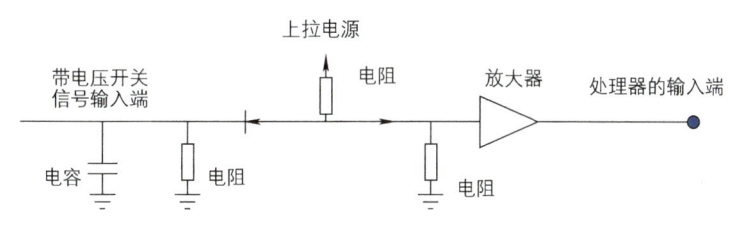

图 8-50　数字输入有源信号处理示意图

（2）模拟信号　模拟信号是指幅值随时间连续变化的信号，通常通过滤波处理连到控制器的模拟信号输入端口，然后进入 A/D 变换器被转换为数字信号。模数转换存在所谓的数字化误差，为了保证采样精度，需要选择高分辨率 A/D 变换器（12 位或以上）。模数转换从采样到完成需要一定的时间，如果转换时间过长，无法及时辨识信号的变化，不利于动力总成的控制，因此要求 A/D 转换的时间要尽可能短。图 8-51 示意了加速踏板开度传感器的输入信号处理电路，电路使用一个参考电源作为信号转换的电平标准，并配置滤波电路和二极管钳位保护电路。

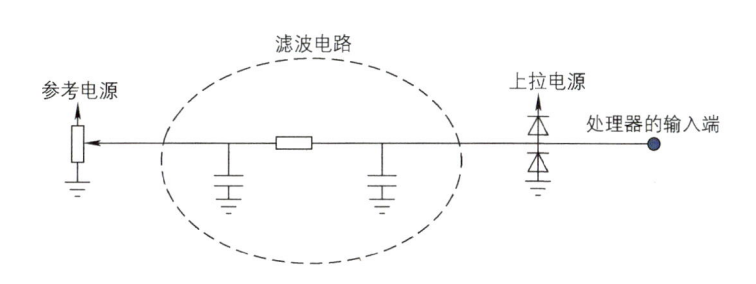

图 8-51　加速踏板开度传感器的输入信号处理电路示意图

（3）脉冲信号 脉冲信号也可以说是数字信号的一种，由一连串的高低电平组成。变速器控制系统中的输入轴转速传感器、输出轴转速传感器、发动机转速传感器、车轮转速传感器等发出的信号可以处理成脉冲信号或传感器直接输出脉冲信号。图8-52所示为霍尔传感器的基本原理。

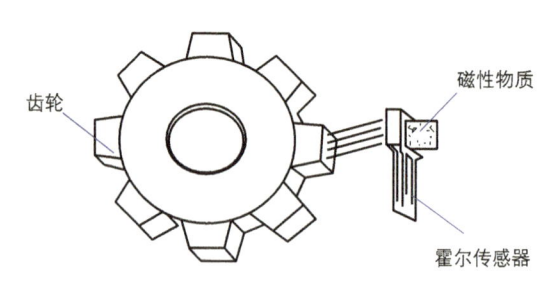

图8-52 霍尔传感器的基本原理

齿轮一般由磁性材料制作，齿轮转动时，霍尔器件的外部电磁场会发生变化，在其内部会感应出不规则的正弦电压，该电压信号经过整形和放大等处理后就形成了一系列脉冲，如图8-53所示。

脉冲波输入到控制器的处理器中，根据方波的周期就可以计算出直线速度信息，将直线速度转化为旋转速度，就可以估算出最后转速，如车轮转速和变速器输入轴转速等，然后根据车轮转速及周长可计算出车速。

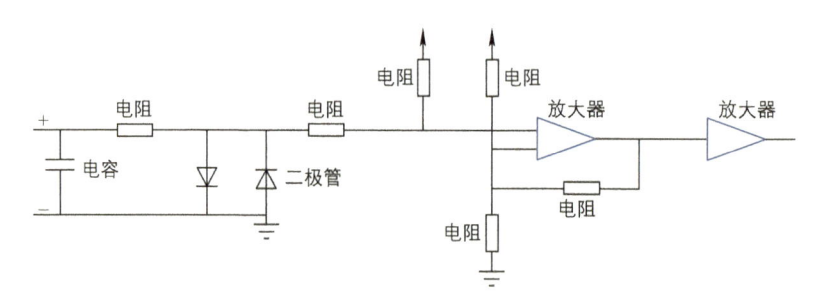

图8-53 脉冲信号传感器信号处理电路示意图

控制器输出信号用于控制系统的执行机构，如电磁阀的控制。电磁阀通常用于电路的通断，如通过控制变速器离合器的开合来控制档位。继电器也是一种基于电磁感应原理的执行机构，可以开通或关断大电流或高压线路。

除此之外，输入信号也可以是交流信号（比如220VAC、50Hz或110V AC、60Hz），在实际应用中，往往需要对它们进行变压（使用交流变压器）、整流（如全桥整流器）、滤波（RC滤波、π型滤波电路等）和限压（线性电压电路、开关电压电路）等处理。

8.3.5 控制软件的开发

现在汽车公司和零部件公司大都根据质量管理体系ISO/TS 16949中产品质量先期策划（APQP）定义的5大阶段及企业的实际情况，提出适合自己的产品开发流程和开发计划。如图8-54所示，通用汽车公司基于V字形开发流程提出了企业内部的全球整车开发计划（GVDP）和全球动力总成开发计划（GPDP）。软件开发是系统开发的一部分，不仅要遵从APQP流程，还需要符合相关的标准。

（1）嵌入式系统架构 如图8-55所示，一个

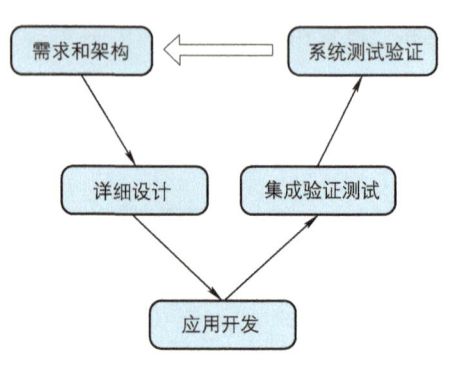

图8-54 V字形开发流程

完整的控制系统通常有物理架构、功能架构和逻辑架构。其中，物理架构是由系统的硬件资源及相互之间的关系决定的，功能架构描述了系统具备的功能及功能模块的划分，而逻辑架构把物理架构和功能架构联系起来，体现了系统功能和硬件之间的隶属关系。

图 8-55　软件架构示意图

软件架构示意图如图 8-56 所示。软件架构定义了功能模块结构及模块之间的接口，即将软件功能分配到有一定逻辑关系的软件模块中。软件模块需要具备功能性、可执行性、可反复使用、可维护性、容易理解等特点。显然，软件架构涵盖了一定的逻辑架构和功能架构，虽然不包含硬件部分，但需要通过逻辑架构结合相应的硬件物理部分，以实现软件设定的逻辑功能。

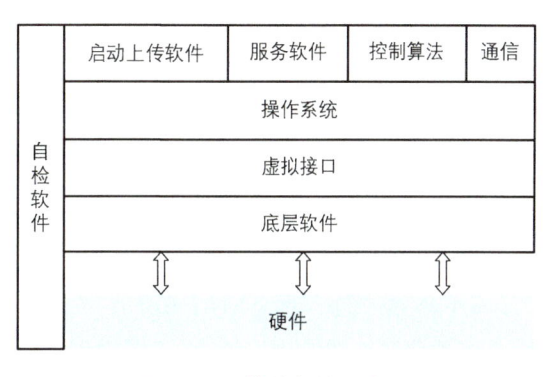

图 8-56　软件架构示意图

1）底层软件：底层软件主要用来实现由控制器内部硬件定义的基本功能，是连接应用软件和控制器硬件的桥梁。控制系统上电期间，底层软件需要对硬件系统进行初始化：

① CPU 内部硬件资源的初始化，包括内部控制寄存器、定时器、IO、内存、中断等。

② 外围电子部件的初始化，包括传感器输入模块（温度传感器、速度传感器和位置传感器）、电磁阀输出模块、电机控制 PWM 输出模块、CAN 通信模块等。

底层软件需要对各类输入信号进行处理，包括来自 A/D 转换器的模拟信号、离散或数字信号、需要二次特定处理的信号（电机旋变信号）等，同时需要对外部硬件的输出控制进行预处理，即提供驱动程序，如电磁阀驱动程序。不同的硬件需要不同的驱动程序。

2）虚拟接口：在为硬件设计接口和驱动程序时，嵌入式系统需要考虑如何保持这些驱动程序的独立性，由于硬件的发展十分迅速，程序的可移植性就成为一个棘手的问题。虚拟软件接口是解决这个问题的一个有效方法，它将调用硬件的部分打包并重新命名，从而将与硬件设置相关的内容隐藏起来，在程序调用的过程中就不需要考虑硬件情况，即实现了软件和硬件的解耦。

3）操作系统：操作系统是用户和计算机的接口，同时也是计算机硬件和其他软件的接口。通过有效管理计算机系统的硬件、软件及数据资源，操作系统可以控制程序运行，并基于良好的人机界面，为各种应用软件提供支持等。常见的计算机操作系统有 3 种，即桌面操作系统、服务器操作系统和嵌入式操作系统。桌面操作系统和服务器操作系统涵盖的通用性比较器,需要功能强大的内核和复杂的软件架构,难以用于有实时性要求的场景;嵌入式操作系统是一种用于特定目标的实时操作系统,功能比较集中,专用性比较强。某些功能较为单一的嵌入式系统仅使用中断驱动(Interrupt Driven)就可以完成所需的控制功能,因而不需要使用实时操作系统(RTOS);但对于任务多、优先顺序要求高及需要保持优先权(preemptive)的嵌入式操作系统,RTOS是实现功能的保证。

4)启动上传软件:在系统初始化之后,用于应用程序的传输、安装和调用。

5)服务软件:在嵌入式系统中,用来为系统提供服务的软件简称为服务软件,如在控制系统开发过程中,常常使用独立于正式运行的软件对系统进行调试,这部分软件就是服务软件。服务软件通常和使用的服务工具相对应,比如使用CAN信号的CCP协议设定的服务必须和工具建立严格的握手关系,不兼容的工具将无法使用服务内容。

6)控制算法:控制算法通常用来实现控制系统的控制功能,它依靠操作系统对任务进行调度,在保证实时性的前提下,按既定逻辑完成定义的控制任务。控制算法是整个控制系统的核心,通过对输入数据的收集,归纳形成有用信息,并根据控制目标对被控对象输出控制信号,完成持续的闭环控制。

7)通信:控制系统通常有两部分通信软件,正常通信软件和特殊通信软件,前者用于传输控制系统正常运行时所需的输入和输出信息,如动力总成CAN信号、整车CAN信号和自检信息信号等,而后者在不同的阶段为系统提供特殊的通信服务,包括系统初始化阶段、控制软件上传阶段、开发阶段、服务阶段和保养阶段等。

(2)嵌入式系统的语言

1)机器代码:是最原始的机器"语言",打了引号是因为它与其说是一种语言,不如说是机器代码;这个代码机器可以识别,但对于人来讲却很难读懂,如原摩托罗拉S19代码和ASCII码等。早期使用这种代码编程,但其可读性较差,而不同机器的代码差异也较大,因此需要一种通用性强和可读性好的类似人类语言的代码来替代这种机器代码(比如汇编、Basic、C等)。

2)汇编语言:是一种高于机器代码的较低级语言,也叫符号语言,它使用符号代替机器代码,由于符号便于理解,所以也将其视为一种语言。一般情况下,符号与机器直接相关,即不同的机器有不同的汇编语言,如80XX系列、Z80系列、68HC系列和MPC56系列等均有各自的汇编语言。汇编语言是机器代码向高级语言(类似于人类语言)的过渡性语言,由于非常接近机器代码,它的纠错能力比较强,一个汇编语言实例如图8-57所示。

3)C语言:是嵌入式系统软件开发中应用的最重要和最广泛的一种高级语言。与汇编语言相比,C语言与普通人类语言有更大的相似性,所以更便于普通编程人员的使用和理解。C语言不仅简练和易懂,同时具有接近底层的特性,能有效避免因为层级过高而难纠错的现象。当然,由于编译器需要将C代码先编译成硬件相应的汇编语言,再变成机器代码刷写到控制器中,C语言也会出现无法纠错的现象,图8-58所示为一个C语言的实例。

```
CODE SEGMENT
    ASSUME CS:CODE,DS:DATA
START:
    MOV AX,DATA
    MOV DS,AX
    MOV ES,AX
    LEA SI,ARRAY
    LEA DI,TABLE
    MOV CX,3
    REP MOVSB
    JMP $
CODE ENDS
    END START
```

图8-57 汇编语言实例

```c
#include <stdio.h>
int main()
{
    int i,j,t,a[11];        //定义变量及数组为基本整型
    printf("请输入10个数：\n");
    for(i=1;i<11;i++)
        scanf("%d",&a[i]);  //从键盘中输入要排序的10个数字
    for(i=1;i<=9;i++)
        for (j=i+1;j<=10;j++)
            if(a[i]>a[j])   //如果前一个数比后一个数大，则利用中间变量t实现两值互换
            {
                t=a[i];
                a[i]=a[j];
                a[j]=t;
            }
    printf("排序后的顺序是：\n");
    for(i=1;i<=10;i++)
        printf("%5d", a[i]); //输出排序后的数组
    printf("\n");
    return 0;
}
```

图 8-58　C 语言实例

4）图形语言：如图 8-59 所示，以 MATLAB/Simulink 为主的图形语言发展非常迅速，由于使用图形代替语言描述，其易读性比较强，但通常也有纠错难度增加的问题。MATLAB/Simulink 经过多年的持续改进，逐渐解决了这个问题，能保证无错误开发。

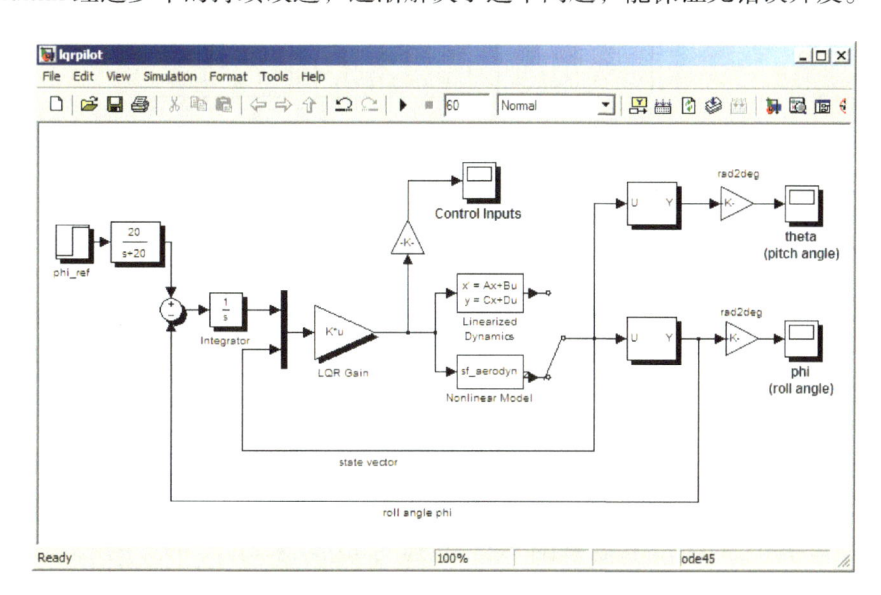

图 8-59　MATLAB/Simulink 图形语言模块

5）面向对象语言：C++、Java、C#、Python 等面向对象的高级语言，在非嵌入式系统开发中应用得比较广泛，由于在代码 debug 方面存在的挑战（有些 pre-compile 后的语句几乎很难理解），嵌入式系统的开发大都是基于 C 语言或图形语言完成的。

嵌入式系统的软件开发过程如图 8-60 所示，控制模型是基于图形语言（如 MATLAB/Simulink）完成的，经过 Auto-Coding 和预处理后，被转换为基于高级语言（如 C 或 C++

等）的控制程序，然后通过编译器（Compiler）转换为汇编语言，接着通过汇编器（Assembler）生成基于二进制的目标文件（Object Files）。控制程序中会使用一些标准库文件（Library），它们大都以目标文件的形式存在。所有的目标文件最终将通过连接器（Linker）连接在一起，形成可执行文件，并被下载到目标控制器中执行。

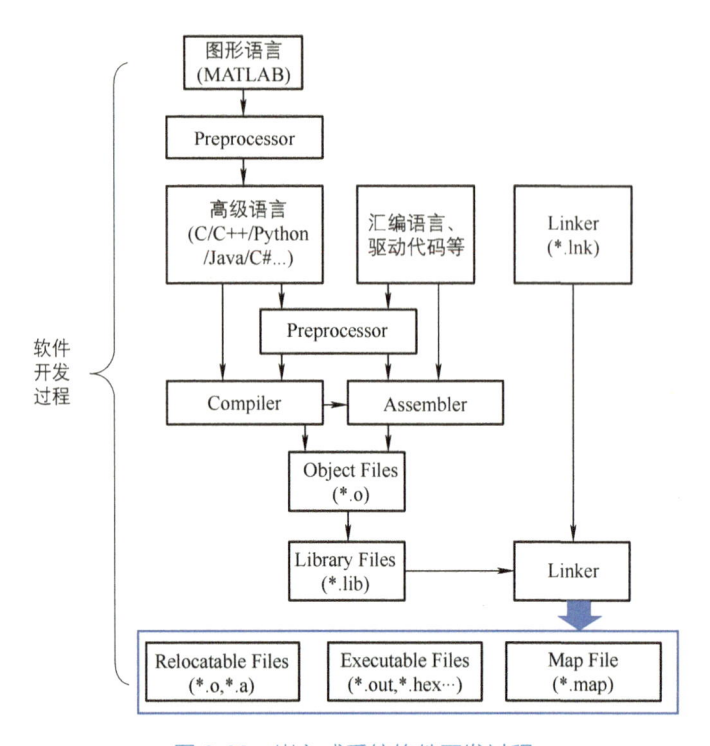

图 8-60　嵌入式系统软件开发过程

编译过程会产生符号表，包含符号名称和地址，符号分为3类：全球符号（使用范围是整个程序）、外部符号（从程序其他子程序引用来的符号）和本地符号（仅在本地程序使用而不能被其他子程序引用）。连接过程将产生的符号进行解析和地址迁移，目标文件包含文件的基础信息，如文件大小、数据大小、源文件名称、目标控制结构相关的二进制指令和数据、呼号代码和迁移地址信息及调试所需要的信息等。内存分配与所用目标控制器相关，其物理地址、选址方式等都可能不一样，在读取信息时需要特别注意。

（3）CAN 通信系统　汽车中的电控部分越来越多，而各个部件和子系统都相互关联，无法完全独立。为了实现电控部件之间的实时或非实时信息交流，需要一套完整、安全和有效的通信机制，将各个独立的部件联系在一起。按速度和功能来划分，汽车的通信网络包括：

1）高速网联系统（500kbps）。将与安全可靠性相关联的控制系统以较高的速率连接一起，保证信息的实时性传递，如发动机、变速器、ABS、BCM、Steering 和悬架系统等。高速 CAN 可实现 1Mbps 的传播速率，但考虑到信号的有效性和成本等因素，一般使用500kbps。

2）中/低速网联系统（100kbps/10.4kbps）。针对不需要非常快速的信息传递或者对信息的实时性要求不高的系统，为了进一步降低成本和节省带宽资源，可以选取传输速率较低的网络，如车门系统、空调系统和低速自检系统等。

3）多媒体系统。通常汽车的多媒体系统需要和多种媒体控制器连接，因此对兼容性的要求比较高，由于不同的主机厂使用不同的多媒体控制系统，因此有必要将该系统独立出来。早期的多媒体系统是中低速的系统，随着汽车网联化的发展，多媒体系统对速度的要求也越来越高。

4）域控制网联系统。辅助驾驶甚至无人驾驶已经成为汽车技术发展的必然方向，多种传感器（毫米波雷达、激光雷达、摄像头、声呐等）被使用，由于信号采样的实时性及逻辑处理的复杂性，对传输速率的要求极高，因此需要将域控制网联系统独立出来。

5）智能联网通信系统。汽车越来越像一个移动互联的工具，为了更有效地完成设计的功能，需要将汽车和多种对象连接起来，如车和车的连接、车和路的连接、车和人的连接、车和中控系统的连接、车和互联网络的连接等，形成所谓的 V2X 网络架构。

随着互联网和智能功能的加入，车内的通信系统变得复杂而多样，存在多种通信协议。本书仅简单介绍传统的 CAN 通信协议，其他通信协议，如 LIN、I^2C、SPI、USART 和 Ethernet 等，感兴趣的读者可自行参阅相关资料。

CAN 总线是德国博世公司在 20 世纪 80 年代专门为汽车行业开发的一种串行通信总线，由于性能好和可靠性高，越来越受到人们的重视，并被应用于诸多领域。CAN 是一种基于双线差压的通信协议，具有以下优势：

① 导线的要求较低，可以使用低成本双绞线或同轴线。
② 鲁棒性比较强。
③ 较高的错误保护能力（自纠错能力）。
④ 整体成本低（包含芯片、驱动、连线等）。
⑤ 比较好的可扩展性（协议扩展、ID 扩展）。
⑥ 独立性较强的系统检测机制。
⑦ 自检和自动重新发送功能。

CAN 的通信距离可超过 1km，但传输速率很低，无法在实际车辆上使用。理论传输速率最高可达 1Mbps，但通信距离不能超过 40m。在大多数应用中，最大传输速率被设定在 500kbps。CAN 总线上的节点数主要决定于总线驱动电路，目前可以超过 100 个。

CAN 通信协议根据其速度可以分为低速、中速和高速。对于物理层定义，通常 TX 和 RX 信号由 CPU 产生，并通过 TTL 电平信号传输到 CAN 收发器。收发器将 TTL 逻辑信号转换成 CAN High 和 CAN Low 的差压信号，如图 8-61、图 8-62 所示。电路中两个输入端的电阻起到限流和缓冲的作用，T3 为滤波电抗，CANH 和 CANL 端需要加入 120Ω 电阻以减少信号的 echo 效果。有些 CPU 将收发器集成在一起，直接输出 CAN High 和 CAN Low。CAN 压差信号和 TTL 逻辑信号相比，前者具有可靠性的优势，如果单一导线信号出现偏差，TTL 逻辑信号会产生错误

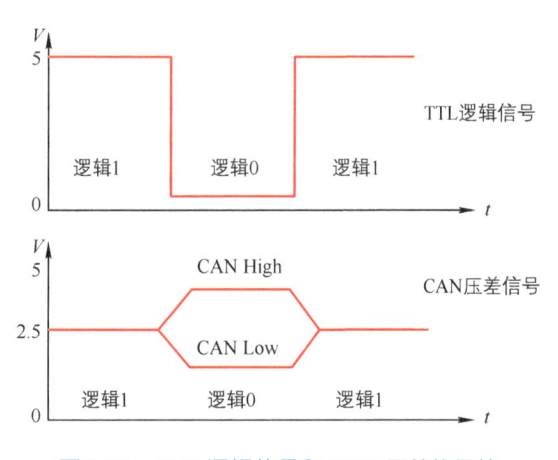

图 8-61 TTL 逻辑信号和 CAN 压差信号的物理信号示意图

逻辑电平，而 CAN 压差信号可以在一定程度上减小这种误差。

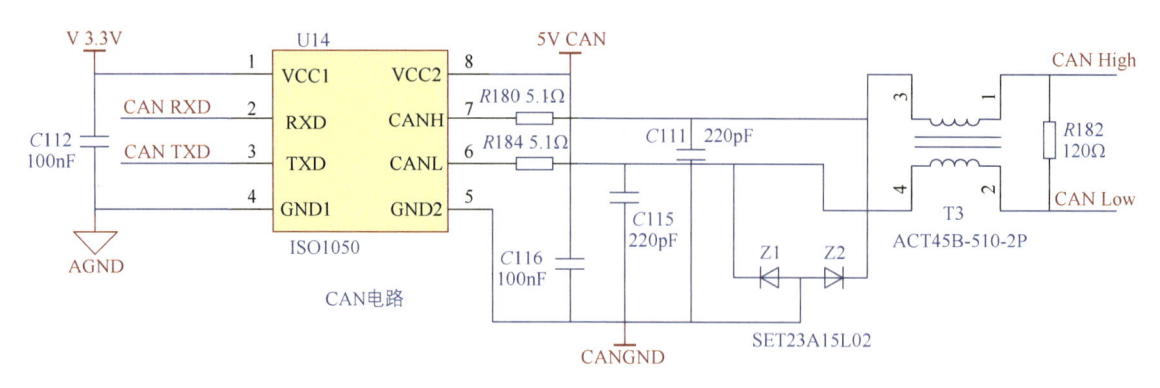

图 8-62 一个实际 CAN 传输电路的布局图

CAN 传输媒介通常使用双绞线，两条线绞缠在一起可以提高抗干扰能力。控制器需要并行地连接在这两条线上。由于信号带宽和衰减的原因，导线的总长度和加载控制器的数量都会有限制（具体与速率和导线材质等有关），比如 1Mb/s 的速率可以稳定运行在 40m 的双绞线上等。在两边的终端，各需要一个 120Ω 的终端电阻，如图 8-63 所示。其作用是使信号可靠性增加，高频信号在较短回路中传递时，由于阻抗不连续或不匹配，会产生反射干扰，终端电阻可以模仿远端特性阻抗来减少这种影响。

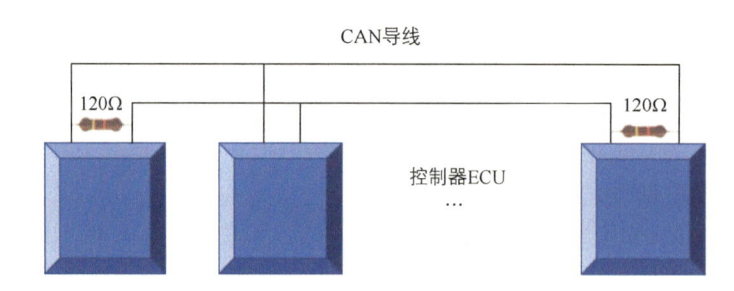

图 8-63 CAN 线终端电阻示意图

标准 CAN 总线有 11 位的 ID 结构和扩展 29 位的 ID 结构，其示意图如图 8-64 所示。

图 8-64 11 位和 29 位 CAN 的 ID 示意图

对图 8-64 中的 ID 简单介绍：

① SOF（Start of Frame）：帧开始位。
② RTR（Remote Transmission Request）：远程传输请求。
③ IDE（Identifier Extension）：标识符扩展。
④ DLC（Data Length Code）：数据长度码。
⑤ CRC（Cyclic Redundancy Check）：循环冗余校验。
⑥ DEL（Delimiter）：定界符。
⑦ ACK（Acknowledge Bit）：确认位。
⑧ SRR（Substitute Remote Request）：替代远程请求。
⑨ R0 和 R1：保留位。

图 8-65 示意了整车的 CAN 总线架构，如果总线的负载率过高，报文传输的可靠性和稳定性均会受到影响。因此在实际应用时，通常设计成两个或多个网络（可以为不同速率），网络之间因波特率不同，不能直接进行信息交互，因此需要一种叫作网关的设备，作为不同网络之间的枢纽。

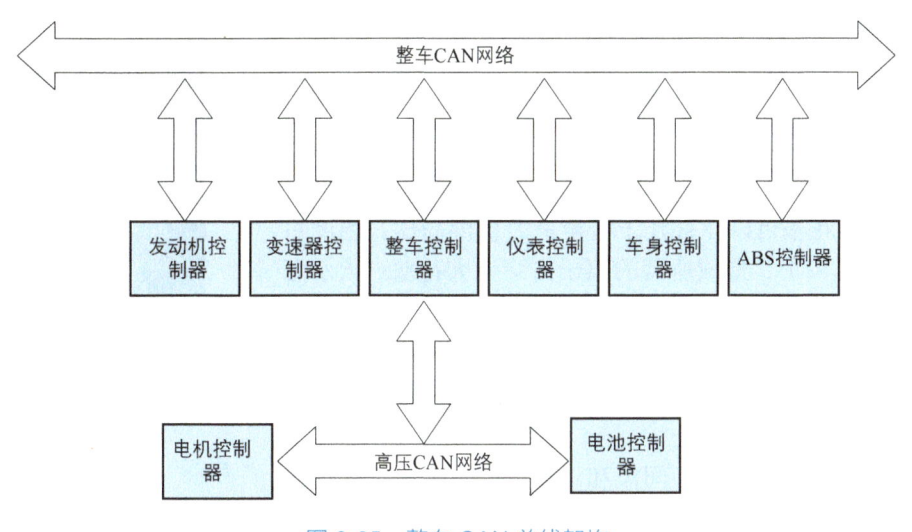

图 8-65 整车 CAN 总线架构

8.3.6 发动机的控制

发动机需要进气、燃料混合（或直喷）、点火、做功、排放等步骤来输出需要的转矩和速度（功率），以前的发动机使用机械系统和简单的电气系统（点火）实现这些功能，到了 20 世纪 70 年代，随着电控系统的快速进步，发动机电控技术逐渐发展起来。

早期发动机电控的需求主要来自排放要求和燃油效率要求，随着驾驶需求的提高和安全可靠性要求的提升，发动机电控又附加了多项其他要求，如动力性、经济性、可靠性、安全性、耐久性等。由于控制器在计算速度、准确性、没有疲劳因素等方面的优异表现，极大地提升了发动机的性能，现在汽车发动机几乎全都配有电控系统。

（1）点火系统　点火系统的功能是在发动机压缩过程的后期点燃压缩空气和燃料混合物，而电子点火系统使用高压电穿透空气形成电火花来点燃混合气体。点火系统的设计需要考虑多种因素，如燃气比、发动机速度范围、发动机负载、发动机燃烧温度、排放要求、燃烧室形状、燃烧形式（稀薄助燃、逐层燃烧）等。现代汽车电子点火系统的触发方式有磁脉冲式、霍尔式和光电式等3种，无触点磁脉冲式电子点火系统由信号发生器、点火控制器、高能点火线圈、火花塞等组成。发动机点火系统示意图如图8-66所示。

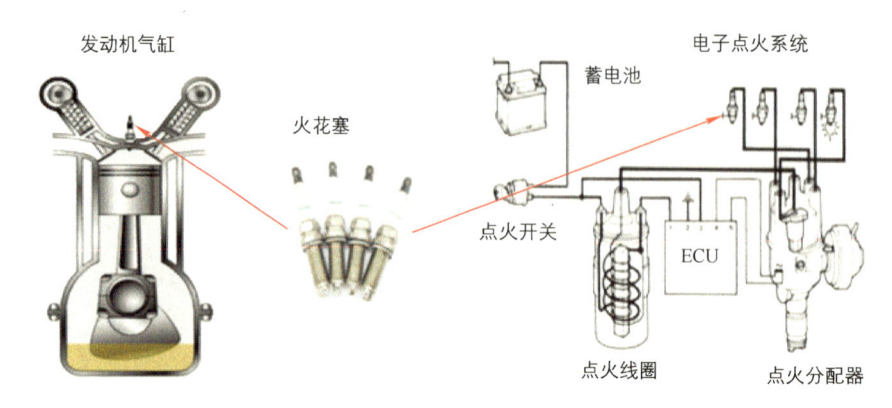

图8-66 发动机点火系统示意图

点火线圈采用变压器结构，原边线圈匝数小于副边线圈匝数，原副边电压比与匝数比相反，因此原边低压将在副边被放大，形成火花塞上的高电压，该高电压击穿空气形成电弧点燃混合气体，点火分配器按顺序接通不同火花塞，形成点火顺序。火花塞可以承接几千甚至上万伏的高压，温度可以达到2000℃以上，形成所需的离子击穿。火花塞点火示意图如图8-67所示。火花塞在电离空气时，会伴随强烈的电磁场，产生较强的电磁干扰（Electromagnetic Interference，EMI），会影响汽车其他电器部件的正常工作，因此防电磁干扰型火花塞逐渐成为主流。

单侧极火花塞有一个中间极和一个侧极，两极之间产生高压离子击穿，来点燃混合气体。点火线圈由输入侧和输出侧线圈组成，它们共同绕过铁心形成磁链通路。当输入侧接通时，电压（12V或24V）形成电流，由安培定则可知，此电流将在铁心上按右手定则产生 $H = NI$ 的磁势，并产生磁通密度 B。由于输出侧线圈同样绕在铁心上，因此这个磁通 B 的变化 dB/dt 会在输出侧线圈上感应出电压，感应电压与匝数呈反比关系。由于输出线圈的匝数远大于输入线圈的匝数，因此输出侧的感应电压非常高，当这个高低压加在火花塞的主极和侧极上时，就会形成击穿现象而点燃混合气体。

图8-67 火花塞点火示意图

通常情况下，点火正时取决于发动机转速和发动机负载，考虑到气缸中充入的空气燃料混合物需要一定的时间才能燃烧（通常约2ms），为了优化燃烧效率，点火提前角大都设定在上止点（Top Dead Center，TDC）之后10°~15°处。在较高的发动机转速下，因为活塞行进相同距离所需的时间减少，需要将点火正时提前，通过延长火花时间来确保充分燃烧。在低负载条件下，混合物相对较为稀薄，燃烧速度较慢，因此需要将点火正时进一步提前。同理，在大负载条件下，混合物浓度较高，燃烧速度变快，因而需要将点火正时推迟一些。总体而言，在任何发动机转速和负载条件下，都需要一个理想的提前角，以确保刚好在上止点之后获得最大气缸压力，理想的提前角可通过发动机温度和爆炸风险进一步完善。

火花提前可以通过多种方式实现，其中最简单的方法是采用机械系统，包括离心推进机构和真空（负荷敏感）控制单元，歧管真空度几乎与发动机负载成反比。数字点火系统可以根据温度、速度和负载来调整正时，所有点火正时函数的值都可以通过机械或电子方式进行组合，以确定理想的点火点。另外，能量以磁场的形式储存在点火线圈中，为了确保线圈在着火点之前已充电，需要一个停留时间。点火提前角控制逻辑如图 8-68 所示。

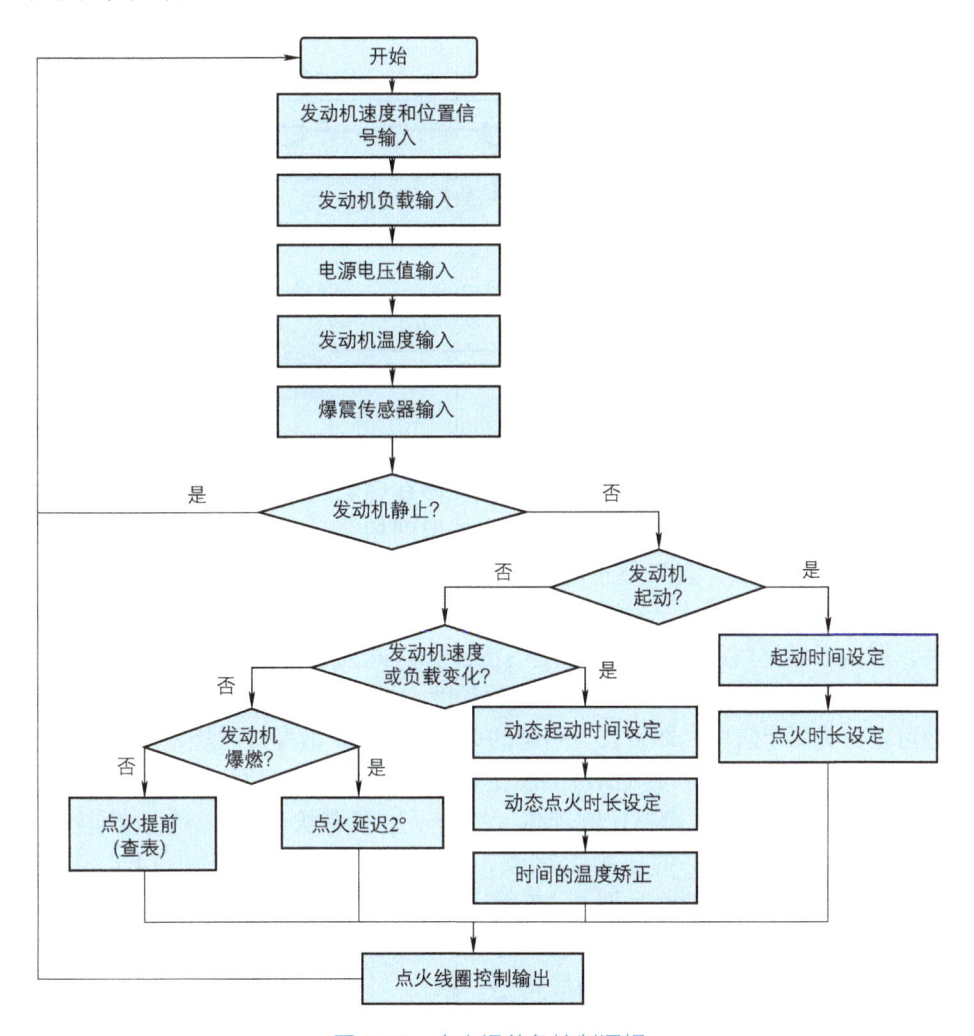

图 8-68　点火提前角控制逻辑

发动机点火顺序会直接影响到发动机振动平衡，不合理的点火顺序将加剧发动机的振动，而合理的点火顺序可以将振动有效抵消。通常采用跳跃式点火来平衡发动机的振动，针对不同的气缸数量，下面列出了有效的点火顺序。

① 三缸发动机：1—3—2。
② 四缸发动机：1—3—4—2 或 1—2—4—3。
③ 五缸发动机：1—2—4—5—3。

④ 六缸发动机：直列六缸 1—5—3—6—4—2 或 1—4—2—6—3—5，V 型六缸 1—4—5—2—3—6 或 1—6—5—4—3—2。

⑤ 八缸发动机：1—8—4—3—6—5—7—2。

（2）喷油系统 汽油机系统的燃油压力需求并不大，因为汽油机靠火花塞点燃，而柴油机是依靠压力压燃，所以柴油机需要将柴油喷射成很小的油滴，才能保证充分燃烧，因此柴油机通常需要使用高压共轨系统提供燃油。尽管高压力对汽油机和柴油机的燃烧和排放都有好处，但系统的复杂性和成本也会随之上升，在设计和制定技术路线时需要综合考虑。喷油系统如图 8-69 所示。

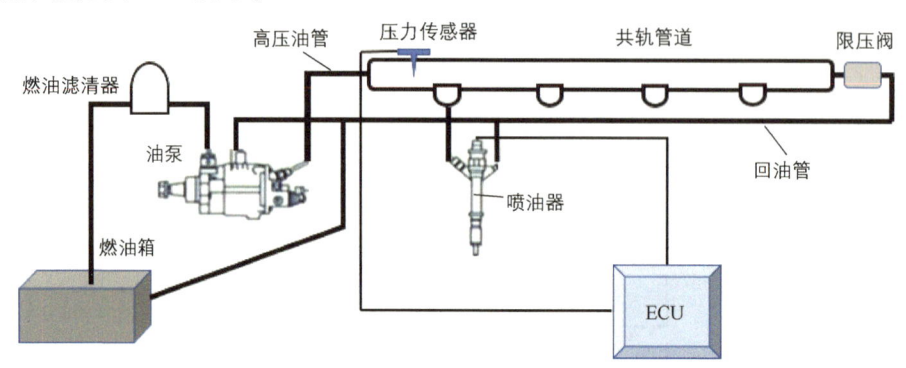

图 8-69 喷油系统示意图

火花塞产生的高温、高强度火花，使混合气体在燃烧点产生一个薄层火焰，燃烧从该薄层扩散到紧邻其周围的混合物，其速率与火焰温度相关。这就形成了一个火焰气泡，该火焰气泡沿径向往外扩散，直到整个混合物燃烧为止。气泡中包含燃烧的高温产物，而在气泡的周边存在被其压缩且尚未燃烧的混合物。如果气缸的混合气体静止不动，该气泡将不会破裂，但由于实际气缸中通常存在空气湍流，因此火焰会破裂成参差不齐的形状，并会加快向周边的扩展。扩展速度取决于湍流的程度，没有湍流时几乎不会受到影响。

燃烧可以分为两个阶段，即生长自蔓延的火焰阶段和扩散穿过燃烧室阶段。本书前面关于发动机燃料的章节介绍了标准汽油机空燃比是 $\lambda = 1$（实际空气量/理论空气量），其比例值 14.7：1；在富燃状态时，燃料比例较高，$\lambda > 1$；在稀燃状态时，空气比例较高，$\lambda < 1$。综合考虑油耗、排放及产生的压力等因素，空燃比一般会被控制在 14.7：1，即 $\lambda = 1$ 附近。发动机的油耗和爆压曲线如图 8-70 所示。

图 8-70 是单一油门情况下的爆压油耗曲线，对于不同的加速踏板（进气量），其曲线将是一系列并行的曲线。为改善性能、可驾驶性、消耗和排放，空燃比在以下工况下会做相应改变：

① 冷起动。需要更浓的混合气以补偿燃料凝结并改善驾驶性能。

② 负载或加速。混合更丰富以提高性能。

③ 巡航或轻载。经济性较弱的混合物。

④ 超高速。混合非常弱（如果有）以改善排放和经济性。

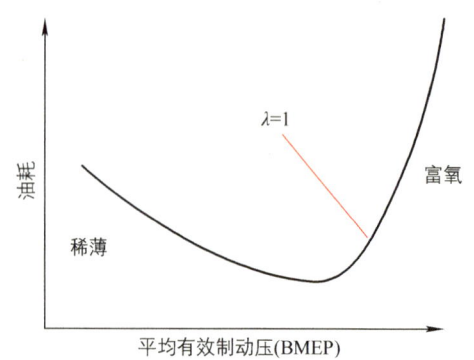

图 8-70 发动机的油耗和爆压曲线

如前所述，汽油机的空燃比一般为 14.7，因此根据进气量的大小就可以推算出喷油量。空气和汽油预先形成混合气体，然后进气门根据时序打开，混合气体将以一定的方向和速度进入气缸，一定量的汽油需要喷涂在气缸壁上，形成降温和润滑。以下 3 点需要关注：

① 燃油的比例是一个动态变化的过程，空燃比较小时，混合气体比较难以被点燃，但有利于排放和经济性。

② 当在点火位置的混合气体浓度比在燃烧室内的混合气体浓度高时，发动机热效率会有所提升，因此直喷技术和分级燃烧技术开始流行（汽油柴油化）。

③ 针对柴油机，也出现了稀薄燃烧、点火技术和压燃技术，以提高其热效率（柴油汽油化）。

发动机燃烧室设计对于喷油系统的效果有很大影响，燃烧室是活塞顶部和气缸的顶部共同形成的腔体结构，活塞的顶部构造有 3 种，如图 8-71 所示。

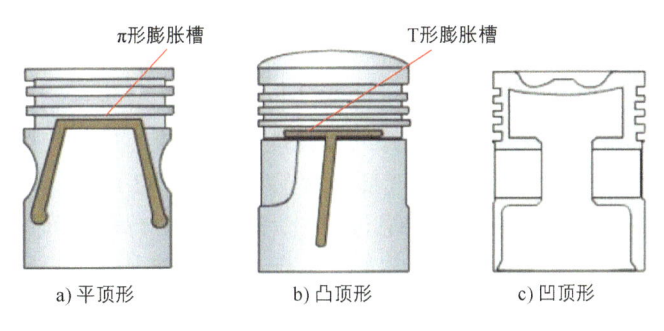

a) 平顶形　　b) 凸顶形　　c) 凹顶形

图 8-71　活塞顶部形状示意图

1）平顶形活塞：结构简单、受热面积小、温度低，广泛应用于汽油机。

2）凸顶形活塞：刚度大、顶部厚度小、质量较小、但顶部温度较高，适用于二冲程发动机。

3）凹顶形活塞：有球形、U 形和 ω 形 3 种不同的设计，压缩比可由凹坑深度来调整，用于高压缩比发动机，有些直喷式汽油机也采用凹顶活塞。

目前流行的普遍是 ω 型燃烧室设计（柴油机），如图 8-72 所示，ω 型燃烧室具有较高的雾状颗粒分布，较少的燃油挂壁及较好的燃烧效果等优点。

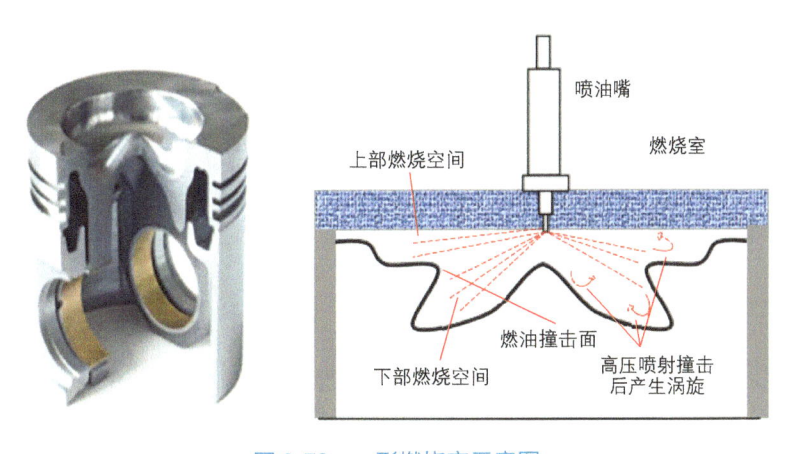

图 8-72　ω 形燃烧室示意图

直接喷油系统是将燃油高压后以雾状微小颗粒形式喷入气缸，这样会产生燃油直接挂在气缸壁上的现象，导致燃烧效率的降低。采用 ω 型燃烧室设计后，燃油被直接喷到碰撞面，由于其形状特点，在上层燃烧空间和下层燃烧空间将燃油分散，并形成两个方向的涡旋，这样可以提高燃油的有效分布，从而提高燃烧效率。电子控制燃油喷射系统可分为单点喷射（Single Point Injection，SPI）和多点喷射系统（Multipoint Fuel Injection，MPI）两大类型，在汽油泵的出口处设有单向阀，在发动机熄火后，可以保证供油管内的燃油仍有一定压力，便于下一次顺利起动。

（3）进气系统　早期的汽车采用化油器将空气和汽油进行混合并送入气缸进行燃烧，因此发动机的进气系统与空滤直接相连，空滤下方则直接连到化油器，其结构相对较为简单。现在的车辆基本改用电子喷射系统，其进气系统由 3 个部分组成：空气滤清器、流量传感器和节气门。有些先进车辆采用了更为复杂的进气系统，它们配有特殊设计的进气歧管，通过电脑自动为每个气缸供应合适的空气及燃料混合气。

为了让空气以最佳的脉冲形式进入燃烧室，需要控制发动机进气管的长度，并通过特殊手段抑制进气谐振，以达到改善发动机性能的目的。一些豪华车制造商为了降低进气噪声还会在进气管路上添加降噪设备。良好的设计能够显著减小进气管道的流动阻力，并显著降低管道的温度升高速度。发动机进气部件示意图如图 8-73 所示。

（4）转矩生成系统　在燃料内部燃烧过程中，即在动力行程期间，气缸压力通过推动活塞将力传递到曲轴上，从而产生发动机转矩。施加到曲轴上的转矩称为指示转矩 T_i。由于摩擦和泵送损失，曲轴传动端处的发动机输出转矩不同于 T_i，称为制动转矩 T_b。活塞带动曲轴转动转矩示意图如图 8-74 所示。

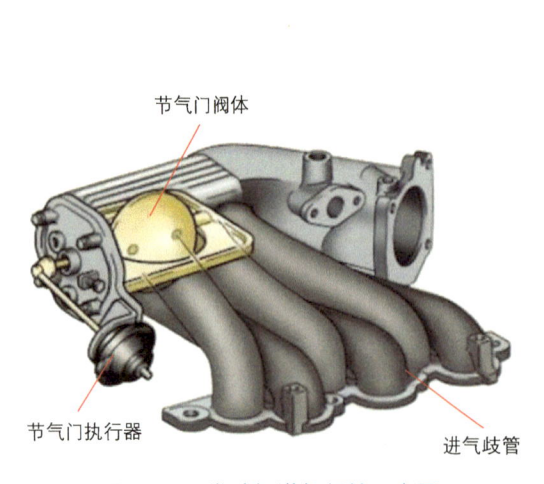

图 8-73　发动机进气部件示意图

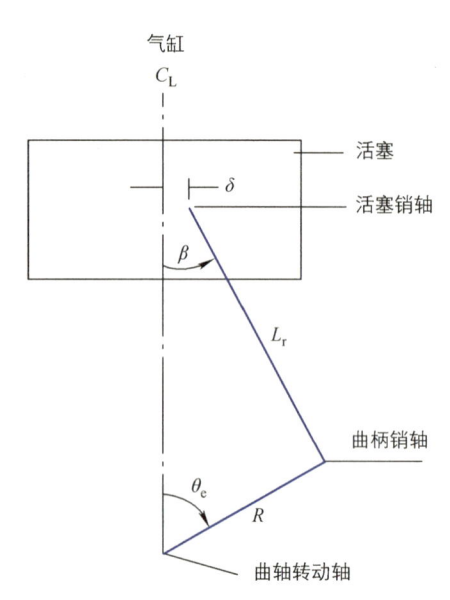

图 8-74　活塞带动曲轴转动转矩示意图

连杆长度用 L_r 表示，从曲轴旋转轴线到连杆轴颈中心的半径用 R 表示，曲轴旋转的这个半径为杠杆臂提供了动力。燃烧室压强 $P_c(\theta_e)$ 作用在活塞顶部产生力，从而在曲轴上产生转矩。在许多发动机中，活塞销位于气缸中心线 C_L 稍稍偏离与曲轴旋转轴正交的平面中，这有利于产生转矩。活塞销偏离气缸 C_L 的位置在图 8-74 中用 δ 表示，连杆对称平面和气缸轴线之间的角度用 β 表示。由于活塞偏移，向下行程中活塞的指示转矩为

$$T_i(\theta_e) = \frac{P_c(\theta_e)AR\sin(\theta_e + \beta)}{\cos(\beta)} \quad 0 \leq \theta_e < \pi \tag{8-37}$$

$$T_i(\theta_e) = \frac{P_c(\theta_e)AR\sin(\theta_e - \beta)}{\cos(\beta)} \quad \pi \leq \theta_e < 2\pi \tag{8-38}$$

式中　　A——活塞的截面积；
　　　　$P_c(\theta_e)$——压力；
$\sin(\theta_e \pm \beta)/\cos\beta$——连杆的压力分量；
　　　　R——转动半径。

气缸吹入混合气体，点燃后推动气缸活塞运动，压力是不规则的。在正常的压缩和扩展压力之上，爆缸产生的压力是维持气缸运动的源泉。但对于四冲程发动机，过程中只有一个行程会产生爆缸压力，为了有效分析发动机运转，需要近似等效转矩 T_i，整个发动机的整体等效平均转矩就等于 $T_o = nT_i$，n 为缸数。压力 - 做功 - 点火点关系示意图如图 8-75 所示。

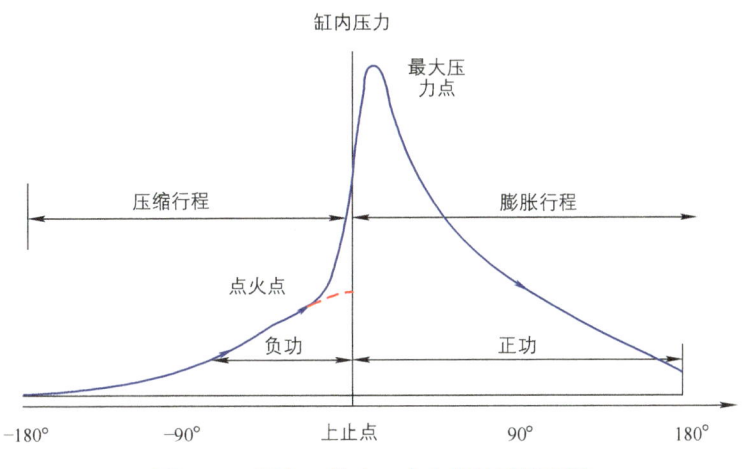

图 8-75　压力 - 做功 - 点火点关系示意图

如果考虑摩擦产生的转矩阻力，则

$$T_b = T_n - T_f \tag{8-39}$$

式中　T_b——制动转矩；
　　　T_n——净输出转矩（含 $T_{ind} - T_{pump}$）；
　　　T_f——摩擦转矩。

由于功率等于转矩和转速的乘积，可得

$$T_b\omega = T_n\omega - T_f\omega \tag{8-40}$$

相应的功率就可以表示为

$$P_b = P_n - P_f \tag{8-41}$$

式中　P_b——制动功率；

　　　P_n——净输出功率；

　　　P_f——摩擦功率。

一般情况下，发动机控制系统采用查表法来估算输出转矩，这个表格通常被称为 Pedal Map，其输入是汽车的行驶状态和驾驶人的输入信息（加速踏板、制动踏板、按钮等），输出是输出转矩。在早期的发动机控制技术中，由于没有电控系统，进气量基本上代表了功率需求。随着电控技术的发展，驾驶人加速踏板输入被逐渐转换为对车辆的加速度需求，即转矩需求，在考虑车速的情况下，也被视为功率需求。在开发发动机控制软件时，通常将不同档位下的输出转矩曲线标定成不同的曲线。

如果汽车在每个转速和每个节气门开度处均具有完美平坦的转矩曲线，节气门开度和加速度之间将呈线性关系。但在许多情况下，这种关系是非线性的，如在加速驶出弯道时，在给定的节气门开度下，发动机产生的转矩量会随着车速发生变化。

整车的转矩管理可以比较直接简单，同样也可以形成复杂的数理模型，发动机通常会有几个图谱来代表转矩状况：发动机转矩图谱、驾驶人要求转矩图谱、加速踏板转矩图谱和点火图谱，下面分别予以介绍。

1）发动机转矩图谱是发动机的理论模型，它表示发动机传递的转矩与发动机转速和发动机节气门位置的关系。该图谱是一个二维表，发动机转速和节气门为输入，转矩为输出，它通常是逐点定义的。在 ECU 中，该图谱可用于定位发动机节气门，以匹配驾驶人的转矩需求。

2）驾驶人要求转矩图谱表示基于发动机转速和加速踏板位置的转矩请求，这也是一个二维表，其中发动机转速和驾驶人标准化转矩为输入，发动机转矩为输出，用于发动机转矩的重新制定。

3）加速踏板转矩图谱，通常是一个一维映射图，其输入是标准化加速踏板位置（0%～100%），输出是标准化转矩（0%～100%），可以将其视为驾驶人需求转矩图上的"增益"（后期标定最重要的图谱），与很多因素相关，如轮胎（潮湿轮胎、普通轮胎或干胎等）。

4）点火图谱是控制发动机爆燃方面的关键参考，用于确定正确的喷油方式、空燃比、排气温度和点火位置（最基本的图谱，也是最早的 default 图谱，之后会被重新标定）。

通常情况下，由加速踏板输入产生的转矩需求是基于踏板图和转矩需求图计算得到的，输入变量是加速踏板位置，由线电位计驱动给定，输出变量是节气门位置，由发动机进气蝶阀上的液压或电动执行器来驱动。

（5）排放系统　理论上讲，燃料燃烧后只产生二氧化碳、水和氮气，如图 8-76 所示。但实际上空气的成分比较复杂，燃烧也不够充分和完全，往往导致排放气体的复杂性，会伴随少量的有害物质，如图 8-77 所示，尽管含量较小（约 1%），但毒性较大，必须进行后处理。

常见的有害物质包括：

1）一氧化碳（CO）。即使极少浓度的 CO，也会产生很强的毒性（一氧化碳中毒），它与人体血液的亲和性很强，能使血液迅速失去氧气的结合能力，造成人体缺氧，严重将导致死亡。

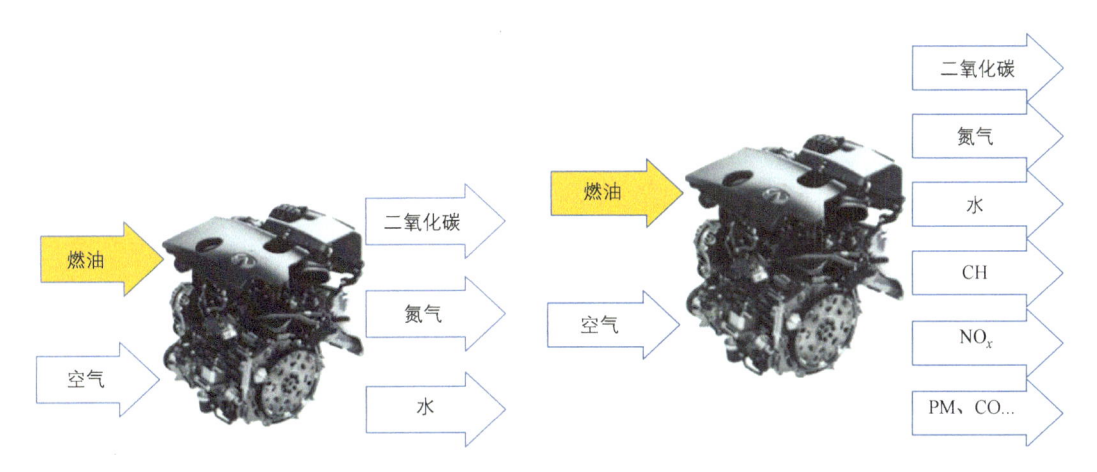

图 8-76 理想发动机燃烧和排放示意图

图 8-77 实际发动机燃烧和排放示意图

2）氮氧化物（NO_x）。NO_x是无色无味的气体，到达大气层后会与氧气形成红褐色的多氧化氮，并与降雨形成酸性水物质（俗称酸雨），这些物质对人体特别是呼吸系统有很大的危害。

3）碳氢化合物（CH）。燃油的主要成分是碳氢化合物，由于燃烧不完全，排放中会有一定量的碳氢化合物，其组成形式也是多种多样，在空气中会形成雾状，被认为是致癌物之一。

4）颗粒物（Particulate Natter，PM）。PM通常指含有铅或碳的固体颗粒，早期的汽油中加入铅金属来减慢燃烧以减少不可控的爆燃，但含铅的物质是健康隐患，特别会对儿童大脑造成严重损伤，目前全球都在推广无铅汽油。

汽油发动机的排气系统如图 8-78 所示。排气管道开始于发动机的排气门，通过排气歧管（长度相等，以不影响气体在各个气缸内的平衡）到中段处；主加热的氧气传感器（前氧传感器）非常重要，作为燃烧程度的度量，可以调节空燃比和点火点；三元催化剂用来将燃烧不完全的 CH、CO 及 NO_x 催化反应成氮气、二氧化碳和水以解决排放问题；第二个加热氧传感器（后氧传感器）通过和前氧传感器的对比来评估三元催化剂的效果；最终排放气体通过消声器排放出去。

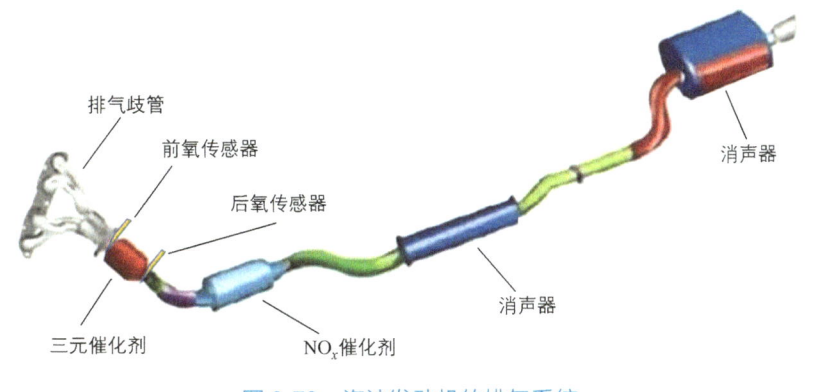

图 8-78 汽油发动机的排气系统

发动机燃烧时温度非常高，反应不完全时会生成 CO 和碳氢化合物，这些物质对环境和人体有害，需要进行排放处理。铂、钯、铑贵金属形成汽油机的三元催化剂，能将这些产物催化成 CO_2 和水。另外，高温会将空气中的 N_2 氧化成 NO_x，NO_x 也是有害气体，因此需要用 CuO 和 Cr_2O_3 等催化剂将 NO_x 还原成无害的 N_2 和 O_2。汽油机后处理催化剂的工作示意图如图 8-79 所示。

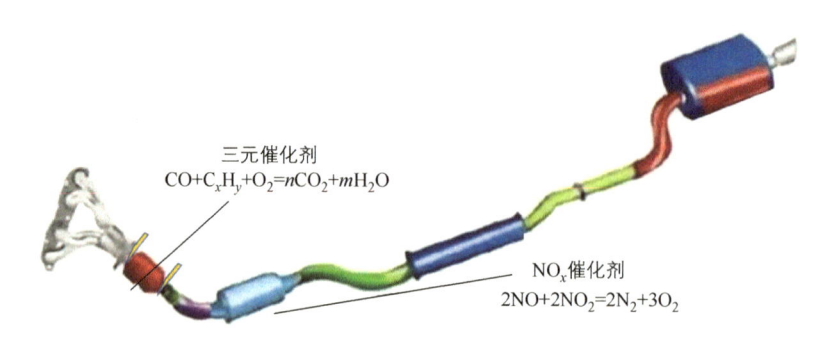

图 8-79　汽油机后处理催化剂的工作示意图

气态燃料排放（汽油气化排放到空气中）是环保控制的一个重要目标，据统计数据显示，约 10% 的气态燃料排放是在加油过程中发生的。依据法律要求，汽车发动机控制系统需要对气态燃料排放进行控制。汽油挥发随温度升高而加快，系统通常配备一个炭罐用来收集挥发汽油，炭罐与进气歧管连接，在空气进入时，一并将蒸发汽油送入。同时，控制系统需要控制蒸发燃油的回流，因为这将直接影响空燃比，进而影响燃烧和排放，在大负载和怠速状态下可以忽略回流现象。

（6）发动机电控模式　控制系统需要响应驾驶人的任意输入（通过节气门）、确定输送到发动机的燃油量及调节燃油或空气混合物和点火正时，控制策略需要在一定的约束条件下进行，包括排放法规和燃油经济性等。常见的控制任务包括：

1）发动机起动：快速和可靠地起动发动机。
2）发动机热机：快速和平稳地热机。
3）开环控制：排气氧传感器（Exhaust Gas Oxygen Sensor，EGO）温度到达之前，将空燃比开环控制在 14.7 左右。
4）闭环控制：排放和油耗严格控制。
5）急加速：在急加速或负载条件下，发动机动力性为主要控制目标。
6）减速、怠速或停止：以排放和油耗为优先控制目标。

8.3.7　变速器的控制

变速器控制系统的开发需要从车辆整体需求入手，同时考虑动力源（发动机、电池或电机）、底盘和车身的需求，以提供整体的速度和转矩方案。基于变速器的变速和变转矩特性，制定传动系统的档位目标、换档策略和换档控制策略等。完成换档过程后，还需要对换档过程中的位置及时间差进行自学习，这样就可以得到动态的特性参数（温度、材料、磨损等），从而对各个子系统的生产和安装差异进行调整，以达到换档过程高效一致。系统还需要具备自检功能，在故障情况下，确保行车安全，并对可能出现的失效模式进行预防。

自动变速器控制逻辑示意图如图 8-80 所示。

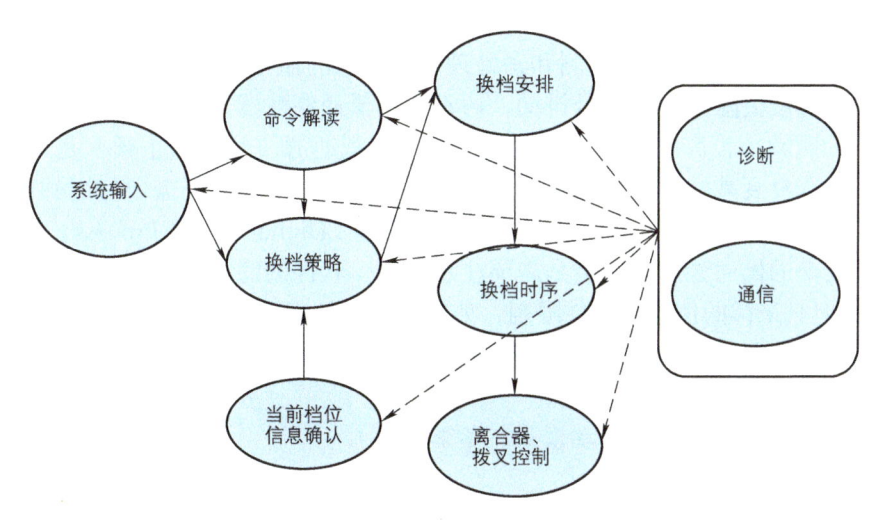

图 8-80　自动变速器控制逻辑示意图

1）系统输入模块：采集变速器控制系统所需的输入信号，包括驾驶人输入信号、整车状态、环境信息、变速器自身状态信息、整车其他控制器发送来的信号等。模块需要对所有输入信号进行预处理，并对其可靠性、一致性、逻辑性、准确性、完整性、合理性等进行自检确认，确保采集信息的可被使用性。

2）当前档位确认模块：根据系统输入模块的信息，辨识并确定变速器当前状态下所处的档位。

3）驾驶人命令解读模块：系统需要了解驾驶人的驾驶企图，并根据系统输入模块采集的信息判断驾驶人的意图是否合理，以避免驾驶人误操作及对变速器系统和整车系统进行保护。

4）换档策略模块：基于输入信息确定换档的基本模式（激进型、经济型、雪天型等），选择适应的换档曲线并根据多种因素对换档曲线进行调整。

5）换档安排模块：根据上面描述的逻辑和策略，确定变速系统的目标档位。

6）换档时序模块：变速器的构造决定某些档位变动是无法执行的，对于可执行的档位变动（比如顺序降档、顺序升档、跳档升档、跳档降档、换档过 N 等），系统根据当前档位和目标档位设计合理的换档时序。

7）离合器、拨叉控制模块：对将要退出和将要进入工作状态的离合器或拨叉进行配合控制，顺利完成转矩和转速的切换。

（1）变速器控制系统输入模块　变速器控制系统输入模块的主要功能包括：

1）实时地采集整车和变速器当前状态的信息。输入信号的来源包括：

① 与外界有物理连接的设备读入的信号，如变速器输入转速、油路压力、变速器油温等。

② 其他控制器输出且被变速器控制器接收的信号，如制动信号、车速、发动机水温、发动机输出转矩等。

③ 既通过其他控制器传输，又自己测量的信号，如发动机转速（和变速器输入测量的

转速基本一致）和加速踏板开度（有的变速器直接连接加速踏板获取信号），一般这类信号是较为重要的信号，多源采集可以提高信号的可靠性。

2）对输入信号进行识别、检测和预处理。传感器的输出信号接到控制器的输入端时，一般经由硬件滤波去除毛刺和信号抖动，通常采用低通滤波器，这种滤波器会让频率较低的信号通过，而频率较高的信号会被选择性衰减。低通滤波器的截止频率是可以设定的，可以根据需要选择衰减的频率范围。信号输入到控制器后，一般还需要使用软件滤波进一步提高信号的质量，软件同样可以使用数字信号处理（Digital Signal Process，DSP）方式，建立有截止频率的低通滤波器。但是需要注意的是，软件的滤波虽然方便（不需要使用更多的硬件），但其采样的信号受硬件限制，如硬件采样频率和 AD 的分辨率均无法改变，这些都无法通过软件实现提升。变速器控制系统一般需要采集的输入信息包括：

① 变速器手柄信号。
② 按钮信号（经济模式、运动模式、冬季模式）。
③ 大气压力信号。
④ 加速踏板信号。
⑤ 发动机速度。
⑥ 发动机转矩。
⑦ 发动机温度。
⑧ 汽车速度。
⑨ 汽车制动信号。
⑩ 变速器输入速度。
⑪ 变速器输出速度。
⑫ 变速器温度。
⑬ 变速器停车机构位置信息。
⑭ 变速器档位信息。
⑮ 变速器油路压力。
⑯ 变速器离合器（电磁阀）位置。
⑰ 变速器换档拨叉（电磁阀）位置。
⑱ 液力变矩器锁止离合器状态等。

上述信号中，对直接通过变速器控制器 I/O 通道采集的信号，需要进行硬件电路或软件算法的预处理，以及自检。如果发现信号有误，则需要进行失效处理。失效处理的方法很多，包括直接归零法、保存并使用上一次有效信号法等，需要根据信号本身特性而定。对基于通信协议（CAN、IIC、Class2、K-line、FlexRay 等通信协议）从其他控制器传递来的信号，一般都是被预处理过的信号，无须再进行处理，除非对信号的误差有更严格的要求。

（2）当前档位信息确认模块　　向变速器控制系统提供可靠的当前档位信息，这里需要指出档位和档位范围的区别。对于自动变速器，驾驶人的输入是档位范围，而对于手动变速器，驾驶人的输入是具体的档位。档位范围在某些工况下等于档位，而在某些工况下是几个档位的集合：

1）变速杆的 P 位（驻车档）、N 位（空档）和 R 位（倒档）只有一个档位可选，所以档位范围和档位是一致的。

2）对于 D 位（前进档），有多个档位可选（比如 4、6 或 8 个前进档等），所以档位范围为一个值，而 4 档变速器的前进档位有 4 个——D1、D2、D3 和 D4，通常使用的自动变速器的档位输入，其实是档位范围输入。

3）除了 P、R、N、D 位之外，有的变速杆上还有 L 位（低速行驶档位范围），这个档位的作用是让汽车行驶在低速大转矩的区间（拖重物或长时间上坡行驶），如对一个 4 档变速器，L 档会将变速器限制在 D1、D2 和 D3 3 个档位选择范围内。

（3）驾驶人档位命令解读模块　除了把驾驶人输入的档位要求读取出来，在档位范围输入的基础上，还要综合考虑其他因素，如不合法的档位、可能的档位、强迫换档等。在驾驶人将变速杆移到所需的位置后，档位范围信号经过硬件和软件滤波传给 TCU，TCU 直接将这个信号更新为档位范围需求。实际控制软件要考虑驾驶人误操作变速杆的工况，即档位命令输入不一定是驾驶人的真实意图，但由于人为命令可以在合理或不合理的所有区域产生，TCU 无法对此进行判断。如果档位要求不能定义为不合理，TCU 的控制逻辑包括自检算法会对此误操作进行回应，并执行相关的逻辑动作。如果这种误操作危及变速器系统或整车其他系统的操作性、安全性、可靠性，如在汽车高速行驶中，当前的档位是前进 4 档，驾驶人突然误操作将推杆推到 R 位（倒车档）或 P 位（停车档），这显然是个危险的误操作，软件不应该执行。如果驾驶员将推杆推到 N 位（中间空档），软件就很难判断这个命令到底是驾驶人的真实目标还是误操作。

（4）换档策略执行模块　换档策略执行模块的主要功能包括：

1）变速器换档控制模式。变速器换档控制模式通常分为经济换档模式、运动换档模式和冬季模式 3 种。经济换档模式偏向于提高整车的经济性而牺牲一定的动力性，一般将换档点设定在发动机的高效运行区；运动换档模式则与经济换档模式相反，目标是提高整车的动力性而牺牲一部分经济性，换档点被设定在大功率和大转矩区间；冬季模式是针对低温天气设定的换档工作模式，考虑到低温时变速器油的润滑性变差、黏性变大及效率降低，可以二档起步或将换档点向低速区调节。选择换档基本模式需要考虑变速器控制系统的输入信息，包括模式选择按钮信号、汽车结构组成信息（如双轮驱动、四轮驱动等）、驾驶人输入命令（如自动巡航按钮、手动换档模式）等，模式选择算法根据这些输入信息生成一个合理的驾驶人意图，并兼顾整车动力性、经济性、排放性、舒适性和安全可靠性等。

2）换档曲线的选择。通常基于模式选择的输出结果、变速器输入信息、整车的动力性（发动机、主减速器、轮胎、整车等的基本特性）及车型定位（运动型、商务型、家庭型等）等选择基本的换档曲线，即根据车速、加速踏板开度、发动机转速与转矩区间等，来设定变速器档位。对传统燃油车而言，基本换档曲线是变速器与发动机底盘和车身相匹配的结果。对配置多速变速器的新能源汽车而言，需要匹配电动机和汽车的速度及转矩需求。

3）换档曲线的调整。对基本换档曲线的选择结果还需要进行调整，需要考虑海拔、气温、急加速、急减速、爬坡、制动等因素。例如，在同样的加速踏板开度下，不同的海拔意味着不同的进气量，导致不同的输出功率。温度低意味着变速器油黏度大，导致变速器摩擦力加大、离合器结合变慢及效率下降等。汽车急减速时，车速与发动机转速下降很快，油泵转速也随之下降，如果变速器没有储能装置，油路压力也会很快下降，这将直接影响换档品质。

4）特殊因素的调整。TCU控制逻辑通常需要考虑一些特殊的调整因素，将现有的换档曲线加以修正或根据需要输出完全不同的档位指令。例如，如果在换入3档时出现离合器打滑或粘连的情况，控制逻辑应该加入限制换入3档的逻辑；在牵引力控制中，如果出现牵引力过大而导致轮胎打滑的现象时，就可以提前换档以降低驱动转矩的输出；如果驾驶人使用手动换档模式，基本换档点就应该被驾驶人人为控制，但到了强迫换档点时还是需要调整回自动驾驶模式，回到正常换档区域后，再换回到手动模式；另外还有变速器齿轮系的转速限制、发动机保护档位要求等。发动机保护档位为保护发动机而设，如果当前发动机温度过高，需要延迟降档，以避免发动机转速增加和水温升高。常见的特殊调整因素包括：

① 工程测试，仪表测试中的档位优先。
② 自检测档位优先。
③ 动力总成怠速档位优先。
④ 手动模式档位优先。
⑤ 档位范围限制档位优先。
⑥ 全轮驱动能量节省档位优先。
⑦ 高速齿轮系保护档位优先。
⑧ 发动机保护档位优先（如温度保护、转速保护等）。
⑨ 离合器保护档位优先。
⑩ 变速器低温档位限制优先。
⑪ 动力性提升档位优先。
⑫ 档位限制档位优先。
⑬ 换档平顺档位优先。
⑭ 驱动链降噪档位优先。

5）换档时序的调整。为保证换档品质并提高变速器的可靠性，通常需要对换档时序进行必要的调整。例如，当加速踏板开度有大的变化时，换档应该适当延后，以提高整车舒适性和换档品质，同时避免频繁换档，以保护换档机构；当载重较大时，通过调整换档时序也可以有效减少换档次数；对于变速器的特殊硬件设计（比如应用传统单向离合器的变速器），调整换档时序可以保护变速器硬件本体，如在低温情况下，"旧的"档位正在换档或刚刚结束，可以通过延迟"新的"档位需求达到提高换档品质和保护换档机构的目的。常见的换档时序调整包括：

① 变速器低温换档延迟。
② 自动变速器手动换档延迟。
③ 降档时序调整。
④ 液力变矩器锁止离合器降档延迟。
⑤ 满加速踏板开度换档延时（最大转矩或功率需求）。
⑥ 升档位时序调整。
⑦ 跳档位时序调整。
⑧ 换档稳定性时序调整。

⑨加速踏板繁忙升档延迟。

6）换档过程。换档过程通常包括：

①升档：低档位换到高档位。

②降档：高档位换到低档位。

③失去动力换档：前进或倒档进入中间档或停车档。

④退出停车档：停车档进入中间档、倒档或前进档。

⑤车库换档：前进档到倒档，倒档到前进档。

⑥进入动力换档：由中间档或停车档进入前进档或倒档。

7）换档时序的确定和执行。自动变速器控制系统应结合自身特点和需要，确定和执行换档时序。在行驶过程中，驾驶人根据需要提出档位范围的信号，在特定模式下甚至可以提出档位需要（比如手动模式），这些信号发生的时间通常是随机的，可能发生在换档完成且稳定的时候，也可能发生在换档过程中。另外，控制系统还要根据整车和变速器的状态对档位变换进行限制（比如自检信号），在新的档位命令产生时，控制器会输出目标离合器的控制命令，并将换档执行元件的控制命令发送出去，由换档执行机构实现换档目标。

8）离合器控制模块。在自动变速器的换档逻辑中，主要关注的是动力状态下的换档（R和D），大致可以分成4种状态：

①动力升档：驾驶人踩加速踏板，发动机动力运转，档位由低档位向高档位换档，发动机转速在换档过程中呈上升趋势，而换档后发动机转速下降（速比降低）。

②动力降档：驾驶人踩加速踏板，发动机动力运转，档位由高档位向低档位换档，发动机转速在换档过程中和换档后都呈上升趋势（速比提升）。

③滑行升档：驾驶人没有踩加速踏板，发动机处于加速踏板开放工作状态，档位由低档位向高档位换档，发动机转速在换档过程中下降和换档后都呈下降趋势（降低速比）。

④滑行降档：驾驶人没有踩加速踏板，发动机处于加速踏板开放工作状态，档位由高档位向低档位换档，发动机转速在换档过程中下降，而换档后呈上升趋势（速比提升）。

动力换档和滑行换档的区别在于节气门开度和变速器的输入转矩（电动汽车使用驱动电机的输出转矩），如加速踏板开度大于某个标定值或者变速器的输入转矩大于某个标定值，用于区分动力换档和滑行换档。电动汽车变速器换档结构呈多元化，需要确认是否有离合器和拨叉换档等。

8.3.8 智能驾驶系统

为了了解新能源汽车智能驾驶系统，首先需要了解智能系统的发展。早在20世纪40年代，Warren McCulloch和Walter Pitts就提出了最早的神经网络模型——MP模型，它是基于生物神经元结构和功能的智能建模。其工作过程是通过直接模拟人类神经元工作原理，用逻辑运算模拟神经元的激活过程，MP模型为现在的神经网络研究奠定了基础。从图8-81可以看出，MP神经网络模型的输入并没有相互之间的交集，因此它并不是一种真正的神经网络，而只是一种架构模型。并且，这种一对一的结构效果和效率都不会很理想。

Donald Hebb在1949年提出了以他的名字命名的Hebb学习规则，描述了神经元之间连接强度的变化规律。Hebb认为神经元之间的权重（W）会随着它们之间的活动同步性而增强，这为后续的神经网络学习算法提供了重要的依据。

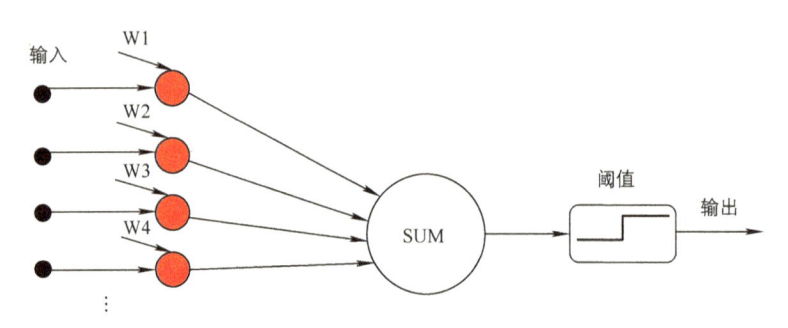

图 8-81　MP 神经网络模型示意图

20 世纪 50 年代，Frank Rosenblatt 提出了一种简单的神经网络结构——感知器模型，如图 8-82 所示。由于这种模型主要处理线性可分问题，其处理能力有限，对神经网络系统的发展并没有起到很大的推动作用，人工智能的发展在这一时期陷入低谷。

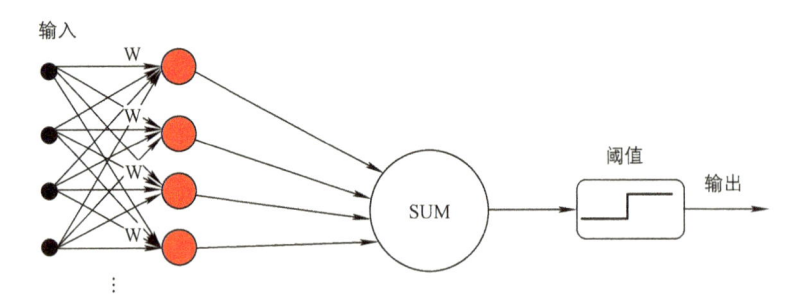

图 8-82　感知器（单层）模型示意图

直到 1986 年，David Rumelhart、Geoffrey Hinton 和 Ron Williams 提出了误差反向传播算法（Error Back Propagation Algorithm），简称为 BP 算法。如图 8-83 所示，这一算法利用链式法则（Chain Rule），使得梯度的求值可以一级一级地反向传输过去，进而使得神经网络系统可以有效调整权重来最小化输出误差，因此可以有效地训练神经网络系统。BP 算法的提出使得过去的多层级神经网络系统的学习得以快速发展，使得神经网络系统得到一定的应用性。BP 算法的出现标志着神经网络研究的复兴。

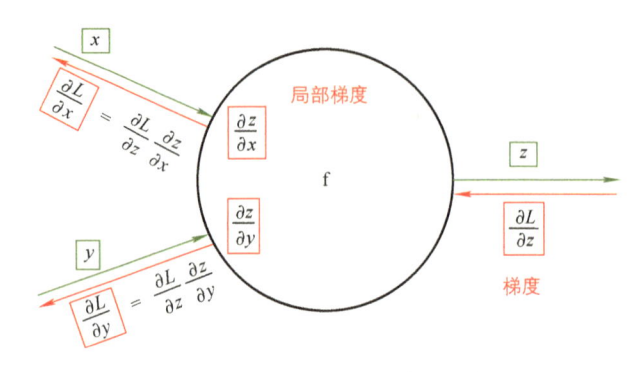

图 8-83　误差反向传播算法示意图

神经网络利用计算机系统模拟人类的大脑运行规律，由于受计算能力、储存能力和传输能力的限制而无法接近真实的人类思维。但是，随着集成电路特别是纳米技术、云存储能力和更快的传输能力的实现，人工智能在算力、数据和算法上都迎来了突破，使深度学习变成了可能，多层感知机（Multilayer Perceptron，MLP）的时代已经到来。

如图 8-84 所示，MLP 具有多个中间隐藏层，因此能够学习复杂的非线性映射关系。通过 BP 算法调节权重系数集，使得系统能够有效地建立相对应的输入输出关系。因此，通过一定的学习过程，就可以实现智能感知的功能。其主要应用在两大方向：图像识别处理和语言处理。其中图像识别处理的主力模型是卷积神经网络（Convolutional Neural Networks，CNN）模型，这种模型其实可以看作是使用特征卷积核，在相应的图像中识别出特征，并加以判断和输出。可以看出，这种神经网络模型的时间前后顺序并不是十分重要，因此并不需要使用大量的 residue 信息实现前后逻辑，网络结构较为简单、有效。而语言处理的模型则需要大量使用单词的前后关联，因为时序含有大量的有用系统而不能舍弃。于是，大语言模型处理（Natural Language Processing，NLP）中需要大量使用 residue 信息，NLP 广泛使用循环神经网络模型（Recurrent Neural Network，RNN）。为了更为有效地利用模型，简化不重要的关联信息，利用 attention 的 transformer 等新型模型应运而生，使得人工智能模型更为有效。

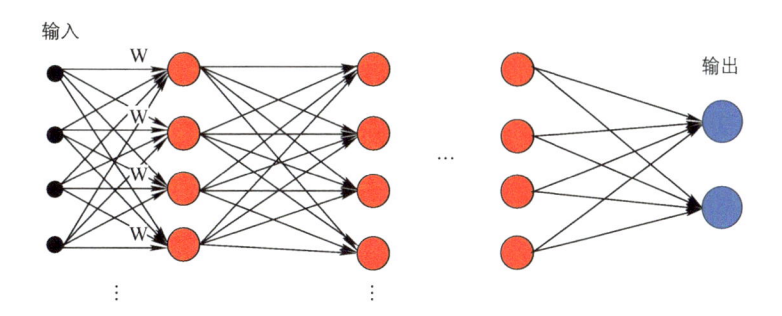

图 8-84　深度学习（Deep Learning）神经网络示意图

当前，生成式人工智能（Generative Artrficial Intelligence，GAI）受到广泛关注。它是基于内核的算法及模型，生成图像、声音、视频、文本等内容的技术。依托事先训练好的基础大模型，利用客户提供的相关需求和资料，生成具有逻辑性的内容。有别于传统人工智能，生成式人工智能向类人的方向跨出了更大的一步。

人工智能在多个方向都取得了突破性进展，总体而言，其发展过程经历了从简单到复杂、处理能力从少量到海量、处理时间和能力从不足到强大、内容从识别到主动生成的过程，如图 8-85 所示。

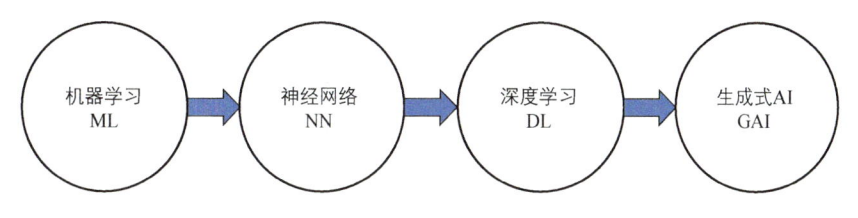

图 8-85　人工智能发展示意图

对于汽车驾驶领域，人工智能同样得到广泛的应用。智能驾驶就是其中最重要的方向之一。智能驾驶包含辅助驾驶和无人驾驶多个层次，是将智能技术应用到驾驶领域，因此具有辅助或自动驾驶功能，由于不需要人类操作或不需要全部执行人类操作就可以感测环境和实现导航驾驶，系统必须能够完全或部分替代驾驶人的对外感知、信息处理和计算、驾驶逻辑判断和学习、辅助驾驶或自动驾驶执行的能力。

智能驾驶需要一些基本能力：定位能力，这通常需要使用全球定位系统（Global Positioning System，GPS）和惯性测量单元（Inertial Measurement Unit，IMU）的融合技术，再加上高清地图等提供的位置信息；路径寻优能力，将位置信息和目的地信息结合，再将雷达、声呐、摄像头等传感系统提供路况信息，并提供路径规划（包含车速控制）；处理特殊路况和状态的能力，比如修路、警察干预、特殊地形、特殊限制等情况；执行能力，通常需要使用线控技术（包含线控转向、线控制动、线控驱动等）来实现。

自动驾驶汽车的感知传感器部分通常通过毫米波雷达、激光雷达、全球导航卫星系统（Global Navigation Satellite System，GNSS）、陀螺仪方向系统及计算机视觉等技术来感测外部环境，内置强大计算能力的控制系统将感测数据转换成道路信息、路径信息、驾驶方向障碍和相关标志等环境信息，达到指导驾驶操作的目的。自动驾驶汽车还可以通过感测输入信息实时更新其储存的高清地图资讯，让汽车可以持续进行定位和目标追踪。另外，通过自动驾驶汽车车队的构成，可以有效减轻交通压力、改善交通环境及降低交通监管部门的负担，从而提高交通系统的整体运输效率。

汽车自动化功能的开发从 20 世纪 20 年代就已经开始，直到 1950 年左右才出现可行的样机。1984 年，卡内基梅隆大学实施了 Navlab 计划，1987 年，奔驰公司与德国慕尼黑联邦国防大学共同推行了尤里卡普罗米修斯计划，它们都推动了汽车自动驾驶技术的发展。到了近代，许多大型公司与研究机构开始制造以产业化为目标的自动驾驶原型车，包括奔驰、通用、大陆、IAV、博世、日产、丰田、奥迪等，还有一些非汽车公司加入自动驾驶的研究中，比如帕尔马大学的 VisLab、牛津大学、Google、我国的百度等。

无人驾驶技术综合了传感器、高速并行计算机、智能算法、互联网、高清定位、图像处理、智能控制等多门前沿技术，按照职能模块划分，其关键技术包括环境感知、导航定位、路径规划、决策控制 4 大部分。

(1) 自动驾驶技术的优势和挑战

1) 自动驾驶技术的优势：

① 可以有效减少交通事故。自动驾驶汽车使用主动安全系统与被动安全系统实现全方位的安全预测和处理，雷达与摄像头等传感器可实现持续、大范围的感测，可以实现 360°视野覆盖，对潜在危机能做出快速、安全的反应。由于机器的计算速度大大超过人类，所以可以更迅速地做出反应。

② 避免由疲劳驾驶、分心驾驶及危险驾驶等人为因素导致的交通事故。机器不会像人一样疲劳，也不会有情绪，这些因素对驾驶人都会产生影响，自动驾驶可以有效消除这些危险因素。

③ 自动驾驶汽车可控性好，在一些需要对驾驶车辆进行限制的场合（比如危险地区、交通管制、警力追踪等），可以由高一级授权控制中心进行必要的控制（减速、停车等）。

④ 对乘客没有限制，无须在意乘客是否为成年、年龄过大、无驾照、色盲、酒醉等情况。

⑤ 缓解停车难的问题，自动驾驶汽车在到达目的地及乘客安全下车后，可以自行离开，因此不会造成本地停车的问题，可以执行下一个任务或到不繁忙的地区停车，在需要时返回载客，同时可以增加汽车共享，减少车辆总量。

⑥ 虽然自动驾驶系统目前一次性的投入较高，随着普及数量和技术成熟度的增加，成本可以快速下降。另外，由于免除了驾驶人，长期运行成本大大下降，特别是对物流、出租等行业，能够解放大量的劳动力资源。

⑦ 减少对交通警察的需求及汽车保险费用，减少实体的道路指示标志。自动驾驶汽车能以电子方式接收必要通信（对人类驾驶来说，需要实体标志）。同时由于车辆感测能力的提升，可减少车辆失窃。

⑧ 移除驾驶舱，不需要转向盘与其他驾驶界面，可大大节省车内空间，可以更有效地运送人员和货物，为公共交通和物流运输带来方便。

2）自动驾驶技术的挑战：

① 自动驾驶技术的发展要求车辆系统必须具有极高的可靠性，对于不同的环境状况应能做出最优、最快的决定，否则会造成人员和财产的损失。

② 汽车间的通信需要更宽的无线电频谱，保证在不同天气条件下（大雨、大雪、泥泞等）导航系统的可靠性。

③ 为了使自动驾驶汽车正常行驶，需要极高品质的专用地图，若这些地图已过时，自动驾驶汽车必须能够自行回归合理行为。

④ 警察与其他行人的手势、语言和身体语言还无法完全被自动驾驶汽车所认知和理解，有些道路基础设施可能需要为自动驾驶汽车改建，包括能与自动驾驶汽车通信的交通信号标志与路灯等。

⑤ 若出现需要手动驾驶的情形，部分驾驶人可能没有经验。

⑥ 为了提高无人驾驶的可靠性，需要车辆间的通信系统来协调单个车辆的控制系统，以保证车联网的通信安全性，同时需要考虑可能的个人信息丧失问题。

⑦ 损害赔偿的法律责任需要鉴定甚至立法支持。个人和自动驾驶之间对汽车控制权的定义需要明确。一旦出现责任，供应商、主机厂或是车主之间的法律责任纠纷不易界定。

⑧ 虽然可以减少对驾驶人的需要，但会直接造成与驾驶有关的工作机会的减少，从而形成社会负担。

⑨ 将面临伦理道德问题及社会安全问题的挑战。例如，在不可避免的碰撞场景下，自动驾驶汽车如何对可能的伤害做出决断。另外，还需要考虑到自动驾驶汽车被用于危害社会的情况。例如，自动驾驶汽车可能被装载炸药、毒物或作为恐怖攻击使用的工具，从而会造成更多的麻烦（危险人员不好确认、汽车不好控制、追溯较难等）。

（2）自动驾驶技术的级别　　美国国家公路交通安全管理局（NHTSA）将自动驾驶分为6个等级，其中5个等级有不同程度的自动驾驶功能，如图8-86所示。当然，也可以将自动驾驶分成5个等级，其表达的层级意思相近，只是美国标准分得更细一些。

1）等级0：没有自动驾驶功能，驾驶人随时掌握车辆的机械功能，仅配备适量的警告和提醒装置，就是当今道路上行驶的大多数汽车，各种驾驶功能基本依靠手动控制，由人来完成动态驾驶任务。尽管有相应的系统来辅助驾驶人（如紧急制动系统等），但从技术方面来讲，该辅助系统并未主动驱动车辆，所以不算自动驾驶。

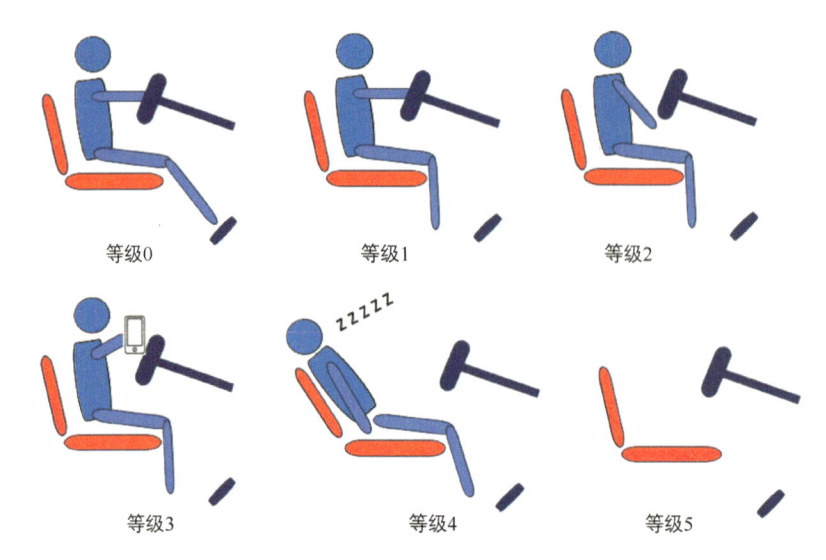

图 8-86　自动驾驶的 6 个等级示意图

2）等级 1：由驾驶人操作整车，个别的辅助装置有时发挥作用，如 ESP 或 ABS 等可以帮助驾驶安全。等级 1 为自动驾驶的最低级别，车辆虽然具有单独的自动驾驶辅助系统，如自动辅助转向可以让车辆保持安全距离，但驾驶人仍需要负责监控驾驶的其他方面（如制动），因此自动化等级为最低（除了没有自动驾驶功能的 0 级）。

3）等级 2：由驾驶人主要控制整车，系统有一定自动化控制功能，可以明显减轻驾驶人操作负担。例如，自适应巡航控制系统（Adaptive Guise Control，ACC）结合自动跟车及车道偏离警示功能；自动紧急制动系统（Autonomous Emergency Braking，AEB）可以透过盲点侦测，使得汽车实现部分防撞功能。等级 2 可以理解为高级驾驶辅助系统（Advanced Driving Assistance System，ADAS），车辆能够控制转向以及加速或减速甚至制动。因为有驾驶人可以随时控制汽车，所以还算不上无人驾驶，特斯拉的 Autopilot 和通用汽车的 Super Cruise 系统都属于 2 级自动驾驶系统。

4）等级 3：车辆可以被自动系统所控制，但驾驶人仍需随时准备控制车辆；在自动驾驶辅助控制期间，当汽车侦测到需要驾驶人的情形时，需要立即让驾驶人接管其后续控制。因此，从技术角度来看，2 级到 3 级实现了有人到无人的重大飞跃，但从驾驶人的角度来看，差别却并不明显。3 级无人驾驶汽车具有环境检测和识别能力，可以根据信息作出判断和决策，但是这个级别仍然需要驾驶人操控，因此还无法完全解放驾驶人，必须时刻保持警觉并在系统无法执行任务时接手操控。几年前，奥迪 A8L 采用 Traffic Jam Pilot 技术，结合了激光雷达扫描仪以及先进的传感器融合和处理能力。虽然美国的监管程序仍然将 A8L 归类为 2 级，奥迪将在德国首先推出带有 Traffic Jam Pilot 技术的真正的 3 级无人驾驶汽车奥迪 A8L。

5）等级 4：在条件允许的情况下，可以让车辆完全启动自动驾驶功能，驾驶人不必介入控制，车辆按照设定的道路通则，自动执行转弯、换车道与加速等工作。除了严苛气候、道路模糊不清、意外路况及自动驾驶的路段已经结束等情况外，系统为驾驶人留出足够宽裕的时间转换。3级和4级之间的关键区别在于，发生意外或系统失效时，4级自动驾驶系统可以进行干预，这样汽车在大多数情况下不需要人为干预。4级自动驾驶汽车可以采用无人驾驶模式运行，但由于立法和基础设施发展欠缺，4级无人驾驶汽车只能在限定区域行驶，因此也被称为"地理围栏"。因此，现有的大多数4级自动驾驶汽车都面向共享出行领域。

6）等级5：完全的无人驾驶，即驾驶人不必在车内，任何时刻都不需要控制车辆，此类车辆能自行启动驾驶装置，全程无须开在规划好的道路，就可以执行所有与安全有关的功能，也就是说没有人在车上时或完全无须受驾驶人意志所控，系统就可以自行决策。5级自动驾驶汽车甚至都不会有转向盘或加速及制动踏板，不受地理围栏限制，能够去任何地方并完成任何有经验的人类驾驶人可以完成的操控。完全自动驾驶的汽车正在世界各地的几个试点区进行测试，但尚未向公众提供。

（3）自动驾驶技术的架构　无人驾驶车辆需要解决诸多问题，比如对外感知、定位、建图、系统决策和控制执行等多层面的问题。因此，它需要从底层的执行系统到顶层的思维决策层（如包含大数据、云平台的智能架构）的全方位支持，如图8-87所示。

图 8-87　无人驾驶的技术架构

感知系统也称为"中层控制系统"，负责感知周围的环境，并进行识别和分析。决策系统也称为"上层控制系统"，负责路径规划和导航。执行系统也称为"底层控制系统"，负责汽车的加速、制动和转向等基本控制功能。

无人驾驶汽车的感知系统输入设备包括摄像头、毫米波雷达、超声波传感器、导航系统等。这些传感器负责收集周围信息，为感知系统提供全面的环境数据。无人驾驶汽车传感系统示意图如图8-88所示。

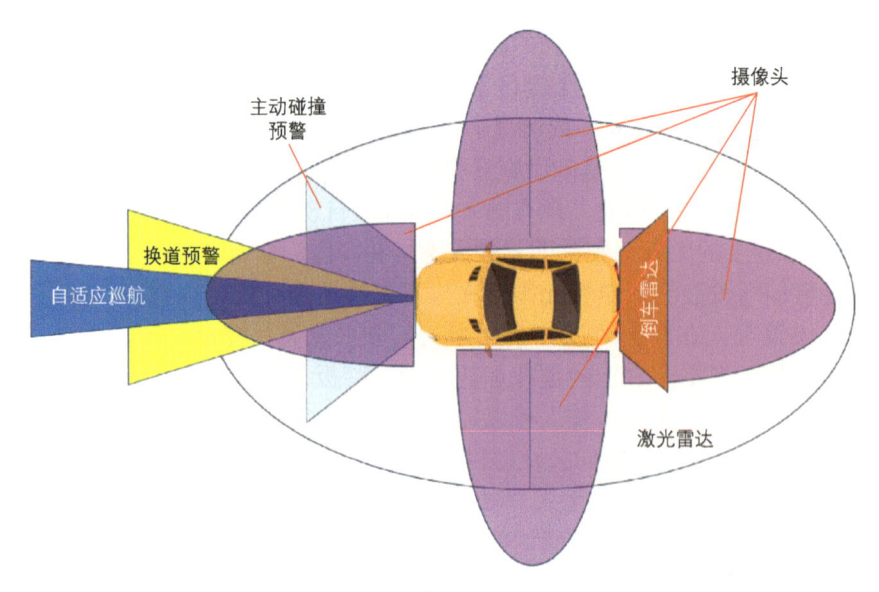

图 8-88　无人驾驶汽车传感系统示意图

无人驾驶汽车的决策系统负责路线规划和实时导航，主要基于高精度地图，不仅需要独立的"智能车辆"，还需要"车联网 V2X"及"智能交通系统"的支持，决策系统可以应用搜索算法评估各种驾驶行为，包括信号灯等待时间、道路拥堵情况、路面维修情况等，以此获得最佳行驶路径。

无人驾驶汽车的执行系统也就是底层控制系统，包括线控转向、线控制动、线控加速、线控换档等。无人驾驶汽车用线控系统来代替驾驶人的手和脚，并配置多个处理器组成的子系统，以此来稳定和准确地控制汽车安全行驶。

（4）无人驾驶汽车的感知系统

1）环境感知技术：环境感知模块相当于无人驾驶汽车的眼和耳，无人驾驶汽车通过环境感知模块来辨别自身信息、周围环境信息及未来路况的信息，为其行为决策提供支持。环境感知至少应包括无人驾驶汽车自身位姿感知和周围环境感知两大部分。通常，单一传感器只能对被测对象的某个方面或者某个特征进行测量，无法满足汽车整体状况的测量需要。因而，必须采用多个传感器同时对某一个被测对象的一个或者几个特征量进行测量的方法。测得的数据经过数据融合处理后，提取出可信度较高的有用信号。

无人驾驶汽车自身信息主要包括车辆自身的速度、加速度、倾角、位置、路况（路宽、颠簸等）信息。这类信息测量方便，主要用驱动电机、电子罗盘、倾角传感器、陀螺仪等传感器进行测量。

无人驾驶汽车周围环境感知以雷达等主动型测距传感器为主，被动型测距传感器为辅，采用信息融合的方法实现。因为激光、雷达、超声波等主动型测距传感器相结合更能满足复杂、恶劣条件下执行任务的需要，最重要的是处理数据量小、实时性好。同时，进行路径规划时可以直接利用激光返回的数据进行计算，无须知道障碍物的具体信息。

而视觉作为环境感知的一个重要手段，虽然目前在恶劣环境感知中存在一定问题，但是在目标识别、道路跟踪、地图创建等方面具有其他传感器所无法取代的重要性，而在野外环境中的植物分类、水域和泥泞检测等方面，视觉也是必不可少的手段。

一辆无人车装备有许多不同类型的主传感器。每种类型的传感器各自有不同的优缺点，因此，来自不同传感器的传感数据应该有效地进行融合。无人驾驶中普遍使用的传感器包括以下几种：

① LIDAR：激光雷达可被用来绘制地图、定位及避障。雷达的准确率非常高，因此在无人驾驶汽车设计中雷达通常被作为主传感器使用。图 8-89 所示为 Velodyne 公司生产的激光雷达。

激光雷达是以激光为光源，通过探测激光与被探测物相互作用的光波信号来完成遥感测量。激光雷达可以用来产生高精度地图，并针对高精度地图完成移动车辆的定位，以及满足避障的要求。

② 摄像头：摄像头被广泛使用在物体识别及物体追踪等场景中，在车道线检测、交通灯侦测、人行道检测中都以摄像头为主要解决方案，如图 8-90 所示。

图 8-89　Velodyne 公司生产的激光雷达

图 8-90　摄像头

为了加强安全性，现有的无人驾驶汽车通常在车身周围使用至少 8 个摄像头，分别从前、后、左、右 4 个维度完成物体发现、识别、追踪等任务。这些摄像头通常以 60Hz 的频率工作，当多个摄像头同时工作时，每秒将产生高达 1.8GB 的巨额数据量。

③ 雷达和声呐：雷达把电磁波的能量发射至空间中某一方向，处在此方向上的物体反射该电磁波，雷达通过接收此反射波，以提取该物体的某些有关信息，包括目标物体至雷达的距离、距离变化率或径向速度、方位、高度等。博世公司的毫米波雷达和声纳波雷达如图 8-91 所示。

图 8-91　博世公司的毫米波雷达和声纳波雷达

雷达和声呐系统是避障的最后一道保障。雷达和声呐产生的数据用来表示在车的前进方向上最近障碍物的距离。一旦系统检测到前方不远有障碍物出现，则有极大的相撞危险，无人驾驶汽车会启动紧急制动以完成避障。因此，雷达和声呐系统产生的数据不需要过多的处理，通常可直接被控制处理器采用，并不需要主计算流水线的介入，因此可实现转向、制动或预张紧安全带等紧急功能。

④ GPS/IMU：GPS/IMU 传感系统通过高达 200Hz 频率的全球定位和惯性更新数据，以帮助无人驾驶汽车完成自我定位。GPS 是一个相对准确的定位用传感器，但是它的更新频率过低，仅有 10Hz，不足以提供足够实时的位置更新。IMU 的准确度随着时间降低，因此在长时间距离内并不能保证位置更新的准确性。但是，它有着 GPS 所欠缺的实时性，IMU 的更新频率可以达到 200Hz 或者更高。通过整合 GPS 与 IMU，可以为车辆定位提供既准确又足够实时的位置更新。图 8-92 所示为 Dewesoft 公司的 IMU 和 GPS 系统。

图 8-92　Dewesoft 公司的 IMU 和 GPS 系统

2）环境感知信息处理：

① 信息采集：传感器与计算机或者嵌入式模块通信时，会有不同的数据传输方式。例如，采集来自摄像机的图像信息时，有的是通过千兆网卡实现通信，有的是直接通过视频线进行通信；某些毫米波雷达是通过 CAN 总线给下游发送信息的，因此必须编写解析 CAN 信息的代码。不同的传输介质需要使用不同的协议去解析这些信息，这就是上文提到的"驱动层"，其作用就是把来自传感器的信息编码成团队可以使用的数据。

② 信息预处理：传感器的信息是以帧的形式存在的，并按固定的频率发送给下游。但不能基于每一帧的数据去进行决策或者融合，因为传感器的状态不是 100% 有效的（可能存在误检），如果仅根据某一帧的信号去判定前方是否有障碍物，可能会产生误判。因此，需要对信息在上游做预处理，以保证车辆前方的障碍物在时间维度上是一直存在的，而不是一闪而过，这就会涉及智能驾驶领域经常使用的卡尔曼滤波算法。

③ 坐标转换：所谓坐标变换是根据传感器的安装位置对检测到的信息进行修正，以得到准确的距离信息。例如，超声波传感器布置在车辆周围，当超声波传感器检测到 2m 处有障碍物时，车体与障碍物的距离可能小于 2m。因为决策控制层做车辆运动规划时，是在车体坐标系下进行的，所有传感器的信息均需变换到车体坐标系。感知层拿到障碍物位置信息后，障碍物的位置信息将被转移到车体坐标系，供规划决策使用。类似地，摄像机一般安装在风窗玻璃下面，原始数据是基于摄像机坐标系的，传送给下游的数据，同样需要转换到车体坐标系。

3）环境感知信息处理 - 融合技术：信息融合包含两层含义。

第一层含义是指把相同属性的信息进行多合一操作，比如摄像机、毫米波和激光雷达均检测到车辆正前方有一个障碍物，因为检测的是同一个障碍物，所以需要把来自多个传感器的车辆信息进行融合，通知下游，前面有 1 辆车，而不是 3 辆车。

第二层含义是将不同时间点的信息进行多合一操作，传感器的采样和传输所需要的时间及处理速度是不同的，与图像像素多少、并行处理器数量和处理器速度等有关。雷达传输速度较快，可以使用以太网高速传递数据。声呐通常使用 RS232 或 CAN 总线传递数据，传输速度较慢。信息处理需要在一个平台（域控制系统）上进行，即将不同时间点上的片面信息同步融合到一起，形成对外界的有效认知。例如，传感器 1 感知 10ms 时的信号，传感器 2 感知 20ms 的信号，显然传感器 1 更新两次后，传感器 2 的信号才更新一次。因此，在 10ms 的刻度上，只有传感器 1 的信息是实时的。另外，传感器需要 4ms 信息处理时间，因此 ECU 收到的信号存在 4ms 的滞后，在低速时，这些延迟可以忽略，但高速就必须加以考虑。目前系统平台只能支撑 100km/h（60MPH）的实时速度融合，需要软硬件进一步发展才能满足实际需要。

（5）决策控制技术　　决策控制模块相当于无人驾驶汽车的大脑，其主要功能是依据感知系统提供的信息进行决策判断，并对下一步的行为进行决策，从而对车辆进行控制。决策技术主要包括模糊推理、强化学习、神经网络和贝叶斯网络等技术。

决策控制系统的行为分为反应式、反射式和综合式 3 种方案。反应式方案是一个反馈控制的过程，根据车辆当前位姿与期望路径的偏差，不断地调节转向盘转角和车速，直至到达目的地；反射式方案是一种低级行为，用于对行进过程中的突发事件做出判断，并迅速做出反应；综合式方案在反应层中加入机器学习模块，将部分决策层的行为转化为基于传感器的反应层行为，从而提高系统的反应速度。

在决策阶段，行为预测和路径规划是关键环节。在车辆驾驶中，行为预测主要考量如何应对其他行驶车辆的可能行为，其结果将直接影响驾驶人本人或自动驾驶系统的驾驶决策，特别是在多车道环境或者交通灯变灯的情况下，驾驶人或系统的预测决定了下一秒的行车安全。显而易见，在无人驾驶系统中，根据周围车辆的行驶状况来合理决策下一秒的行驶至关重要的。为了预测其他车辆的行驶行为，可以使用随机模型产生这些车辆的可达位置集合，并采用概率分布的方法预测每一个可达位置集的相关概率。

路径规划是无人驾驶汽车信息感知和智能控制的桥梁，是实现自主驾驶的基础。其任务就是在具有障碍物的环境内按照一定的评价标准，寻找一条从起始状态包括位置和姿态到达目标状态的无碰路径。

路径规划技术可分为全局路径规划和局部路径规划。全局路径规划是在已知地图的情况下，利用已知局部信息（如障碍物位置和道路边界），确定可行和最优的路径，可以把优化和反馈机制很好地结合起来；局部路径规划是在全局路径规划生成的可行驶区域内，依据传感器感知到的局部环境信息对前方路段等行驶轨迹进行决策。一般情况下，全局路径规划适用于周围环境已知的情况，而局部路径规划适用于环境未知的情况。

路径规划算法包括可视图法、栅格法、人工势场法、概率路标法、随机搜索树算法、粒子群算法等。在动态环境中，无人驾驶的路径规划是一件非常复杂的任务，尤其是在车辆全速行驶的过程中，不当的路径规划有可能造成致命的伤害。路径规划可以基于完全确定模型来实现，即搜索所有可能的路径并利用代价函数的方式确定最佳路径，但完全确定模型对计算性能有着非常高的要求，因此很难在导航过程中达到实时的效果。为了避免计算复杂性并保证实时性，基于概率性模型的路径规划正在成为主要的优化方向。

（6）执行技术　由于没有驾驶人亲自操作，无人驾驶汽车必须有一套完整、可靠的执行机构代替驾驶人进行驾驶，执行起动、停车、关闭、锁车、前进、后退、加速、减速、匀速行驶、转弯、避障、鸣笛、雨刷控制、门窗（含天窗）自动控制、车灯控制、自动联网控制、制动控制、稳定性驾驶控制、仪表控制等一系列功能，这些功能基本上是通过线控实现的。

线控系统源自飞机控制，由于飞机执行机构较重和分布较远（如机翼），飞行员无法通过机械硬连接直接实现控制，就通过液压、电机等实现远距离控制，因为连接方式为液压管线和电路线，所以称之为线控系统。在自动驾驶汽车中，主要的线控系统（X-by-wire）包括线控动力系统（电机、电源、传动系统）、线控制动系统、线控转向系统及线控底盘等。

安全性是无人驾驶中最重要的考量，通常使用至少两个层级的避障机制来保证车辆不会在行驶过程中与障碍物发生碰撞。第一层级是基于交通情况预测的前瞻层级，交通情况预测机制根据现有的交通状况如拥堵、车速等，估计出碰撞发生时间与最短安全距离等参数，基于这些估计，避障机制将被启动以执行本地路径重新规划；如果前瞻层级预测失效，则第二级实时反应层将使用雷达数据再次进行本地路径重新规划，一旦雷达侦测到路径前方出现障碍物，则立即执行避障操作。避障的操作主要通过驱动电机的加减速、转向系统的转向躲避和绕开及制动系统的制动降速控制共同完成。

系统需要确定主路径、侧路径和对面路径，同时对汽车4个面（前后左右）的车辆行驶状况进行判断。当主路径前方出现障碍时，需要决策避开（换道路）或跟随（通常需要降速实行ACC控制）；在换道情况下，需要确定是否有可行的侧道，同时判断是否会与四面的现有车辆发生碰撞。决策完成后，通过转向（转弯信号）进行换道，驱动电机加速超车，保持目前道路或并回原有车道或换成其他道路，并减速（驱动电机或刹车系统）回到正常行驶状态，基于这个循环过程完成避障。

（7）自动驾驶的环境　无人驾驶汽车的研究，可以归纳为3个方面：高速公路环境、城市环境和特殊环境下，就具体研究内容而言，3个方面相互重叠，只是技术的侧重点不同。

1）高速公路环境下的无人驾驶系统：这类系统将使用环境限定为具有良好标志的结构化高速公路，主要完成道路标志线跟踪和车辆识别等功能，目标是实现进入高速公路之后的全自动驾驶。尽管这样的应用定位有一定的局限性，但解决了现代社会中最常见、最危险，也是最枯燥的驾驶环节的驾驶任务。

2）城市环境下的无人驾驶系统：由于速度较慢，与高速环境相比，城市环境下的无人驾驶更安全可靠，应用前景也更好。在短期内，可作为城市大容量公共交通（如地铁等）的一种补充，解决城市区域性交通问题，例如大型活动场所、公园、校园、工业园、机场等。但城市环境也更为复杂，对感知和控制算法有更高的要求，是之后的研究重点。目前这类环境的应用已经进入到小范围推广阶段，但大范围应用尚存在不少困难，如可靠性问题、多车调度和协调问题、与其他交通参与者的交互问题、成本问题和商业模型等。

3）特殊环境下的无人驾驶系统：无人驾驶汽车研究走在前列的国家，一直都很重视其在军事和其他一些特殊条件下的应用，但其关键技术与高速公路环境和城市环境是一致的，只是在性能要求方面的侧重点有所不同，如车辆的可靠性和对恶劣环境的适应性是特殊环境的首要关注点，也是在未来推广应用中要重点解决的问题。

（8）人工智能软件的介绍

1）CAFFE（Convolution Architecture for Fast Feature Embedding）：由加州大学伯克利分校的一名博士生开发，具备基于表达架构与可扩展编码的深度学习框架，因其出色的处理速度而广受研究人员和企业的喜爱。根据其主页介绍，仅使用一颗 NVIDIA K40 GPU，一天可处理超过 6000 万张图片。该软件项目由伯克利视觉与学习中心（Berkeley Vision and Learning Center，BVLC）运作，英伟达（NVIDIA）和亚马逊等公司资助其发展研究。

2）CNTK（Computational Network Toolkit）：微软旗下开源人工智能软件之一，无论是只有 CPU 工作，还是单颗 GPU，或是多颗 GPU，亦或是多台机器配备多颗 GPU 工作，其性能都十分优秀，虽然微软主要用它进行语音识别的研究，但它也可用于机器翻译、图像识别、图像抓取、文本处理、语言识别与语言建模等。

3）Deep Learning：Java 虚拟机（Java Virtual Machine，JVM）开源深度学习库软件，在分布式环境中运行，并整合 Hadoop 与 Apache Spark，可以配置深度神经网络，还可运行 Java、Scala 等其他 JVM 语言。Deep Learning4j 软件项目由 Skymind 商业公司运作，并负责资金支持、人员培训与产品推广。

4）DMLK（Distributed Machine Learning Toolkit）：微软旗下的另一款开源人工智能软件，为大数据研究而设计，旨在缩短人工智能系统的训练时间。DMLK 主要包括 3 大部分：DMLK 框架、LightLDA 模型算法与分布式（多感）文字嵌入算法，它可通过一台 8 节点计算机集群，在有着超过 1000 亿个标记的文档合集中处理出一个包含 100 万主题与 1000 万文字（总计 10 万亿个参数）的主题模型。

5）H2O：专注于企业使用体验的 Oxdata 产品，得到了 Capital One、思科、Nielsen Catalina、PayPal 和 Transamerica 等大型企业的订单，用于解决商业问题，同时还可用于预测建模、欺诈与风险分析、保险分析、广告工艺、医疗保健与客户智能等方面。H2O 有两个开源版本，标准版 H2O 和 Sparkling Water 版 H2O，均整合在 Apache Spark 中，付费企业会得到技术支持。

6）Mahout：Apache 软件基金会（ASF）旗下的一个开源项目，提供开源机器学习框架，主要特点包括可扩展算法编程环境、事先写有如 Spark 和 H2O 等工具的算法、内置名为"Samsara"的矢量运算环境，用户包括 Adobe、Accenture、Foursquare、英特尔、领英、Twitter 和雅虎等。

7）MLlib：Spark 的可扩展机器学习库，与 Hadoop 融为一体，可与 NumPy 和 NumPy.R 跨平台操作，囊括了大量机器学习算法类型，包括分类、回归、决策树、建议、聚集、主题建模、特点转换、模型评价、ML pipeline 构建、ML 持久性、生存分析、频繁集、序列模式挖掘、离散线性代数和数据统计分析等。

8）NuPIC：基于分层时间记忆（HTM）理论的开源人工智能项目，根据人类大脑新皮质结构设计的一个电脑系统，旨在打造一台"在处理认知型任务上，接近或超过人类能力的电脑。"

9）OpenNN：是一款为研究人员和开发者打造的高级人工智能软件，提供可运行神经网络的 C++ 编程库，主要特点在于深度框架与高效的性能，其技术支持来自西班牙的 Artelnics 公司（主攻预测分析研究）。

10）OpenCyc：Cycorp 公司开发的 OpenCyc 软件内置 Cyc 知识库与常识推理引擎，包括了 23.9 万条术语，约 209.3 万条三元组和约 6.9 万条网络本体语言，在语义数据融合、文本理解、特定领域专家系统和游戏人工智能等方面十分有效。

11）Oryx 2：基于 Apache Spark 和 Kafka 构建，是一款专攻大型机器学习的发展框架软件，使用独特的三层 λ 构架，开发者可使用 Oryx 2 开发新软件，其内置了一些通用大型数据任务的程序，如协同过滤、分类、归化和集群等。

12）PredictionIO：ASF 的新平台和商标，可以利用机器学习来部署相关网络服务，通过对页面动态请求实时回应帮助用户建立一个预测引擎。

13）SystemML：最初由 IBM 开发，后被 ASF 收购，成为其大数据项目。SystemML 是一个可高度扩展的平台，可进行高级数学运算，执行 R 或类 Python 语句。SystemML 基于 Spark 或 Hadoop 运行，可用于 4S 店车辆维护的客户回访、机场领空管制以及银行客户社交媒体数据的收集。

14）TensorFlow：谷歌旗下的开源人工智能软件之一，提供一个使用数据流图的数值计算库，可在单或多颗 CPU 或 GPU 系统甚至移动设备上运行，拥有自动鉴别能力且支持 Python 和 C++ 平台。

15）Torch：具有出色的灵活性与杰出的处理速度，可用于处理机器学习、计算机视觉、信号处理、并行处理、图像、视频、音频和计算机网络等，可采用 LuaJIT 语言编写。

16）PyTorch：是一个开源的 Python 机器学习库，基于 Torch，底层由 C++ 实现，应用于人工智能领域，如自然语言处理。它最初由 Facebook 的人工智能研究团队开发，并被用于 Uber 的概率编程软件 Pyro。PyTorch 主要有两大特征：

① 类似于 NumPy 的张量计算，可使用 GPU 加速。
② 基于带自动微分系统的深度神经网络。

目前市场上有很多种智能语言软件，其中 Python 语言是人工智能使用最广泛的一种语言，其结构简洁、高效、功能强大又比较容易理解，并且其和 TensorFlow、PyTorch 等都有调用接口。

8.3.9 电动转向系统

由于助力转向系统涉及安全性，所以其稳定可靠性十分重要。传统的助力转向系统利用发动机的动力，经过前端轮系将一部分发动机功率取出，带动液压系统为驾驶人提供转向的助力。传统燃油车大多使用液压助力转向系统，新能源汽车多使用电动转向系统。

（1）液压助力转向系统 液压助力转向（Hydraulic Power Steering）系统的主要优势：
① 驾驶人转向力可以较小，液压系统通过助力行驶提高转向轻便性。
② 转向器传动比不受约束。
③ 机械、液压系统耦合/隔离，可以有效减少道路冲击。

同时，液压助力转向系统也有一些劣势：
① 助力线有限，即一旦调节好，助力参数将无法改变，因此实际路感只有一种。

② 液压系统增加了能量损耗（通常由发动机带动），实际转向消耗的有用功通常只占一半左右。

③ 液压系统需要经常被维护，如果发生渗漏，将会造成环境污染。

④ 整体体积较大。

（2）电液转向系统　对于新能源汽车，由于有些技术路线没有发动机（纯电动汽车、燃料电池电动汽车等）或发动机会出现停机的状态（混合动力电动汽车的起停功能等），传统的液压动力源就不存在了，因此需要使用电力带动。使用电机带动液压系统为转向助力的系统叫作电液转向（Electric-Hydraulic Power Steering）系统。这种技术路线的主要优势是：

① 从传统的液压转向系统改造而来，主体系统保持不变，动力源从原来的发动机改为电动机。

② 可以根据不同驾驶状况改变助力参数，实现可变参数调节。

③ 电动机可控（发动机一旦连接就无法控制），可以有效减少系统的损耗。

同样，电液转向系统还存在以下缺点：

① 保留了传统的液压转向系统的缺点。

② 系统的复杂性相应提高（电控环节）。

③ 增加了一定的体积，布局更为复杂（如增加电机泵系统）。

④ 对系统可靠性提出新的挑战。

（3）电动转向系统　还有一种完全使用电力的转向系统（Electric Power Steering，EPS），即纯电动的助力转向系统，简称电动轮向系统。它仅仅使用电力，通过电机和执行机构推动转向轴达到助力的目的。

1）EPS 系统的主要优势。EPS 系统的主要优势包括以下 4 点：

① 电动转向系统可以实现全面实时控制，助力特性大大增加。

② 无须使用液压系统，大大减小了质量，结构更为紧凑，对环境更为友好。

③ 低温下液压系统的黏滞问题得到有效解决。

④ 电机可以使系统的整体成本下降。

2）EPS 系统的类别。电动转向系统根据助力电机的位置不同，可以分为以下 3 种类型（图 8-93）：

① 转向轴助力方式（Colume 型）：将助力电机直接装在转向轴上。

② 齿轮助力方式（Pinion 型）：转向轴与电机在同一个机构（如滚珠丝杠或循环球）里并行耦合于齿条。

③ 齿条助力方式（Rack 型）：电机直接将助力加在齿条上。

3）EPS 系统的主要参数。汽车转向时，车轮的纵向垂直线会交汇于一点，该点称为转向中心。由转向中心到最外侧（最远处）车轮与地面接触点的距离称为转弯半径。汽车的最小转弯半径决定汽车的操控性能。EPS 系统的主要参数如下：

① 助力和回正力：助力越大，转弯控制越容易；回正力越大，转弯后回正越快。由于电控转向时模仿液压转向，因此助力和回正力也应模仿液压系统在实际转向时的受力状态。

② 最大转向盘角：转向盘从中点到左右任意一边最远处经过的转向角。由于这个角度会超过 360°，因此在转向盘控制初期需要确定零点位置。

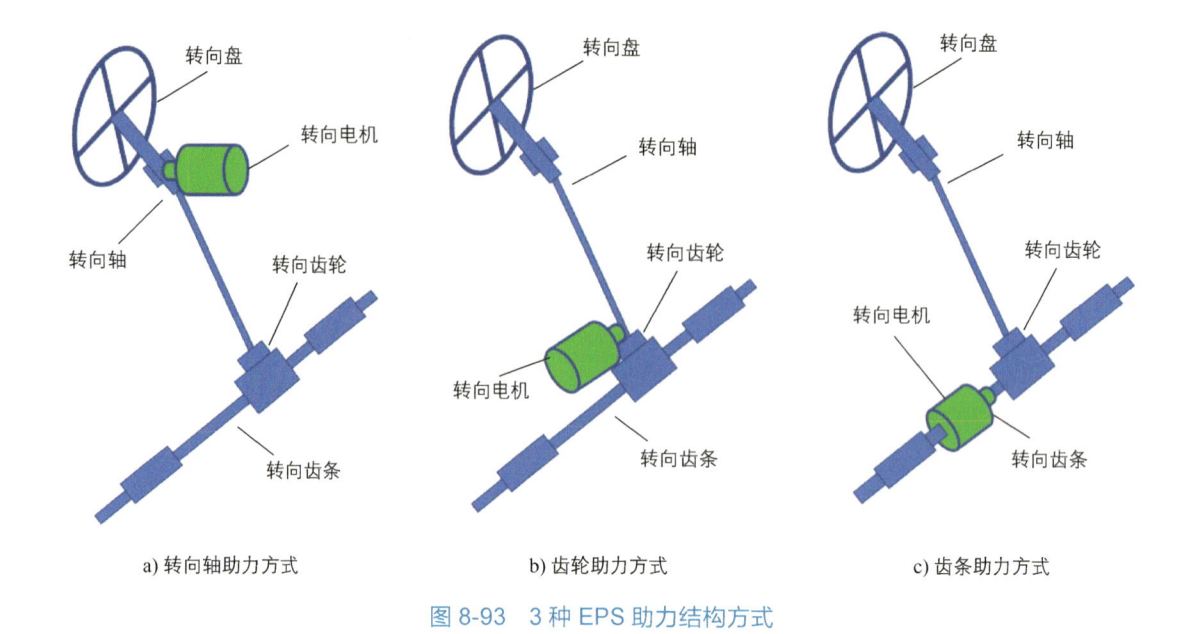

a) 转向轴助力方式　　　　b) 齿轮助力方式　　　　c) 齿条助力方式

图 8-93　3 种 EPS 助力结构方式

③ 转向机构传动比 转向机构传动比是指转向摇臂角度变化和相应转向盘角度变化的比值。转向机构的传动比越大，转向越容易（小角度转向盘可以实现较大的实际转向角），但同时转角冲击也大，驾驶人转向控制精确度下降；传动比越小，转向精确度增加，驾驶人的路感更明显，控制更准确，但相应的转向行程变大，造成驾驶人的操作幅度也加大。

④ 路感和路感强度：EPS 系统应该能全面模仿传统助力转向，而驾驶人的转向盘控制也应该和传统的转向盘控制感觉相似甚至一样。车轮由转向盘作用，带动轮胎与地面产生摩擦。这种施加转矩的感觉就是路感（对驾驶人来讲）。而驾驶人作用在转向盘上的转矩变化值和最终作用于转向齿条上作用力变化值的比值即为路感强度

$$E = \frac{dT_{driver}}{dF_{pinion}} \quad (8\text{-}42)$$

式中　E——路感强度；
　　　T_{driver}——驾驶人输入转向盘的力矩；
　　　F_{pinion}——作用于齿轮上的作用力。

对于较重的车辆（商用车或工程机械），由于轮胎和路面的摩擦力很大，因此需要较小的路感强度（助力大）才能实现有效转向；轻型车需要较小的助力就可以实现有效转向，因此其路感强度较大。另外，在不同车速时，由于车轮受到切向力的回扭作用，因此车速较高时（安全性占优）需要较大的路感强度（减小助力），以保持高速行驶的稳定性（使得转向变难）；低速时（轻便性占优）需要的助力较大，这样就可以较为轻松地转向。

EPS 系统还需要对路面的反馈信号和驾驶人的输入抖动信号进行有效的滤波，去掉无效的噪声以保证转向控制的品质和安全性（低通滤波器）。

$$T_{pinion} = F_{pinion} R \quad (8\text{-}43)$$

式中　R——等效齿轮半径。

则助力转矩变化为

$$dT_{assist} = dT_{driver} - dT_{pinion} \qquad (8-44)$$

$$E = \frac{R\,dT_{driver}}{dT_{pinion}} \qquad (8-45)$$

如果设

$$S = \frac{dT_{assist}}{dT_{pinion}} \qquad (8-46)$$

则有

$$E = \frac{R}{1+S} \qquad (8-47)$$

当 $S = 0$、$E = R$ 时，系统为纯机械转向，助力为零；当 $S = \infty$、$E = 0$ 时，系统为纯助力转向，无须手动（或很小输入）。

实际转向控制的路感强度都在 $0 \sim R$ 之间，并且会根据实际车型和可能驾驶状况选择不同的助力转矩曲线。理想的路感曲线并不存在，因为人和人感受不同、驾驶风格不同、路况不同，都会带来不同的助力需求，因此需要标定工程师进行大量的实际测试才能确定。

⑤ 助力曲线：通常助力曲线会被人为制定，实现时，根据实际行驶速度调整不同曲线斜率（线性）或参数（非线性）。图 8-94 所示为固定车速转向助力示意图。

根据转向力矩大小不同，助力区间可以分为 4 个区：

a. 转向力矩很小时，系统不需要助力而进入纯手动助力（这个区间在实际参数中可能为一个点）。

b. 在转向力矩进一步加大后，系统进入强路感区，转向助力随转向力矩的增加以一个较小斜率加大。

c. 之后进入强助力区，同时系统的路感强度进一步下降，助力转矩以较大的斜率增加。

d. 助力达到一定转矩范围后（受最大电流等影响），助力转矩将不再加大，而保持一个最大状态。

除了根据转向力矩大小，助力曲线还要根据车辆行驶速度决定助力大小（图 8-95）：

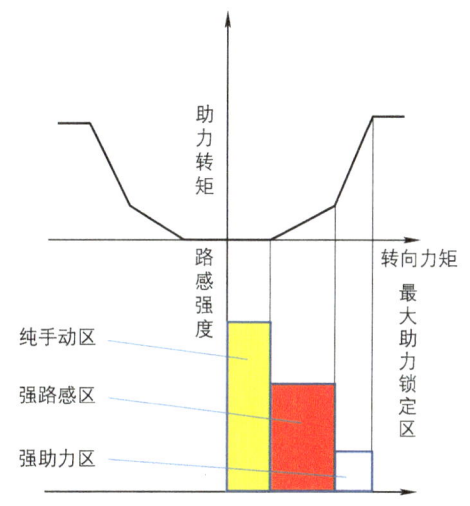

a. 在低速行驶时，转向的助力需求加大，驾驶人方便性要求占优，路感减小。

图 8-94　固定车速转向助力示意图

b. 随着车速的不断提高，转向助力转矩逐渐减小，路感加大，驾驶方便性减小。

c. 助力曲线通常会有一个最高值（行业也有相应的规定），超过这个值，即使车速再高，转矩也将保持最高转矩曲线值不再增加。

最后，助力曲线还与车辆的重量有关（图 8-96）：

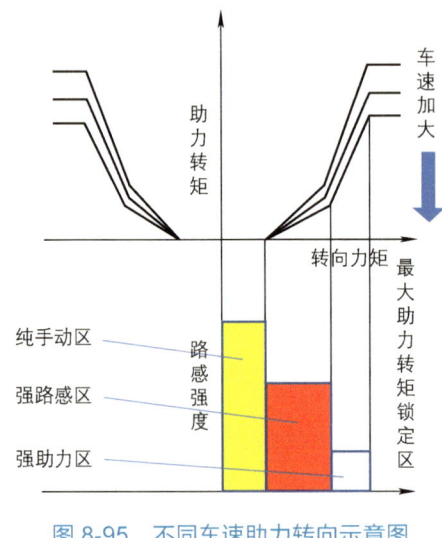

图 8-95　不同车速助力转向示意图 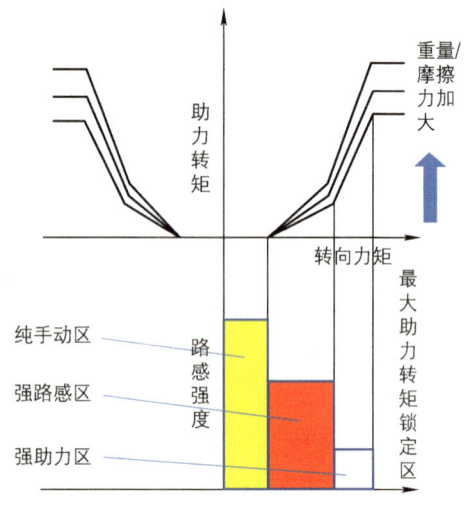　　　　图 8-96　考虑重量因素的助力转向示意图

a. 当车辆的总质量加大时（车重+人+货物），轮胎和地面的摩擦系数不变，而摩擦力加大，为保持同样的路感，就需要更大的助力转矩。

b. 随着质量的不断提高，转向助力转矩逐渐加大，路感对于驾驶人来讲没有较大的变化（助力变化幅度应以保持同样的路感为目标）。

c. 在车辆行驶时，动态下瞬时重力的变化（颠簸、不同路面）可以通过闭环反馈控制实现。摩擦力下降时，助力转矩相应减小；摩擦力加大时，助力转矩相应提高。

助力曲线对助力感受有直接影响，曲线的复杂性也影响到控制系统的复杂度和可执行性。常见的 EPS 助力曲线有 3 种（图 8-97）：

① 直线助力曲线：助力线为一条直线，输入输出呈线性，控制简单方便，但转矩变化单一，无法实现复杂的路感/转向盘手感。

② 折线助力曲线：助力线为两条或多条不同斜率的直线段组成，每个段输入输出呈线性，控制也比较方便，转矩可以有一定变化，仍然无法实现复杂的路感/转向盘手感。

③ 曲线助力曲线：助力线为一条曲线（可以不为二阶），输入输出呈曲线关系，控制较为复杂，转矩变化丰富（可以使用查表法），可实现较为复杂的路感/转向盘手感。

a) 直线助力曲线　　　b) 折线助力曲线　　　c) 曲线助力曲线

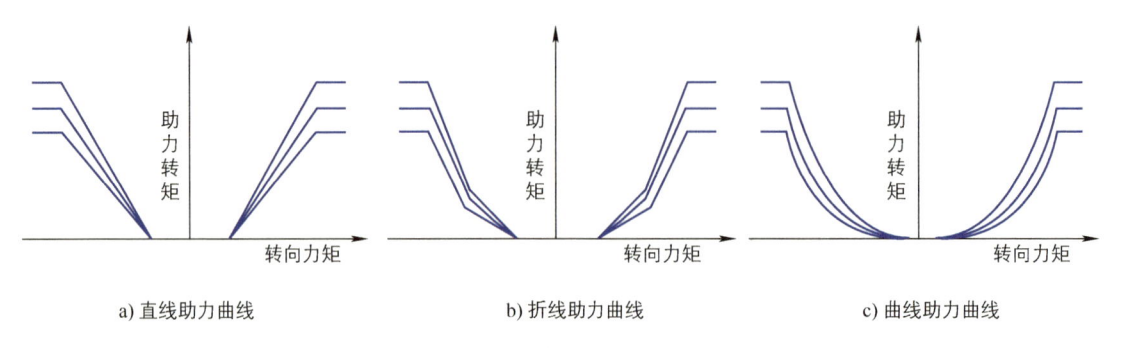

图 8-97　3 种助力曲线

转向盘力矩传感器，用于采集驾驶人输入的转向力，处理后的信号传递给电控系统。控制器根据行驶状态（车速、质量、模式等）计算出相应的转矩助力并传递给助力电机。助力电机以转矩控制方式形成助力，协助驾驶人转向，如图8-98所示。

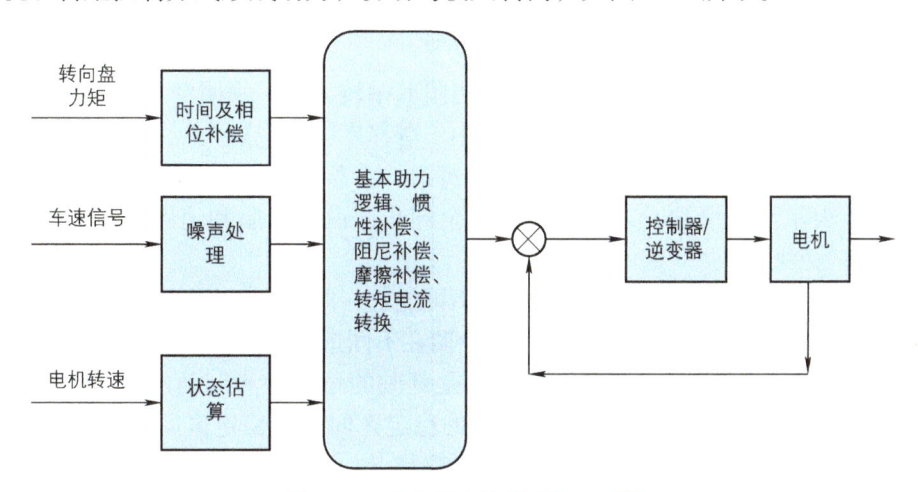

图8-98 助力转向控制系统示意图

8.3.10 制动防抱死系统

汽车和地面唯一接触的部分就是轮胎。驱动轮胎将发动机或电机经变速系统传递过来的转矩施加在轮胎和地面的交界处，依靠轮胎和地面的摩擦力产生切向推力，推动汽车向前或向后行驶。同时，在汽车需要减速或停车时，制动系统依靠执行机构比如制动片和制动盘的摩擦产生和汽车行驶相反方向的切向力，并施加在车轮上。轮胎和地面产生制动力，减小汽车行进速度。由于这时汽车和地面还有相对位移，而车轮本身还在转动，因此其能量依靠摩擦片的热量散失。

制动防抱死系统（Antilock Brake System，ABS）对于传统燃油车和新能源汽车来讲都十分重要，在应用上没有本质的区别。在新能源汽车的实际应用中，有些特有的附加功能需要ABS配合，比如，电驱动系统一般会有能量回收（ReGen-Brake State）功能。在这种状态下，汽车的全部制动能量（或部分制动能量）将作为电机反拖动力施加给电机，电机在适当的控制逻辑下就变成发电机。但是，由于这种发电状态源自电机，对于整车制动安全稳定性的考量往往不足。因此，在ABS启动时（往往为复杂路况的复杂制动控制），会将ReGen-Brake功能关闭。因此，下面将对ABS的功能进行简要介绍。

在汽车动力学中讲到，轮胎和路面的特性关系有两个指标：附着率和滑移率。

1）附着率 δ：指作用在驱动轮上的转矩 T 所引起的地面切向反作用力与驱动轮法向反作用力的比值，法向力就是重力，因此附着力就是指瞬时摩擦力，附着率也就是瞬时摩擦率（可变）。附着率和轮胎的结构、材料以及道路的形状、材质等有关，其计算公式为

$$\delta = \frac{G}{F} \tag{8-48}$$

式中　G——对象重量；
　　　F——产生的摩擦力。

2）滑移率 S：指车辆实际形成滑动，其车速和车轮所反映的车速不同，其差值与车速的比值。

$$S = \frac{|车速 - 车轮反应的车速|}{车速}$$

附着率和滑移率存在一定的对应关系：当附着率较大时，说明摩擦系数较大，滑移率就相应减小；附着率较小时，说明摩擦率减小，滑移率就相应加大。极限状态下，附着率为零，表示两者之间没有附着力，车轮完全打滑，滑移率达到最高（100% 滑移率）；滑移率为零时，表示没有滑动，车速、轮速完全同步，说明轮胎和道路的附着率达到最高（100% 附着率）。

在实际应用中，要达到零滑移率几乎是不可能的，即使在抓地性较佳的状况下，也会有 5%~10% 的滑移率。图 8-99 所示为汽车轮胎在不同道路上的附着率和滑移率。

(1) ABS 的控制目标　ABS 的控制目标是驾驶的稳定性和制动的有效性。汽车特性和路面决定了滑移率，滑移率又决定了行驶的稳定区间和不稳定区间。进行 ABS 的控制就是将控制区间定在稳定区内，最好达到理想控制点。汽车起动开始行驶后，进入稳定区间，滑移率逐渐增大，同时附着率也相应增大。当纵向附着率达到最大点（纵向摩擦力最大点）后，动力系统继续增加转矩，附着力反而下降（动态摩擦力下降），汽车行驶进入不稳定区间；因此，控制系统需要将汽车保持在最大摩擦力点工作，才能达到最佳效果，如图 8-100 所示。

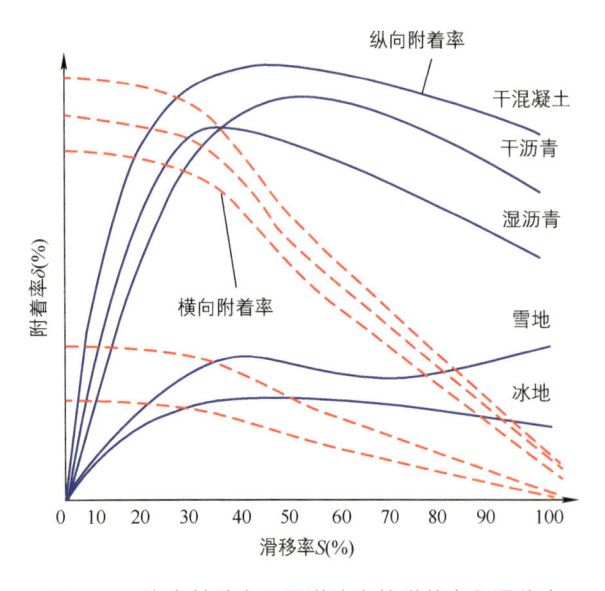

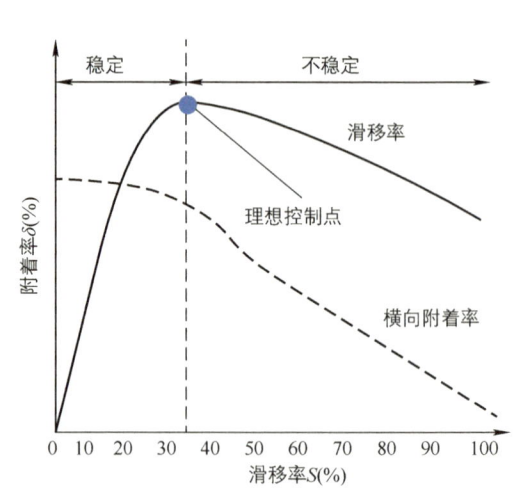

图 8-99　汽车轮胎在不同道路上的附着率和滑移率

图 8-100　附着率、滑移率和稳定性的关系

控制单元需要放开制动系统，让车轮进入自然滚动状态，使汽车重新进入稳定区间，之后重新施加制动力，并不断重复上述动作形成闭环控制。

由于车辆的动态特性和实时的路面状态会有所变化，因此控制系统需要制定一套逻辑，实时跟踪、计算理想控制点，以达到最佳控制效果（最短制动距离和转弯问题将在后文介绍）。

（2）ABS 的控制原理　　ABS 和牵引力控制系统（Traction Control System，TCS）的控制原理非常相似，都是利用最佳控制点，实现最佳控制。TCS 和 ABS 是同一原理的不同应用，它们都是利用摩擦力曲线的非线性，使得制动力和牵引力在轮胎和地面的交互中达到最佳效果。

汽车驱动力源自动力系统，经传动系统传递到车轮，并在轮胎和路面的接触面形成切向力，在摩擦力的作用下，向行驶方向施加反作用力驱动汽车行进。当驱动力大于最大摩擦力时，轮胎开始打滑，实际的动态摩擦力将减小，形成的驱动力也就相应减小，汽车的行驶进入不稳定区。这时需要减小驱动力（减小发动机输出转矩或/和加入制动力），使汽车重新进入稳定区，之后重新施加驱动力，并不断重复上述动作形成闭环控制。

由于车辆的动态特性和实时的路面状态会有所变化，控制系统需要制定相应的控制逻辑，实时跟踪、计算理想控制点，以达到最佳牵引控制效果。

ABS 通道是指液压控制的管道，管道可以加入执行机构（液压阀）来实现压力控制。一个管道加入多个执行机构，由于公用管道，其母压力是一定的，因此不同的管道可以实现不同的压力控制。在高档车上，可以通过不同管道和不同执行机构实现多点位独立控制，其效果更好，但成本和控制难度也相应增加，通常根据车辆定位和实际需求（和 TCS、SCS 等公用）来设定架构。业界也有单通道的系统，成本低、方向稳定性好，在轻型货车上使用较多，其架构如图 8-101 所示。

ABS 由液压控制子系统（液压控制器、制动缸、制动踏板、油路、制动器等）、车轮转速传感器、电控单元（ECU）等部件组成。对于一个油管多个控制点的系统，应该有优先选择，通常可以选附着力小的一个轮（重心较远），以它不发生抱死现象为原则进行设计和控制。

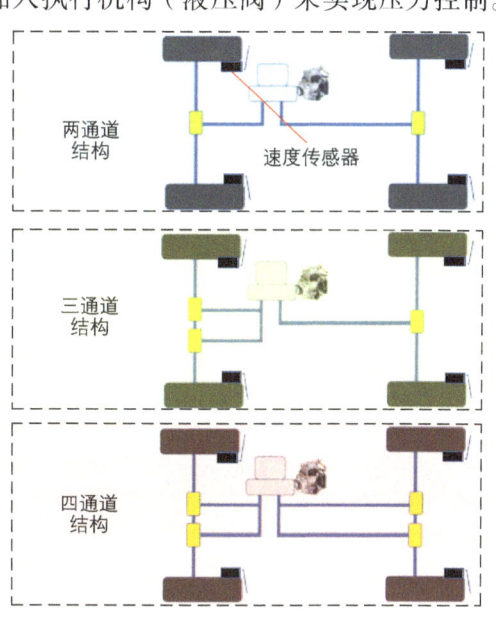

图 8-101　ABS 架构示意图

四通道 ABS 架构可以使用双制动管路的 H 型（前后分布）或 X 型（对角线分布）两种形式，为了实现对 4 个车轮的独立制动控制，除了压力传感器外，需要在每个车轮上安装一个速度传感器，同时在每个制动管路中设置相应的制动压力调节装置。由于四通道构架可以对汽车的每个轮子（多轮汽车除外）进行附着力控制，因此汽车整体的制动性能是最好的。当然，对于同一轴上两个轮子的附着系数不相同的情况（轮胎不同或/和两边路面状况不同），由于制动力的不同，可能会在左右两边产生偏转力矩，甚至产生制动跑偏，而且这种结构的成本和控制复杂程度较高，性价比并不是很理想，所以四通道 ABS 并不是最常用的 ABS 架构。

三通道 ABS 是目前大多数汽车的首选架构。三通道 ABS 是对汽车的前两个驱动轮进行单独控制，而对后两个车轮按照低选原则进行统一控制。在 X 型构造中，后两个压力调节装置依然是由电控系统统一控制的，因此其仍然是三通道。在汽车制动时，会有很大的轴荷移动，中心会向前移动，使得前轮的附着力比后轮大很多（前置前驱系统可达80%）。因为对前轮的独立控制可以更有效地控制附着力，所以可以有效缩短制动距离，获得更大的稳定性。三通道系统的成本和复杂度相对四通道系统也有优势，因此，这种结构的性价比较高。

另外，对于低成本汽车还可以使用两通道ABS，即在前后制动管路中各设置一个制动压力调节器，每个调节器可以对两个车轮进行调节。前轮根据驾驶状况可以有高选或低选的灵活性，而后轮则按低选进行控制。这种结构尽管可以进行一定的调整，但毕竟只有一个调节器，调节速度和选择范围有限。前轮在紧急制动时，两前轮在附着系数不同的情况下，会产生很大的制动力差，对汽车保持行驶方向不利，虽然可以调节转向系统，但无法消除两轮不同的附着率带来的偏移，在高速行驶时还是比较危险的。

8.3.11 悬架系统

悬架系统是支撑车架、车身、动力总成及驾乘人员及货物的重要装置。它可以通过车轮的上下移动实现整车车身的最小运动，来为整车提供平稳、舒适的乘坐感受。在高速转向时，不会出现影响安全性的车身倾斜；在出现颠簸等路面不平情况时，能够使轮胎快速和道路紧密接触以保证驾驶性能。悬架系统对于新能源和传统能源汽车来讲没有本质的区别，都对汽车的操控稳定性非常重要。图8-102所示为乘用车麦弗逊悬架和商用车板簧悬架示意图。

a) 乘用车麦弗逊悬架　　　　b) 商用车板簧悬架

图8-102　麦弗逊悬架和板簧悬架

（1）悬架系统的分类

1）从结构复杂程度分类。种类较多，大致可分为板簧悬架、空气悬架和电控悬架等多种类型。

① 板簧悬架系统结构简单、成本低廉，但减振效果差，适用于商用车、工程机械等对成本敏感及对舒适性要求不高的应用场景。

② 空气悬架系统由于其优异的舒适性能和逐渐下降的成本，近年来几乎成为乘用车的标准配置，同时部分高档的商用车也开始使用空气悬架（如中型货车等）。但由于其采用固定的机械结构，在该悬架系统设计安全完成后，参数将无法改变，因此不能根据驾驶状态进行实时调节其高度、阻尼性和刚性。

③ 电控悬架系统实际上是一种计算机控制系统，和固定特性的空气悬架相比，它可以

根据行驶状况及时调节悬架的状态，使整车驾驶的功能、性能及安全性都得到有效提升。比如，电控悬架可以根据汽车行驶路面状况、行驶速度和载荷变化，自动调节车身高度、悬架刚度和减振器阻尼的大小，从而改善汽车的行驶平顺性、乘坐舒适性及驾驶安全性等；同时对于车身的起伏、侧倾和俯仰的运行状态也可以进行有效的调整和优化。在装有电控悬架的汽车上，当发生急转弯、急加速或急减速时，乘客需要较为坚硬的悬架特性来减少不利的车身移动，同时可以通过重心的调节来提高行驶稳定性；而在汽车正常行驶时，乘客需要较为柔软的悬架来提高乘坐舒适性；另外，由于电控悬架可以平衡地面的反向作用力，因此对车身的影响也达到最小。随着汽车电子技术的发展，许多轿车、客车及越野汽车都装备了电控悬架系统。

2）依据可操控性分类。悬架可以分为被动悬架、主动悬架和半主动悬架等。

① 被动悬架的参数是固定的，在设计初期就需要根据整车工况来确定，但后期是无法调节的。

② 主动悬架则刚好相反，其参数可以通过控制系统和执行机构（产生出主动控制力）实时调节（高度、刚度和阻尼值等）。

③ 半主动悬架比较特殊，它是根据传感器的数据得出相应的控制力，通过调节阻尼系数实现控制，但其自身不能产生控制力（比如空气加压等）。

3）根据构造的独立性分类。悬架可以分成非独立悬架和独立悬架，如图8-103所示。

① 非独立悬架的减振装置（通常为前两个或后两个）会共同安装在一个轴系上，形成一定的耦合关系。

② 独立悬架是将各个减振装置独立地安装在每个车轮上，每个减振装置之间没有直接的耦合关系，因此可以实现独立减振的效果。

图8-103 非独立悬架和独立悬架示意图

（2）电控悬架的控制方式　电控悬架系统的控制方式有控制车身高度、控制空气弹簧的刚度和控制油液减振器的阻尼等。根据电控悬架系统的功能不同，目前采用的电控悬架系统主要有3种类型：电控变高度悬架系统、电控变刚度悬架系统和电控变阻尼悬架系统。

在大载荷和急转弯等情况下，调整车身高度可以提高车辆稳定性和安全性，提升乘坐感受，同时可以保证车辆的通过性；通过调节不同轮侧的高度，使得车辆重心减少移动，减小特定位置的受力强度，从而提高部件的可靠性和使用寿命；悬架刚度使得整车在转弯、加速或制动时的后仰、前倾或侧倾的情况得到改善，提高乘坐的舒适性；阻尼是指当振动物体能量逐渐减少时振幅相应减小的现象。调整悬架的阻尼可以调整整车的振动特性，从而提高舒适性和驾驶性。

1）电控变高度悬架系统。这种电控悬架系统主要由多个车身高度传感器（通常有前、后多组车身高度传感器）组成，同时共享转向盘转角传感器、节气门位置传感器和车速传感器的数据，其执行部分由电控高度控制开关、悬架调节电控单元和执行器等机电器件组成。车身高度传感器采集前后车身的高度信号，转向盘转角传感器采集汽车行驶方向信息，节气门位置传感器采集驾驶人加速踏板信号，车速传感器采集汽车速度信号。传感器和控制开关向控制单元输入整车及行驶的状态信息，控制单元负责接收传感器和控制开关的输入信号，经过算法计算后，向执行元件发出控制指令。执行元件负责改变车身高度、空气弹簧的刚度或减振器的阻尼。

早期的电控悬架的结构相对简单，电控变高度悬架系统只对两个后轮悬架（通常为后悬架）进行控制。而现在的汽车普遍采用更为复杂的车身高度控制系统，由原来的一个高度传感器（感测两个后轮高度）发展为有4个高度传感器（可以同时监控所有四个轮子的高度情况），同时，执行器也相应地变成4套，以实现每个轮子高度的独立控制。

当控制系统接收到当前车身高度传感器输入信号，并显示车身高度在设定高度范围内时，控制单元将发出指令使执行机构（通常为空气压缩机）停止动作，车身高度保持在正常位置。

当信号显示车身高度低于设定的高度要求时，控制单元经过计算（有开关控制或线性模式控制等多种控制模式）向执行机构发出升压指令（压缩机开始工作），同时接通控制电磁阀，使压缩空气进入空气弹簧的气压腔，进而使车身高度上升。为了使控制更加高效，系统中通常还会使用储气装置。从而可以在气体压缩时实现一定的缓冲，同时压缩空气通过干燥器干燥后进入储气罐，这部分能量可以保存在罐中。

当信号显示车身高度高于要求的高度时，电控单元向执行机构（空气压缩机继电器）发出电路中断指令，同时向排气阀发出电路接通指令。排气阀电磁阀打开，空气从减振器气压腔排出，实现车身高度降低。

2）电控变刚度悬架系统。在应用较多的电控悬架系统中，每个车轮上都采用了空气弹簧和减振器（部分商用车和非道路车除外）。如果改变空气弹簧气压腔中压缩空气的压力，实际上相当于改变了空气密度，就可以实现空气弹簧悬架刚度的改变。

电控变刚度悬架系统也是由高度传感器、控制开关、电控单元、刚度调节执行器（气压缸、电磁阀等）等组成。刚度对于汽车的前、后、左、右的移动（点头、翘头、侧倾等）有直接的调节作用。比如，当汽车紧急制动时，由于惯性、阻力和重心的变化，会出现车头下压的现象，即"点头"现象，悬架控制电控单元根据制动开关信号和车速信号，向前空气弹簧执行元件发出指令使其气压升高，增大前空气弹簧的刚度（通常增加气体会同时增加高度，但在时间较短的窗口期，气体的密度会率先增加，高度的增加会有一定的滞后），同时控制后空气弹簧执行元件放气，使其刚度减小。控制单元需要建立一套算法，对于车速的变化进行采样，并估算整车的质量，这样可以得到汽车的瞬时动能，通过对动能变化的计算，可以估算出车辆可能出现"点头"的幅度并根据设计要求开启或关闭防止"点头"的控制功能。

3）电控变阻尼悬架系统。在电控悬架系统中，最常用的是电控变阻尼悬架系统（搭配液压控制的变阻尼减振器）；改变减振器阻尼的悬架系统相对于使用空气弹簧的悬架系统，该系统有许多优点，比如质量小和结构相对简单等（空气弹簧悬架系统需要空气压缩机、干燥器，使整车质量大大增加）。

电控变阻尼悬架系统采用的控制方式可以分为3种：驾驶人预先指定模式、根据汽车行驶状况实时调节阻尼模式和这两种模式的综合模式。

对于驾驶人预先指定模式，汽车的人机界面会有工作模式选择开关，用于选择减振器阻尼的工作模式选择。根据选择的工作模式，减振器阻尼的状态也不相同。通常的阻尼设定状态一般有"标准""较硬"和"坚硬"等。

当电控单元根据传感器和控制开关信号确定阻尼应为"标准"状态时，控制单元向执行机构电机发出控制指令使其按一定位置目标旋转，使回转阀上的阻尼孔与活塞杆上的减振油液孔的相对位置达到最大的重合（允许减振油液流过活塞的速度最大），这样就形成较小的阻尼效果。同样，当预选模式为"坚硬"时，控制单元命令执行机构电机向另一个方向旋转。其停止位置使得回转阀上的阻尼孔与活塞杆上的减振油液孔的相对位置达到最小的重合（允许减振油液流过活塞的流动速度最小），就形成了较大的阻尼效果。最后，如果阻尼模式为"较硬"，就调节执行电机位置，使回转阀的阻尼孔和活塞杆上的减振油液孔的相对位置为中间态（允许减振油液流过活塞的速度为中间值），形成适中的阻尼效果。

在实际应用中，还有将多种特性相结合的综合性悬架系统，比如电控变高度与变刚度结合的悬架系统以及电控变高度、变刚度和变阻尼结合的悬架系统等。例如，使用空气弹簧＋变阻尼减振器时，减振器的螺旋弹簧用于支撑汽车的质量，减振器控制系统用于调节减振器的阻尼，空气弹簧用于调节车身高度和刚度。

(3) 电控可变悬架系统的功用

1) 抗侧倾控制。电控悬架的控制单元通过转向盘转角（含转向传感器信号）以及侧向倾斜传感器（Yaw Sensor）来监视车身的侧倾状态。当输入信号表明目前汽车正处于较大的侧倾状态或处于急转弯状态时，控制单元将给空气弹簧和转向外侧减振器阻尼调节元件发出控制指令，将给转向外侧的空气弹簧增加空气量，刚度增大的同时会适当提升其高度。同时给转向内侧空气弹簧发出指令，减少空气量，刚度减小的同时适当降低其高度。这样，在可以调节刚度和减振的同时，可以调节整车的重心，通过减小车身侧倾达到改善整车的操纵性的目的。

2) 抗"点头"控制。当汽车紧急制动时，车轮经制动系统减速，整车的动量突然减小，会对前轮形成较大的压力，出现"点头"现象。控制单元将根据车速传感器提供的车速信号和车速变化信号，计算可能出现的"点头"状况，向前空气弹簧执行机构发出指令，使其空气压力升高，不仅增大了前空气弹簧刚度，也可以适当提升其高度。同时，向后空气弹簧执行元件发出指令减少空气量，减小其刚度，并适当降低其高度。这样，在调节刚度的同时，也将车辆的重心后移，达到减少"点头"幅度的目的。另外，控制单元还应该发出指令，让减振器阻尼呈"坚硬"状态，可以使汽车的悬架状态变换幅度减小，提高驾驶舒适性。

3) 抗"仰头"控制。"仰头"控制的情况和上面介绍的"点头"控制的逻辑相似，但控制方向相反。当汽车紧急加速时，动力系统通过车轮将转矩突然施加在整车上，使整车的加速度突然增加，对后轮形成较大的压力，因此汽车会出现类似"仰头"的现象。控制单元将根据车速传感器提供的车速信号和车速变化信号，计算可能出现的"仰头"状况，向后空气弹簧执行机构发出指令，使其空气压力升高，以增大后空气弹簧的刚度，并适当提升其高度。与此同时，向前空气弹簧执行元件发出指令减少空气量，以减小其刚度，并适当降低其高度。这样，通过调节刚度和车辆的重心，达到减小"仰头"幅度的目的。同样，控制单元还应该发出指令，使减振器阻尼呈"坚硬"状态，通过减小悬架状态的变换幅度，实现驾驶舒适性的提升。需要注意的是，当汽车的行驶方向相反时（倒车），其逻辑也应作相应调整。

4）前后颠簸和上下跳动的控制。车辆行驶时还会出现个别车轮上下跳动、其余车轮不变的情况（如单侧车轮压过石头等障碍）。当高度传感器信号显示相应的空气弹簧被压缩时，控制单元可以控制该车轮上的空气弹簧，通过改变弹簧长度迎合车身变化带来的冲击。相反，当检测到悬架变长时，可以使空气弹簧充气以提升高度，在一定程度上抑制车身下降。这样，整车4个悬架轴上的空气弹簧将随车轮上下跳动自动调整，可以在汽车通过凹凸不平的路面时，减小车身产生的颠簸和可能的倾斜状态，从而提高驾驶舒适性和安全性。

5）车速变化时阻尼的控制。当车速较高时，应当适当提高阻尼硬度。在某些特定模式，比如"运动"模式运行时，驾驶人也期待减振器阻尼硬度比普通状态大一些。为此，标定工程师可以根据车辆的运行状态和车辆行驶速度对整车的悬架进行调节：既可以为开关模式，比如高于某个速度点时，就增加硬度；也可以为线性模式（如RAMP），如不同的速度对应不同的硬度。

除此之外，有些车辆还会提供车身高度控制功能，从而可以根据行驶环境不同，调节整车底盘的高度。这样，除了可以提供空气动力学方面的优势外，还可以在特定环境下调整汽车的通过性（遇到崎岖山路等情况）。

> 上文介绍的悬架系统，由于其可以根据实际驾驶工况主动调节悬架状态，因此可以称为主动悬架系统。如果这些参数并不能调节而是事先设定并固化好的，就可以称为被动悬架。除了这两种悬架之外，还存在只有部分参数指标在行驶过程中会因环境因素发生改变，这种悬架就可以称为半主动悬架。

第 9 章 新能源汽车技术的发展趋势

9.1 传统汽车部件的技术更新

除了本书前面介绍的阿特金森循环发动机外，汽油机为了节能减排开发了许多技术，比如可变气门正时技术（Variable Valve Timing，VVT）。它是根据发动机的运行情况，调整进气（排气）的量和气门开合时间及角度，使进入的空气量达到最佳，提高燃烧效率。丰田 VVT 发动机如图 9-1 所示。

图 9-1 丰田 VVT 发动机

主动燃料管理（Active Fuel Management，AFM）又叫可变行程技术（Displacement On Demand），是美国通用汽车公司研究发明的发动机燃料管理技术，这种技术可以使得 6 缸、8 缸或更多缸发动机在适当的工况下，将一半或一部分气缸关掉从而节省燃油消耗量。据美国 EPA 组织的资料显示，其节油率可以达到 5.5%～7.5%；而在我国，大众著名的 EA211 发动机也使用这个技术实现停缸节油的效果，如图 9-2 所示，只不过名为气缸休眠（Active Cylinder Technology，ACT）技术。

点燃式直喷技术（Spark Ignition Direct Injection，SIDI）的特点是发动机将多点喷射供油系统替换成可变气门缸内直喷系统，将喷油嘴植入气缸内部，通过燃油系统将高压的燃油雾化喷入气缸内与空气混合进行点燃。这种技术能较好地实现缸内稀薄燃烧，从而提升发动机的效率。通用别克 SIDI 发动机如图 9-3 所示。

滑轨移动使得凸轮轴错位从而停止进气

图 9-2 大众 EA211 发动机停缸技术

图 9-3 通用别克 SIDI 发动机

增压和减排（Downsized and Boosted）技术在减小发动机尺寸的同时可以增加进气量，使燃烧更加高效。此外，如变进气歧管（Port De-Activation）、扩展空气流量管理（Extended AFM）、两凸轮随动件气门升程调节（Two-Step Valve Lift）、起/停（Stop/Start）、缸内直喷（Lean Stratified Direct Injection）和均质混合气压燃烧（Homogeneous Charge Compression Ignition，HCCI）等技术，都在向产业化发展或已经实现产业化。汽油机、柴油机和 HCCI 技术示意图如图 9-4 所示。

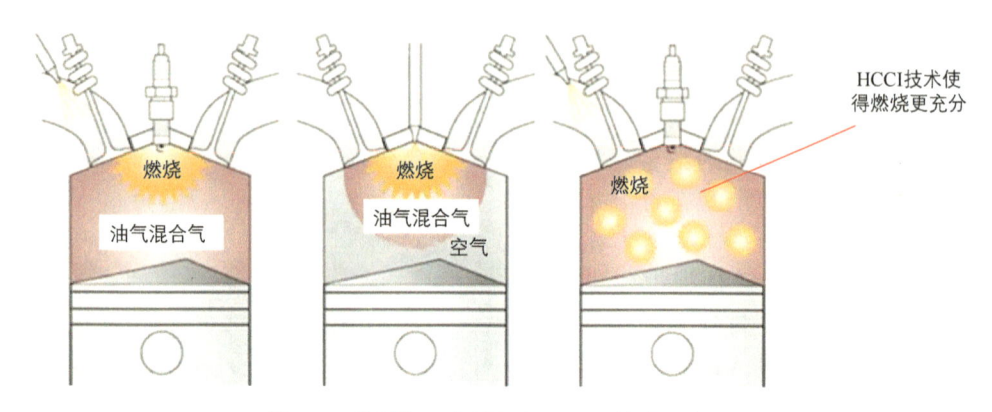

图 9-4 汽油机、柴油机和 HCCI 技术示意图

和汽油机相似，柴油机为了进一步实现节能减排，也开发和应用了多种技术，如氧催化剂和颗粒物过滤器、扩展废气再循环技术、减小压缩比技术、两级增压技术、精确（2000bar 以上，1bar = 10^5Pa）燃油系统技术及闭环燃烧控制技术等。

9.2 可替代燃料发动机

只要符合卡诺循环规律，发动机便可以使用多种燃料作为反应物。因此，通过使用清洁、可再生能源，便可以实现在能源多样化的同时，进一步提高节能减排效果。比如，完全使用或部分添加烷类燃料、醇类燃料、氨类燃料及氢燃料（燃烧氢气）的发动机技术等。由于一些可替代燃料可以通过纯绿色方法（不额外产生碳排放）加工合成，因此，理论上就可以实现纯绿色燃料和零碳排放的目标。比如，利用生物制甲醇、氨等燃料，其过程使用的都是可再生原料（天然气、氢气、生物质、炉焦气等）。

（1）甲醇发动机　从能源结构看，我国富产煤、缺少天然气、石油存储更是贫瘠。但我国是世界上目前最大的甲醇生产国和使用国，当前甲醇占全球产能 60%。这就为使用甲醇作为燃料提供了基础。

制取甲醇的方法：①合成气法，即将一氧化碳和氢气合成出甲醇，这种方法的成本较高，因为氢气的生产、运输和存储成本都是非常高的；②木质素法，即通过将木质纤维用碱蒸煮，再经过酸化之后析出木糖，木糖发酵之后即可生成乙醇，而乙醇经过蒸馏脱水即可转化为甲醇；③使用农村收成之后大量剩余的秸秆，它可以直接生成甲醇。秸秆制醇工厂示例如图 9-5 所示。④利用甲酸和水蒸气高温催化反应制取。

需要指出的是，这些方法在制取甲醇的过程中，都会存在一定排放污染。但由于反应是集中进行的，所以排放处理也可以集中进行。

图 9-5 黑龙江省海伦市秸秆制醇工厂

甲醇发动机需要综合考虑燃料的腐蚀特性、燃烧特性和排放特性。甲醇发动机的特点如下：

1）使用甲醇燃料的发动机，其基本原理和汽油机、柴油机相似，因此，大部分的发动机本体部分可以保留，仅需要就甲醇燃料特性进行相应的改造，这大大提高了使用甲醇燃料的经济性。当然，在改造发动机本体时要特别注意甲醇的溶蚀和膨胀特性。

2）甲醇为液体物质，燃料存储和加注设备与汽油、柴油也比较类似，因此，基础设施建设和改造的成本也较低。

3）就排放特性看，甲醇燃烧后的主要产物是水和二氧化碳，其排放的碳氢化合物远低于汽油和柴油燃烧后的排放物。而甲醇发动机的排放尾气中，一氧化碳和碳氢化合物比汽油和柴油低 30% 以上。另外，甲醇化学分子式和混合物简单，并不含有苯、烯烃和硫等物质，它们通常对人体有害。

4）甲醇的生产成本非常低，约 1000 元/t，与煤炼油相比，生产甲醇所需的煤炭要少一半以上，大约 2t 煤就能生产出 1t 甲醇。因此，甲醇的市场价格约为 2500 元/t，与汽油相比可节省约 30% 的成本价格。

5）通过化学反应可以知道，乙醇即食用酒精的热值只有汽油热值的 60% 左右。这就造成了如果直接燃烧这种燃料，发动机的输出转矩、输出功率就会大幅度下降，则会在很大程度上影响产品的体积、成本等多个方面。而甲醇由于只有一个碳原子，因此其热值比乙醇还要低，几乎不到汽油的一半。这样的燃料并不适合汽车高功率、高能量、高输出转矩的需求。但是，醇类的燃烧温度却不低，在汽车发动机中，甲醇燃烧时局部峰值温度可达到 2000℃ 左右。

6）甲醇燃料的汽化潜热值较大，达到 1109kJ/kg，比汽油（310kJ/kg）和柴油（270kJ/kg）燃料的汽化潜热值高很多，因此，使用甲醇燃料会对发动机的正常燃烧以及运转工作产生一定的影响。

7）甲醇具有较大的腐蚀性，对发动机的本体、进排气系统、燃油系统等都提出较高的要求。同时，甲醇即工业酒精，少量吸入就会对人体造成较大的伤害。另外，当燃烧不充分时，其排放物中还会含有有毒物质甲醛 CH_2O。

因此，纯甲醇燃料发动机的开发和使用受到了限制。通常只是在一些特殊的情况下才有使用价值（如汽油非常匮乏等）。我国提出的"双碳"目标，将绿色能源的要求大幅度提升，因此，生物质醇类燃料的发动机系统得到了学术界和产业界的重视。吉利汽车公司开发的甲醇发动机如图9-6所示。

鉴于甲醇燃料本身的优点和缺点，直接完全使用甲醇作为燃料替代汽油的方案并不完美。因此，业界综合实际情况，开发出掺杂部分甲醇或乙醇到传统汽油机的燃料中，以达到中和其优缺点的目的。在市场上可以看到许多加油站有类似这样的标识：10%乙醇汽油或M15、M20、M30等，它们就是含有不同比例甲醇的混合燃油，如图9-7所示。我国天德牌甲醇汽油配置比例见表9-1。吉利帝豪醇电混合动力汽车如图9-8所示。

图9-6 吉利汽车公司开发的甲醇发动机

图9-7 加油站供应M30的93号汽油

表9-1 我国天德牌甲醇汽油配置比例

标识	添加剂比例	甲醇	汽油	说明
M15	0.3%	14.7%	85%	92，95，98汽油适配
M20	0.4%	19.6%	80%	
M30	0.6%	29.4%	70%	
M50	2.5%	47.5%	50%	可直接使用
M60	3%	57%	40%	可直接使用
M85	1.7%	83.3%	15%	容易点火
M100	2%	98%	0%	容易点火

除了使用混合燃料之外，还有主机厂使用甲醇发动机+电力系统的混合动力技术，将甲醇发动机的自身特性和电传动系统的高动力输出相结合，开发出甲醇发动机混合动力系统。这种方法也可以在一定程度上减少醇类发动机的缺点，同时发挥其本身的优势，也是一种较好的解决方案。

（2）氨发动机 氨的分子式是NH_3，由于反应物中不含碳C元素，因此，其反应产物中没有碳，最大限度地减少了碳排放。氨

图9-8 吉利帝豪醇电混合动力汽车

用在发动机上的技术可以追溯到 19 世纪末，1882 年，氨发动机就已经应用在了火车上。1941 年，欧洲的工程师又将它成功应用在汽车上。到了 1963 年，美国航空航天局（NASA）又将氨应用在飞机上，如图 9-9 所示。

图 9-9 氨发动机应用在火车、汽车和航天器上

氨发动机的工作原理如下：

1）将氨先分解成氮和氢，并将其中的氢在燃料电池中发电或直接使用燃氢发动机燃烧输出动力。美国的 John-Deer 公司就推出过一款氨燃料的拖拉机，如图 9-10 所示。

图 9-10 John-Deer 氨燃料拖拉机

2）将氨与柴油、氢或天然气等其他燃料混合在一起燃烧，这样可以提高燃烧效率并减少碳排放。德国 MAN 公司将这种技术用在大型船舶发动机上，如图 9-11 所示。

3）直接将液态氨作为主要燃料喷入发动机的燃烧室进行燃烧，氨在氧气的环境中燃烧，其产物为氮和水，在过氧的环境中还会产生 NO 化合物。这种技术和前面介绍的直接燃烧甲醇发动机的原理类似，因此也需要对发动机本体、配件和控制进行改进，这样才能有效利用液态氨燃料实现高效率的燃烧。这主要是由于液态氨的点燃难度甚至超过了化石能源,而且其燃烧的速度很慢。另外,液态氨的制造、储存、运输等环节都需要进一步打通,最终实现氨发动机的健全产业链。日本的丰田公司就开发出这种直接燃烧液态氨的发动机,如图 9-12 所示。

图 9-11　德国 MAN 公司氨大型船舶用发动机 　　图 9-12　日本丰田汽车公司的氨燃料发动机

虽然氨可以通过利用可再生能源合成生产,但其合成过程的能耗并不低。而且,由于氨是有害气体(有毒和有腐蚀性物质),因此对于其运输和储存都有着严格的安全要求,需要大量先进的设施和管理系统的支持。相比已经日趋成熟的电动汽车技术,氨发动机还处于产业较为前期的阶段,要想真正实现工业化生产和商业化运营,仍然任重道远。

(3)氢发动机　燃氢发动机的工作原理和氢燃料发电系统有所不同,它直接利用氢气和氧气燃烧生成水的热膨胀过程推动发动机活塞运动而输出转矩。其原理与燃烧汽油、甲醇和液态氨的过程相似。

我国多家发动机公司、高校和研究单位已经耕耘多年,并逐步推出了他们的燃氢发动机产品。图 9-13 所示为奇瑞 2.0T GDI 燃氢发动机和玉柴 K05H 燃氢发动机。日本以丰田汽车为主,联合多家公司也共同开发出氢能发动机,并率先在其赛车上使用,如图 9-14 所示。

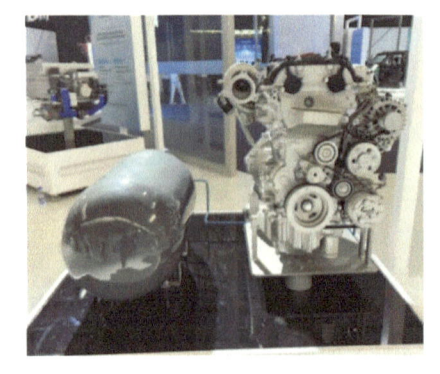

a) 2.0T GDI 　　　　　　　　　　　　　　b) K05H

图 9-13　奇瑞 2.0T GDI 燃氢发动机和玉柴 K05H 燃氢发动机

a) 氢发动机　　　　　　　　　　　　　　　b) 丰田赛车

图 9-14　Yamaha 为丰田公司开发的氢发动机和搭载氢发动机的丰田赛车

和甲醇、氨发动机不同，燃氢发动机使用气态的氢气作为燃料，这主要是由于液态氢难以获得，它需要很大的压强，同时温度要达到 -250℃ 以下。燃氢发动机的化学公式非常简单，2 个 H_2 和 1 个 O_2 形成两个水分子 H_2O。但是氢是一种非常轻（最轻的物质）的气体，它同时很活跃。氢气的爆炸浓度是 4%~75.6%（体积分数），即在空气中氢气的浓度在这个范围内时，遇到明火就会爆炸。因此，使用氢气作为原料的燃氢发动机，对氢气的安全要求就非常高，防止氢气泄漏是重要课题。

而且氢的热值非常高，是普通汽油的 3 倍。所以其爆缸压力和燃烧温度都较高。而燃氢发动机通常是由传统发动机改造而来，因此，发动机的本体（包含使用材料和工艺）、燃油系统、燃烧系统、进排气系统等都需要做相应的调整。

另外，氢分子非常小，容易和其他材料（金属、树脂）融合，浸入别种材料的分子晶格间隙中，破坏原有的稳定晶格结构，降低其稳定性（氢脆），形成材料降解。所以，氢气路径中几乎所有的材料都需要进行防止氢脆的处理（镀层、改性等）。

最后需要指出的是，虽然燃氢发动机燃烧氢气和氧气生成水，但其使用的氧气是空气中的氧气，而空气中存在大量的氮气（约占 78%），所以，虽然燃烧不含碳而不会形成碳氧化合物，但高温对于形成 NO_x 的氮氧化合物十分有利，而 NO_x 是酸雨的主要组成部分。因此，燃氢发动机仍然需要后处理装置去除 NO_x，这和前面介绍的燃烧氨的发动机类似。

9.3　新能源汽车变速器的发展方向

除了本书前面介绍的变速器传动系统在新能源汽车上的应用外，传统变速器技术的发展也为汽车的节能减排、提高效率做出了贡献。如先进的液力变矩器技术、K 参数可变液力变矩器（K 参数是指涡轮力矩和泵力矩的比值，在失速时这个值可以为 2~6，通过改变液力变矩器的 K 参数，可以提高变速器在不同工况下的效率）、先进的液力变矩器减振设计以及动态热管理技术和大速比范围（10 速~12 速变速器设计）等。新能源传动系统和上述技术的发展并不矛盾，它们相互协同、相互作用，以达到最优的节能减排效果。

新能源汽车的传动系统有其特殊性。由于技术路线的不同，其传动系统可能包括发动机和电机,也可能只有电机。传统燃油车中的发动机只能单一方向传动传输力矩,而电机则可以工作在四个象限——正转、反转、电动和发电的多种耦合工作模式下。由于电机的外特性和发动机不同,其转矩和速度都大得多,因此,新能源汽车的传动系统发展需要兼顾既有混动模式的发动机耦合,又有纯电模式的电机耦合。

(1) 新能源汽车变速器需要考虑的性能

1) 整体动力性能。输出动力性能是电驱动系统最直观的性能指标,它一般可以通过一些指标来量化,比如,最高输出功率、最高输出转速、最高输出转矩、功率稳定持续输出区等。这样就可以间接得到系统的爬坡性、加速性等性能指标。

2) 整体效率性能。传动系统的效率性能可以用来评价电驱动系统输出有效性和整体经济性。通过系统在稳态高效区运行占比和循环工况效率两个二级指标,就可以评估电驱动系统的能源利用率。其中,稳态高效区运行占比值反映了电驱动系统在稳定工况下的能效水平。而工况效率指标则将进一步模拟实际行驶工况下的能效表现,以更贴近实际使用需求。

3) 系统噪声品质。动力系统的噪声品质直接影响用户的驾乘体验。由于传统发动机的噪声很大,在很大程度上覆盖了传动系的本身噪声,因此对其传动系统的噪声要求相对较低。但新能源动力总成的能量产生部件是电机,它的噪声本身较低,而且主要集中在高频噪声,所以,频率较低的传动系统机械噪声就会变得相对明显。因此,对电驱动系统的噪声进行量化评估并降低其固有机械噪声非常关键。同时,不仅需要关注噪声的声压级大小,还需要综合考虑噪声的响度、尖锐度、音噪比、突出度等主观感受因素,以提供更贴近用户实际体验的噪声品质评价。

4) 安全可靠性。新能源动力系统由于电机的低速大转矩特性,其电磁干扰特性、电气失效模式特性等独特性能特征,通常需要模拟各种极端工况下的系统表现,通过一系列性能、安全性、可靠性指标,评估其应对突发情况的能力。该指标涵盖了多项关键测试项目,如过电流保护、短路保护等,以确保电驱动系统在各种极端工况下都能保持安全稳定运行。因此,新能源传动系统也随着整车的要求不断提高,向着高转速、大速比、轻量化、低成本、紧凑型和高效率的方向快速发展。相应地带来了材料强度、设计精度、器件精密特性、摩擦磨损、振动和噪声、材料及工艺成本等全面提升的要求。

为了达成上述目标,市场上出现的新能源汽车传动系向着两个完全相反的方向发展:一个方向就是高度集成化,从而出现了传动系和电机集成的二合一系统、传动系和电机及逆变器集成的三合一系统;另一个方向是高度分散化,出现了轮边电机、轮毂电机的独立车轮驱动技术路线。这两种技术路线能够在某些方面满足上面提出的对动力系统的需求,但无法完全满足所有的要求。

(2) 集中式传动系统的发展方向

1) 结构由非同轴向同轴结构过渡。非同轴的设计、控制和制造都相对简单,而且其结构强度容易实现;而同轴结构则在体积、质量、空间布置等方面有优势。早期,由于同轴结构在加入电机后,输出轴需要和桥的另一边连接,因此需要其为中空结构,否则就需要一个并行轴进行过渡。中空结构的轴对强度和加工精度等都有很高的要求,成本也就随之提升,因此非同轴结构比较受市场欢迎。但随着系统对体积、质量、空间适配等要求的不断提高,业界对同轴结构的要求不断增加,国内外的多个主机厂和供应商都成功开发出性价比较高的同轴传动系统，图 9-15 所示为德国博世公司开发的 L 形同轴电驱桥，图 9-16 所示为德国采埃孚公司开发的同轴电驱桥。

2）内部使用传统齿、轴结构向行星齿轮系结构过渡。由于传统的 MT、AMT 和 DCT 等变速系统都是使用传统齿、轴结构，因此这种技术路线比较成熟，但是，相对于行星齿轮系统，其体积大、质量大等缺点非常明显，如图 9-17 所示。行星系变速系统的结构虽然紧凑，效率较高，但是其结构和控制系统十分复杂，成本也较高，因此，需要在架构上实现降低成本，如仅实现两个或三个档位等。本书前面对变速器系统做过较为详细的描述，其中就包括平行轴结构和行星齿轮系结构，请读者回顾参考。

图 9-15　博世同轴（L 形）电驱桥

图 9-16　采埃孚同轴电驱桥

图 9-17　平行轴结构和行星齿轮系示意图

3）材料和设计尽量向轻量化、高强度、高韧性过渡。由于电池系统的迭代进度逐渐变慢，新能源汽车需要在其他领域里面寻找节能的突破点。小型化、轻量化成为目前新能源电驱系统的主要发展方向。

除了设计本身（对使用材料的厚度、对加强筋、散热筋等优化等）的不断挖掘外，还可以使用新型轻量化材料来减少传动系统的质量，增加强度。镁合金是一种密度小、强度高、弹性模量大、散热好、消振性好的金属材料。它能承受的冲击载荷能力比铝合金大，同时耐有机物和碱的腐蚀性能都很好。在镁金属中加入高原子半径且低成本的非稀土元素（如 Ca、Mn、Zn、Li 和 Al），能引起强烈的溶质 - 位错核心作用，通过促进非基底滑移改善镁合金的成形性能。另外，工程技术人员采用特殊的工艺制备法，使金属粒子分布更密集，为镁晶核提供更多附着机会。如果增加一些稀土元素，还可以加强结晶过程中镁晶核的附着能力，实现镁合金晶粒的高效率细化。因此，全球多家传动系统公司已开始使用镁合金金属在其产品上。一款使用镁合金铸造壳体的传动系统如图9-18所示。

4）摩擦磨损从直齿向高精密斜齿过渡。直齿轮和斜齿轮的主要区别在于齿的方向和啮合方式，如图9-19所示。直齿轮的齿是直的，啮合的时候整个齿同时进入；斜齿轮的齿是斜的，因此其啮合的过程是连续的，几乎所有时刻都处于啮入啮出的状态，因此没有啮合盲区。

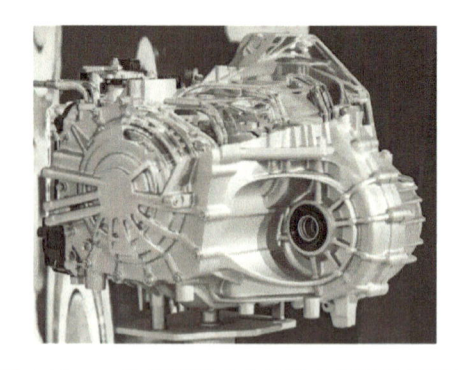

图 9-18　一款使用镁合金铸造壳体的传动系统

图 9-19　直齿轮和斜齿轮

早期的传动系使用直齿轮的比较多，原因是这种齿制造简单、成本较低。在低速传动时，性能良好，传动平稳。但是，直齿的缺点是传动的过程中会产生较大的冲击，因此其振动和噪声也较大。较大的冲击容易发生断齿。而斜齿轮啮合度高，且传动平稳，冲击、振动和噪声都较小。斜齿轮还可以增加重合度，提高承载能力，延长齿轮寿命。另外，斜齿轮可以缩短系统的中心距，比较适用于高速重载的场合。但是，斜齿轮也有缺点，比如制造复杂、成本较高，而且由于齿是斜的，因此传动时存在轴向分力。

新能源传动系统厂家在降低斜齿轮成本的同时，利用设计承重支撑等方法解决轴向力问题，逐渐将技术路线向斜齿轮转变。目前，我国很多的传动系统都已经使用斜齿轮结构了。

5）润滑趋向于使用专用润滑系统匹配主动润滑技术过渡。传动系统的润滑方式有很多种，比如将齿轮浸润在油池中润滑、将润滑油喷涂在齿轮上进行润滑、直接将润滑油膏涂在齿轮上、外部滴油法、使用油槽法等。实施上述方法时，可以使用主动润滑，也可以使用被动润滑。

被动润滑的过程相对简单，但效果有限。新能源传动系统的强度、可靠性、耐久性等要求越来越高，系统需要选择适当的主动润滑方式对传动系进行润滑保护。这是因为：①主动润滑系统能够根据设备的运行状况和润滑需求，自动调节润滑过程（包含用量和使用压力等参数），这样就可以保障齿轮系得到适量的、适当状态的（温度、压力等）润滑剂，这可以优化润滑剂的使用，提升了利用效率；②主动润滑系统利用传感器和控制系统，实时反馈润滑状态,并进行准确润滑调节,确保润滑效果;③可以根据实际使用情况,选择使用主动润滑或被动润滑,对于复杂、精度高、要求高的传动系使用主动润滑策略,而被动润滑方式可以在结构较为简单的驱动减速齿上使用。

6)从分离部件到高度集成化过渡。早期的传动系统基本以拼装为主,即电机、逆变和传动系统各自是分开的。在设计动力总成时,需要将这些部件逐个安装起来,最后装在车架上。随着动力总成系统的要求不断提高,其成本、体积、质量、散热、可靠性等都必须达到更高的标准。因此,定制化的多合一系统应运而生。即设计上述两个或三个系统时,就根据客户的需要组合起来。这样,就可以实现最为优化的结构、最为经济的部件、最为有效的排布和输出参数指标。二合一系统示例如图9-20所示,三合一系统示例如图9-21所示。

图 9-20　鸿创公司电机、逆变二合一系统　　图 9-21　采埃孚电机、逆变、传动三合一系统

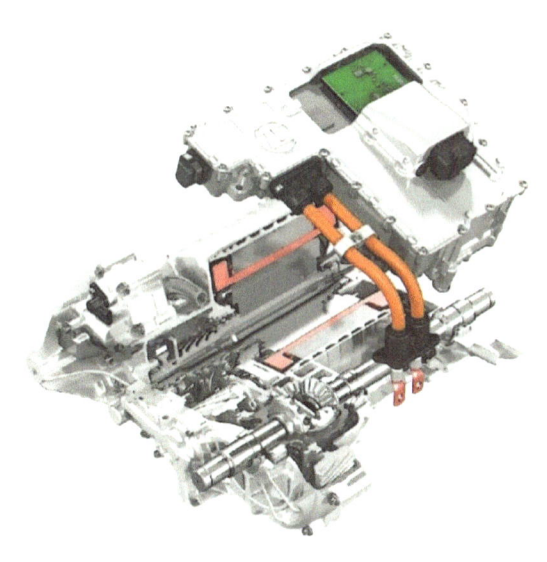

但是,这种客户定制化的多合一产品也有它的局限性,比如,当其中一个部件失效后,几乎整个系统都需要更换,因为很难将其中某一个部分拆下来进行修复;当整车的布局发生变化或适配到其他布局稍有不同的车型时,该产品的3D数模几乎无法像分体结构那样进行更改,所以其适配性受到很大限制。这就需要工程设计团队,在设计开发初期就提前预测、预留出一定的空间,充分考虑到未来可能适配的产品。

高集成度是提升产品性能、提高产品性价比的重要手段,但同时也需要考虑多种不同产品的适配性、维修方便性等指标。如果一款产品只能适配一个车型,那么不但不会起到整合产品应该起到的作用,反而降低了产品的性价比。

7)从单一主减结构向两档或多档结构过渡。由于电机的外特性曲线比发动机要宽广得多,同时考虑到多档位变速器的成本与开发难度,早期的新能源传动系统一般使用单档减速器。利用电机的大转矩和高转速,完成动力输出。由于汽车的速度范围非常大,因此在适配固定档位时,电机的选取往往需要覆盖转矩和转速两个维度,所以通常在功率上会有较大的冗余。而且,在高速行驶时,电机会进入所谓的弱磁阶段,这时电机的效率会下降,所以经济性会有所牺牲。

随着新能源汽车对性能和成本的要求不断增加，添加档位的可能性也大大增加。首先，档位执行机构的成本不断下降，这是因为其使用的结构和自动变速器的结构基本一致，而自动档的数量已经较多，规模效益将成本降了下来；其次，加入档位后，电机的效率提升在一定程度上抵消了由于增加档位的成本支出；最后，由于可以实现换档，上面所说电机功率段适配冗余部分就可以减少甚至去除，这样，电机及其逆变器的整体成本就会下降。所以，新能源多档位传动系统逐渐成为可行性较高的选择。

具体选用多少档位合适，这需要对电机特性、行车工况、成本要求、舒适度要求等综合考虑。对于总质量较小的乘用车来讲，两个档位就可以满足大部分工况需求，两档变速器示例如图9-22所示。但对于总质量较大的商用车，比如重型货车、特种作业车、工程机械等应用，可能就需要更多档位的传动系统，如图9-23所示的美国伊顿的四档变速器，专为重型设备开发。

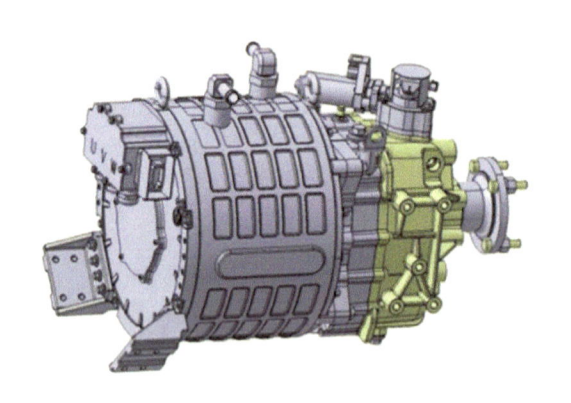

图 9-22　万里扬 2EVA50 新能源两档变速器　　图 9-23　美国伊顿的四档重型变速器

8）电机向高转速发展，配套的传动系也向高速发展。传统发动机的转速一般较低，普通柴油车约4000r/min就进入"红线区"（转速表上的一段红色区域，表示发动机的最大转速限制）；汽油机到7000～8000r/min也会进入"红线区"。所以，传统的传动系统主要适配这样的动力源，其转速通常较低。新能源汽车使用电机作为动力源，电机的速度范围更加宽广，一般驱动电机可以达到10000r/min、15000r/min，甚至18000r/min或更高，这就需要能适应一定转矩下更高的转速。如表9-2所示，丰田普锐斯电机第四代对比第三代，功率减少了7kW，最大转速却从13500r/min提升到了17000r/min。

表 9-2　丰田普锐斯第三、第四代电机参数

参数	丰田普锐斯第三代电机	丰田普锐斯第四代电机
最大功率	60kW	53kW
最大转矩	207N·m	163N·m
最大转速	13500r/min	17000r/min
体积功率密度	1.6kW/kg	1.7kW/kg
质量功率密度	4.8kW/L	5.7kW/L

电机的高转速需求对其轴的精密度和强度、轴承的强度、系统的摩擦、热平衡、润滑系统、密封系统等都提出了较高的要求。

9.4 动力总成向分布式方向发展

提到分布式动力系统，最主要的技术方向就是使用轮毂电机或轮边电机。轮毂电机就是将电机系统集成在轮毂上，形成高集成度的一体化动力车轮。早期的轮毂电机存在振动、噪声、溅水、粉尘、散热、异物碰撞、冷却、簧下质量等问题，经过多年的发展，这些问题被逐渐攻克。

在 2024 年巴黎车展上，英国 Protean Electric 公司联合雷诺推出了其第五代轮毂电机，并准备将其在乘用车和轻型商用车上搭载。目前，这款电机已经在中国天津量产下线，如图 9-24 所示。

图 9-24 英国 Protean 第五代轮毂电机系统

这款电机的定子安装在汽车的轮毂上，外转子构成电机的外部旋转构造，并通过轮毂连接到汽车的车轮上，直接形成旋转运动模式。

这样的设计可以使用标准的车轮轴承作为电机轴承，简化了设计，提高了可靠性，同时节省了成本。因此，电机轴承的强度非常重要，在恶劣的行车环境下，它会严重影响电机原有的气隙结构，同时还会影响电机的密封性能。由于这种电机结构紧凑，因此非常挑战其散热性。Protean 轮毂电机的制动系统是定制的，它和英国制动器公司 Alcon 合作，制造了专为轮毂电机使用的制动系统，如图 9-25 所示。

轮毂电机在整车上的控制和传统的电机联接轴驱动方式不同，由于每个车轮都可以实现独立的驱动，而驱动方式又有多种（加速度、减速度、恒速度、加转矩、减转矩、恒转矩等），因此给适配轮毂电机的车辆带来了更多、更灵活的控制功能。比如，车辆可以实现小转弯角度转向，甚至实现原地转向等。

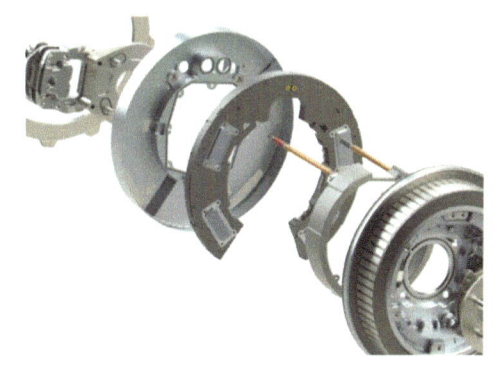

图 9-25 英国 Protean 轮毂电机集成 Alcon 制动系统

轮毂电机是将电机系统集成在原来的汽车轮毂上，这势必会带来一些挑战。虽然像 Protean 这样的多家公司，经历过许多年的努力，在一定程度上解决或减轻了其固有的问题，但对于大多数主机厂来说，其固有的风险，特别是安全方面的风险，还是无法完全消除。因此，多家企业相继推出了轮毂电机的改良版本——轮边电机系统。

轮边电机系统其实就是不将电机直接集成在轮毂上，而是通过齿轮系或传输带实现硬/软连接。电机系统的位置因此就变得非常灵活，可以放在底盘上、底盘下或中间的位置。因此，轮毂电机本身的一些劣势就不复存在了，比如较大的簧下质量、占据原有制动系统的空间位置、难以实现的高效散热、电机不可避开的恶劣工作环境等。

轮边电机系统可以实现轮毂电机系统的绝大部分功能，比如可以实现汽车的原地转圈。图 9-26 所示为比亚迪仰望 U8 的轮边电机系统，可实现原地转圈功能。

图 9-26　比亚迪仰望 U8 的轮边电机系统

分布式驱动系统的驱动模式主要使用的转矩控制技术，即在每个驱动轮上施加计算好的驱动转矩，并进行实时跟踪和调整（需要加入器件自检和形成逻辑自检诊断功能）。

9.5　新能源汽车高电压平台系统

汽车电气化带来的一个结果就是车内用电设备大量增加，使用的电能需求也大量增加。传统的低压电气架构已经越来越吃力，为了更好地迎合高电气化的要求，原有低压系统由原来的 12V（乘用车）和 24V（商用车）有必要扩展到 48V。同时，对于电驱动系统也同样有提升电压的迫切需求，原来的 300V 电压平台、500V～600V 电压平台逐渐向 800V 甚至更高的电压平台升级。这种电压的升级将会直接提升系统效率、节约电能、进而降低成本。但高电压系统也对电磁兼容、电路设计、电力电子元器件、绝缘保护和高电压安全提出了挑战。高压 800V 系统架构示意图如图 9-27 所示。

理论上讲，在功率一定的情况下，系统的电压和电流成反比，即 $P = UI$，如果功率 P 是一个定值（如系统的有效功率），当提升系统电压 U，那么所需的电流 I 就会降低。而电流的降低将会带来电气上的优势。

1）电气上的热损耗 P 和电流的平方成正比，即 $P = I^2R$，因此当系统电阻 R 一定时，电流越小，系统热损耗就越小。而且，这部分损耗随着电流的降低呈指数下降。

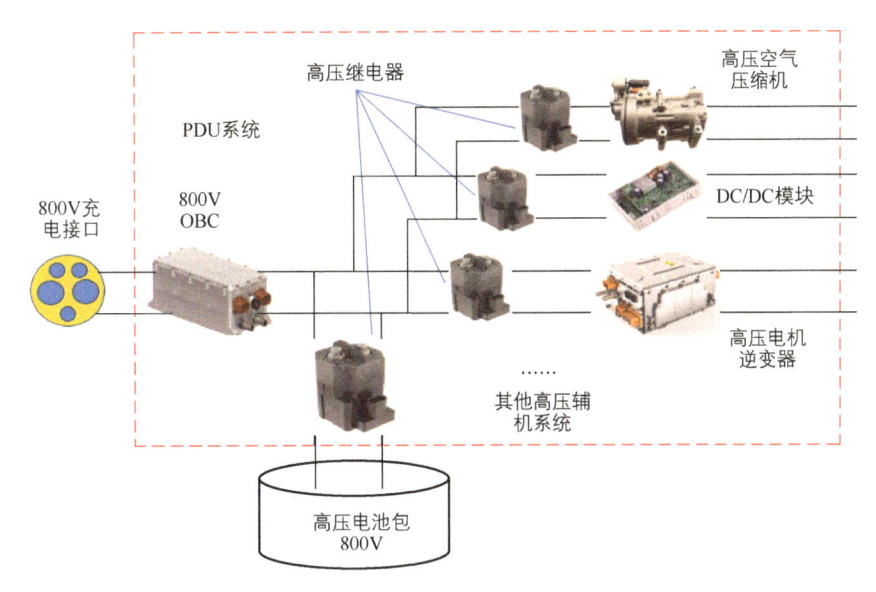

图 9-27 高压 800V 系统架构示意图

2）有效提升系统电流等级安全性。高电流带来的寄生电场贯穿于其流过的电路每个部分，特别在拐点、接触点、焊接点、接地点等位置有较大的热失控风险，而低电流本身就可以降低漏电风险。

3）对于车载和独立充电系统，充电时间缩短，不仅节约时间，还可提高电池寿命。高压充电过程中，由于电流的减小，对电芯的电化学充电冲击可以有效降低，不仅缩短了充电时间，还延长了电芯的使用寿命。

4）可以降低使用元器件的成本。当然，电力电子和相关元件（连接器、铜排、导线等）的电压等级需要提升，但其电流耐受值可以减小，通常元器件的价格和承受电流强相关，因此，总体上可以节约一部分成本。

5）节省的能量可以转化为增加新能源汽车的续驶里程、优化电源成本、减小整车质量、增加续驶里程等优势。

低电压的 48V 系统其实并不是什么核心技术，本书前面有过简单的介绍，主要还是在弱混合动力系统上使用。由于汽车中的电气部件很多，开发商也很多，就出现了规范难以统一的问题。一个使用 48V 系统的主机厂，可能需要它所有的电子电器供应商全部都改用 48V 的部件，如图 9-28 所示。但这不仅仅需要资金、人力、时间的投入，甚至还需要整个行业都进行跟进，否则就会出现一部分主机厂升级，另一部分保留原有设计。供应商自然很难仅仅满足个别主机厂的要求，因为无法从性价比上得到可行性。早期的电压升级导致车里存在两个电压：一个是原有的 12V 或 24V，另一个是升级的 48V。有的供应商可以提供 48V 兼容的电气部件，而不兼容的电气部件仍然使用原有的电压供电。

对于新能源汽车，由于驱动和部分辅机系统使用更高的直流电压，系统就变得更加复杂，甚至出现一个车内有多个电压平台的现象。其实，这种现象的出现既标志着电气架构和标准的进步，又表明行业内仍然无法完全统一电压平台的尴尬局面。结果导致整个电子电气构造变得复杂、难以统一、成本也提高很多（需要 DC/DC 变换器和相应的高电压附件匹配）。图 9-28 就是一种 12V、48V 和高压（可选）兼容的三电压平台系统。

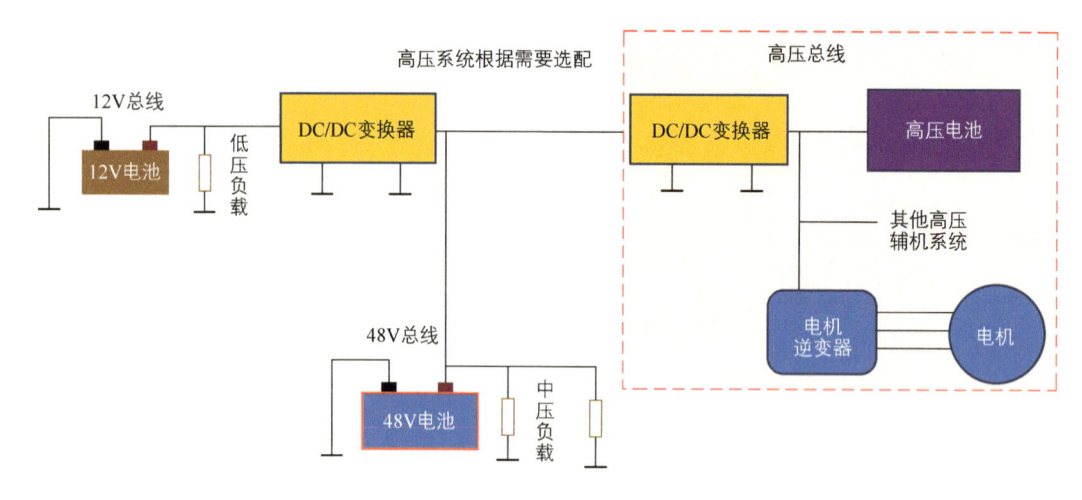

图 9-28　低压 12V、48V 和高压（可选）兼容的三电压平台系统示意图

48V 和 12V 及 24V 的电压平台之争，已经持续了很长的时间，目前谁都无法完全取代另一方。而真正在纯电动汽车上使用 48V 系统的车企，目前只有特斯拉的 Cybertruck，如图 9-29 所示。这是因为特斯拉的产品市场销量足够大，使得头部大多数供应商都愿意或可能专门为这一家主机厂开发其特有的电气部件。

图 9-29　特斯拉 Cybertruck 纯电动汽车

随着电气效率、体积、成本等要求不断提升，电压系统逐渐提升到 500V 平台、800V 平台甚至 1000V 及以上的平台。因此，这对功率半导体器件提出了更高的要求，以第三代半导体 SiC 和 GaN 材料为基础的电力电子技术快速发展起来。

9.6　新能源汽车电机技术的发展方向

新能源汽车对动力系统的要求，可以理解为对电机技术的需求。总体来讲，增加电机输出转矩、减小系统占用空间、优化冷却系统（提高额定功率）、提升电磁抗干扰性能和增强控制精度是电机发展的主要方向。此外，由于稀土的价格和供应存在较大的不确定性，在设计电机时，需要减少对稀土金属的依赖；电力电子架构、功率半导体器件、材料等技术创新也可以提升新能源汽车电机的性能；新能源汽车电机还向着高功率密度、高磁阻转矩、高永磁转矩、高效冷却系统、扁线系统、定子油冷系统、高转速系统、高压系统、低损耗功率器件、更薄和更高硅含量的硅钢片的使用、低涡流永磁体材料等方向发展。

由于使用高电压、输出大转矩等特点，新能源汽车电机系统的高安全可靠性也是其非常重要的发展方向。其电气、电磁兼容性、硬件、软件、结构等应满足高安全性，使用无传感器技术、使用非稀土永磁材料和高磁阻技术的融合技术等。

（1）轴向磁通电机　从结构上讲，轴向磁通电机是新兴的重要电机类型。轴向磁通电机与径向磁通电机相比有许多优势，比如输出功率较大、整体体积较小、重量较小等。轴向磁通电机的磁通与旋转轴平行（径向磁通电机的磁通与旋转轴垂直）。轴向磁通电机可以提供更大的功率，并且其重量更小。轴向磁通电机的分类如图 9-30 所示。

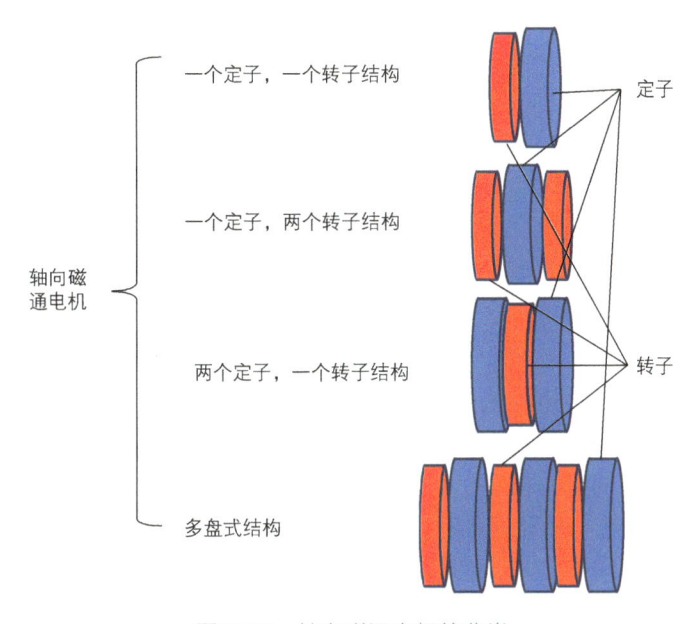

图 9-30　轴向磁通电机的分类

图 9-30 中，一个定子和一个转子的结构由于只利用了一个面，因此并没有利用好定子磁通。但考虑到成本和体积，这种简单的设计也有一定的市场。一个定子两个转子的设计比较流行，如图 9-31 所示，它对磁场的利用率较高，结构也比较适合汽车传动系统使用。两个定子一个转子的结构对转子输出有特殊要求，需要中间穿孔才能实现。而多盘式结构是一种新型的结构，由于厚度和铁损的考虑，通常可以使用 PCB 绕线的概念实现定子结构，如图 9-32 所示。

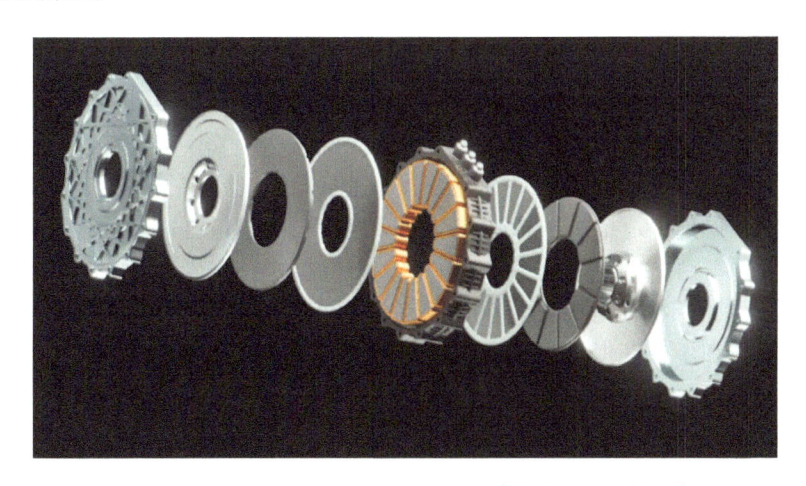

图 9-31　日本 YASA 轴向磁通电机（单定子、双转子）

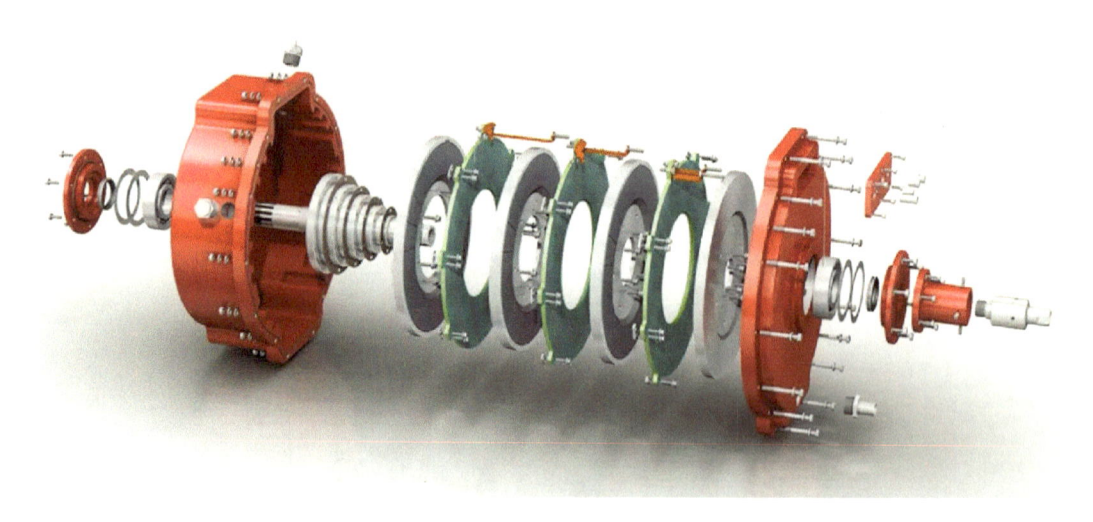

图 9-32 Infinitum 多盘式轴向磁通电机（使用 PCB 线圈）

Infinitum 把定子铁心中所有的铁和铜绕组取出，全部更换为蚀刻了铜导体的印制电路板（PCB）定子，从而推出了比传统轴向磁通电机尺寸更小、质量更小的电机。同时，该设计消除了定子中所有的铁心损耗，如转矩波动、齿槽、定子磁滞和涡流，从而大大提高了效率。另外，轴向磁通电机还有体积更小、更安静、能量和功率密度更大等特点。

轴向磁通电机也有缺点，从结构上看，其中间部分高速旋转，系统散热就是一个棘手的问题。而且，由于其形状为扁平状，因此在一定的热平衡条件下，电机整体体积有一定限制，从而对大功率的应用有一定限制。

轴向磁通电机在电梯和农业机械等固定式应用领域已使用多年，随着市场应用的深入，该技术目前已得到大幅度改进，并应用于电动摩托车、机场集装箱、货车、电动汽车甚至飞机。

（2）轮毂电机　轮毂电机也被称为轮内电机，它既可以是径向磁通电机，也可以是轴向磁通电机。这类电机大多都安装在车轮处。Protean Electric、Elaphe 等公司是轮毂电机的主要倡导者。

轮毂电机在结构上取消了传动轴、半轴、转向节等机械连接，简化了传动系统，显著提升了传动效率，同时节约了底盘空间。

轮毂电机的概念最早可追溯到 1890 年左右，当时出现了第一批直驱和减速构型的轮毂电机专利。1900 年，费迪南德·保时捷博士成功制造出了第一台轮毂电机驱动汽车，虽然他先后制造了两驱、四驱与混合动力系统，但是由于当时的三电技术还不成熟，轮毂电机驱动技术并没有得到广泛推广。1940 年左右，轮毂电机因其自有的灵活性而开始被应用于矿卡等大型特种车辆。直到最近二三十年，轮毂电机才在皮卡、轿车上得到了初步应用。这些应用一方面验证了轮毂电机在分布式控制与效率方面具有巨大的潜力，同时也提出了其主要的应用障碍在于，在保证轮毂电机转矩输出能力与能量转化效率前提下减小质量与体积，即提升转矩密度和在恶劣工况下，其整体系统的安全可靠性问题。图 9-33 展示了轮毂电机的发展过程。

转矩密度是电机应用的关键因素，轮毂电机也不例外，通过设计大直径外转子电磁拓扑结构（增加线圈、极对数等），增加稀土永磁体用量（钕铁硼）和调节永磁体空间分布等手段，轮毂电机转矩密度得到显著提升。随着电机设计软件的成熟以及电机优化方法逐渐普及，多种不同总体构型、电磁拓扑的轮毂电机设计方案得到了发展，电机设计细节得到了优化。

图 9-33　轮毂电机的发展过程

需要指出的是，单方面追求轮毂电机的转矩密度会影响其散热和结构强度。虽然转矩密度在大多数轮毂电机研究中是优先考虑的，但转矩密度与其他设计要求之间的权衡增加了设计难度。轮毂电机面临的主要挑战包括：

① 轮毂电机驱动系统效率与汽车动力性能指标兼顾困难。
② 轮毂电机零件与轮毂结构件集成困难、热源集中、簧下质量大。
③ 轮毂电机批量应用受其转矩密度限制。

轮毂电机和传统电机没有本质的区别，只是其集成安装在轮毂上。轮毂电机在带来一系列好处的同时，也带来了诸多挑战。这种特性，决定了轮毂电机必将优先适配某些车型，而并不能马上实现全部车型的覆盖。

轮毂电机的发展趋势包括新材料的应用、设计优化和结构集成 3 个主要方向：新型材料的使用将使得轮毂电机的性能边界大幅拓展；由电机特性和使用环境的要求来优化最优设计；整体结构的集成性能，将实现电机功能的创新。

随着技术的不断成熟和成本的逐步降低，轮毂电机必将推动汽车产业向更加智能化和个性化的方向发展。

（3）开关磁阻电机　开关磁阻电机（Switched Reluctance Motor，SRM）运用了和电流通路相似的原理，即磁通总是按照磁阻最小路径闭合而产生磁拉力（磁阻最小原理）。开关磁阻电机拥有最典型的定转子双凸极结构。SRM 的转子为电工钢做成，没有绕组；其定子通常使用集中绕组；而其转矩类型是磁阻转矩，并不存在永磁转矩。其结构可以是内转子结构，也可以是外转子结构，如图 9-34 所示。

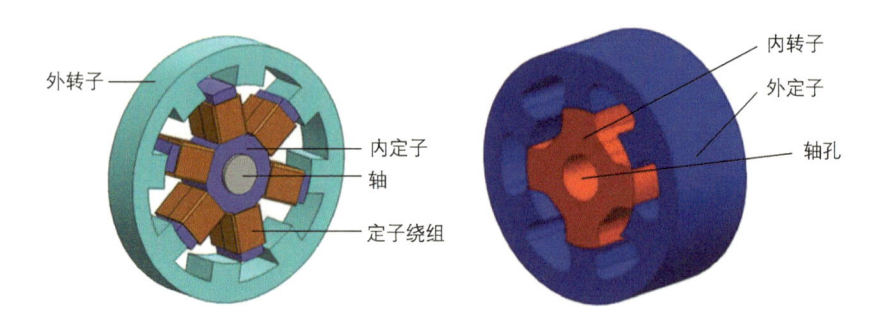

图 9-34 外转子和内转子开关磁阻电机示意图

开关磁阻电机诞生于 20 世纪 80 年代，至今仅 40 多年，它是一种新型同步电机。这种电机的调速系统兼具直流、交流两类调速系统的优点，是继变频调速系统、无刷直流电机调速系统之后的新一代无级调速系统。

SRM 的结构简单、控制方便、维护方便，起动及低速时转矩大、电流小；其高速恒功率区的范围宽、调速范围广；在宽转速和功率范围内，具有较高的转矩输出并能保持较高的整体效率。SRM 的定、转子的凸极均由普通硅钢片叠压而成，转子既无绕组也无永磁体，因此其成本非常低。开关磁阻电机的结构实物图如图 9-35 所示。

由于其结构特点，开关磁阻电机传动系统综合了感应电机传动系统和直流电电机传动系统的优点，其主要优点如下：

① 电机结构简单、成本低、转子仅由硅钢片叠压而成（可工作于极高转速）、定子绕组为集中绕组（性价比高）；由于部件较少，因此整机可靠性高，可以适配各种恶劣环境。

② 转矩方向与相电流方向无关，从而可以减少功率变换器的开关器件数量，进而降低系统成本。

图 9-35 开关磁阻电机的结构实物图

③ 由于功率变换器中间为绕组，因此不会出现直通故障，无须四驱控制，可靠性高。

④ 起动转矩大、低速性能好。

⑤ 调速范围宽、控制灵活。

⑥ 电机整体效率较高。

开关磁阻电机由于其本身的设计特性，存在如下缺点：

① 转矩脉动较大。由于双凸极结构和磁路饱和非线性的影响，合成转矩不是恒定转矩，而有一定的谐波分量，影响了电机低速运行性能。

② 较高的转矩脉动，必然带来较高的系统噪声与振动。

③ 控制部分需要克服等效电感的非线性特征，因此相对比较复杂。

开关磁阻电机的优点和缺点都非常明显，对于乘用车而言，转矩脉动引起的噪声与振动无法达到客户的要求，因此无法大规模应用。但是，其较高的性价比和低转速下较高的输出特性，使得其在商用车领域广泛应用，如图 9-36 所示。

图 9-36　深蓝动力轮边喷浆车使用开关磁阻电机系统

（4）同步磁阻电机　由于开关磁阻电机显式凸极的特征，因此其高速时 NVH 性能下降。为了降低显式凸极的负面效应，出现了同步磁阻电机。虽然它也使用等效凸极技术，但是在结构上，它使用的是隐式凸极技术。多层磁障的同步磁阻电机如图 9-37 所示。

图 9-37　多层磁障的同步磁阻电机

由于同步磁阻电机的突出特性，它已成为汽车行业中小型电动汽车细分市场的一种极具吸引力的电机类型。与其他驱动电机相比，它能提供更大的转矩，同时由于空气屏障，凸极效应较强，可以提高输出转矩并提升动态响应特性。

同步磁阻电机的等效凸极是利用内切空气隙而等效形成的。其外形是圆形，在 d 轴方向挖出多层磁障，由于空气的磁障按空间分布到 q 轴并缩小，因此在 q 轴的等效电感 L_q 和 d 轴的等效电感 L_d 就不相同。这两个等效电感的差值，就形成了磁阻转矩的基础。为了使输出效果最优，同步磁阻电机通常会制造出更深层的磁障，这样就可以得到更大的磁阻转矩。但是，这种隐式凸极比也不能做得太大，原因是转子需要带有一定的载荷能力，同时需要在高转速下运行，其强度本身就有较高的要求。另外，过于细碎化的 q 轴，也会大幅降低其等效电感值，这也使得最终的磁阻效应有所下降。目前，业界使用较多的为 5 层磁障以内。

和开关磁阻电机相比，同步磁阻电机的转子外围是连续圆形。这对外形非常敏感的磁阻电机非常重要，因为圆形的加工相对简单，也容易保持一致性，这就解决了因为加工的差异造成的磁阻外形的变化而产生的转矩波动。同时，圆形外延通过连接和表面张力的作用，对于局部的变形（高速旋转、局部发热、材料不均等）会起到抑制作用，这样也会有效减小最终的转矩质量。但如前所述，这种结构在最深磁阻能力方面受到q轴碎磁特性、电机带载特性及强度要求等，其最大的磁阻特性有限制。而且，由于其内挖式磁阻的形状通常难以保证光滑性，其非线性特性形成的等效电感波动较大，在电机控制时，通常需要做观察器认知和补偿器补偿才能实现小且平稳的转矩输出。

（5）永磁助磁式同步磁阻电机　对于同步磁阻电机，如果给形成的空气磁阻内加上永磁体，这样就既可以得到磁阻部分的转矩，又可以得到永磁部分的转矩，这种电机就是永磁助磁式同步磁阻电机。从它的名字可以看出，其永磁部分的主要功能是助磁或优化磁路，而其重要的转矩来源还是磁阻部分。永磁助磁式同步磁阻电机的转子结构如图9-38所示。

图9-38　永磁助磁式同步磁阻电机的转子结构

在本书前面的电机章节中，曾经介绍过一种嵌入式永磁电机（IPM）。它也是将永磁体嵌入到转子内，而其输出存在永磁体和磁阻两个部分。其实，这两种技术路线的基本原理完全一致，只是其主要转矩产生的来源正好相反，IPM的主要转矩来自永磁体，而永磁助磁式同步磁阻电机的主要转矩来自磁阻部分。

为什么会出现这两种电机呢？其中一个原因在于永磁体的选择和成本。从早期的铝镍钴到铁氧体永磁体，再到钐钴和钕铁硼永磁体。在这个发展历程中，随着永磁体强度的不断创新，在汽车电机中，大家几乎都关注于钕铁硼为永磁体的IPM。但随着稀土的用量不断加大，以及其在其他领域的广泛应用（航空航天、医疗、军事等），国家对稀土实施了管控。我国是世界钕铁硼产量大国，但是，稀土一直以来都卖成了土的价格。这就导致，我们国家的宝贵资源大量低价流失。于是，国家对钕铁硼这类材料进行了管控，随之而来的就是这种价格的飞速上涨。也正是这个原因，使用较低特性的硬磁性材料替代稀土永磁体成为业界的共识。

但是，到目前为止，还没有发现可以替代钕铁硼的磁性材料。于是，电机工程设计人员又回到永磁电机的本体设计中，使用铁氧体或钐铁氮等较低磁性永磁材料的同时，加大电机的磁阻部分转矩输出，力求能够补偿（或部分补偿）永磁材料的性能下降。

因此，这种永磁助磁式同步磁阻电机就出现了（其技术早就存在，只是一直没有产业化的需求）。由于它也是内永磁电机和同步磁阻电机转子的组合（和IPM一样），因此它在低速和高速高效电动汽车应用中实现了更理想的特性。

同步磁阻电机的优缺点，永磁助磁式同步磁阻电机也基本具有，但它们不同的是，永磁助磁式同步磁阻电机在低速时有一定的永磁转矩存在，因此效率较高。但是，由于使用大多为铁氧体材料作为永磁体，因此其磁阻性能降低，使得整个电机的磁阻效果减弱。为了提升电机整体特性，出现了多种混合磁结构，用以弥补这种电机自身的不足。当然，使用铁氧体也并不是只有缺点，比如，铁氧体材料的内禀矫顽力温度特性曲线为正向，温度升高，其退磁特性不下降；其剩磁小使得反电动势在相同速度下也较小，需要弱磁的能量损耗也小（当然，其反向磁化的退磁特性也较差）。

特斯拉 Model 3 使用永磁助磁式同步磁阻电机，并且采用分段式磁铁技术。整个磁铁进行了分段，共由 4 个部分组成。这种结构有助于减少涡流，降低磁铁的磁滞损耗和过热的风险。同时，由于磁性物质通常脆性较强，因此分段式可以保障高速带载的情况下，磁体不会碎裂而影响其性能。

（6）条幅电机　条幅电机使用磁铁物质较多，大多是铁氧体结构。永磁体以电机中心为圆心，呈发射状，就像自行车的条幅一样，因此叫作条幅电机，如图 9-39 所示。由于条幅电机成本较低，因此通常使用在低速两轮车、三轮车和电动高尔夫球车等成本较为敏感的应用中。

需要强调的一点是，条幅电机的等效电感 L_d 和 L_q 与 IPM 的正好相反，控制时需要注意。

（7）双转子电机　如果将两个电机融合成一个单元，创造出一种紧凑的架构，节能的同时拥有高转矩的特征。这就是双转子电机。从图 9-40 可以看出，双转子电机拥有一个定子，外圈有一个外转子，内圈有一个内转子。一套线圈产生的磁场作用于内外两个转子上，形成了双转子电机结构。

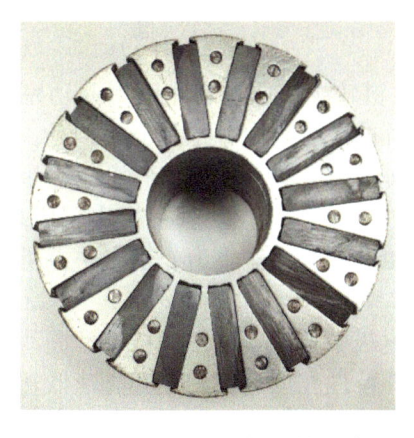

图 9-39　一种条幅电机的转子结构　　图 9-40　双转子电机示意图

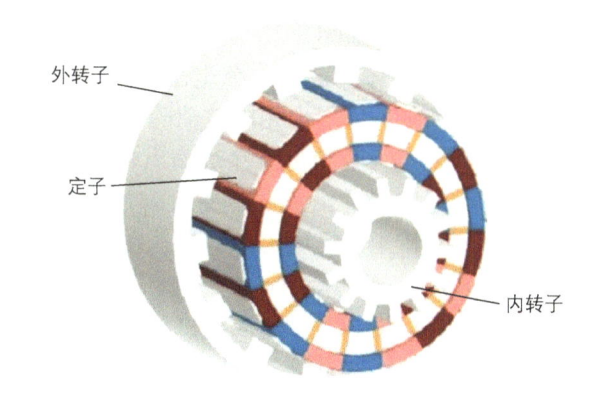

在传统电机中，定子可以驱动内部或外部的一个配对转子。而在双转子概念中，定子可以同时驱动两个转子。这种结构不仅紧凑，还具有轻量化的特点，可以放置在轮毂内部，形成轮毂电机，这意味着每个轮胎都有自己的电机，从而可以形成轻量化的四电机驱动。同时，这项技术也可以用在传统的集中式驱动系统上，中央电机组为车辆提供动力。如图 9-41 所示，DeepDrive 公司根据市场需要，开发出了轴向和径向两种双转子电机。

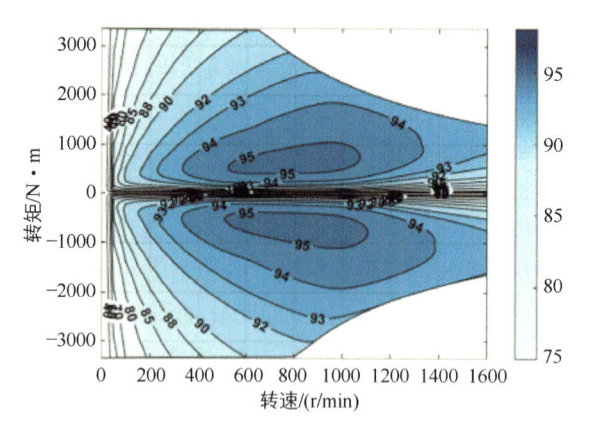

a) 轴向双转子电机实物图及其效率图

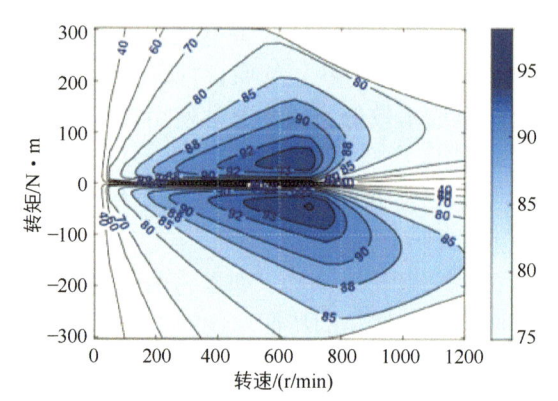

b) 径向双转子电机实物图及其效率图

图 9-41　DeepDrive 公司开发的轴向和径向双转子电机及其效率图

由于定子的轭部被另一个定子替代，因此其用料较少、质量较小，因此功率密度较大。同时，轭部的铁损也相应被消除，使得电机系统的效率也得到了提升。但是，双转子电机也有其缺点，其结构特性对输出转矩的精度要求更高，在 NVH 方面也存在潜在问题更大；双转子的设计由于定子绕组放置于两个转子中间，对定子热管理提出了更高挑战。总体来讲，双转子电机优劣势明显，在其适应的领域有较强的竞争力，是未来电机技术发展的重要方向。

（8）可变极电机　可变极电机利用电机在不同电极数情况下的不同外特性曲线，根据目前的工况条件，通过改变电极的极对数，使得其外特性在低速大转矩和高速低转矩的特性中间来回变换，从而实现无须使用变速系统就可以实现变转矩、变转速的工况适配特性。可变极电机外特性的示意图如图 9-42 所示。

从图 9-42a 可知，当电极的极对数为 8 时，其外特性是高低速转矩，但转速受限；而当电极的极对数为 2 时，其低速转矩受限，但转速特性提高。由于通常新能源汽车的电机也是低速大转矩和高速小转矩，设计者就可以根据驾驶循环工况，适配出合适的电机本体，并通过改变电极（可以通过电控技术实现绕线的连接变换从而实现电极的变换），从而改变电极的输出特性。从图 9-42b 可以看出，电极的输出特性比原来单一结构得到了扩展。

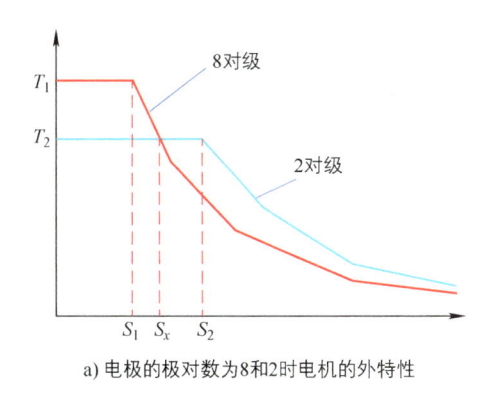

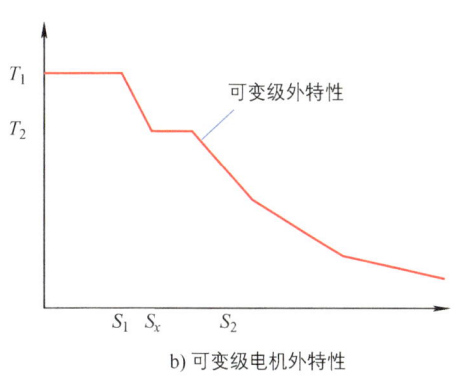

a) 电极的极对数为8和2时电机的外特性　　　　b) 可变级电机外特性

图 9-42　可变极电机外特性的示意图

（9）非对称磁钢布置　除了上面介绍的多种电机外，电机内部的一些结构性优化和调整，也可以较大地提升电机本体的特性，比如非对称磁钢布置，如图 9-43 所示。

目前新能源汽车所用的永磁同步电机大多都是磁钢对称布置，磁钢对称布置的优点包括：使用的磁钢种类少，降低了制造难度；

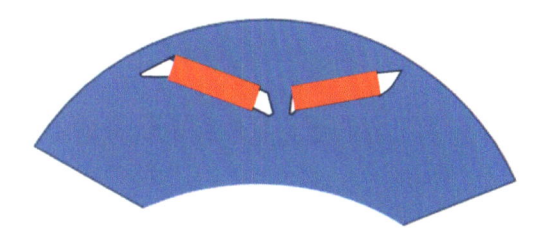

图 9-43　非对称磁钢布置示意图

对称性分布可以有效提升电机的动平衡特性。但是对称布置的气隙磁密通常不是光滑的正弦曲线，因此，考虑使用非对称磁钢布置。非对称性可以通过两种方法实现：第一种方法是采用隔磁桥实现非对称性；第二种方法是利用磁钢本身实现非对称性。非对称磁钢的设计使得电机效率和 NVH 水平都有所提升。其缺点是动平衡性较差。因此，在电机设计时需要综合考虑。

（10）混合磁钢布置　混合磁钢技术有两个主要的技术路线方向：

1）将永磁体材料进行物理化学混合，形成性价比更高的新型材料，比如使用铁氧体与钕铁硼混合材料的永磁同步电机，这种磁钢就可以叫作混合磁钢。这种方案的主要目的是消除铁氧体内禀矫顽力和剩磁不足的特点，通过增加铁氧体当量的方式，减少钕铁硼的使用以降低成本。但是这种混合材料形成的电机功率密度不会很高，一般可以考虑用在 A0 等级别的小型车上。

2）同时使用多种磁钢，通过对每种磁钢特性的了解，优化分布在转子上，形成整体的最佳输出效果。例如，使用 U 一结构的磁钢时，一型磁钢离空气隙较近，为了增加永磁效果，可以使用一层较薄的钕铁硼材料。而 U 形结构体主要提供聚磁、磁链优化、增加磁阻等功能，因此可以使用较厚的铁氧体材料。剩下的 1~2 层可以直接保留磁阻部分，这样就可以充分利用稀土永磁的强磁性、铁氧体的低成本和有效磁阻部分，形成性价比较高的总体磁场特性。

对于磁钢的形状特征，最好可以使用 C 形结构，如图 9-44 所示。这种结构可以有效形成光滑的磁链特征，减小谐波带来的 NVH 和效率问题。但是这种结构对生产制造的要求较高，需要注塑磁这样的技术。同时，对于磁钢深度、磁钢宽度、磁钢厚度和磁钢间隔都需要进行仿真研究，寻找最佳设计拓扑，特别需要注意磁钢和硅钢片的磁饱和特性的影响。

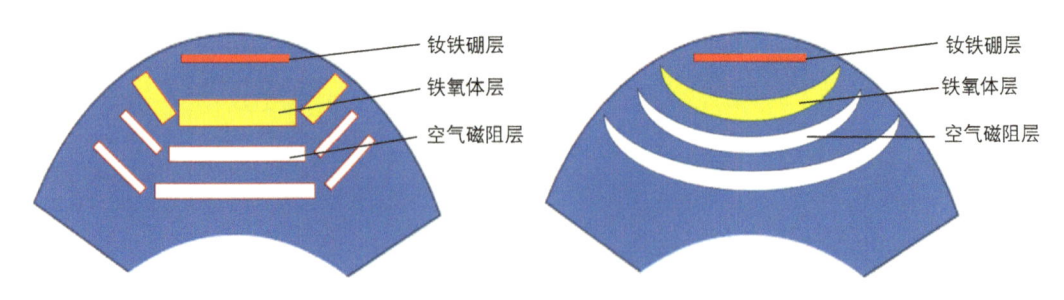

图 9-44 不同磁材组合成 U 和 C 形混合磁钢示意图

较为复杂的磁钢和磁阻配置，特别是包含空间配置的复杂性，势必会带来永磁磁链、磁阻磁链的大量非线性特征。如果不能在控制软件上加以调整，这些非线性特征就会形成大量的高阶谐波，从而导致输出转矩的畸变，进而会导致效率降低、振动和噪声增大等问题。因此，有效优化这些非线性特性（使用光滑曲面、降低低阶波形幅度等），同时需要在电机控制里加入更多的算法进行识别和补偿。

磁钢布置的优化是驱动电机性能提升的重要途径。从一字形到 V、U 形，再到双层 U+1、V+1 形等，每一次的变革都带来了电机性能的显著提升。未来，随着新能源汽车市场的不断发展和技术的不断进步，磁钢布置的设计将更加多样化，非对称磁钢和混合磁钢等新型布置方式将为电动汽车的驱动电机带来更加卓越的性能表现。然而，这些新型布置方式也带来了新的挑战，如动平衡问题和制造难度等，需要科研人员在设计过程中进行综合考虑和权衡。相信在不久的将来，磁钢布置的优化将为新能源汽车的普及和发展注入新的活力。

（11）非晶电机材料　玻璃是一种流体结构而非晶体结构，那么有这种特质的非晶合金金属（也被称为液态金属或金属玻璃）也就有类似玻璃的特征。这种新型软磁材料主要包含铁、硅、硼等元素，其形成的晶体结构有较强的韧性和恢复性，如图 9-45 所示。

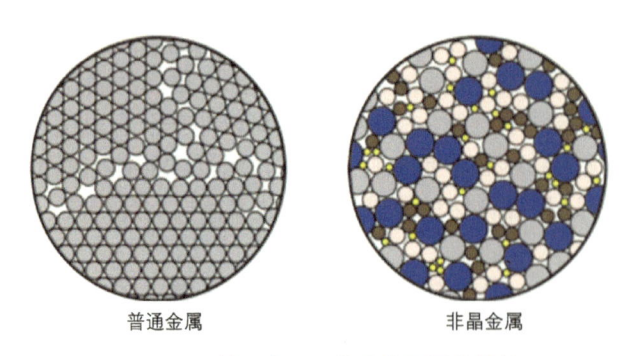

图 9-45　普通金属和非晶金属晶格特性

非晶合金的结构通常是通过生产工艺形成的，即使用急速冷却的工艺技术，在合金体内形成约 0.03mm 厚度的非晶合金薄带。由于其流体的特性，这种材料具有低矫顽力、高磁导率和高电阻率等优点。如果用在电机的定转子电工钢上，可以降低电工钢的磁滞损耗、涡流损耗等，非常适合中低频领域的电机应用和电能传输。

但是，非晶材料的成本比传统金属高，因此需要综合考量其成本的增加和所带来的性能提升。目前，大多数非晶电工钢电机还只是样机或高端适配，离规模产业化还有一段距离。

9.7 新能源汽车电池技术的发展方向

（1）固态电池技术　固态电池指的是电池中使用的电解液是固态的。一般来讲，离子电池中的液态电解液成分通常需要达到20%以上，而固态电池中的液态电解液成分应该为0%。固态电池和传统离子电池相比，液态电解液和横膈膜都可以省去。同时，由于固态电解质的刚性，可以使用活泼金属作为阳极，这样在发生还原反应时，电极上的金属枝晶不会混乱增长，从而提高了电池的性能。由于其电解液的特性，固态电池具有安全性高、稳定性好、能量密度高等显著优势。图9-46展示了液态电解质电池和固态电解质电池的基本内部构造。

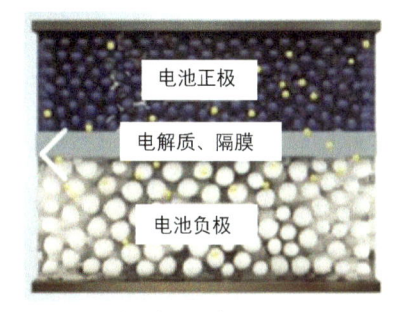

a) 液态电解质电池 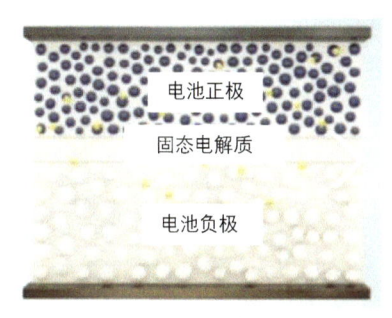　　　b) 固态电解质电池

图 9-46　液态电解质电池和固态电解质电池

2024年，我国固态电池取得了显著的发展，目前其能量密度普遍超过330W·h/kg，电池系统级的能量密度可以达到250W·h/kg以上。但同时，固态电池的高成本、较低的离子迁移特性还需要得到进一步的解决。因此，出现了半固态电池技术，即电解液中一部分为固态，而另一部分还是保持液态。图9-47所示为日本日立公司开发出的全固态锂离子电池。

固态电池技术根据其固态电解质的不同，目前主要有3种技术路线：氧化物技术路线、硫化物技术路线和聚合物技术路线。其中，聚合物属于有机物电解质路线，而另外两种属于无机物电解质路线。其中，最容易实现的是聚合物固态电池，氧化物固态电池目前是主流，但性能和性价比前景最好的是硫化物固态电池技术。

图 9-47　日本日立公司全固态锂离子电池

1）聚合物固态电池由有机聚合物和锂盐构成，质量较小，有较好的加工性，由于其界面阻抗低，现有设备简单改造即可实现生产，因此可以极大降低成本。但聚合物本身的不导电性使其离子电导率下降，因此电芯的能量密度低。最早商业化的就是这条路线，但应用领域受到上述问题的制约。

2）氧化物固态电池的电解质由无机氧化物构成。因此，其热稳定性高、电化学性能和机械性能强，但无机氧化物的刚性大，且孔隙较大，这会影响有效反应界面面积，进而影响其电导率。目前，业界利用其刚性特征加液态电解质做成半固态电池。但是这种中间态电池结构还是无法改变能量密度的下降。氧化物路线成本相对较低,而且可以形成较高性价比(但对能量密度不作极致追求)的半固态路线,所以在电池界进展最快。

3)硫化物固态电池使用硫化物固态电解质。由于硫化物离子电导率高,因此和氧化物相比,其柔性强,但由于硫化物的化学稳定性差,使得其生产工艺难度大、成本高。即便如此,由于硫化物电解质可以达到的能量密度最高,因此被认为是固态电池未来发展的方向。

(2)钠离子电池技术　锂离子的成本较高、活性较强、可控性较差。因此,对于比功率参数要求并不太高的一些领域(比如储能),出现了钠离子电池。这种电池用钠离子替代锂离子形成原电池,虽然钠金属的电负性和分子质量都相对较弱,但由于其成本较低,也在一些场景有较高的适配性。图9-48所示为锂离子电池和钠离子电池的内部构造。

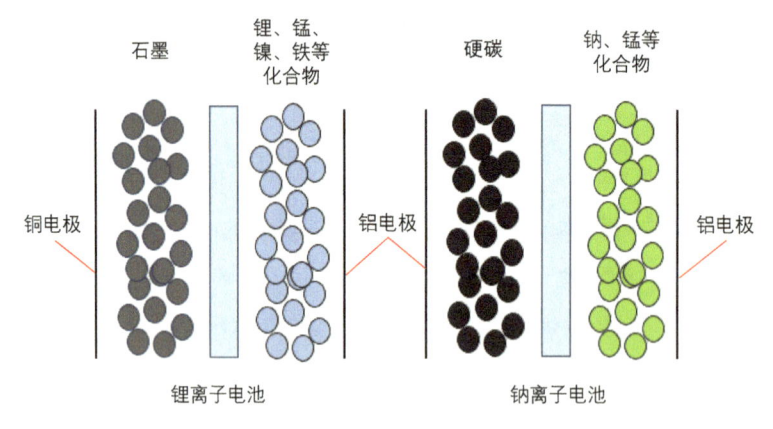

图 9-48　锂离子电池和钠离子电池内部构造示意图

另外,对于钠离子电池中的正负极、隔膜、电解质、架构(全极耳设计)、电池管理系统等各个领域都有进一步的研究,主要目的是实现高充放电特性、高效率、低冒烟爆炸风险、强高低温适应性、低材料和工艺成本以及长寿命等特点。

(3)燃料电池技术　燃料电池中的燃料有较多的选择,包括纯氢气、甲醇、乙醇、天然气(醇、烷等混合气体),甚至分子链非常长的汽油,都可以作为燃料。所以,燃料电池技术可以向着多种能源结构发展。其中,直接甲烷燃料电池有较强的使用成本优势。酸性电解液甲烷燃料电池反应示意图如图9-49所示。

这种直接使用甲烷和氧气反应的电池,其电化学反应式是甲烷在碱性或酸性电解质中和氧气反应,生成碳酸盐和水,见式(9-1)。简单说明一下,输入反应物本身含有两个水分子,总体反应输出4个水分子含有这2个水分子,所以反应等式是成立的。由于甲烷本身带有4个氢离

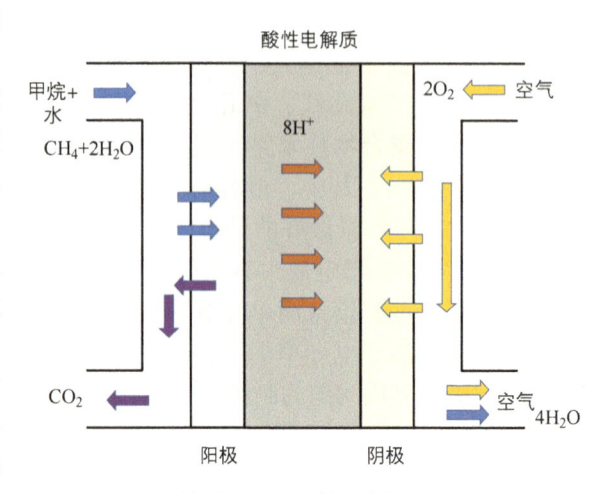

图 9-49　酸性电解液甲烷燃料电池反应示意图

子，所以化学反应是在负极和氢氧根离子进行（碱性介质），而正极由氧和水形成氢氧根离子。

$$CH_4 + 2O_2 = 2H_2O + CO_2 \quad (9\text{-}1)$$

$$CH_3OH + 1.5O_2 = 2H_2O + CO_2 \quad (9\text{-}2)$$

还有一种燃料电池是直接使用甲醇和氧气发生反应，如图 9-50 所示，同样是生成水和二氧化碳，见式（9-2）。甲醇比甲烷多一个氧原子，所以反应物中的氧气需求量就减少一个氧原子。由于甲醇和甲烷英文的第一个字母都是 M（Methanol 和 Methane），因此都可以叫作 DMFC（Direct Methane/Methanol Fuel Cell），但需要区分它们的不同。甲醇是液态的，其存储的密度较高；而甲烷是气态的，其反应需要氢氧根，所以，直接甲烷燃料电池通常使用的是甲烷的水溶液。直接甲醇燃料电池 DMFC 反应示意图如图 9-50 所示。

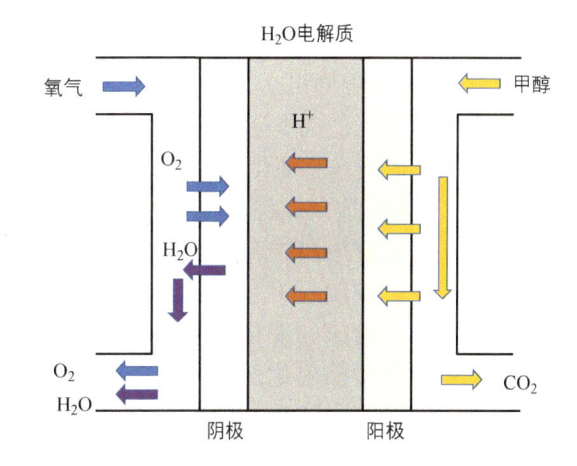

图 9-50 直接甲醇燃料电池 DMFC 反应示意图

利用烷类、醇类等有机物为燃料的燃料电池系统，其反应的产物一般为 H_2O 和 CO_2。如果使用的燃料本身由自然产生，即其中的碳并非由人工产生，则这种燃料电池发电后产生的产物 CO_2 就不算新增碳排放。这种燃料电池就可以称为"碳中和为零"的系统，符合我们国家提倡的"双碳"目标。甲醇还可以经过重组技术形成氢气和 PEM 燃料电池反应，但燃料电池使用的还是氢气（本书前面介绍的 PEM 技术），因此不能算作真正的直接利用甲醇发生电化学反应，但也可以称为绿氢技术，同样符合我国的"双碳"目标。

除了使用多种可替代燃料外，燃料电池本身的技术也有较为明确的发展方向，例如：

1）高温 PEM 技术：将液态水产物保持为气态，可以降低水控的难度，但需要大幅提升质子膜的保湿性能。美国 Advent Technologies 公司生产的高温膜电极如图 9-51 所示。

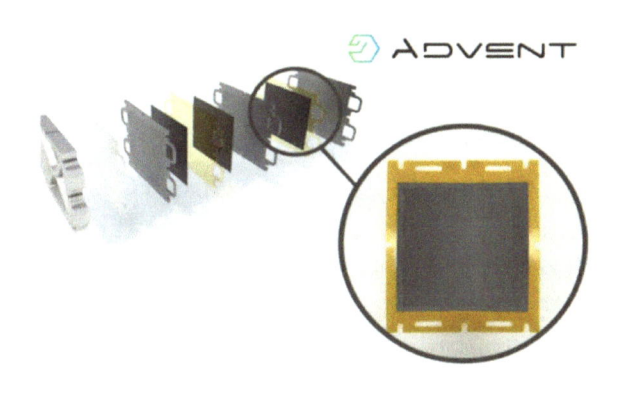

图 9-51 美国 Advent Technologies 公司的高温膜电极

2）高功率 PEM 技术：利用高分子技术，形成化学稳定性、物理稳定性都较强的质子膜。这样通过降低膜的厚度，可以提高整体电芯的功率和能量密度。另外，为了更高地提升功率密度，还需要对催化剂载量、反应界面的高效分布、气体扩散层制备、亲/疏水特性等多种因素进行优化。因此，这是一种技术、材料、工程、设备等都关联的系统工程。

3）高效催化剂和低成本催化剂技术：催化剂成本是决定 PEM 燃料电池技术能否实现规模化的重要因素，因此，提高催化效果、降低催化剂成本是关键。目前，业界使用纳米技术将 PTC 做到更有效的空间分布，实现更大的有效比表面积。一般的还原剂铂金载量可以很低（5% 以上即可），但燃料电池的铂载量要求较高，一般需要达到 20%。这样，不但制造工艺难度大，成本还高居不下。所以，有一个技术方向是提高铂金的有效反应分布空间，利用纳米技术和催化剂涂层膜（Catalyst Coated Membrane，CCM）或各向同性（第三代 MEA 工艺）技术，将催化剂在反应界面高效地分布，使得反应效果提高。但是，2～5nm 的铂金颗粒有很强的表面力，非常容易团聚，形成较大的颗粒降低催化效果。因此需要在设备、环境控制、工装工艺过程进行提升，以适应低铂载量、高效能催化剂的需求。另外，还可以将打碎的催化剂金属物形变，使其有效反应面积加大（如变成扁圆形）。最后，还可以使用多晶催化剂，将贵金属和贱金属催化剂有效结合，提高催化剂的性价比。高效的金属表面改性技术，可以提高 BPP 的导电、导热特性，同时提高其强度、韧性和抗腐蚀特性，使燃料电池堆的整体特性提升。

4）非贵金属催化技术：近期非贵金属催化技术的发展较快，特别是镍基催化剂得到各方研究单位的重视。表 9-3 列举了多种镍基催化剂在碱性离子交换膜燃料电池（Anion Exchange Membrane Fuel Cell，AEMFC）中的催化效果。

表 9-3　镍基催化剂在 AEMFC 中的催化效果

催化剂	在过电位 η = 50mV 时的质量活性 /（mA/mg）	电流密度 $J_{0,\ ECSA}$/（μA/cm^2）
Ni-H-NH$_3$	59.2	70
Ni-NH$_3$	12.7	20
Ni-H$_2$	0.8	18
Ni$_3$N/C	24.4	14
CeO$_2$(r)-Ni/C-1	12.3	38
Ni/N-CNT	9.3	28
Np-Ni$_3$N	29.8	—

5）低温单体固体氧化物燃料电池（Solid Oxide Fuel Cell，SOFC）系统：由于 SOFC 不使用贵金属催化剂，因此其成本有天然优势。但根据阿伦尼乌斯化学动力学原理，其反应温度必须足够高才能使反应持续。使用更有效的催化金属组合（铱、锆、镍、钛等），在不大幅增加成本的同时，有效降低其反应温度，可以让 SOFC 得到更广泛的应用；并能有效解决碱性燃料电池的电解液浓度变化、容易钙化等缺点，延长电池的使用寿命。其他各个种类的燃料电池也都有各自的发展方向，感兴趣的读者可自行查阅相关资料。

6）储氢技术：由于氢分子量最小、分子体积最小，因此储氢技术有较大的挑战，除了原有的高压储氢（已经达到 70MPa 四代储氢瓶技术）和液态储氢（需要降温到 −253℃）外，金属储氢（镁合金等）和生物质储氢技术也得到了快速的发展。金属储氢主要依靠化学吸附作用，其原理是利用特定材料（如金属有机框架 MOFs、碳纳米管等）表面力的相互作用吸附氢分子，或是利用合金与氢反应生成较为稳定的金属氢化物，这种储氢方式通常需要外加条件才能释放氢气（加热和/或加催化剂）。固态储氢安全性好，有较高的储氢效率，但是目前开发的技术成本较高，释放氢气时还需要附加条件，使其使用方便性变差。还有一种技术是使用有机液态氢载体（Liq LOHCs），这些载体可以在适合的条件下吸释氢气，达到储氢、运氢的目的。由于无须高压、低温等条件，因此提高了使用的安全便利性。但使用成本、转化效率和循环稳定性等方面还存在问题。表9-4展示了不同储氢技术路线的比较。

表9-4 不同储氢技术路线优劣势比较

储氢技术路线	优势	劣势
高压储氢	成熟度高 类型较完善 成本下降快	对设备要求高 体积密度低 储存和运输的安全性要求高
液态储氢	体积密度高 加注、运输便捷	低温 −253℃需要高能耗 储存、运输均需高能耗 使用设备要求高
金属储氢	使用安全性高 储存密度较高	适配金属成本较高（纳米级） 能量密度较低 存放需要额外能量 使用效果（速度）较慢
有机液态储氢	使用安全性高 储存密度较高 储运方便	需要使用催化剂，增加成本 脱氢需要高温，不方便 本身技术成熟度较低

9.8 第三代半导体技术

上面所列出的可控器件大都使用半导体材料，它们介于导体和绝缘体之间。半导体经过了三代的演变，从第一代的元素半导体（锑、砷、硼、碳、锗、硒、硅、硫和碲），其中硅和锗是应用最广泛的元素半导体，由于硅的成本等优势，后来一支独大成为主流；到第二代的化合物半导体材料，比如砷化镓、磷化镓、锑化铟和大多数金属氧化物等化合物等，主要应用在高速、高频、大功率半导体器件及发光电子元件等，和4G为主的通信领域。需要指出的是砷元素是剧毒物质，许多领域已经禁止使用；再到第三代的碳化硅（SiC）、氮化镓（GaN）、金刚石（空间立体C晶体）和氧化锌（ZnO）等。随着成键电子的禁带宽度逐渐升高，可以使得最终器件的耐高压（硅基材料在600V左右达到极限）、高频（5G的应用）、高温、损耗等特性有所提升。需要指出的是，并不是高代的半导体就一定比低代的半导体好，只是它们的特征不同，适用的领域和范围也不同。目前，第一代硅基的半导体材料由于其广泛的适用性和极高的性价比，仍然是使用量最大的半导体材料。第三代半导体由于其高压、高温、高频的特点突出，在汽车功率半导体器件领域引起广泛的关注。

可控器件是电力电子重要的实现手段，本书上面介绍的许多元器件都是可控器件（如MOSFET、IGBT等），有些半可控器件已经不再使用了（如晶闸管等）。实现半导体可控的方法，通常是在基极材料中掺杂P型材料（如硼等三价物质）和N型材料（如磷等五价物质），在交界处形成多空穴和多电子载流子的 PN 结（又扩散形成电压差）。由控制 PN（雪崩击穿而不是热击穿）击穿形成电路导通，或由门极电压控制形成 P 或 N 型沟道，在源极和漏极形成控制导通，实现开关器件的可控性。

碳化硅（SiC）技术是硅石、碳、木屑、工业盐作为合成原料，在电阻炉中加热反应合成。这种物质的长晶时间长、速度非常慢，不容易制取。但碳化硅器件的性能优势也比较突出：

1）高禁带宽度带来高击穿电场。电击穿的电场强度决定其绝缘性，一旦发生电击穿，材料就会导通击穿而无法使用。高击穿电场材料导通损耗小、发热少、效率更高。

2）高禁带宽度可以耐受高温。更大的禁带宽度，可以保证材料在高温下，电子不易发生跃迁，本征激发弱，从而可以耐受更高的工作温度和电压以及更低的导通损耗。

3）SiC 基相比 Si 基拥有更大的电子漂移速率。载流子在晶格中可以较快的速度移动，使得高频特性更优。碳化硅基材的电子饱和漂移速率是硅基材的 2 倍左右，使得开关损耗更小，有助于器件的小型化。

从导通特性看，由于物理结构不同，IGBT（PN 结型）与 SiC 的 MOSFET（沟道型）具有不同的输出特性曲线，如图 9-52 所示。SiC 的 MOSFET 导通特性表现得更像一个电阻输出特性，而 IGBT 则表现出一个非常明显的拐点特性（注意拐点和适用范围点不一定严格重合）。这种差异还表现出两种器件不同的导通损耗：当电流较小时，SiC 的 MOSFET 具有更小的导通损耗（同样电压下，电流输出能力强）；而当电流较大（超过图 9-52 中的曲线交点）时，IGBT 的电流特性呈现指数型特征，即导通损耗更小。

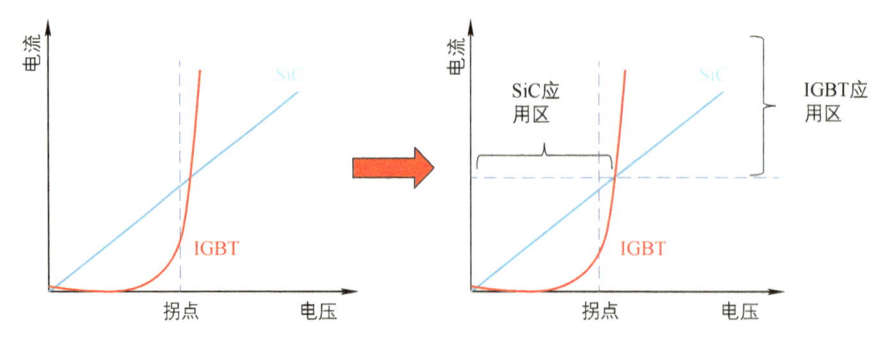

图 9-52 IGBT 和 SiC 特性及适用区域比较

从开关特性来看，IGBT 属于双极性（PN 结）器件，在关断时少数载流子的复合会造成较大的拖尾电流，因此其开关损耗也较高；而 SiC 的 MOSFET 由于具有沟道型的特点，因此有更快的开关速度并且拖尾电流非常小，这就使得其总体开关损耗对比 IGBT 小很多。

综上所述，可以看出 SiC 在中小功率等级应用时有更低的损耗、更高的效率；IGBT 则在大功率输出时显示出较强的优势，因此，需要根据适用的特征合理选配功率半导体器件。需要指出的是，由于 SiC 的长晶过程非常慢，而且良率较低，目前 SiC 的功率半导体器件的成本还较高，因此在挑选使用时，还需要考量成本因素。

目前，汽车界的供应商们为了充分发挥 SiC 和 IGBT 各自的优点，同时规避各自的不足，采用两种结构的搭配方案，如图 9-53 所示。利用双电驱策略，将总体功率按照一定的冗余度分配在两个电机上。在低电流区，可以充分使用 SiC，适当使用 IGBT 进行补充；

而在高电流驱动时，可以采用 IGBT 为主，适当使用 SiC 补充的策略。

氮化镓（GaN）材料相比于碳化硅（SiC），也是新一代半导体技术。其特性和 SiC 相似，其饱和电子速度还略高于 SiC，这使得这种材料更适合于高频率的应用。但是，氮化镓本身的热导性较差，因此在较高温度时的温漂较高，使得其在大功率场合的使用受到一定限制。目前，GaN 在电力电子中主要应用于中小功率的 DC/DC 变换器等。图 9-54 所示为 GaN 和 SiC 的对比雷达示意图。

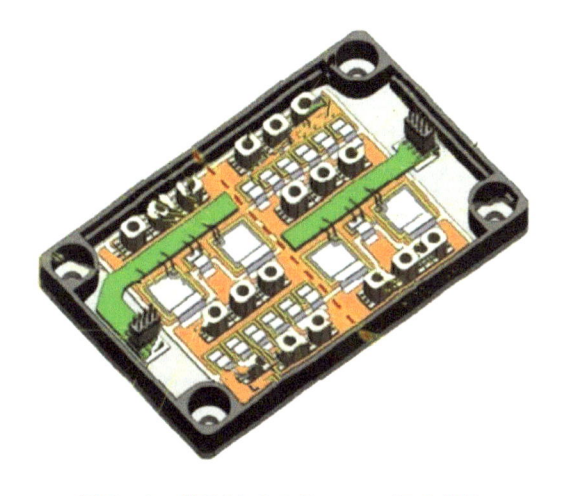

图 9-53　英飞凌 SiC 和 IGBT 混合模块

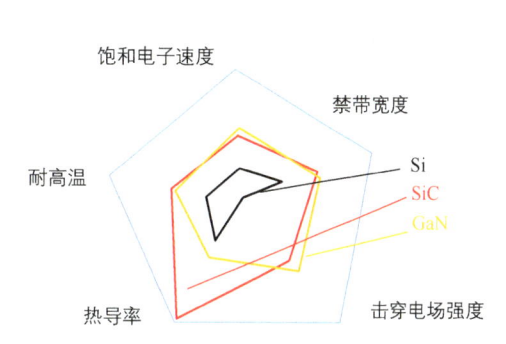

图 9-54　GaN 和 SiC 的对比雷达示意图

9.9　人工智能技术在新能源汽车上的应用

人工智能（Artificial Intelligence，AI）在计算机技术发展后迅速升温，特别是高速并行计算能力（GPU 算力等）、数据传输技术和数据储存技术的提升，使人工智能由传统的机器学习提升到点到点深度神经网络系统。

20 世纪 60 年代，机器学习、神经网络等概念相继出现，但由于那时候计算机存储十分有限、计算能力较差，机器学习并没有掀起很大的风浪。直到 2010 年前后，半导体和通信技术的飞速发展，使得算力、存储和通信的能力大增，而成本却大幅下降。这使得深度学习可以在多个领域得到发展。图 9-55 所示为英伟达公司的 A100 GPU。

图 9-55　英伟达 A100 GPU

现在比较流行的"大数据模型"概念来自 Foundation Model 的翻译，其实指的是基础模型。但由于其模型参数巨大、数据巨大、存储需求巨大、通信能力巨大、算力需求巨大，所以也可以称为大数据模型。大数据的概念和代表性数据或采样数据是相对的，即系统适用所有的数据来源作为输入，这样就避免了因为采样遗漏的可能性导致的系统信息不完整。但海量的数据将带来成本困扰，因此，大数据技术只能是以计算机技术高速发展为基础。汽车中使用大数据和 AI 技术越来越普遍，主要在路径识别、避障、语音识别（驾驶人命令及交警信息输入）等方面。目前，点到点大数据模型的发展还不能完全实现自动驾驶，仍然需要驾驶人来辅助操控汽车行驶。但是，未来的 AI 技术将会在这个方面有大的发展。

AI 中的深度学习和机器学习是不同的概念，机器学习的概念更加广阔，可以指任何利用机器程式接受指令，对外部事物进行学习并作出相应的执行反应。传统计算机编程、计算机专家系统等都可以叫作机器学习，机器学习又包含了深度学习，而深度学习主要指使用深度神经网络（Deep Neural Network，DNN）系统的技术类型，这是一种意在模仿人类神经系统工作的网络系统。

深度学习在图像处理方面，比较适合使用卷积神经网络（Convolutional Neural Network，CNN）。卷积的结果可以给出两个向量的相似程度。因此，只要将图形中所需要的特征找出来（比如使用专家系统进行 feature extraction），就可以使用多层的 CNN 找到需要的结论。图 9-56 所示为一个图像辨识 CNN 示意图。

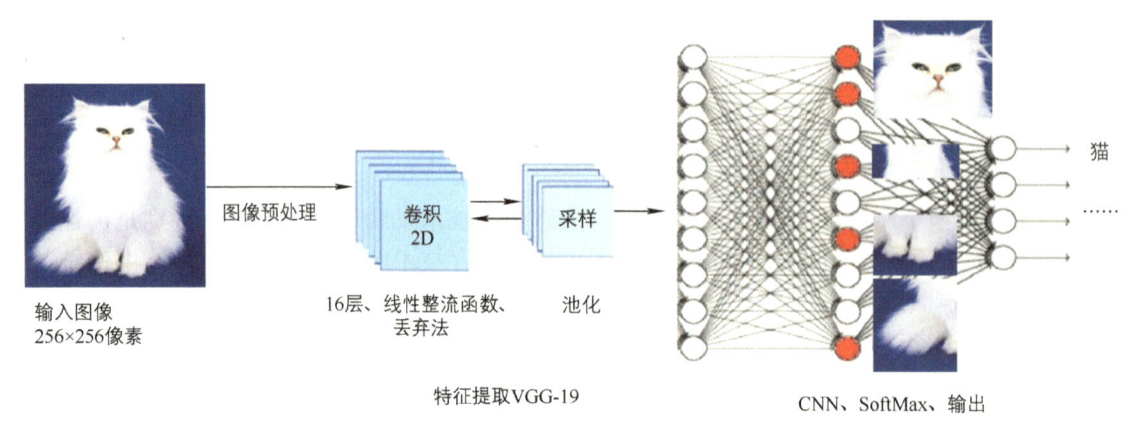

图 9-56 图像辨识 CNN 示意图

而书写、语音等需要前后时刻关联信息较多的网络，循环神经网络（Recurrent Neural Network，RNN）就比较适合。这是因为 RNN 对前后相邻的一些信息都比较敏感，所以对于前后逻辑要求较高的自然语言类场景比较适合，比如机器翻译（Machine Translation，MT）以及和 MT 相关的生成性算法（如 ChatGPT 等）。而 CNN 虽然也可以利用时间（temporal）信息辨识，但在汽车应用中，大部分还是直接辨识目标（比如是否在行进的车道上等）。

如今，以注意力机制（Attention）为基础的变换网络（Transformer）技术大有取代 RNN 的趋势。如图 9-57 所示，它的左边是编码器（encoder），右边为解码器（decoder），所以这是一个顺序模型（sequential）的结构。它的两边都使用了 Multi-Head Attention 模块（有 Nx 个层级），可以更有效地取得信息相关性，经过 Feed Forward 层后使用了 Add&Norm，即在 Normalization 前加入了前一个值，使得 temporal 的特征更明显（前信息的相关性）。在 decoder 开始时，加入 Masked Multi-Head Attention（MHA）主要目的还没有输出的结果无法使用。encoder 的输出作为 Q 和 K 本身，输入到 decoder 的 MHA 中，MHA 从底下一层得到值（Value），这样 encoder 和 decoder 就有效连接在一起了。Transformer 更为平行的结构完全满足 sequential 的要求，同时，由于 Transformer 的 Attention 使得算法更有针对性，使得计算更有深度；而 MHA 技术可以满足不同方向的 Attention 侧重，使得计算更有广度。值得提出的是，Transformer 技术还适用于图像处理，它具有 temporal 特性，可以作为图像连续（图像到图像的关系）特征的抓取，所以，可以使用在动态图形辨识等方向，从而解决许多自动驾驶的极端情况。

需要指出的是，它们都不是真正意义上的端到端大模型（End-To-End），而只是用到了其中的一部分（比如使用卷积和扫描卷积）。这样，对算力的要求、网络复杂程度、系统的存储能力等都较低，但对模型的精准性要求就较高。一般需要做一些

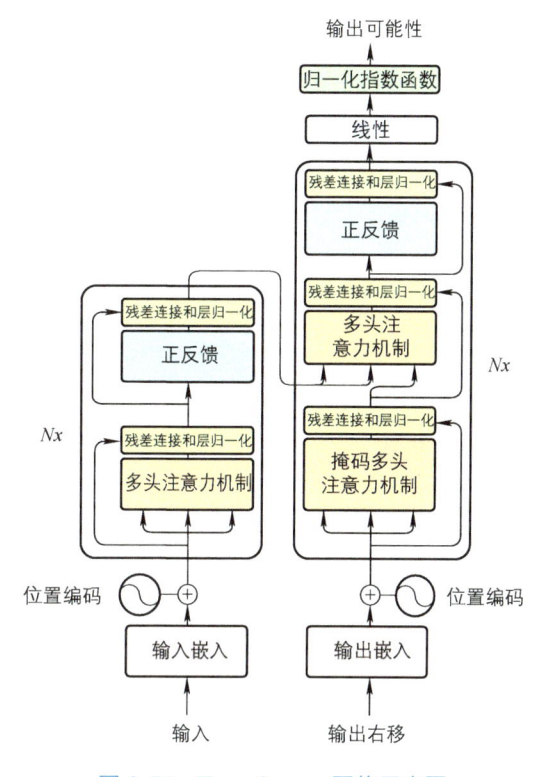

图 9-57　Transformer 网络示意图

预处理工作，使用网络时还需要做微调等工作，才能有较好的结果。大数据模型的边界也较宽，分布式存储、分布式计算、通信传输、融合计算、未标识对象的自学习能力等都可能对最终结果有较大的影响。而真正的大模型是基于缩放定律的，简单说就是，随着深度学习模型参数和预训练数据规模的不断增加，模型的能力与任务效果会持续提升，甚至展现出了一些小规模模型所不具备的独特附加能力。

在大模型时代，最具影响力的除了上文介绍的 Transformer 模型外，还有扩散模型（Diffusion Model）。基于 Transformer 的 ChatGPT，展示了人工智能技术在语言理解上的巨大潜力，而基于 Diffusion Model 的 Sora 模型，在生成式动画加声音等创造性方面更是令人耳目一新，并让人工智能从过去的单一语言和图像，进入到多模态智能时代。

Diffusion Model 可以理解为一种基于扩散过程的生成模型，它通过使用统计学中马尔可夫链的原理，先正向在数据中逐步添加噪声（使用噪声预测器和图片深度的数字，比如一张图就可以是 1），最后得到一个非常模糊化的原图。之后使用反向马尔科夫链从噪声中逐步恢复出原始数据，从而实现了对数据分布的高效建模。对于文字意义来说，Diffusion Model 可以对每一个图像加入文字描述，而其文字描述也可以作为其噪声预测器（Noise Predictor）中的一个输入。这样，就可以将图片和文字结合在一起实现模型化。图 9-58 所示为不加文字描述的 Diffusion Model，它可以实现人脸的识别，如果加入文字描述，那么这个模型就有图像和文字两重含义。在此方向进一步优化，最终可以形成类似 Sora 这样的复杂多模态智能模型。

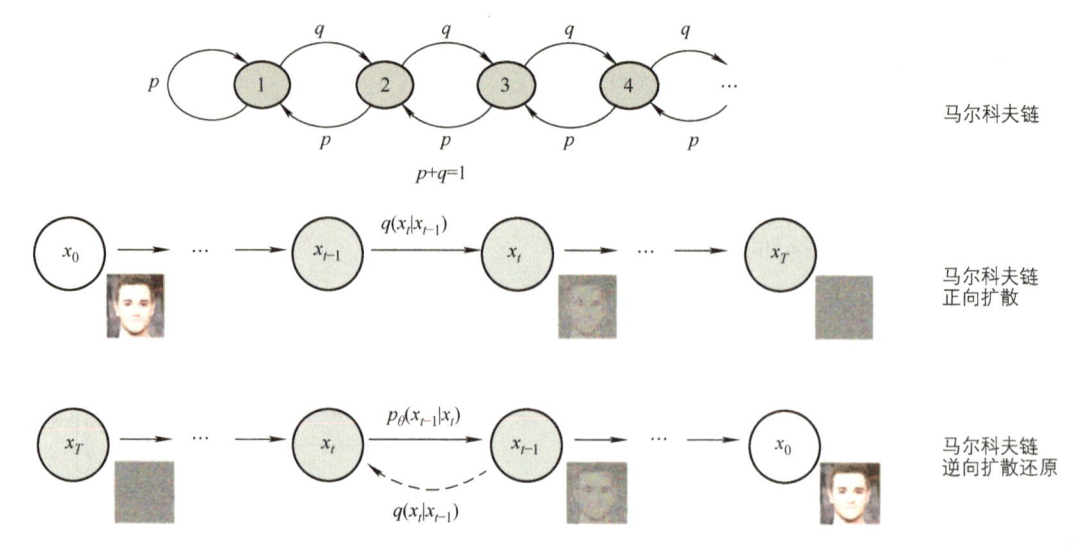

图 9-58　Diffusion Model 结构示意图

具有很强的可控性，通过调整模型参数，可以控制生成图像的格调、类型、色彩、质地、纹理等特性。这使得 Diffusion Model 在艺术创作、设计等领域具有广泛的应用前景。

随着计算机硬件的不断进步和算法的更新优化，大模型时代的神经网络模型往往可以具有更高的复杂度和更大的参数规模。而大规模的数据收集和处理也为这些模型的训练提供了有力支持。然而，高质量数据资源不足、计算资源的消耗（包含使用能源的耗费）以及模型的广泛适应性等问题，都给 AI 的发展带来挑战。对于智能驾驶来讲，大数据带来的智能性外，还会伴随成本的提升和处理时间的滞后，这些对于汽车的应用来讲是无法回避的。目前在智能汽车领域还无法利用大数据、大模型实现完全的自动驾驶。现实中，为了提高效率，对一些图形预处理等步骤也是必须的。希望未来随着算力、存储、通信速度及成本能力的提升，智能交通领域也可以使用通用型大数据模型，一次性建模，并通过内循环训练就可以得到理想智能输出，使智能汽车产业得到更好的效果、更广泛的使用和更高的性价比。

9.10　其他技术的发展趋势

新能源智能驾驶技术需要智能底盘，而智能底盘通常使用线控底盘技术，包括线控转向、线控制动、线控驱动、线控 PRNDL 控制（X-by-Wire）等。同时，在线控底盘的基础上加上智能传感器系统、域控系统、智能座舱系统、数据通信系统、整车控制系统等和线控底盘衔接，就可以实现多级智能驾驶的平台。因此，许多主机厂先后开发出自己的智能一体化底盘产品，希望借此实现智能汽车的突破。图 9-59 所示为小鹏 X9 智能动力底盘。

目前，低空经济在我国十分火热，其产业链条可拆分为飞行器制造、基础设施和应用场景 3 个部分。飞行器也就是飞行汽车，作为低空飞行活动的运营主体，具有较大的发展潜力，成为撬动低空市场经济的关键要素。目前市场上主要有多旋翼飞行汽车、复合翼飞行汽车和倾转旋翼飞行汽车 3 种构型。

1)多旋翼型没有传统的固定机翼,飞行阶段完全依赖多个旋翼的输出来提供升力和前行动力,由于其研制难度较小,且设计构型简单,因此是业界最早开发的技术路线,但是这种飞行汽车的飞行速度和航程都有限。图9-60所示为亿航多旋翼飞行器。

图9-59　小鹏X9智能动力底盘　　　　　图9-60　亿航多旋翼飞行器

2)复合翼型有两套旋翼:一套垂直旋翼负责控制起飞降落;另一套水平旋翼负责推进控制巡航。这两套系统分别运作,使得飞行性能好、安全性高。但是,两套系统自然会存在使用量无法全部达到100%,因而有系统闲置的问题。图9-61所示为复合翼飞行器。

3)倾转旋翼型也被称为矢量推力型。它只有一套旋翼系统,在起飞阶段,其旋翼可以垂直作用,像直升机螺旋桨一样提供升力;当达到一定高度后,开始平飞阶段,其旋翼会根据驾驶人控制命令向前倾转,从而提供向前的推力。矢量推力型飞行汽车在速度和航程上都有较大的优势,但是,其机械设计复杂、控制难度较高。目前,海外主机厂大多数都选择了倾转旋翼型。我国小鹏汇天的倾转旋翼技术验证机已经获得了特许飞行证,如图9-62所示。

图9-61　复合翼飞行器　　　　　图9-62　小鹏汇天倾转旋翼型飞行汽车

参 考 文 献

[1] 马德粮. 新能源汽车技术 [M]. 北京：清华大学出版社，2017.
[2] 王刚，荆旭龙. 新能源汽车 [M]. 北京：清华大学出版社，2015.
[3] 中国汽车工程学会. 节能与新能源汽车技术路线图 2.0[M]. 北京：机械工业出版社，2021.
[4] 王庆年，曾小华. 新能源汽车关键技术 [M]. 北京：化学工业出版社，2017.
[5] 崔胜民. 新能源汽车技术解析 [M]. 北京：化学工业出版社，2016.
[6] 王宏宇，房永，王德军. 汽车自动变速器原理及研究 [M]. 北京：机械工业出版社，2015.
[7] 袁新枚. 车用电机原理及应用 [M]. 北京：机械工业出版社，2016.